Abt Maximilian Heim OCist

Auf **Fels** *gebaut*

Freude an Kirche und Glaube

Abt Maximilian Heim OCist

Auf Fels gebaut

Freude an Kirche und Glaube

Be&Be-Verlag: Heiligenkreuz 2014
ISBN 978-3-902694-67-6

Foto Cover: Pater Karl Wallner

Korrekturen: Sandra Rothland

Gestaltung: Augsten Grafik

Druck: Prime Rate Kft. – gedruckt auf Munken Print 1.5, 90g

Be&Be

© Be&Be-Verlag
Heiligenkreuz im Wienerwald,
www.bebeverlag.at
www.klosterladen-heiligenkreuz.at

Direkter Vertrieb:
Klosterladen Stift Heiligenkreuz
A-2532 Heiligenkreuz im Wienerwald
Tel. +43-2258-8703-400
E-Mail: bestellung@bebeverlag.at

Abt Maximilian Heim OCist

Auf **Fels** *gebaut*

Freude an Kirche und Glaube

Be&Be
www.bebeverlag.at

Meinen Vorgängern in Dankbarkeit gewidmet:

Abt Gregor Henckel Donnersmarck OCist

Abt Gerhard Hradil OCist

Inhalt

Vorwort

P. Dr. Wolfgang Buchmüller OCist

Ein Künstler des Wortes, ein Künder des Wortes, ein Zeuge des WORTES – Abt Maximilian Heim vollzieht in seinem neuen Buch eine bedeutsame Wende: Alle Perspektiven des Lebens und des Glaubens sollen sich von dem lebendigen Wort Gottes her gestalten lassen. Das Leitwort lautet: sich der „performativen“ Kraft des Wortes anvertrauen, sich vom Wort Gottes neu formen zu lassen. Anders als bei vielen „trendigen“ Neuansätzen der Theologie der letzten Jahren, bei denen in die christliche Botschaft das hineinprojiziert wurde, was mehr oder weniger herauskommen sollte, ist hier das Bemühen um Authentizität und Wahrheit der Glaubensverkündigung spürbar: Es geht um die lebendigen Wasser des Lebens aus der reinen Quelle des Evangeliums, die letztlich besser munden als mancher Mix, bestehend aus Anthropologie, Psychologie, Soziologie und Politik und anderen Zutaten.

Dabei erweist sich Abt Maximilian Heim als ein genialer Vermittler: Auf die Glaubensfragen der Gegenwart wird mithilfe der „Kirchenlehrer“ der Gegenwart geantwortet. Großen Raum wird dabei den bedeutenden Päpsten Josef Ratzinger/Benedikt XVI. und Johannes Paul II. gegeben, aber auch Theologen wie Klaus Hemmerle und nicht zuletzt das Zweite Vatikanische Konzil selbst kommen ausführlich zu Wort. Dies geschieht auf eine gut lesbare Weise in kleinen, leicht verdaulichen Portionen.

Wer das Buch in die Hand nimmt, wird vielleicht über die Verschiedenheit der Beiträge erstaunt sein, über das breite Spektrum der Themengebiete und die fließenden Übergänge in die Bereiche der Spiritualität und der Glaubensverkündigung. Er kann aber versichert sein, dass er ein Kompendium der Liebe zur Kirche zu lesen bekommt. Man könnte auch sagen, Abt Maximilian bemüht sich um eine neue „Monastische Theologie“.

Diese neue „Monastische Theologie“ will das Tor des Glaubens öffnen und den Weg frei machen zu einer Begegnung mit dem lebendigen Gott. Das Christus-Ereignis soll auf diese Weise wieder präsentisch erfahrbar werden, die Kirche soll sich als Ort der Barmherzigkeit auftun, und die Eucharistie – das Mysterium, an dem sich alles entscheidet – soll zu einer verwandelnden Quelle des Lebens werden.

Es war ein ausdrücklicher Wunsch des scheidenden Papstes Benedikt XVI. bei seinem Besuch 2007 in der Abtei Heiligenkreuz, dass die dortige Phil.-Theol. Hochschule sich der Verbindung von wissenschaftlicher Theologie und gelebter Spiritualität widmen solle. Eine solche Monastische Theologie, die aus der Anbetung des Mysteriums Gottes in der Liturgie erwächst, könne eine wichtige komplementäre Ergänzung zur universitären Theologie mit ihren diversen Wissenschaftskonzepten darstellen.[1]

Wenn die Väter der Monastischen Theologie wie Bernhard von Clairvaux (1090-1153) die im Prinzip jedem Suchenden zugängliche spirituelle Gottes-Erfahrung in den Mittelpunkt ihrer Theologie stellen wollten (*„Glaube dem, der es erfahren hat“*),[2] so waren sie dennoch keine Verächter der theologischen Bildung. Im Gegenteil – Bernhard, der nicht nur an der Klosterschule St. Vorles, sondern auch an der Kathedralschule von Langres und vor allem bei dem Begründer der wichtigen Pariser Hochschule von Sankt-Viktor, Wilhelm von Champeaux (1070-1121), privat studiert hat,[3] hat sich zeit

1 Vgl. Benedikt XVI., In visitatione Abbatiae „Heiligenkreuz“, die 9 Septembris 2007, in: AAS 99 (2007: 10) 853-858, hier: 856: „So wichtig die Integration der theologischen Disziplin in die *„universitas“* des Wissens durch die Katholisch-Theologischen Fakultäten an den staatlichen Universitäten ist, ist es doch ebenso wichtig, dass es so profilierte Studienorte wie den Euren gibt, wo eine vertiefte Verbindung von wissenschaftlicher Theologie und gelebter Spiritualität möglich ist. Gott ist ja nie bloß Objekt der Theologie, er ist immer zugleich ihr lebendiges Subjekt. Christliche Theologie ist auch nie eine bloß menschenförmige Rede über Gott, sondern sie ist immer zugleich der Logos und die Logik, in der Gott sich zeigt. Darum sind wissenschaftliche Intellektualität und gelebte Frömmigkeit zwei Elemente des Studiums, die in unaufgebbarer Komplementarität aufeinander angewiesen sind.“

2 S. Bernhard von Clairvaux, Epistola 106,2 (Winkler 2,772): „Experto crede: aliquid amplius invenies in silvis quam in libris.“ (Glaube einem Erfahrenen: Du wirst [bei der Meditation] einiges mehr in den Wäldern finden als in den Büchern.), in: Bernhard von Clairvaux, Sämtliche Werke lateinisch/deutsch, hg. von Gerhard B. Winkler, Band II, Innsbruck 1992, 772.

3 Bernhard wurde bei seinem Klostereintritt zu den Klerikern gerechnet bzw. als Student bezeichnet (vgl. Exordium parvum 17: clericos litteratos et nobiles). Die engen familiären Beziehungen nach Langres, wo sein Onkel Wilhelm Dekan des Kapitels und damit zuständig für die Kathedralschule war, legen es nahe, zu vermuten, dass er dort studierte. Wilhelm von Champeaux war in erster Linie ein anerkannter Experte für antike Rhetorik, insbesondere für Cicero und Priscian. Als Theologe wird er einer der Gruppen zugerechnet, die sich bemühte, die Väterliteratur zu systematisieren, indem man Sammlungen von „Sentenzen“ anlegte. Dabei fand aber keine kritische Diskussion der Texte wie später bei Abælard statt. Als Philosoph folgte Wilhelm wie die meisten seiner Zeitgenossen Boethius und dessen „Universalienrealismus“. Bernhard wurde von Wilhelm,

seines Lebens bemüht, sich die Fülle der theologischen Tradition anzueignen und distanziert sich daher entschieden von jeder Bildungsfeindlichkeit.[4] Bernhard hinterfragt aber die Motivation und die Art und Weise, wie Studien betrieben werden. Handelt es sich dabei nicht doch unbewusst um Profilierungssucht oder ist man davon getrieben, selbst im Glauben zu wachsen und diese Glaubensbotschaft als Erfahrungswissen in einer ansprechenden Form zu den Menschen zu tragen?[5]

Als Paradigma des Konflikts zwischen Glaube und Vernunft wird oft die Auseinandersetzung zwischen Bernhard von Clairvaux und Peter Abælard (1079-1142), einem weiteren Schüler Wilhelms von Champeaux, zitiert. Wie es scheint, scheiterte aber der Logiker Abælard, der Bernhard in vielen Bereichen überlegen war (wie etwa in der Methodologie), an dem „Ärgernis des Kreuzes". Der Tod Jesu am Kreuz vergrößert für ihn höchstens noch die Schuld der Henker; wie er aber die Schuld des Menschen tilgen solle, sei ihm absolut unerklärlich.[6] Demgegenüber antwortete Bernhard, dass es vielmehr

---

der in Châlons Bischof geworden war, zum Priester geweiht. Für eine enge Beziehung zwischen beiden spricht, dass sich der Bischof vom Generalkapitel der Zisterzienser Bernhard persönlich unterstellen ließ, weil er dessen Askese für übertrieben hielt. In dieser langjährigen Periode der Rekonvaleszenz ging es aber sicher nicht nur um medizinische Betreuung, sondern auch um ein Studium der Väterliteratur, wie auch der Austausch zwischen Wilhelm von Saint-Thierry und Bernhard über den Hoheliedkommentar von Origenes zeigt (Wilhelm von Saint-Thierry, Vita prima 1,32; 1,59f. CCM 89B,58;74-76). Wilhelm von Champeaux ließ sich trotz seiner bischöflichen Würde noch einige Tage vor seinem Tode als Zisterzienser einkleiden, um so als Mönch bestattet zu werden.

4 Vgl. Bernhard von Clairvaux, Sermones super Cantica Canticorum 36,2 (Winkler 5,562): „Videar forsan nimius in suggillatione scientiae, et quasi reprehendere doctos, ac prohibere studia litterarum. Absit. Non ignoro quantum Ecclesiae profuerint litterati sui et prosint, sive ad refellendos eos qui ex adverso sunt, sive ad simplices instruendos." (Es scheint vielleicht so, als würde ich das Wissen maßlos verhöhnen und die Gelehrten gleichsam tadeln oder wissenschaftliche Studien verbieten. Das liegt mir fern. Nicht unbekannt ist es mir, wie viel Nutzen die Gebildeten der Kirche gebracht haben und bringen, sei es in der Widerlegung der Gegner oder in der Unterweisung der Einfachen.), in: Bernhard von Clairvaux, Sämtliche Werke lateinisch/deutsch, hg. von Gerhard B. Winkler, Band V, Innsbruck 1994, 562.

5 Vgl. Bernhard von Clairvaux, Sermones super Cantica Canticorum 36,3 (Winkler 5,564ff.): „Sunt namque qui scire volunt eo fine tantum, ut sciant: et turpis curiositas est. Et sunt qui scire volunt, ut sciantur ipsi: et turpis vanitas est. [...] Sed sunt quoque qui scire volunt, ut aedificent: et caritas est. Et sunt item qui scire volunt, ut aedificentur: et prudentia est." (Es gibt nämlich Menschen, die nur wissen wollen, um zu wissen: das ist beschämende Neugier. Es gibt solche, die wissen wollen, damit man von ihnen weiß: das ist beschämende Eitelkeit. [...] Doch gibt es auch solche, die etwas wissen wollen, um zu lehren: das ist Liebe. Und ebenso gibt es solche, die etwas wissen wollen, um belehrt zu werden: das ist Klugheit.), in: Bernhard von Clairvaux, Sämtliche Werke lateinisch/deutsch, hg. von Gerhard B. Winkler, Band V, Innsbruck 1994, 564ff.

6 Vgl. Abælard, Expositio in epistolam ad Romanos. Römerbriefkommentar II (lateinisch – deutsch), in: Fontes Christiani Bd. 26/2, übers. von Rolf Peppermüller, Freiburg i. Br. 2000, 287

die selbstlose und willentliche Hingabe Christi gewesen sei, die dem Vater gefiel, nicht sein schauderhafter Tod. Somit sei es die Liebe Christi zu seinen menschlichen Brüdern und Schwestern gewesen, die die Wiedergutmachung von menschlicher Bosheit, von Hass und Tod erwirkt habe; der Tod Christi am Kreuz sei letztlich kein schauerliches Opferritual.[7] Christus habe nicht nur Liebe gelehrt, sondern auch Liebe gegeben.

Auf diese Weise konnte Bernhard im Zeitalter einer Theologie der Liebe jenseits der für ihn ebenfalls unbefriedigenden „juristisch" argumentierenden Satisfaktionstheorie des Anselm von Canterbury eine gültige Antwort auf das Mysterium des Kreuzestodes finden, die bis Martin Luther und darüber hinaus als eine klassische Rechtfertigungslehre angesehen wurde.[8] Die Monastische Theologie konnte hier eine existentiell ansprechende Ausdeutung des Kreuzesmysteriums bieten, weil ihr eine intuitive „Logik" der Liebe zur Verfügung stand, die auf einer anderen Ebene menschlicher Einsicht angesiedelt ist, und die eine nur mit stringenten Kausalitätsbeweisen arbeitende Logik nicht einholen konnte.

Die Einbringung der existentiellen Sinnfrage des Menschen in den Disput der Theologen durch Bernhard von Clairvaux hat in dieser Hinsicht eine gewisse innere Verwandtschaft mit der Frage nach dem Sein des Menschen durch den Existenzphilosophen Martin Heidegger, der sich in seinen Jahren auch im Rahmen einer Phä-

---

(zu Röm 3,26): „Wenn jene Sünde Adams so groß war, dass sie nur durch den Tod Christi gesühnt werden konnte, welche Sühne wird dann der Mord finden, der an Christus begangen wurde?"

7 Vgl. Bernhard von Clairvaux, Epistola 190,21 (Winkler 3,110): „Non mors, sed voluntas placuit sponte morientis, et illa morte expungentis mortem, operantis salutem, restituentis innocentiam, triumphantis principatus et potestates, spoliantis inferos, ditantis superos, pacificantis quae in caelo sunt et quae in terra, omnia instaurantis." (Nicht der Tod gefiel ihm [dem Vater], sondern der Wille dessen [Christi], der aus freien Stücken starb, der durch jenen Tod den Tod tilgte, Heil wirkte und die Unschuld wiederherstellte, der über Fürsten und Gewalten triumphierte, die Hölle beraubte und den Himmel reich machte, der versöhnte, was im Himmel und auf Erden ist, und alles vereinte.) in: Bernhard von Clairvaux, Sämtliche Werke lateinisch/deutsch, hg. von Gerhard B. Winkler, Band III, Innsbruck 1992, 110.

8 Dass diese Lehre als „klassisch" angesehen wurde, können wir aus der Anzahl der erhaltenen Handschriften einigermaßen rekonstruieren: den nur 3 Exemplaren des Römerbriefkommentars von Abælard stehen 117 Manuskripte von Epistola 190 gegenüber. Bernhard gilt neben Augustinus als der im Hoch- und Spätmittelalter am meisten gelesene Theologe; siehe Ferruccio Gastaldelli, Anmerkungen und historischer Kommentar zu Bernhard von Clairvaux, Epistola 190 (ed. Winkler 3,1071).

nomenologie des Religiösen mit Bernhard von Clairvaux beschäftigt hat.[9]

In der heutigen Sinnkrise könnte somit eine Monastische Theologie wieder eine Chance haben, weil sie aus der Meditation schöpft, die auf eine Begegnung mit dem lebendigen Gott in seinem Wort hin ausgelegt ist. Das avisierte Ideal wäre dabei, sich von der Liebe Gottes und deren Dynamik erfassen zu lassen. In der Meditation weitet sich zugleich der Blick, das Ganze wird im Fragment sichtbar, das Einzelschicksal des Menschen erscheint im Zusammenhang mit der Heilsgeschichte geborgen in einer den Menschen zugesagten Erlösung. In der Universalperspektive des Glaubens ergeben auch die Mysterien des Glaubens trotz ihrer bleibenden Fremdheit einen Sinn, weil sie sich in einen Zusammenhang des Heilsangebotes einordnen lassen: Menschwerdung, Kreuzestod und Auferstehung geben Zeugnis von der Zuwendung Gottes, die Kirche kann so als Ort der Einheit mit Gott entdeckt werden, ihre Mysterien wie die Taufe, die Eucharistie und die Buße als Lebensquellen für eine christliche Spiritualität. Dabei kommt es einer Monastischen Theologie mehr auf eine existentielle Erschließung an, auf ein Sehend-Werden auf dem Pfad des Schicksals, auf ein mutiges Sich-reinigen-Lassen, um sich auf die verwandelnde Begegnung mit dem absoluten Sein Gottes vorzubereiten. Damit dient sie einer höheren Vernunft des Glaubens. Gerade weil diesem Unterfangen viele Ent-mythologisierungs-Konzepte des „Neuen Atheismus" entgegenstehen, bleibt dies eine Herausforderung im Dienste der Orientierung suchenden Menschen.

Dementsprechend ist auch die Thematik der Beiträge des Buches darauf abgestimmt, dem Leser eine reflektierte und differenzierte Annäherung an das Geheimnis der Kirche zu ermöglichen; geduldig werden Schritt für Schritt die verschiedenen „Essentials" dargelegt:

Den Auftakt macht die spektakuläre Verleihung des „Premio Ratzinger" an Abt Maximilian Heim, der bei dieser Gelegenheit die Ehre hatte, eine Grundsatzrede über die Interaktion zwischen

9 Vgl. Martin Heidegger, Phänomenologie des religiösen Lebens. Die philosophischen Grundlagen der mittelalterlichen Mystik (konzipiert für das Semester 1918/1919), hg. von Claudius Strube, in: Martin Heidegger, Gesamtausgabe, Bd. 60, zweite Abteilung Vorlesungen 1919-1944, Frankfurt a. M. 1995, 303-337; auf den Seiten 334-337 findet sich ein eigenes Unterkapitel zu der Theologie der Erfahrung nach Bernhard von Clairvaux.

Wahrheitssuche und Theologie im Vatikan zu halten. Dieses Thema wird weiter vertieft in den Referaten über den Platz der Theologie in der *universitas scientiarum* und über die Offenbarung als Wort des lebendigen Gottes. Hierbei geht es um die Wiedergewinnung der Ganzheitlichkeit der Weltsicht, die nur über eine Beschäftigung mit der Offenbarung des Glaubens über die allzu engen Grenzen des Positivismus hinaus gelingen kann, wenn sie dem Menschen in seiner Gesamtheit mit seiner Vernunft und seiner spirituellen Dimension dienen will. In diesem personal-dialogischen Geschehen kann der Mensch schließlich bis zu ihm bisher verborgenen Wahrheiten vordringen, die ihm etwas über sein eigenes Wesen enthüllen. Diese Grundsatzdiskussionen münden schließlich in ein Nachdenken über eine Rolle der Monastischen Theologie angesichts der Sinnkrise im 21. Jahrhundert sowie in der Frage, inwieweit der Name des Mönchsvaters des Westens – „Benedikt" – zu einem Programm für die Kirche des beginnenden dritten Jahrtausends werden könnte.

Zur Ortsbestimmung der aktuellen Lage des Glaubens gehört auch die Selbstreflexion der Kirche über die Rezeption und Hermeneutik des Großereignisses des Zweiten Vatikanischen Konzils – eine wichtige Thematik, wenn der Aufbruch in die Moderne ohne Verwerfungen und Frakturen mit ihrer lebendigen 2000-jährigen Tradition gelingen soll. Bei dieser Gelegenheit ergibt sich auch die Frage nach der Rolle des Theologen-Papstes Benedikt XVI. bei der Vertiefung des inneren Verständnisses der zentralen Konzilstexte.

Einen wichtigen Schwerpunkt im Denken Abt Maximilians stellt das Nachdenken über das Wesen der Kirche dar, dem ein Beitrag über die Ekklesiologie des Kirchenlehrers Bonaventura gewidmet ist, der einige faszinierende Facetten über ihr prophetisches und zugleich sakramentales Mysterium beleuchtet. Aus der Perspektive des Glaubens her gesehen ist die Kirche wie ein lebendiges Wesen (der sog. Leib Christi), das Göttliches und Menschliches enthält und von seiner Geschichte her auf das Fundament Christi und der Apostel gegründet ist und trotz ihrer manchmal schmerzlichen und peinlichen Menschlichkeiten dazu berufen ist, die Menschen mit Gott und untereinander zu vereinen. Mit dem Geheimnis der Kirche eng verbunden ist auch das Mysterium der Mysterien, die Eucharistie, in dem Gott selbst der eigentlich Handelnde ist, um für aufnahmebereite Glaubende Gewalt in Liebe und Tod in Leben zu wandeln. Hier wird die Dynamik Christi gleichsam spürbar, die den Menschen ihre spezielle missionarische Sendung überträgt.

Ein Sonderfall der Hingabe an die Kirche stellt das gottgeweihte Leben in den verschiedensten Ordensgemeinschaften dar, ein prophetisches Zeichen einer missionarischen Existenz, die die Umkehr zu Gott gleichsam verleiblicht. Dadurch, dass diese Menschen den Ruf haben, den Vorrang Gottes in die Welt hinauszutragen und Christus in ihrem symphonischen Lobgesang und in ihrer gelebten Nachfolge zu bezeugen, sind sie ein Hinweis auf eine andere Realität. Hier ist auch der Ort für eine neue geistige Vaterschaft angesichts der Realität einer „vaterlosen Gesellschaft", da die Menschen instinktiv nach großzügiger Ermutigung und glaubwürdigen Autoritäten suchen.

Damit schließt sich gleichsam der Bogen bis hin zur *„ecclesiola"* des Klosters von Heiligenkreuz, einer Kirche im Kleinen, die in den vergangenen Jahren ganz besondere Ereignisse gemeinsam mit ihren Freunden feiern durfte wie den Papstbesuch von 2007 oder das 25-jährige Jubiläum einer Klosterneugründung in Bochum-Stiepel. Die große Dynamik der vielen jungen Mönche verspricht auch für die nahe Zukunft einiges Entwicklungspotential, das die sowohl monastisch als auch missionarisch und seelsorglich orientierte Gemeinschaft in ihr Glaubenszeugnis umsetzen wird. Der von Abt Maximilian initiierte Hochschulausbau und manches andere angedachte Projekt lassen viel erhoffen ...

Bei allen Beiträgen zu Theologie und Kirche ist dabei durchwegs spürbar, dass Abt Maximilian ein authentischer Lehrer des geistlichen Lebens ist, ein gefragter Referent zur Theologie Josef Ratzingers/Benedikts XVI., ein gern gesehener Redner für geistliche Abende, aber auch ein erfahrener Exerzitienleiter und ein emphatischer geistlicher Begleiter. Alle diese Faktoren bedingen die Lebendigkeit seiner Monastischen Theologie, die vielfältige Überschneidungen hin zum Bereich der universitären Forschung miteinschließt.

Somit hat das Buch viele Voraussetzungen, um ein wichtiges Buch für orientierungssuchende Menschen zu werden, die eine kompetente Auskunft über das „Katholische" suchen.

Der Theologe als cooperator veritatis

Dankesrede vor dem Heiligen Vater Papst Benedikt XVI. anlässlich der Verleihung des „Premio Ratzinger" im Vatikan am 30. Juni 2011[10]

Heiliger Vater, im Namen der drei Preisträger möchte ich mich bei Ihnen von ganzem Herzen für die Auszeichnung mit dem Joseph-Ratzinger-Preis für Theologie bedanken.

Als Junior der Preisträger darf ich die Worte des Dankes an Sie, Heiliger Vater, an Sie, Eminenz, für Ihre ehrenden Worte und an die gesamte Festversammlung richten.

Dabei bekenne ich, dass – gemessen am Lebenswerk der beiden älteren Preisträger, Manlio Simonetti und Olegario González de Cardedal, – ich nur in aufrichtiger Demut das Wort ergreife. Die Ihnen, Heiliger Vater, wichtige und teure Weisung aus der Regel des hl. Benedikt: „quia saepe iuniori dominus revelat quod melius est" (RB 3,3) tröstet und ermutigt mich dabei.

Heiliger Vater, als Professor der Theologie, als Bischof und jetzt als oberster Hirte der ganzen Kirche und Diener im Weinberg des Herrn haben Sie uns, die drei Preisträger, in unterschiedlicher Weise beeinflusst, geprägt und geformt. Über den Lehrer in der Theologie möchte ich im Folgenden etwas nachdenken.[11]

---

10 Zuerst veröffentlicht in: Maximilian Heim (Hg.), Als Glaubende sehen und verstehen. Band 2 der Schriftenreihe des Auditoriums Kloster Stiepel, Heiligenkreuz 2012, 13-21.

11 Sanctissime Pater! Vobis – non meo tantum nomine, sed his quoque duobus theologis, qui una mecum praemii palmam tulerunt, annuentibus – tota mente ac animo sincero gratias ago maximas ac plurimas pro illo honore, quo commodule brabeo hoc theologico Ratzingeriano exornati sumus. Liceat mihi inter laureatos natu minimo et Vobis, Sanctissime Pater, pro benevolentia Vestra et Vobis, eminentissime domine, pro verbis honorificis prolatis necnon toti coetui festivo gratias referre. Aperte mihi confiteor me in conspectu illius stupendi operis theologici, quod ambo alii práemii consortes, egregii illi atque doctissimi professores Manlius Simonetti Olegariusque Gonzalez de Cardedal, effecerunt, humilitate profunda atque sincera esse locuturum. Illud, quod Vobis, Sanctissime Pater, carum est et grave, praeceptum Sancti patris Benedicti, qui in regulae libello admonuit, ut omnes ad consilium vocarentur, „quia saepe iuniori dominus revelat, quod melius est" (RB 3,3), mihi solacio est et animum confirmat. Sanctissime Pater, muneribus sive professoris theologiae sive episcopi sive supremi ecclesiae universalis pastoris – quod munus nunc exercetis – fungentes nos triumvirales brabeo Ratzingeriano, quod dicitur, quasi laureatos modo tam diverso quam singulari et commovistis et formastis et quodammodo cudistis. Mihi nunc propositum est iis, quae sequuntur, verbis animum in ea intendere, quae magistri theologiam profitentis sunt.

Ein in die Augen fallendes Spezifikum des christlichen Glaubens ist sein „intellektuelles“ Moment. Bereits im Missionsauftrag Jesu heißt es „euntes ergo docete omnes gentes“[12]. Der Auferstandene sendet uns in die Welt, die Menschen zu lehren. ER will erkannt werden. ER will gekannt und geliebt werden.

Das ist keineswegs etwas Selbstverständliches.[13] Wir können mit Gott, der die Wahrheit ist, in eine personale, ja persönliche Beziehung eintreten. Und dennoch gilt es, immer wieder neu darauf hinzuweisen, dass sich der Wahrheitsanspruch des Glaubens nicht einfach in den subjektiven Bereich abdrängen lässt.[14]

Heiliger Vater, Sie sind, für einige schon seit sechs Jahrzehnten, ein Lehrer, der seine Schüler formt: jemand, der mit wachem Auge und tiefem Gespür unserer Zeit zugewandt ist und ihre Not mitträgt – und gerade deshalb den allzu glatten Lösungen des Zeitgeistes standhält. Auch Sie haben Formung erfahren von den Kirchenvätern und den großen scholastischen Denkern, besonders von Augustinus und Bonaventura, und von zeitgenössischen Theologen wie etwa Gottlieb Söhngen[15].

Für Augustinus wie Bonaventura vermag ein menschlicher Lehrer zwar den Blick des Schülers zu lenken, die eigentliche Unterweisung aber kommt von der Wahrheit selbst.[16] Im Bild gesagt: Der „äußere Lehrer“ öffnet die Fensterläden, damit das Licht der Wahrheit einströmen kann. Auf diese Weise weckt er den Mut zur Wahrheit. Sie ist es, die sich durch den Dienst des Lehrers offenbart. Der Lehrer im eigentlichen Sinne jedoch ist die Wahrheit selbst, die letztlich Christus ist. So gelingt es dem Schüler, den zu sehen, den auch der Lehrer sieht.[17] Die Verantwortung des Lehrers liegt darin, dass er

12 Mt 28,19.

13 Das ist wirklich etwas Besonderes! Nicht einfach Gehorsam, nicht rituelle Verehrung, nicht Offenbarung nur soweit es nötig ist, sondern Gott will erkannt werden, so wie er ist, als „Deus caritas est“, als personale Beziehung.

14 Der „relativistische Skeptizismus stellt die Überzeugung der Kirche infrage, dass es eine Wahrheit gibt und dass diese erkennbar und mitteilbar ist.“ In: Paolo G. Sottopietra, Wissen aus der Taufe. Die Aporien der neuzeitlichen Vernunft und der christliche Weg im Werk Joseph Ratzingers, Regensburg 2003, 439.

15 Vgl. Joseph Ratzinger, Das Ganze im Fragment. Gottlieb Söhngen zum Gedächtnis, in: Christ in der Gegenwart 23 (1971) 398f.

16 „utrum autem vera dicantur, eum docere solum, qui se intus habitare, cum foris loqueretur, admonuit. Augustinus, Mag. XIV, 46.

17 Vgl. dazu: Marianne Schlosser, Docere est actus misericordiae. Theologiegeschichtliche Anmerkungen zum Ethos des Lehrens – Herrn Professor Dr. Richard Heinzmann zum 65. Geburtstag

selbst jemand sein muss, der die Wahrheit liebt, sie tiefer zu verstehen sucht,[18] und danach verlangt, sich von ihr formen zu lassen. Er weiß, dass er selbst ein Empfangender ist.

Ein theologischer Lehrer will daher den Schüler zu der Begegnung mit Gott führen. Und weil er selbst von dieser Nähe umfasst ist, lehrt er in Freude – einer Freude, die auch der Liebe zu den Menschen, die ihm anvertraut sind, entspringt.[19] Diese Liebe und Freude – so Augustinus[20] – ermöglichen ihm, trotz mancher Enttäuschungen von außen oder Ermüdung von innen seinem Dienst treu zu bleiben.

Im Lehren und Verkündigen vereinen sich also auf ganz besonders innige Weise Gottes- und Nächstenliebe, Freundschaft mit Christus und Nachfolge Christi, Kontemplation und Apostolat. Denn das Lehren, so bemerkt Thomas von Aquin, hat ja zwei Objekte bei sich: *doceo aliquem aliquid.*[21] Man muss Gott lieben, über den man spricht, und die Menschen, zu denen man spricht.

Der zweite große Lehrer, der Sie, Heiliger Vater, wohl gerade in der Auffassung von Theologie prägte, ist Bonaventura. Bei ihm gehen wissenschaftliche Methode und geistliches Feuer, Anstrengung des Begriffs und seelsorglicher Eifer eine einzigartige Symbiose ein. Der Theologe hat nach Bonaventura die wundervolle, aber auch höchst verantwortungsvolle Aufgabe, dem WORT Gottes seine sprachliche Ausdruckskraft zur Verfügung zu stellen – sich um Angemessenheit, Klarheit und Schönheit zu mühen. Hier sind Sie uns, Heiliger Vater, als Theologe ein hervorragendes Vorbild. Sie vermögen es immer wieder aufs Neue, sprachliche Klarheit mit der Schönheit des

---

gewidmet, in: MThZ 50 (1999) 54-74, hier: 60. Für den Lehrer der Theologie gilt in analoger Weise, was Kardinal Ratzinger im Hinblick auf seinen Wahlspruch „Mitarbeiter der Wahrheit" (3 Joh 8) über den Bischof schrieb: „Auch er, gerade er, ist ‚Mit-Arbeiter', das heißt, er tritt nicht im eigenen Namen auf, sondern ist ganz und gar durch ein ‚Mit' bestimmt. Nur wenn er ‚mit' Christus und ‚mit' der ganzen glaubenden Kirche aller Orte und aller Zeiten wirkt, tut er, was er tun muss." Joseph Ratzinger, Mitarbeiter der Wahrheit. Gedanken für jeden Tag, München 1979, 6.

18 Aber im Vermittlungsprozess kommt es nach Augustinus nicht nur darauf an, was man vorträgt, sondern auch, wie dieses getan wird. Ein Aspekt, den Augustinus in seiner Schrift „De catechizandis rudibus" darlegt. Vgl. Augustinus, De cat. rud. X, 14-XIV, 22.

19 Es gibt bei Augustinus einen eigenen Unterabschnitt, der sich mit der Frage über die Freude am Lehren beschäftigt. Siehe dazu das Inhaltsverzeichnis „Wie der Katechet den Überdruss vermeiden und die Freude am Lehren erreichen kann." Dt. Übersetzung zu Aurelius Augustinus, Vom ersten katechetischen Unterricht. Neu übersetzt von Werner Steinmann, bearbeitet und herausgegeben von Otto Wermelinger, München 1985.

20 Augustinus, De cat. rud. XI, 16, 8.

21 S. th. II-II q. 181 a. 3.

Ausdrucks zu verknüpfen und so dem Leser und Hörer des Wortes Freude an Gott und seiner Kirche zu schenken. Zugleich sind Sie als Theologe der Kirche stets darauf bedacht, den „einfachen" Glauben der Kleinen (vgl. Mt 11,25)[22] zu verteidigen, indem Sie mit prophetischem Freimut dem Diktat des Zeitgeistes Widerstand leisten.

Bonaventura, der in seiner Zeit den apostolischen Glauben der Kirche verteidigte, hat die Institution und Heiligkeit nicht als Gegensätze begriffen.[23] Als Theologe, der denkt und betet, hat er gerade in dieser Weise sein Leitungsamt wahrgenommen.[24] In seinem Ansatz wird Theologie als eine *scientia secundum pietatem* verstanden, „als eine Wissenschaft, die auf die Vervollkommnung des ganzen Menschen in Erkenntnis, Willen und Gemüt ausgerichtet ist"[25].

Theologie in Studium und Wissenschaft soll zur Stärkung des Glaubens anderer und zur freudvollen Vertiefung der eigenen Beziehung zu Gott führen. Theologie, so verstanden, ist ein Weg zur Heiligkeit.[26] Es geht um das „sursum corda", um die Bewegung zu Gott.[27] Hierin liegt ein besonderer und bleibender Auftrag.

Jeder von uns weiß aus eigener Erfahrung, dass der Doktorvater eine prägende Figur jedes jungen Wissenschaftlers ist. Daher kann hier der Theologe und Philosoph Gottlieb Söhngen nicht unerwähnt bleiben, dessen Größe in der Weite seines Ausgriffs lag,[28] wie es Joseph Ratzinger beim Requiem für seinen Lehrer formulierte.

---

22 Vgl. Joseph Ratzinger, Zeitfragen und christlicher Glaube, Würzburg 1983, 21.

23 Vgl. Maximilian Heim, Ekklesiologische Linien in den Bonaventura-Studien Joseph Ratzingers, in: Marianne Schlosser, Franz-Xaver Heibl (Hg.), Gegenwart der Offenbarung. Zu den Bonaventura-Forschungen Joseph Ratzingers, Ratzinger-Studien Bd. 2, Regensburg 2011, 104-115, hier: 107.

24 Vgl. Benedikt XVI., Der heilige Bonaventura. Ansprache bei der Generalaudienz in der vatikanischen Aula Paolo VI. am 3. März 2010, in: OR (D) Nr. 10 vom 12. März 2010, 2.

25 Marianne Schlosser, Docere est actus misericordiae. Theologiegeschichtliche Anmerkungen zum Ethos des Lehrens – Herrn Professor Dr. Richard Heinzmann zum 65. Geburtstag gewidmet, in: MThZ 50 (1999) 54-74, hier: 63.

26 Bonaventura, Ep. De tribus quaestionibus, III sent. Dist. 35 q.3.

27 Vgl. Kurt Koch, Benedikt XVI. und Bonaventura. Einführung in die theologischen Wurzeln des Denkens des Papstes, in: Kurt Koch, Das Geheimnis des Senfkorns. Grundzüge des theologischen Denkens von Papst Benedikt XVI., Ratzinger-Studien Bd. 3, Regensburg 2010, 45-68, hier: 68. Theologie, in Studium und Wissenschaft bonaventuranisch vertreten, führt damit zum Gebet hin und ist dem geistlichen Leben förderlich. Bonaventura, Ep. De tribus quaestionibus (VIII 331-336), III sent. Dist. 35 q.3. Es findet seine Vollendung „in einer Theologie, die zugleich auch schon Verkündigung ist." Joseph Ratzinger, Gesammelte Schriften Bd. 2: Offenbarungsverständnis und Geschichtstheologie Bonaventuras. Habilitationsschrift und Bonaventura-Studien (= JRGS 2), hg. von Gerhard Ludwig Müller, Freiburg i. Br. 2009, 80.

28 Joseph Ratzinger, Das Ganze im Fragment. Gottlieb Söhngen zum Gedächtnis, in: Christ in der Gegenwart 23 (1971) 398f.

In seinem Leben wird deutlich, dass der Glaube sich vor den Anfragen der Wissenschaften nicht fürchten muss, wenn der Glaube des theologisch Ringenden ein radikaler Glaube ist. Ein Glaube, der aus eigener Erfahrung mit Gott weiß, dass sich der Gott Abrahams, Isaaks und Jakobs in Jesus Christus offenbart hat. Ein Glaube, der einen Akt des Glaubensentscheides voraussetzt.[29]

Hier liegt meines Erachtens die ganz große Chance. Als Theologen dürfen wir furchtlos nach der Wahrheit fragen, da der Theologe nicht die Wahrheit formt, sondern die Wahrheit den Theologen formt. Wir könnten also nicht nach der Wahrheit fragen, wenn diese uns nicht schon begegnet wäre.[30] Aus dieser Begegnung heraus dürfen wir Hoffnung schöpfen und den Glauben weitertragen.[31] Die notwendigen Begleiter dazu sind die großen Theologen der Kirchengeschichte. Allen voran die Kirchenväter und die Kirchenlehrer. Die Kirchenväter sind „die wahren Sterne, die aus der Ferne strahlen“[32]. Sie leben aus der Heiligen Schrift und sie stehen Christus innerlich nahe, sie sind „Lehrer der ungeteilten Kirche“[33]. Von dem „ad fontes“

---

29 Aus dem Glauben heraus nehme ich die Heilige Schrift an, sehe in ihr eine Einheit. „Gewiss, die christologische Hermeneutik, die in Jesus Christus den Schlüssel des Ganzen sieht und von ihm her die Bibel als Einheit zu verstehen lernt, setzt einen Glaubensentscheid voraus und kann nicht aus purer historischer Methode hervorkommen.“ Joseph Ratzinger/Benedikt XVI., Jesus von Nazareth. Erster Teil: Von der Taufe im Jordan bis zur Verklärung, Freiburg i. Br. 2007, 18. Vgl. dazu auch: Rudolf Voderholzer, Die Einheit der Schrift und ihr geistiger Sinn, Einsiedeln 1998.

30 „Zutiefst kam die Furchtlosigkeit seines Fragens aus der Erkenntnis, dass wir nicht fragen können nach der Wahrheit, wenn sie nicht zuerst gefragt hätte nach uns; dass wir Wahrheit nicht suchen könnten, wenn wir nicht schon zuvor gefunden wären von ihr.“ Joseph Ratzinger, Das Ganze im Fragment. Gottlieb Söhngen zum Gedächtnis, in: Christ in der Gegenwart 23 (1971) 398f. Genau das meint Ignatius von Loyola mit dem Begriff „Indifferenz“. Wir dürfen uns von einer Gelassenheit tragen lassen, dass Gott allein zählt. „Die Quintessenz der Indifferenz besteht also darin, in der Entscheidung zum ‚mehr‘ aufgehoben zu werden.“ Peter Köster, Die geistlichen Übungen des hl. Ignatius von Loyola, Norderstedt 2009, 44.

31 Die Begegnung mit Gott ist eine personale. Jesus Christus, der wahre Gott und wahre Mensch, ist Person und wir als Menschen können Ihm begegnen. Der eine Gott ist unser unfehlbarer Lehrer, der sich uns Menschen offenbart und dessen Heiliger Geist in der Heiligen Schrift atmet. „Für die Katholiken ist der Fundort dieser Art von Offenbarung Schrift und Tradition zusammen.“ Donath Hercsik, Die Grundlagen unseres Glaubens. Eine theologische Prinzipienlehre, Münster 2005, 37. Joseph Ratzinger drückt es im 2. Band der JRGS (Gesammelte Schriften Joseph Ratzingers) wie folgt aus: „Die Offenbarung ist weder gegenständliche Lehre noch objektives Sein, sie ist ein von der Person Gottes unablösbarer, *personaler* Akt eben dieses Gottes, in dem er sich der *Person* des Menschen erschließt.“ Joseph Ratzinger, Einführung, in: JRGS 2, 57-75, hier: 61f.

32 Zitiert nach: Justinus C. Pech, Für uns ist Christus alles – Hinführung zu den Predigten von Papst Benedikt XVI., in: Benedikt XVI./Joseph Ratzinger, Die Kirchenväter, Leipzig 2008, 7-23, hier: 11.

33 Joseph Ratzinger, Die Bedeutung der Väter im Aufbau des Glaubens, in: Joseph Ratzinger, Theologische Prinzipienlehre. Bausteine zur Fundamentaltheologie, München 1982, 139-159, hier: 153.

sollte sich ein Theologe in Studium und Lehre tragen lassen.[34] Wir lassen uns belehren von den Heiligen, von Menschen, die wissen, dass Gott allein zählt, von den in der Tradition bewanderten, von den im Wort Gottes verankerten.[35]

Diese Form von existentieller Theologie[36] haben wir in Ihnen, Heiliger Vater, gefunden. Bei Ihnen ist „Theologie und kirchliches Leben in besonderer Weise zu einer Einheit verschmolzen"[37]. Sie verwirklichen, was Thomas von Aquin in seinem Epheserkommentar kurz und bündig bemerkt: „Der Apostel spricht von Hirten, also Leuten, welche die Sorge für die Herde des Herrn tragen; und er fügt gleich hinzu: und Lehrer, um zu zeigen, dass es wesentlich zur Aufgabe der Hirten gehört, zu lehren (*proprium officium pastorum ecclesiae est docere*), was den Glauben und die Sitten betrifft."[38]

Wir wollen Theologie als Rede von Gott verstehen, die aus der lebendigen Begegnung mit dem kommt, von dem wir sprechen dürfen – eine Begegnung, die uns in der Kirche[39] geschenkt ist.[40] Und als Verkündigung, die wiederum zu lebendiger Begegnung führen soll – zum Gebet.[41]

---

34 So Kardinal Christoph Schönborn in seinem Vortrag anlässlich des Festaktes am 11.05.2007 zur Erhebung der Philosophisch-Theologischen Hochschule Benedikt XVI. Heiligenkreuz.

35 Vgl. Bernhard Körner, Wer ist ermächtigt, über Gott zu sprechen? Vorwort zur Buchpräsentation von P. Maximilian Heim, in: Sancta Crux 65 (2004) 87-89, hier: 88.

36 „Bei Papst Benedikt ist Theologie von Anfang an mit dem kirchlichen Leben zu einer Einheit verschmolzen. Das war auch der Grund, warum ich sein theologisches Denken im Titel meiner Dissertation als ‚existentiell' bezeichnet habe." Maximilian Heim, Joseph Ratzinger/Papst Benedikt als Theologe, in: Ders. (Hg.), Tu es Pastor Ovium. Eine Nachlese zum Besuch von Papst Benedikt XVI. am 9. September 2007 im Stift Heiligenkreuz, Heiligenkreuz 2009, 62-82, hier: 63.

37 Maximilian Heim, Joseph Ratzinger – Kirchliche Existenz und existentielle Theologie. Ekklesiologische Grundlinien unter dem Anspruch von *Lumen gentium*, Frankfurt am Main [2]2005, 25.

38 Kommentar zu Eph 4,11 (lectio 4, Marietti 212).

39 „Denn eine Kirche ohne Theologie verarmt und erblindet; eine Theologie ohne Kirche aber löst sich ins Beliebige auf." Joseph Ratzinger, Vom geistlichen Grund und vom kirchlichen Ort der Theologie, in: Joseph Ratzinger, Wesen und Auftrag der Theologie. Versuche zu ihrer Ortsbestimmung im Disput der Gegenwart, Freiburg i. Br. 1993, 39-62, hier: 41.

40 Eine Theologie, die in Treue und Liebe zur Kirche gelehrt wird. Vgl. dazu: Hermann Josef Pottmeyer, Das Mysterium der Kirche in der Theologie von Joseph Ratzinger, in: Istituto Paolo VI. Centro Internazionale di Studi e Documentazione promosso dall'Opera per l'Educazione Cristiana di Brescia 49, Brescia 2005, 51-57.

41 Vgl. Joseph Ratzinger, Verkündigung von Gott heute, in: Joseph Ratzinger, Dogma und Verkündigung, München 1973, 101-118, hier: 117. So wie es Papst Benedikt XVI. mit einem Zitat von Hans Urs von Balthasar bei seinem Besuch in der Abtei Heiligenkreuz formuliert hat, es geht um eine „kniende Theologie". Vgl. Benedikt XVI., In visitatione Abbatiae „Heiligenkreuz", die 9 Septembris 2007, in: AAS 99 (2007: 10) 853-858, hier: 857.

Als Theologen wollen wir gemeinsam mit Ihnen *cooperatores veritatis* sein, uns demütig, zuversichtlich und ohne Furcht dem wissenschaftlichen Disput der *„universitas scientiarum"* stellen, indem wir *fides und ratio* nicht als Gegensätze begreifen. Mit Vernunft fragen wir nach Gott, der die Wahrheit und der Grund und das Ziel der menschlichen Existenz ist, und wir tun dies „im Zusammenhang der Überlieferung des christlichen Glaubens"[42].

Ein herzliches „Vergelt's Gott" für diesen Preis und für Ihren Dienst in Kirche und Welt sowie Gottes Segen zu Ihrem Diamantenen Priesterjubiläum, damit uns der Glanz der Wahrheit weiterhin leuchtet: *ad multos annos felicissimos!*

42 Benedikt XVI., Glaube, Vernunft und Universität. Erinnerungen und Reflexionen – Vorlesung des Heiligen Vaters, in: Verlautbarungen des Apostolischen Stuhls (Nr. 174), hg. vom Sekretariat der Deutschen Bischofskonferenz, Bonn 2006, 72-84, hier: 73.

Der Platz der Theologie in der universitas scientiarum

Inaugurationsvorlesung am 27. Oktober 2011
bei der internationalen Konferenz „Jeden świat – wiele kultur.
Dialog kultur, cywilizacji, religii w dobie globalizacji"
„Eine Welt – viele Kulturen.
Dialog der Kulturen, Zivilisationen,
Religionen in einer globalisierten Welt"
an der Kasimir-der-Große-Universität in Bydgoszcz[43]

Magnifizenzen, Exzellenzen, Frau Ministerin,
verehrte Damen und Herren,
geschätzte Studentinnen und Studenten!

Recht herzlich danke ich Ihnen für die freundlichen einführenden Worte. Es ist für mich eine große Ehre, heute vor einem so exzellenten Kreis an Würdenträgern aus Politik, Wissenschaft, Kirche und Kultur einen Vortrag halten zu dürfen. Sicherlich ist es für den einen oder anderen von Ihnen überraschend, vielleicht sind Sie sogar verwundert, dass ein Mönch vor Ihnen steht, um über den Platz der Theologie in der *universitas scientiarum* nachzudenken. Man könnte vielleicht an den Benediktiner Jean Mabillon († 1707) denken und sein Werk „Über das Studium der Mönche"[44], in dem klar die Diskussion über monastisches Leben und Studium zum Ausdruck kommt, oder an Dom Jean Leclercq († 1993)[45], der *Wissenschaft und Gottverlangen* miteinander zu verbinden wusste, worauf Papst Benedikt in

43 Zuerst veröffentlicht in: Georg Ratzinger, Roger Zörb (Hg.), Zum 85. Geburtstag. Festschrift der Gesellschaft zur Förderung öffentlicher Verantwortung e. V. für den Heiligen Vater Papst Benedikt XVI. 16. April 2012, Hamburg 2012, 127-138.

44 Jean Mabillon, Über das Studium der Mönche, hg. von Cyrill Schäfer, St. Ottilien 2007. Vgl. auch: Jean Leclercq, Wissenschaft und Gottverlangen. Zur Mönchstheologie des Mittelalters. Originaltitel: „L'amour des lettres et le désir de Dieu". Aus dem Französischen übertragen von Johannes und Nicole Stöber, Düsseldorf 1963.

45 Jean Leclercq, Wissenschaft und Gottverlangen. Zur Mönchstheologie des Mittelalters. Originaltitel: „L'amour des lettres et le désir de Dieu". Aus dem Französischen übertragen von Johannes und Nicole Stöber, Düsseldorf 1963.

seiner großen Ansprache im Collège des Bernardins[46] in Paris im Jahr 2008 hinweist. Ein Jahr zuvor sagte er bei seiner Ansprache in unserer Abteikirche Heiligenkreuz: „So wichtig die Integration der theologischen Disziplin in die *„universitas“* des Wissens durch die Katholisch-Theologischen Fakultäten an den staatlichen Universitäten ist, ist es doch ebenso wichtig, dass es so profilierte Studienorte wie den Euren gibt, wo eine vertiefte Verbindung von wissenschaftlicher Theologie und gelebter Spiritualität möglich ist. Gott ist ja nie bloß Objekt der Theologie, er ist immer zugleich ihr lebendiges Subjekt. Christliche Theologie ist auch nie eine bloß menschenförmige Rede über Gott, sondern sie ist immer zugleich der Logos und die Logik, in der Gott sich zeigt. Darum sind wissenschaftliche Intellektualität und gelebte Frömmigkeit zwei Elemente des Studiums, die in unaufgebbarer Komplementarität aufeinander angewiesen sind.“[47]

Auch bei der Verleihung des ‚Premio Ratzinger‘ in Rom in diesem Jahr stellte unser Heiliger Vater Papst Benedikt XVI. fest, dass die monastische Theologie eine Ergänzung der universitären Theologie darstellt und beide zusammen „das Ganze der abendländischen Theologie gestaltet“ haben.[48] In diesem Sinne werde ich nun als Mönch und Theologe im Gehorsam gegenüber Papst und Kirche Ihnen meine Gedanken darlegen.

Dieser Vortrag ist überschrieben mit dem Titel „Der Platz der Theologie in der *universitas scientiarum.*“ Damit sind wir direkt dazu eingeladen, darüber nachzudenken, was die Universität mit ihren Fakultäten ist, welches Ziel sie verfolgt und welche Aufgaben ein neu zu gründendes theologisches Institut an Ihrer Universität haben kann, das den Namen unseres jetzigen Pontifex tragen soll. Diese Grundlinien sollen anhand der Ansprachen von Papst Benedikt XVI., die er an Universitäten bzw. vor akademischem Publikum gehalten hat, nachgezeichnet werden. Mitberücksichtigt wird hier

---

46 Benedikt XVI., Ansprache im Collège des Bernardins, Paris (12. September 2008), in: Benedikt Müntnich, Über Benedikt. Die Texte von Papst Benedikt XVI. (Münsterschwarzacher Kleinschriften Nr. 172), Münsterschwarzach 2009, 47-63, hier: 58.

47 Benedikt XVI., In visitatione Abbatiae „Heiligenkreuz“, die 9 Septembris 2007, in: AAS 99 (2007: 10) 853-858, hier: 856.

48 Benedikt XVI., Gott zeigt sich in der Begegnung von Person zu Person. Ansprache von Papst Benedikt XVI. am 30. Juni bei der Verleihung des ‚Benedikt XVI.-Preises‘ an drei renommierte Theologen, in: OR (D) Nr. 27 vom 8. Juli 2011, 10f., hier: 10.

auch ausdrücklich die nicht gehaltene Ansprache vor der Universität „La Sapienza" in Rom. Dabei werde ich in drei Schritten vorgehen:

Im ersten Anlauf geht es um die Frage der grundsätzlichen Berechtigung einer theologischen Fakultät an der Universität. Als der junge Joseph Ratzinger 1959 in Bonn seine Antrittsvorlesung als Professor gehalten hat, war die Universität Bonn überschaubar, die einzelnen Lehrstühle hatten keine Assistenten oder Schreibkräfte, aber es gab unmittelbare Begegnungen zwischen den Lehrenden untereinander und den Professoren mit den Studenten.[49] Man war damals stolz darauf, dass sich an der Universität auch die theologische Fakultät befindet. Die Universität bildete über ihre unterschiedlichen Fakultäten hinweg „ein Ganzes" und man hat in diesem Ganzen, d. h. Universalen der Vernunft, gearbeitet. Eine theologische Fakultät hat gerade deshalb ihren Platz an der Universität, weil in dieser Disziplin seit jeher Glaube und Vernunft aufeinander bezogen werden. Die Vernunft gehört in das Fragen der Menschen hinein. Es gibt den Drang des Menschen nach Erkenntnis.[50] Bereits seit Sokrates kennen wir dieses Streben nach Einsicht und Wahrheit.[51] Der Mensch will nicht das Vordergründige, Oberflächliche, sondern ist auf der Suche nach dem Sein. Die Universität ist der Ort, an dem mit der Vernunft nach dem inneren Zusammenhalt des Kosmos gesucht wird. Damit hat auch unmittelbar eine theologische Fakultät einen Platz an der Universität. Denn die Theologie fragt nach der Vernunft des Glaubens – auch wenn nicht alle diesen Glauben teilen. Der Dogmatiker Erwin Dirscherl schreibt in einem Kommentar zur Regensburger Vorlesung: „Der einfache Kern der wechselseitigen Bezogenheit von Glauben und Vernunft besteht im Aufruf zu einer Offenheit für den Dialog, in dem wir die eigene Position ohne Angst vertreten, aber

49 Vgl. Benedikt XVI., Glaube, Vernunft und Universität. Erinnerungen und Reflexionen – Vorlesung des Heiligen Vaters, in: Verlautbarungen des Apostolischen Stuhls (Nr. 174), hg. vom Sekretariat der Deutschen Bischofskonferenz, Bonn 2006, 72-84, hier: 72.

50 Vgl. Sapienza, 3.

51 Platon, Apologie – Kriton, Stuttgart 1982, 36: „Bester der Männer, du, ein Bürger Athens, der größten und an Weisheit und Stärke berühmtesten Stadt, du schämst dich nicht, dich um Schätze zu sorgen, um sie in möglichst großer Menge zu besitzen, auch um Ruf und Geltung, dagegen um Einsicht und Wahrheit und um deine Seele, dass sie so gut werde wie möglich, darum sorgst und besinnst du dich nicht? Wenn aber einer von euch Einwendungen macht und behauptet, er sorge sich doch darum, so werde ich nicht gleich von ihm ablassen und weitergehen, sondern ihn fragen und erproben und ausforschen, und wenn er mir die Tüchtigkeit nicht zu besitzen scheint, es aber behauptet, so schelte ich ihn, dass er das Wertvollste am wenigsten achte, das Schlechtere aber höher."

um die eigenen Grenzen wissen, lernfähig und für Veränderungen offen bleiben, ohne die ein Dialog nicht glücken kann."[52] Wenn es der Vernunft und dem Glauben um die Wahrheit geht, dann ergänzt sich ihr Anliegen gegenseitig und sie stehen nicht in Konkurrenz zueinander. Es ist die Vernunftgemäßheit des Fragens, die der Theologie ihren Platz an der Universität gab und gibt.

In einem zweiten Schritt stellt sich die religionsgeschichtliche Frage, woher es kommt, dass gerade in der christlichen Religion der Vernunft diese hohe Bedeutung eingeräumt wird und ob dies aus einem geschichtlichen Zufall erwachsen ist oder zur Grundlage des christlichen Glaubens gehört. Für Joseph Ratzinger gilt, dass Gott als Logos handelt. Gott ist der Seiende und Er hat sein metaphysisches Wesen offenbart, in dem Wesen und Dasein zu einer Einheit zusammenfallen.[53] Der Anfang des Johannesprologs steht für diese Ontologie: „'Εν ἀρχῇ ἦν ὁ Λόγος" „Im Anfang war das Wort" (Joh 1,1). Gott selbst ist dieser Anfang, Er ist Logos und „Logos ist Vernunft und Wort zugleich – eine Vernunft, die schöpferisch ist und sich mitteilen kann, aber eben als Vernunft."[54] An diesem Punkt liegt auch der Kern für die Unterscheidung der christlichen Religion von allen anderen Formen des Götterkultes.

In der Stoa war es zu einer Aufspaltung zwischen der mythischen Religion und dem öffentlichen Götterkult auf der einen Seite und der natürlichen Theologie, die nach dem wahren Wesen der Götter fragt, auf der anderen Seite gekommen. Die natürliche Theologie war das Geschäft der Philosophen, die mit den Mitteln der Vernunft nach Gott fragten. Die Verehrung der Götter war davon getrennt. So berichtet es uns der Stoiker Marcus Terentius Varro (116-27 v. Chr.), der zwischen einer *theologia mythica* (Göttererzählungen), einer *theologia civilis* (öffentlicher Götterkult) und der *theologia naturalis* bzw.

---

52 Erwin Dirscherl, Die Überlegungen Benedikts XVI. zum Verhältnis von Glaube und Vernunft. Analogie und Korrelationalität als Ermöglichung von Beziehung, in: Christoph Dohmen, Die „Regensburger Vorlesung" Papst Benedikts XVI. im Dialog der Wissenschaften, Regensburg 2007, 27-37, hier: 37.

53 Vgl. Joseph Ratzinger, Der Gott des Glaubens und der Gott der Philosophen. Ein Beitrag zum Problem der theologia naturalis, Freiburg i. Br. 1960, 16.

54 Benedikt XVI., Glaube, Vernunft und Universität. Erinnerungen und Reflexionen, in: Christoph Dohmen, Die „Regensburger Vorlesung" Papst Benedikts XVI. im Dialog der Wissenschaften, Regensburg 2007, 15-26, hier: 18.

physica (natürliche Theologie) unterschied.[55] Erstere ist die Sache der Dichtung, die solche Mythen auf den Weg bringt. Der öffentliche Götterkult hingegen ist die Sache der πόλις, des Stadtstaates im alten Griechenland (bzw. des Staates im Imperium Romanum), der den Götterkult zu regeln hatte. Die *natürliche Theologie* hingegen ist die Sache der Philosophen, die „nach dem wahren Wesen der Götter fragen."[56] Wie Christoph Böttigheimer feststellt, ist diese natürliche Theologie „im eigentlichen Sinne Metaphysik; sie hat mit der Wahrheit des Wirklichen, der Seinswahrheit des Göttlichen zu tun. Der λόγος hatte sich gegen den Mythos gestellt, der Gott der Philosophen gegen die Götter der Religion, die Wahrheit gegen die Frömmigkeit und Gewohnheit. Ort der natürlichen Theologie ist nicht die πόλις, sondern der Kosmos."[57] Für Marcus Terentius Varro ist im Gegensatz zur natürlichen Religion, die für ihn reine Privatmeinung ist, der öffentliche Götterkult, d. h. die *theologia civilis,* Religion im eigentlichen Sinn.

Damit kam es bei den Griechen bereits zu einer Aufspaltung zwischen dem Fragen mit den Mitteln der Vernunft und dem Glauben. An dieser Stelle wird die Neuigkeit des christlichen Glaubens deutlich. Das Christentum ist keine Mythen-Religion und sie hat sich nicht in die gängige Form der Gottesverehrung eingefügt, was auch der Grund für die zahlreichen Christenverfolgungen war.

Es ist nicht ein Zufall der Geschichte, dass Glaube und Vernunft im Christentum aufeinander bezogen sind, sondern Gott selbst ermöglicht als „das Wort, das Fleisch geworden ist" (Joh 1,1), den vernunftbegabten Menschen, ihn als λόγος erkennen zu können. Dieser „unbekannte Gott", den die griechische Weisheit sucht, ist Mensch geworden, wie es der hl. Paulus in seiner Rede auf dem Areopag (Apg 17,16-34) hervorgehoben hat. Entsprechend ist auch der christliche Glaube logosgemäß, d. h. die Vernünftigkeit ist ihm wesenseigen. Folglich ist die Begegnung zwischen dem biblischen Glauben und dem griechisch-philosophischem Fragen – wie es

55 Vgl. Christoph Böttigheimer, Lehrbuch der Fundamentaltheologie, Freiburg i. Br. 2009, 29. Dort verweist er auf Marcus Terentius Varro, Antiquitates rerum humanarum et divinarum libri XLI., (Altertümer menschlicher und göttlicher Einrichtungen), eine römische Kulturgeschichte in 41 Büchern, die Varro Julius Caesar widmete.

56 Ebd.

57 Ebd.

Papst Benedikt betont – „nicht nur ein religionsgeschichtlich, sondern weltgeschichtlich entscheidender Vorgang, der uns auch heute in die Pflicht nimmt. Wenn man diese Begegnung sieht, ist es nicht verwunderlich, dass das Christentum trotz seines Ursprungs und wichtiger Entfaltungen im Orient schließlich seine geschichtlich entscheidende Prägung in Europa gefunden hat."[58]

Daher reduzieren alle Versuche einer Enthellenisierung des christlichen Glaubens nicht nur dessen *depositum*, sondern bewirken zudem einen verengten Vernunftbegriff ohne metaphysische Weite. Papst Benedikt XVI. sieht vor allem drei Wellen der Enthellenisierung. Die erste Phase beginnt mit den reformatorischen Theologen, die ihren Glauben durch die Philosophie einer Fremdbestimmung ausgesetzt sahen und daher in einem *‚sola scriptura'* die reine Form, eine Art Urgestalt des christlichen Glaubens, finden wollten, was dann im Denken und Werk von Immanuel Kant einen Höhepunkt gefunden hatte, der dem Glauben einen Zugang zum Ganzen der Wirklichkeit abgesprochen hat und diesen in der praktischen Vernunft verankert. Nach Kant richtet sich der Glaube auf etwas, das jenseits aller messbaren Erfahrung liegt, dessen Annahme aber ein „Bedürfnis" der Vernunft ist. Gerade durch diese Einschränkung der theoretischen Erkenntnis auf Erscheinungen sieht er im Glauben nur ein Postulat der praktischen Vernunft: „Ich musste ... das Wissen aufheben, um zum Glauben Platz zu bekommen."[59]

Die zweite Enthellenisierungswelle ist mit dem Namen Adolf von Harnack († 1930) verbunden.[60] Er wollte auf eine Glaubensbotschaft Jesu, den einfachen Menschen Jesu, zurückgreifen, der allen Hellenisierungsversuchen vorausliegt. Damit zeige sich der wahre Mensch Jesus, der den Kult zugunsten der Moral abgelöst hat, und er wird zum Vertreter einer menschenfreundlichen, moralischen Botschaft. Für von Harnack ist Theologie damit mehr ein historisches Fach. Als

---

58 Benedikt XVI., Glaube, Vernunft und Universität. Erinnerungen und Reflexionen – Vorlesung des Heiligen Vaters, in: Verlautbarungen des Apostolischen Stuhls (Nr. 174), hg. vom Sekretariat der Deutschen Bischofskonferenz, Bonn 2006, 72-84, hier: 78. Siehe dort auch den weiteren Gedankengang zu den drei Enthellenisierungswellen.

59 KrV Vorr. z. 2. A. (I 37–Rc 32).

60 Vgl. Adolf von Harnack, Lehrbuch der Dogmengeschichte I, Tübingen [5]1931, 20: Nach dem protestantischen Dogmenhistoriker Adolf von Harnack ist das Dogma der frühen Kirche „ein Werk des griechischen Geistes auf dem Boden des Evangeliums", wodurch das Christentum hellenisiert worden sei.

solches unterliegt es einer streng wissenschaftlichen Methode und habe deshalb Daseinsberechtigung an der Universität.

Schließlich folgt als dritte Welle der Positivismus, der zwar eine innere Rationalität voraussetzt, aber letztlich sich ganz dem Projekt der Falsifizierung und Verifikation im Experiment ergibt. Dies ist das zurzeit herrschende Paradigma, um die Wirklichkeit zu verstehen. Damit wird implizit jede Form des metaphysischen Zugangs, der den Blick auf die Tiefe des Seins richtet, als ein fruchtloser Versuch ausgeblendet. Von der Methodik her beschränkt sich die Naturwissenschaft, in einer Art Selbstbeschränkung auf das Erscheinende, auf die vorliegenden Phänomene. Aus dieser Sichtweise ergibt sich der heute gültige Begriff von Wahrheit und Wirklichkeit. Es geht um das Wahrnehmbare, Messbare, Erfassbare. Etwas ist so lange wahr, bis es falsifiziert wird.

Dies führt mich zum dritten Punkt meiner Ausführungen und damit zu einer synthetischen Zusammenführung des bisher Bedachten, indem ich schließlich die Frage stelle: Wie stehen Philosophie und Theologie zueinander? Mit Papst Benedikt XVI. verweise ich auf die wichtigste christologische Begriffsbestimmung, die chalzedonensische Formel des „Unvermischt und Ungetrennt": So wie der göttliche Logos mit der menschlichen Person Jesus Christus als ungetrennt und unvermischt dargestellt wird, so ist auch das Verhältnis von Philosophie und Glaube zu denken.[61] Dieser Gedanke, den Papst Benedikt XVI. besonders in der ungehaltenen Rede an der Universität „La Sapienza" ausbreitet, lautet: „Philosophie und Theologie müssen zueinander im Verhältnis des ‚Unvermischt und Ungetrennt' stehen. Unvermischt, das will sagen, dass jede der beiden ihre eigene Identität bewahren muss."[62] Der Glaube ist nicht eine Bedrohung der Philosophie, sondern der Verteidiger der Philosophie, nicht zuletzt, weil der Glaube ihrer bedarf.[63] „Die Philosophie muss wirklich Suche der Vernunft in ihrer Freiheit und ihrer eigenen Verantwortung bleiben; sie muss ihre Grenze und gerade so

61 Vgl. zu dieser Darstellung auch Karl-Heinz Menke, Der Leitgedanke Joseph Ratzingers. Die Verschränkung von vertikaler und horizontaler Inkarnation, Paderborn/München/Wien 2008, 69.

62 Sapienza, 2.

63 „Der Glaube bedroht die Philosophie nicht, sondern er verteidigt sie gegen den Allanspruch der Gnosis. Er verteidigt die Philosophie, denn er bedarf ihrer." Joseph Ratzinger, Glaube, Philosophie und Theologie, in: Joseph Ratzinger, Wesen und Auftrag der Theologie. Versuche zu ihrer Ortsbestimmung im Disput der Gegenwart, Freiburg i. Br. 1993, 11-25, hier: 25.

auch ihre eigene Größe und Weite sehen. Die Theologie muss dabei bleiben, dass sie aus einem Schatz von Erkenntnis schöpft, den sie nicht selbst erfunden hat und der ihr vorausbleibt, nie ganz von ihrem Bedenken eingeholt wird und gerade so das Denken immer neu auf den Weg bringt."[64] Das vorrangige Ziel der Philosophie wie der Theologie ist es also, vernünftige Suche nach der Wahrheit zu sein. Darin erscheint jeweils ihre wahre Größe. Zu dem „Unvermischt" gesellt sich wie eine Zwillingsschwester das „Ungetrennt". Denn auch die Philosophie stellt nicht ein voraussetzungsloses Nachdenken dar, das immer wieder am Nullpunkt anfinge, sondern sie ist „Liebe zur Weisheit", einer Weisheit, die die Welt und die menschliche Existenz zu deuten und zu verstehen sucht. Diese menschliche Weisheit baut also auf Vorhandenes, auf Geschöpfliches, das letztlich in seiner Logosgemäßheit seinen Schöpfer bezeugt. Ein Philosoph, der in den großen Raum der Weltweisheit eintritt, wird diese Spuren der unerschaffenen Weisheit erkennen können. Deshalb hört eine Philosophie, die sich nicht selbst ihren eigenen Horizont begrenzt, auf das, was die Theologie ihr zu sagen hat und ist somit umgekehrt ungetrennt von der Theologie nicht zu denken. Für jeden Wissenschaftler, der sich intensiv mit dem Werk des Professors, Bischofs bzw. Kardinals Joseph Ratzinger wie auch mit seinen Veröffentlichungen als Papst auseinandersetzt, wird an dieser Frage etwas Entscheidendes deutlich: Es gibt Einsichten, die den jungen Theologen schon in der Anfangszeit seines wissenschaftlichen Lebens geformt haben und die er über Jahrzehnte hinweg bis heute unverändert vertritt. Dazu gehört die Untrennbarkeit von Vernunft und Glaube.

Was aber bedeutet dieses Aufeinander-verwiesen-Sein von *fides et ratio* für die Universität? Die Vernunft bedarf stets einer inneren Reinigung, um ihrerseits gefährliche Pathologien zu vermeiden.[65] Deshalb sollte Universität die „selbstverfügte Beschränkung der Vernunft auf das im Experiment Falsifizierbare überwinden und der Vernunft ihre ganze Weite wieder eröffnen."[66] In diesem Sinne betonte

---

64 Sapienza, 2.

65 Vgl. die Antwort von Kardinal Ratzinger in: Jürgen Habermas, Joseph Ratzinger, Dialektik der Säkularisierung. Über Vernunft und Religion, Freiburg i. Br. 2005, 39-60, hier: 56.

66 Benedikt XVI., Glaube, Vernunft und Universität. Erinnerungen und Reflexionen – Vorlesung des Heiligen Vaters, in: Verlautbarungen des Apostolischen Stuhls (Nr. 174), hg. vom Sekretariat der Deutschen Bischofskonferenz, Bonn 2006, 72-84, hier: 83.

auch der selige Papst Johannes Paul II. in seiner Enzyklika *Fides et ratio*: „Diese der Weisheit verpflichtete Rolle könnte allerdings nicht von einer Philosophie wahrgenommen werden, die nicht selbst echtes und wahres Wissen wäre; das heißt eine Philosophie, die nicht nur auf einzelne, bedingte – ob funktionale, formale oder utilitaristische – Aspekte des Wirklichen, sondern auf seine vollständige und endgültige Wahrheit, also auf das Sein des Erkenntnisgegenstandes selbst gerichtet ist. Daher gilt eine zweite Forderung: Überprüfung der Fähigkeit des Menschen, zur *Erkenntnis der Wahrheit* zu gelangen"[67]. Die Wahrheit erlangt der Mensch durch jene *adaequatio rei et intellectus*[68], wie Thomas von Aquin lehrt. In diesem Sinn lehrt die Pastoralkonstitution des II. Vatikanischen Konzils: „Die Vernunft ist nämlich nicht auf die bloßen Phänomene eingeengt, sondern vermag geistig tiefere Strukturen der Wirklichkeit mit wahrer Sicherheit zu erreichen, wenn sie auch infolge der Sünde zum Teil verdunkelt und geschwächt ist."[69]

Daraus folgt, dass die Theologie heute innerhalb der Universität für das Projekt eintreten muss, der Vernunft ihre Weite zurückzugeben. Die Inspiration durch jene philosophische Weisheit, die dem metaphysischen Wahrheitsbegriff verpflichtet ist, kann auch der europäischen wissenschaftlichen Debatte einen neuen Schwung geben. Denn, um noch einmal den Freund und Vorgänger von Papst Benedikt XVI., den seligen Johannes Paul II., zu zitieren: „Glaube und Vernunft (*Fides et ratio*) sind wie die beiden Flügel, mit denen sich der menschliche Geist zur Betrachtung der Wahrheit erhebt. Das Streben, die Wahrheit zu erkennen und letztlich ihn selbst zu erkennen, hat Gott dem Menschen ins Herz gesenkt, damit er dadurch, dass er Ihn erkennt und liebt, auch zur vollen Wahrheit über sich selbst gelangen könne (vgl. Ex 33,18; Ps 27 [26],8-9; Ps 63 [62],2-3;

---

67 Johannes Paul II., Enzyklika *Fides et ratio* von Papst Johannes Paul II. an die Bischöfe der katholischen Kirche über das Verhältnis von Glaube und Vernunft, in: Verlautbarungen des Apostolischen Stuhls (Nr. 135), hg. vom Sekretariat der Deutschen Bischofskonferenz, Bonn 1998, 84.

68 Thomas von Aquin, Quaestiones disputatae de veritate q.1.a.1: „Respondeo dicendum quod veritas consistit in adaequatione intellectus et rei." „Ich antworte, es ist zu sagen, dass Wahrheit in der Übereinstimmung von Verstand und Sache besteht." Vgl. Ders., Summa Theologiae, I, 16, 1; Bonaventura, Coll. in Hex., 3, 8, 1.

69 Pastorale Konstitution *Gaudium et spes* über die Kirche in der Welt von heute (im Folgenden abgekürzt: GS) 15.

Joh 14,8; 1 Joh 3,2)."[70] Der selige Papst Johannes Paul II. wusste, dass totalitäre Systeme, die diese objektive Wahrheit des Menschen ignorieren, keinen Bestand haben können. Durch seinen tiefen Glauben und seinen philosophischen Weitblick hat er wesentlich dazu beigetragen, dass die Diktatur des kommunistischen Materialismus zerbrach.

Zum Dienst an der Wahrheit sind wir alle verpflichtet. Hier liegt die Chance Ihrer Universität und der internationalen interdisziplinären Konferenz „Eine Welt – viele Kulturen. Dialog der Kulturen, Zivilisationen, Religionen in einer globalisierten Welt". Dieser Ort, die Kasimir-der-Große-Universität in Bydgoszcz mit seinem Charme der jüngsten polnischen Universität, bietet die Möglichkeit gerade des persönlichen Austausches zwischen den Fakultäten, insbesondere auch mit dem künftigen Joseph Ratzinger/Papst Benedikt-Institut. Durch diesen fruchtbaren Dialog weitet sich der Horizont[71], der es ermöglicht, den Mikrokosmos wie den Makrokosmos im Licht der einen Wahrheit zu sehen, die in Jesus Christus Mensch geworden ist.[72] Für dieses Projekt wünsche ich Ihnen eine große Zukunft und viele begeisterte Studierende und vor allem Gottes Segen!

---

70 Johannes Paul II., Enzyklika *Fides et ratio* von Papst Johannes Paul II. an die Bischöfe der katholischen Kirche über das Verhältnis von Glaube und Vernunft, in: Verlautbarungen des Apostolischen Stuhls (Nr. 135), hg. vom Sekretariat der Deutschen Bischofskonferenz, Bonn 1998, 5.

71 Vgl. dazu die Rede Papst Benedikts XVI. im Deutschen Bundestag am 22. September 2011: „[...] Ich sage das gerade im Hinblick auf Europa, in dem weite Kreise versuchen, nur den Positivismus als gemeinsame Kultur und als gemeinsame Grundlage für die Rechtsbildung anzuerkennen, alle übrigen Einsichten und Werte unserer Kultur in den Status einer Subkultur verwiesen und damit Europa gegenüber den anderen Kulturen der Welt in einen Status der Kulturlosigkeit gerückt und zugleich extremistische und radikale Strömungen herausgefordert werden. Die sich exklusiv gebende positivistische Vernunft, die über das Funktionieren hinaus nichts wahrnehmen kann, gleicht den Betonbauten ohne Fenster, in denen wir uns Klima und Licht selber geben, beides nicht mehr aus der weiten Welt Gottes beziehen wollen. Und dabei können wir uns doch nicht verbergen, dass wir in dieser selbstgemachten Welt im Stillen doch aus den Vorräten Gottes schöpfen, die wir zu unseren Produkten umgestalten. Die Fenster müssen wieder aufgerissen werden, wir müssen wieder die Weite der Welt, den Himmel und die Erde sehen und all dies recht zu gebrauchen lernen.", in: Verlautbarungen des Apostolischen Stuhls (Nr. 189), hg. vom Sekretariat der Deutschen Bischofskonferenz, Bonn 2011, 30-38, hier: 35f.

72 Vgl. dazu die kosmische Vision des hl. Benedikt, wie sie Papst Gregor der Große in seinem 2. Buch der Dialoge, Kapitel 35, schildert: Gregor der Große, Der hl. Benedikt. Buch II der Dialoge (lateinisch – deutsch), hg. im Auftrag der Salzburger Äbtekonferenz, St. Ottilien 1995, 193-197.

Offenbarung als lebendiges Wort Gottes – Wort des lebendigen Gottes

Die Verflechtung von Wort und Zeuge und Glaubensregel[73]

1. Gottes Wort – „lebendig und kraftvoll"

„Lebendig ist das Wort Gottes, kraftvoll und schärfer als jedes zweischneidige Schwert" (Hebr 4,12). Wer eine mittelalterliche Zisterzienserklosteranlage wie z. B. Heiligenkreuz besucht, findet im Nordosten des Kreuzgangs, angrenzend an die romanische Sakristei, den Ort des „Armariums", das heißt wörtlich übersetzt „Waffenkammer". Dieser Raum war im 12. Jahrhundert die Bibliothek, in der wertvolle Handschriften aufbewahrt wurden. Solche Codices beinhalten vor allem Texte der Heiligen Schrift, der Kirchen- und Ordensväter wie auch der Liturgie. Für benediktinische Mönche, deren Tagesablauf bis heute aus *ora – lege – et labora* besteht, ist es selbstverständlich, das Wort Gottes nach Hebr 4,12 als kraftvoll und verwandelnd zu verstehen, da es durch die *lectio divina* immer auch Begegnung mit dem lebendigen Gott bedeutet. Eine solche nicht nur informative, sondern performative Kraft[74] des Wortes Gottes geht von dem aus, der sich bereits im Alten Testament „durch Wort und Tat als einzigen, wahren und lebendigen Gott"[75] geoffenbart hat. In diesem Sinne verheißt Gott bei Jesaja: „Denn wie der Regen und der Schnee vom Himmel fällt und nicht dorthin zurückkehrt, sondern die Erde tränkt und sie zum Keimen und Sprossen bringt, wie er dem Sämann Samen gibt und Brot zum Essen, so ist es auch mit dem Wort, das meinen Mund verlässt: Es kehrt nicht leer zu mir zurück, sondern bewirkt, was ich will, und erreicht all das, wozu ich es ausgesandt habe" (Jes 55,10-11). Diese performative Kraft hat

73 Zuerst veröffentlicht in: Michaela C. Hastetter, Ioan Moga, Christoph Ohly (Hg.), Symphonie des Wortes. Beiträge zur Offenbarungskonstitution „Dei Verbum" im katholisch-orthodoxen Dialog. Festgabe des Neuen Schülerkreises zum 85. Geburtstag von Joseph Ratzinger/Papst Benedikt XVI., St. Ottilien 2012, 15-30. Neuabdruck mit freundlicher Genehmigung der Herausgeber und des EOS-Verlages.

74 Vgl. dazu: John Langshaw Austin, Zur Theorie der Sprechakte, Stuttgart 21979, 29.

75 Dogmatische Konstitution *Dei Verbum* über die göttliche Offenbarung (im Folgenden abgekürzt: DV) 14.

das Wort Gottes für den Einzelnen wie für das ganze Volk Gottes, insofern dieses Wort im Glauben angenommen wird. Paulus beschreibt diese Realität mit den Worten „Christus in uns" und „wir in Christus"[76]. In diesem Glauben, der vor allem in der Theologie des Neuen Testamentes mit „Christuseinwohnung"[77] gleichgesetzt wird, bekennen wir, dass Gott die Kirche durch sein Wort nach 1 Petr 2,9 als „sein heiliges Volk" konstituiert.

Was für den kirchlich sozialisierten Gläubigen bis heute selbstverständlich ist, verschwindet immer mehr in nicht wenigen Getauften, denen der Zugang zu Gott über die Kirche verloren gegangen ist. In einer Zeit religiöser Individuation ist diese Wahrheit verdunkelt. Zudem ist sein Wort in der Heiligen Schrift nicht einfach vom Himmel gefallen, sondern durch einen langen Prozess der Überlieferung zur Richtschnur der Glaubensgemeinschaft geworden, die dieses Wort bis heute als lebendiges Wort tradiert. Dies wieder ins Bewusstsein der Gläubigen zu heben, ist ein wichtiges Desiderat für die Neuevangelisierung. Das bedeutet zunächst, das „Wir" der Kirche wiederzuentdecken als die Grundvoraussetzung, um in *communio* mit Petrus das kirchliche Bekenntnis abzulegen: „Du hast Worte des ewigen Lebens!" (Joh 6,69) In diesem Sinne schreibt Papst Benedikt in seinem nachsynodalen Schreiben „Verbum Domini": „Es gibt keine größere Priorität als diese: dem Menschen von heute den Zugang zu Gott wieder zu öffnen, zu dem Gott, der spricht"; jedoch können wir „unsere Beziehung zum Wort Gottes nur innerhalb des ‚Wir' der Kirche vertiefen, im Hören aufeinander und in der gegenseitigen Annahme. Die Bibel darf nicht ein Wort der Vergangenheit bleiben,

---

76 Vgl. Kol 1,25-29: „Ich diene der Kirche durch das Amt, das Gott mir übertragen hat, damit ich euch das Wort Gottes in seiner Fülle verkündige, jenes Geheimnis, das seit ewigen Zeiten und Generationen verborgen war. Jetzt wurde es seinen Heiligen offenbart; Gott wollte ihnen zeigen, wie reich und herrlich dieses Geheimnis unter den Völkern ist: Christus ist unter euch, er ist die Hoffnung auf Herrlichkeit. Ihn verkündigen wir; wir ermahnen jeden Menschen und belehren jeden mit aller Weisheit, um dadurch alle in der Gemeinschaft mit Christus vollkommen zu machen. Dafür kämpfe ich unter vielen Mühen; denn seine Kraft wirkt mit großer Macht in mir." Siehe dazu den Abschnitt „Christus, die Offenbarung Gottes" in: Joseph Ratzinger/Benedikt XVI., Wort Gottes. Schrift –Tradition – Amt, hg. von Peter Hünermann, Thomas Söding, Freiburg i. Br. 2005, 52-53.

77 Joseph Ratzinger/Benedikt XVI., Wort Gottes. Schrift –Tradition – Amt, hg. von Peter Hünermann, Thomas Söding, Freiburg i. Br. 2005, 52.

sondern muss als lebendiges und aktuelles Wort wahrgenommen werden."[78]

Von dieser entscheidenden Frage geleitet, die ihn bereits seit seiner Habilitation über das Offenbarungsverständnis und die Geschichtstheologie Bonaventuras begleitete[79], erstellte Joseph Ratzinger 1965 zusammen mit Karl Rahner den Band „Offenbarung und Überlieferung" in der Reihe *Quaestiones Disputatae.* In der Einleitung zu seiner Analyse benennt er als Grundproblem, „wie das in Christus ergangene Wort der Offenbarung in der Geschichte gegenwärtig bleibt und auf den Menschen zukommt"[80], oder um es mit eigenen Worten zu sagen, wie das lebendige Wort Gottes als performatives Wort des lebendigen Gottes begriffen werden kann. Dazu muss die Verflechtung von Wort, Zeuge und Glaubensregel erkannt werden, denn Offenbarung kann nicht einfach mit der Heiligen Schrift gleichgesetzt werden. Letztere gibt nur Kunde von einer Wirklichkeit, die immer größer ist als das Geschriebene selbst. Deshalb ist Offenbarung nach Ratzinger „erst da angekommen, wo außer den sie bezeugenden materialen Aussagen auch ihre innere Wirklichkeit selbst in der Weise des Glaubens angekommen ist"[81]. Ratzinger begründet dies nach 2 Kor 3,14-18, wo Paulus im Rückgriff vermutlich auf Jer 31,33 – „Ich lege mein Gesetz in sie hinein und schreibe es auf ihr Herz" – Schrift und Geist gegenüberstellt, indem er „den Herrn als das Pneuma benennt, das die Schrift verständlich macht bzw. ihr Sinn, ihr wahrer, lebendiger Inhalt ist"[82]. Diesen Inhalt zu formulieren ist Aufgabe der Kirche, die den von den Aposteln bezeugten Glauben immer tiefer ergründet. So wird die Offenbarung

78 Benedikt XVI., Nachsynodales Apostolisches Schreiben *Verbum Domini* von Papst Benedikt XVI. über das Wort Gottes im Leben und in der Sendung der Kirche, in: Verlautbarungen des Apostolischen Stuhls (Nr. 187), hg. vom Sekretariat der Deutschen Bischofskonferenz, Bonn 2010, 11.

79 Siehe dazu das Kapitel: „Das Wesen der Offenbarung nach der Lehre des heiligen Bonaventura", in: JRGS 2, 131-251; vgl. dazu den 1958 in der Trierer Theologischen Zeitschrift abgedruckten Beitrag von Ders., Offenbarung – Schrift – Überlieferung. Ein Text des heiligen Bonaventura und seine Bedeutung für die gegenwärtige Theologie, der sich inhaltlich mit dem ersten Abschnitt seiner Habilitationsschrift deckt, in: JRGS 2, 693-711.

80 Joseph Ratzinger/Benedikt XVI., Wort Gottes. Schrift –Tradition – Amt, hg. von Peter Hünermann, Thomas Söding, Freiburg i. Br. 2005, 37.

81 Ebd., 48.

82 Ebd., 49.

selbst zu einem dynamischen Geschehen[83], indem Jesus Christus, das fleischgewordene Wort, seine Kirche durch den Heiligen Geist auf ihrem Weg durch die Geschichte hindurch zum Vater führt.

2. Jesus Christus, geoffenbart als Wort des lebendigen Gottes

Der Verfasser des ersten Timotheusbriefes nennt die „Kirche des lebendigen Gottes" „die Säule und das Fundament der Wahrheit" (vgl. 1 Tim 3,15), während er ihr Glaubensbekenntnis mit folgender Kurzformel zusammenfasst: „Wahrhaftig, das Geheimnis unseres Glaubens ist groß: Er wurde offenbart im Fleisch, gerechtfertigt durch den Geist, geschaut von den Engeln, verkündet unter den Heiden, geglaubt in der Welt, aufgenommen in die Herrlichkeit" (1 Tim 3,16). Dieses Ereignis der Menschwerdung Gottes in der Fülle der Zeit (vgl. Gal 4,4) ist ein personales Geschehen: Das Wort, das Fleisch geworden ist (vgl. Joh 1,14), wird als „Mensch zu den Menschen"[84] gesandt, um Gott als Wahrheit und Liebe zu bezeugen.

Die Inkarnation des Wortes Gottes übersteigt daher jede Vorstellung von toter Buchstabeninterpretation der Schrift. Jesu Wort, einmal gesprochen, bleibt lebendig über den Augenblick seines irdischen Lebens hinaus. Seine gott-menschliche Existenz als Ganzes, nicht nur seine Weisung, ist die endgültige Offenbarung der Liebe Gottes zu den Menschen, die immer mehr ist als Instruktion, d. h. Mitteilung von Satzwahrheiten. Entsprechend schreibt Papst Benedikt XVI. im nachsynodalen Apostolischen Schreiben „Verbum Domini": „Hier stehen wir vor der Person Jesu selbst. Seine einzigartige Geschichte ist das endgültige Wort, das Gott zur Menschheit spricht. Von da aus versteht man, warum ‚am Anfang des Christseins ... nicht ein ethischer Entschluss oder eine große Idee [steht], sondern die Begegnung mit einem Ereignis, mit einer Person, die unserem Leben einen neuen Horizont und damit seine entscheidende Richtung gibt'."[85]

---

83 Vgl. Rudolf Voderholzer, Dogmatik im Geiste des Konzils. Die Dynamisierung der Lehre von den Loci theologici durch die Offenbarungskonstitution Dei Verbum, in: TThZ 115 (2006) 149-166, hier: 158-163.

84 DV 4; dort zitiert *Brief an Diognet* VII, 4, in: Franz Xaver Funk, Patres Apostolici I, Tübingen 1901, 403.

85 Benedikt XVI., Nachsynodales Apostolisches Schreiben *Verbum Domini* von Papst Benedikt XVI. über das Wort Gottes im Leben und in der Sendung der Kirche, in: Verlautbarungen des Apostolischen Stuhls (Nr. 187), hg. vom Sekretariat der Deutschen Bischofskonferenz, Bonn 2010, 25f.

Aus dem Glauben, dass Christus selbst die Offenbarung im eigentlichen Sinn ist, folgt, dass die Schrift alleine noch nicht die volle Wirklichkeit der Offenbarung darstellt. Durch ihn kommen in einem Prozess der *relecture*[86] die Schriften des Alten Bundes im Neuen Testament zu ihrer eigentlichen Größe. *Relecture* als veränderte Interpretation und Neukontextuierung ist bereits im Alten Testament selbst, insbesondere in den prophetischen Büchern, belegt. Deshalb spricht Ratzinger vom Neuen Testament als einem „Werkzeug der Eröffnung des Alten in den offenen Raum des Christusgeschehens hinein"[87].

Mit dieser Einsicht hat die Offenbarungskonstitution „Dei Verbum" vor fast fünfzig Jahren nicht einfach – wie ursprünglich vorgesehen – das bis dahin oft verwendete gegenreformatorische Formalprinzip „Schrift und Tradition" bestätigt, sondern den eigentlichen Grund jenes Formalprinzips freigelegt, nämlich Jesus Christus als Weg zum Vater[88]. Entsprechend heißt es in Artikel 4 von „Dei Verbum": „Wer ihn sieht, sieht auch den Vater (vgl. Joh 14,9). Er ist es, der durch sein ganzes Dasein und seine ganze Erscheinung, durch Worte und Werke, durch Zeichen und Wunder, vor allem aber durch seinen Tod und seine herrliche Auferstehung von den Toten, schließlich durch die Sendung des Geistes der Wahrheit die Offenbarung erfüllt und abschließt und durch göttliches Zeugnis bekräftigt, dass Gott mit uns ist, um uns aus der Finsternis von Sünde und Tod zu befreien und zu ewigem Leben zu erwecken."[89] Für Joseph Ratzinger ist die ganze menschliche Geschichte auf die Tat Gottes konzentriert, der im fleischgewordenen Wort seine Liebe zu uns Menschen offenbart und seine Schöpfung zur Vollendung führt.[90] Dieser teleologische Aspekt der Geschichte gewährleistet die entsprechende theologische

---

86 Wie Rudolf Voderholzer bemerkt, hat Ratzinger „sehr früh den in der französischen Exegese formulierten Begriff der ‚relecture' rezipiert", siehe Rudolf Voderholzer, Joseph Ratzinger/Benedikt XVI. und die Exegese, in: Peter Hofmann (Hg.), Joseph Ratzinger. Ein theologisches Profil, Paderborn 2009, 99-121, hier: 111.

87 Joseph Ratzinger/Benedikt XVI., Wort Gottes. Schrift –Tradition – Amt, hg. von Peter Hünermann, Thomas Söding, Freiburg i. Br. 2005, 51.

88 Vgl. Bernhard Körner, Die Bibel als Wort Gottes auslegen. Historisch-kritische Exegese und Dogmatik, Würzburg 2011, 51f.

89 DV 4.

90 Vgl. Joseph Ratzinger/Benedikt XVI., Wort Gottes. Schrift –Tradition – Amt, hg. von Peter Hünermann, Thomas Söding, Freiburg i. Br. 2005, 110. Ratzinger argumentiert mit Maximino Arias-Reyero, einem Thomasfachmann: „Das einheitsstiftende Prinzip der gesamten vergangenen und gegenwärtigen ‚Geschichte, das ihr erst Sinn verleiht, ist das historische Christusereignis. Dies

Weite, die den „Dualismus zwischen Wort und Ereignis“[91], der beide auseinanderdividiert, verhindert. Schöpfung, Erlösung und Wiederkunft Christi können nur in ihrem Bedeutungszusammenhang richtig erkannt werden. Offenbarung ist deshalb immer personale Begegnung mit Gott, der in Dialog mit dem Menschen tritt durch Wort und Ereignis, die – weil sie von Christus, dem Gekreuzigten und Auferstandenen, ihre Mitte haben – in der jeweiligen neuen Situation eine neue Begegnung mit ihm ermöglichen. Demzufolge wird – wie es Joseph Ratzinger immer wieder betont – ein Text oder ein biblisches Ereignis „mehr besagen als sein Autor selbst sich dabei zu denken vermochte“[92].

Ganz in diesem Sinne war es auch das Anliegen der Liturgiereform des Zweiten Vatikanums, die lebendige Gegenwart Jesu Christi in seinem Wort neu hervorzuheben. Deshalb sollte „der Tisch des Gotteswortes reicher bereitet“[93] werden. Dies geschah durch eine Neuordnung der liturgischen Texte wie auch durch die Einführung der Muttersprache in die Liturgie, wodurch der Verkündigungscharakter des Wortgottesdienstes eine neue Aufwertung erfuhr. Das verkündete Wort wird so ins Heute gehoben, damit es als „Evangelium unseres Herrn Jesus Christus“ und als „Wort des lebendigen Gottes“[94] von den Hörenden erfahren wird. Wie Ratzinger feststellt, liegt das Zweite Vatikanum hier auf der gleichen Linie wie das Konzil von Trient, das zunächst erkannte, dass „die Offenbarung zwar abgeschlossen ist ihrem Materialprinzip nach, aber Präsens ist und bleibt ihrer Wirklichkeit nach“[95]. Im Laufe des Trienter Konzils und in seiner Folge aber kam es zu einer Verengung des Offenbarungsbegriffs auf Schrift und Tradition. Andere Aspekte, die dieser reinen Historisierung und Materialisierung des Offenbarungsbegriffs entgegenstehen, wurden immer mehr vernachlässigt, wie z. B., dass das Wort Gottes nicht bloß in der Bibel, sondern auch im Herzen des

gibt auch der Zukunft ihre Einheit‘“. Ratzinger zitiert hier das Werk von Maximino Arias-Reyero, Thomas von Aquin als Exeget, Einsiedeln 1971, 106.

91 Joseph Ratzinger/Benedikt XVI., Wort Gottes. Schrift –Tradition – Amt, hg. von Peter Hünermann, Thomas Söding, Freiburg i. Br. 2005,111.

92 Ebd., 113.

93 SC 51.

94 Schlussformeln nach der Verkündigung der Lesung und des Evangeliums in der Liturgie.

95 Joseph Ratzinger/Benedikt XVI., Wort Gottes. Schrift –Tradition – Amt, hg. von Peter Hünermann, Thomas Söding, Freiburg i. Br. 2005, 78-79.

Gläubigen eingeschrieben ist, dass die Liturgie wie auch die „gesamte Lebensüberlieferung der Kirche“[96] Orte sind, in denen sich Gottes Geist offenbart. Blicken wir nun auf diese innere Beziehung bei der Offenbarung von Wort, Zeuge und Glaubensregel.

3. Verflechtung von Wort und Zeuge und Glaubensregel

Wie geschieht Offenbarung? Oder anders gefragt: Gibt es Kriterien, die Wort, Zeuge und Credo der Kirche miteinander verbinden? Nach der Offenbarungskonstitution „Dei Verbum“ des Zweiten Vatikanischen Konzils wie nach „Verbum Domini“ müssen für die Interpretation des Wortes Gottes folgende Kriterien berücksichtigt werden: Erstens sind die Texte der Schrift mit Rücksicht auf die Einheit der ganzen Bibel („kanonische Exegese“) auszulegen; zweitens muss die lebendige Überlieferung der Gesamtkirche berücksichtigt werden, und schließlich ist die sogenannte *analogia fidei* zu beachten, die zugleich eine *analogia veritatis* darstellt.[97]

Bevor näherhin das Ineinander von Wort, Zeuge und Credo darzustellen ist, soll das analoge Bezogensein des Neuen und Alten Testamentes den hermeneutischen Schlüssel zur Schriftauslegung liefern. Entsprechend der *analogia fidei*, die nach Gottlieb Söhngen[98], dem Doktorvater von Joseph Ratzinger, vor allem in heilsgeschichtlicher Perspektive die Einheit in der Schrift vor Augen hat, bedeutet eine Neuauslegung des Alten Testamentes im Lichte Christi ein neues Verstehen, wodurch die Worte der Bibel erst aufgehen, d. h. größer werden durch ihren erweiterten Kontext wie auch durch eine dementsprechende Auslegung. Dieser Vorgang des „Weiterwach-

---

96 Ebd., 79.

97 Vgl. Benedikt XVI., Nachsynodales Apostolisches Schreiben *Verbum Domini* von Papst Benedikt XVI. über das Wort Gottes im Leben und in der Sendung der Kirche, in: Verlautbarungen des Apostolischen Stuhls (Nr. 187), hg. vom Sekretariat der Deutschen Bischofskonferenz, Bonn 2010, 58; vgl. DV 12: „Da die Heilige Schrift in dem Geist gelesen und ausgelegt werden muss, in dem sie geschrieben wurde, erfordert die rechte Ermittlung des Sinnes der heiligen Texte, dass man mit nicht geringerer Sorgfalt auf den Inhalt und die Einheit der ganzen Schrift achtet, unter Berücksichtigung der lebendigen Überlieferung der Gesamtkirche und der Analogie des Glaubens.“

98 Zum Analogiebegriff von Gottlieb Söhngen siehe die ausführliche Darstellung von Markus Graulich, Unterwegs zu einer Theologie des Kirchenrechts. Die Grundlegung des Rechts bei Gottlieb Söhngen (1892-1971) und die Konzepte der neueren Kirchenrechtswissenschaft, Paderborn 2006, 46-57, bes. 47-50.

sens der Offenbarung durch Neuauslegung des Alten strukturiert schon das Innere des Alten Testaments selber ganz wesentlich"[99].

Joseph Ratzinger, der wie Söhngen[100] von Bonaventura her heilsgeschichtlich argumentiert, nennt, neben der Neuauslegung der Schrifttexte in der Bibel selbst, schließlich die kirchliche Auslegung, die in der Dogmatik ihren Niederschlag findet: „Sie verhält sich zur neutestamentlichen Theologie des Neuen Testamentes so, wie sich die neutestamentliche Theologie des Alten Testamentes zur alttestamentlichen Theologie des Alten Testaments verhält. Das eigentümliche ‚Mehr', das demnach Dogmatik von der biblischen Theologie unterscheidet, nennen wir in einem präzisen Sinn die Tradition."[101] Folglich kann nur eine Exegese, die die historisch-kritischen Erkenntnisse mit der theologischen Ebene verknüpft, zu einer angemessenen Schrifthermeneutik führen. Für Papst Benedikt ist es entscheidend, sich von dieser Hermeneutik des Glaubens „in Verantwortung vor der historischen Vernunft, die in diesem Glauben selbst notwendig enthalten ist"[102], führen zu lassen. Dabei ist das Zeugnis der Kirchenväter[103] von eminent wichtiger Bedeutung, weil für sie das Ineinander von Wort, Zeuge und Glaubensregel der Kirche selbstverständlich ist.

---

99 Joseph Ratzinger/Benedikt XVI., Wort Gottes. Schrift –Tradition – Amt, hg. von Peter Hünermann, Thomas Söding, Freiburg i. Br. 2005, 55; vgl. dazu die Antrittsvorlesung von Rudolf Voderholzer, Dogmatik im Geiste des Konzils. Die Dynamisierung der Lehre von den Loci theologici durch die Offenbarungskonstitution Dei Verbum, in: TThZ 115 (2006) 149-166, hier: 162.

100 Vgl. Gottlieb Söhngen, Analogia entis oder analogia fidei, in: Wissenschaft und Weisheit 9 (1942) 91-100, hier: 95: „Das Wort Gottes kann uns nur so Gleichnis sein, dass es sowohl Gott wie aber auch den Menschen gleicht" (ebd., 96): „Dass wir dem geheimnisvollen Gott und seinem Wort angeglichen sind, und dass wir das Wort Gottes hören und verstehen können, solches Vermögen haben wir nicht aus uns selbst, sondern aus Gottes Geist."

101 Joseph Ratzinger/Benedikt XVI., Wort Gottes. Schrift –Tradition – Amt, hg. von Peter Hünermann, Thomas Söding, Freiburg i. Br. 2005, 55. Zur geistgewirkten Dynamik der Beziehung zwischen Schrift und Überlieferung siehe Paolo G. Sottopietra, Wissen aus der Taufe. Die Aporien der neuzeitlichen Vernunft und der christliche Weg im Werk von Joseph Ratzinger, Regensburg 2003, 194-197; vgl. auch: Rudolf Voderholzer, Joseph Ratzinger/Benedikt XVI. und die Exegese, in: Peter Hofmann (Hg.), Joseph Ratzinger. Ein theologisches Profil, Paderborn 2009, 99-121, hier: 117.

102 Joseph Ratzinger/Benedikt XVI., Jesus von Nazareth. Zweiter Teil: Vom Einzug in Jerusalem bis zur Auferstehung, Freiburg i. Br. 2010, 13.

103 Vom Offenbarungs- und Inspirationsbegriff Bonaventuras herkommend, betont Ratzinger den geistlichen Sinn der Schrift als ihren eigentlichen und wahren, der uns nach Bonaventura durch die heiligen Väter erschlossen wird: „Zu diesem (geistlichen) Verständnis (der Schrift) kann aber der Mensch nicht von sich aus kommen, sondern nur durch diejenigen, denen *Gott es geoffenbart hat,* d. h. durch die Schriften der Heiligen wie Augustinus, Hieronymus und anderer." (JRGS 2, 536). Ratzinger zitiert hier Bonaventura, Hex XIX 10 (V 421 b); vgl. ebd., 539.

3.1 Die Gegenwart des Wortes Gottes in der Welt

Beim ökumenischen Treffen anlässlich des Weltjugendtages 2005 in Köln sagte Papst Benedikt XVI. im Blick auf die offenen Fragen in der Ökumene: „Man sagt, wir sind jetzt, nachdem die Rechtfertigungslehre geklärt ist, dabei angelangt, die ekklesiologischen Fragen, die Amtsfrage, als das noch bleibende Haupthindernis zu bearbeiten. Das ist natürlich im Letzten wahr, aber ich muss auch sagen, dass ich diese Terminologie und in gewisser Hinsicht diese Einengung des Problems nicht liebe, denn es sieht so aus, als ob wir nun um die Institutionen streiten müssten und nicht mehr eigentlich um das Wort Gottes; als ob wir nun unsere gebauten Institutionen beleuchten und um sie streiten müssten. Ich denke, damit ist das ekklesiologische Problem wie das Problem des kirchlichen Ministeriums nicht ganz richtig benannt. Die eigentliche Frage ist doch die der Weise der Gegenwart des Wortes Gottes in der Welt."[104]

Auf den ersten Blick überrascht eine solche Aussage, zumal der Papst selbst vor Vertretern der reformatorischen Kirchen das Ringen um das Wort Gottes als vorrangiges Anliegen der Ökumene darlegt. Für Papst Benedikt ist jedoch die Frage nach der Gegenwart des Wortes Gottes in der Welt spätestens seit seiner Habilitation über die Geschichtstheologie Bonaventuras zu einer Kernfrage seiner Theologie geworden.[105] Deshalb ist es nötig, im Folgenden auf zwei ihrer Kernaussagen einzugehen. Nach Joseph Ratzingers Analyse ist es offensichtlich, dass die mittelalterliche Theologie etwas anderes unter „Offenbarung" verstand als der neuscholastische Begriff, der gewöhnlich die Heilige Schrift einfach damit gleichsetzte.[106] „Offenbarung" ist bei Bonaventura von seinem Inhalt daher mit unterschiedlichen Begriffen wie „revelatio, manifestatio, doctrina, fides"[107]

---

104 Benedikt XVI., Ansprache beim Ökumenischen Treffen im Erzbischöflichen Haus am Freitag, den 19. August 2005, in: Verlautbarungen des Apostolischen Stuhls (Nr. 169), hg. vom Sekretariat der Deutschen Bischofskonferenz, Bonn 2005, 67-73, hier: 69.

105 Die intensive Auseinandersetzung Ratzingers mit der Geschichtstheologie Bonaventuras ist sicherlich ein Schlüssel, um seine Stellungnahmen zu den eschatologischen Aspekten der Kirchenkonstitution und ihre unterschiedliche Rezeption im ökumenischen Dialogprozess oder in der lateinamerikanischen Befreiungstheologie darzustellen; vgl. Maximilian Heim, Joseph Ratzinger. Kirchliche Existenz und existentielle Theologie. Ekklesiologische Grundlinien unter dem Anspruch von *Lumen gentium*, Frankfurt am Main ^{2}2005, 156-159.

106 Siehe dazu: Benedikt XVI., Vorwort, in: JRGS 2, 5-9, hier: 7.

107 Ebd.

wiedergegeben und hat „Aktcharakter"[108], denn sie „bezeichnet den Akt, in dem Gott sich zeigt, nicht das objektivierte Ergebnis dieses Aktes".[109] Deshalb gehört zur Offenbarung nicht nur derjenige, von dem sie ausgeht, sondern immer auch ihr Empfänger. Diese Erkenntnis wurde für Joseph Ratzinger in der Auseinandersetzung um das Offenbarungsschema des Zweiten Vatikanischen Konzils von entscheidender Bedeutung: Offenbarung ist größer als das in der Schrift Fixierte, denn zur Offenbarung gehört auch „das Ankommen und das Vernommenwerden"[110] in der Kirche. Sie ist darum „nicht ein auf die Erde gefallener Meteor, der nun als eine Gesteinsmasse irgendwo herumliegt, wovon man Gesteinsproben nehmen, ins Labor tragen und dort analysieren kann. [...] Offenbarung, das heißt das Zugehen Gottes auf den Menschen, ist immer größer als das, was in Menschenworte gefasst werden kann, größer auch als die Worte der Schrift."[111] Dennoch bleibt die Bibel das vornehmliche Zeugnis der Offenbarung und ist als aufgezeichnetes Wort endgültig. In der kirchlichen Rezeption der Heiligen Schrift, besonders in der Verkündigung des Lehramtes[112], werden jeweils neue Tiefen freigesetzt. Denn der Heilige Geist ist immer am Werk und zeigt der Kirche, wie sie das Wort Gottes ins Heute dieser Welt bringen kann.

3.2 Die Einheit von Zeuge und Wort

Zu diesem „Überhang" der Offenbarung über das geschriebene Wort, der eine „Enthüllung von Verborgenem"[113] darstellt, kommt es dadurch, dass einerseits Gott sich seinem Geschöpf kundgibt und anderseits, dass „dem Menschen diese Zuwendung Gottes aufgeht

---

108 JRGS 2, 239.
109 Joseph Ratzinger, Aus meinem Leben. Erinnerungen (1927-1977), München [5]2006, 84.
110 Ebd., 129; vgl. dazu: Joseph Ratzinger/Benedikt XVI., Wort Gottes. Schrift – Tradition – Amt, hg. von Peter Hünermann, Thomas Söding, Freiburg i. Br. 2005, 47: „Offenbarung besagt nämlich das gesamte Sprechen und Tun Gottes an den Menschen, sie besagt Wirklichkeit, von der die Schrift Kunde gibt, die aber die Schrift nicht einfach ist."
111 Joseph Ratzinger, Aus meinem Leben. Erinnerungen (1927-1977), München [5]2006, 129.
112 Vgl. Joseph Ratzinger, Dogma und Verkündigung, München/Freiburg i. Br. 1973, 22: „Bibel reinlich als Gegenüber zu Kirche zu konstruieren, ist letztlich eine Fiktion. [...] Inspiration ist [...] kein individuell-charismatischer, sondern wesentlich kirchlich-geschichtlicher Vorgang, in den ganzen Prozess von Überlieferung, Formgeschichte, Redaktion eingebettet."
113 JRGS 2, 508; vgl. dazu: Paolo G. Sottopietra, Wissen aus der Taufe. Die Aporien der neuzeitlichen Vernunft und der christliche Weg im Werk von Joseph Ratzinger, Regensburg 2003, 182-186: „Der dialogische Charakter der Offenbarung".

und zur Offenbarung wird"[114]. Wie Paolo Sottopietra[115] feststellt, gehört zur Offenbarung immer auch die Mitwirkung des Menschen, der sich unter dem Beistand des Heiligen Geistes dem Wort Gottes öffnet, um es zu verstehen, denn nach Ratzinger ist „nur die im Glauben verstandene Schrift [...] wahrhaft Heilige Schrift“[116]. Jedoch ist die Einheit von Zeuge und Wort nur dadurch gewährleistet, dass der Zeuge den Glauben der Kirche wiedergibt. Weil der Glaube der Kirche hier das Richtmaß für wahre Theologie ist, wagt Joseph Ratzinger mit Bonaventura den Theologen sogar als *revelator absconditorum* (Offenbarer der verborgenen Dinge) und die Theologie entsprechend als *revelatio absconditorum* (Offenbarung der verborgenen Dinge) zu bezeichnen.[117] In diesem Sinn ist die Rede Papst Benedikts XVI. in Köln zu verstehen, bei der er einwirft, dass „Wort und Zeuge zueinander gehören, dass also das Wort nur durch den Zeugen lebendig gegenwärtig ist und auch sozusagen seine Auslegung empfängt, dass aber wiederum der Zeuge nur Zeuge ist, wenn er Zeuge für das Wort ist.“[118]

Im zweiten Jahrhundert begann die Kirche, den Kanon der Schrift festzulegen – ein Prozess, der bis ins fünfte Jahrhundert andauerte[119] –, um die „Souveränität des Gotteswortes herauszustellen“. Die Schrift, die in der frühen Kirche sich ursprünglich nur auf die Schriften des Alten Bundes bezog, wuchs durch die apostolische Verkündigung des Christusereignisses, die zusammen mit dem Alten Testament die eine Schrift bildet. Mit dem Beginn der Kanonbil-

---

114 Joseph Ratzinger, Glaubensvermittlung und Glaubensquellen, in: Ders., Die Krise der Katechese und ihre Überwindung. Rede in Frankreich, Einsiedeln 1983, 13-39, hier: 29.

115 Vgl. Paolo G. Sottopietra, Wissen aus der Taufe. Die Aporien der neuzeitlichen Vernunft und der christliche Weg im Werk von Joseph Ratzinger, Regensburg 2003, 183.

116 JRGS 2, 521. Den gleichen Gedanken äußert Kardinal Ratzinger Jahrzehnte später als Präfekt der Glaubenskongregation in: Joseph Ratzinger, Glaubensvermittlung und Glaubensquellen, in: Ders., Die Krise der Katechese und ihre Überwindung. Rede in Frankreich, Einsiedeln 1983, 13-39, hier: 39.

117 Vgl. JRGS 2, 521; siehe die Vorrede Bonaventuras zu seinem Sentenzenkommentar Prooem (I 4 b und 5 b).

118 Benedikt XVI., Ansprache beim Ökumenischen Treffen im Erzbischöflichen Haus am Freitag, den 19. August 2005, in: Verlautbarungen des Apostolischen Stuhls (Nr. 169), hg. vom Sekretariat der Deutschen Bischofskonferenz, Bonn 2005, 67-73, hier: 70.

119 Der endgültige neutestamentliche Kanon mit seinen 27 Büchern wurde im Jahr 367 im Osterbrief des hl. Bischofs Athanasius des Großen aufgelistet. Unter dem Einfluss des hl. Augustinus wurde auf dem afrikanischen Plenarkonzil von Hippo (395) und auf dem Konzil von Karthago (418) die Kanonbildung endgültig definiert. Siehe dazu: Herbert Haag, Art. Kanon, in: Ders. (Hg.), Bibel-Lexikon, Einsiedeln/Zürich/Köln 1968, 921.

dung wurde auch die Frage der apostolischen Sukzession und somit die Frage des Bischofsamtes geklärt, weil die Kirche wusste, wie entscheidend die Einheit von Verkünder und Wort ist, da der Zeuge wiederum nicht im eigenen Auftrag, sondern im Auftrag der Kirche Gottes Wort verkündet. Mit dieser Erkenntnis wird offensichtlich, dass die Kirche als das eigentliche Subjekt der Verkündigung in der Einheit mit dem Wort dieses zugleich als ihr Gegenüber achtet, über das sie nicht frei verfügen kann. Deshalb darf die Kirche das Wort Gottes „nicht in die Parolen der wechselnden Zeiten versinken lassen, sondern muss es in seiner unverwechselbaren Identität wahren“[120]. Die Richtschnur dafür ist der Glaube der Kirche, „durch den der Mensch in das lebendige Schriftverständnis der Kirche eintritt, um so und erst so »Offenbarung« zu empfangen“[121]. Für das rechte Verständnis der Schrift ist also das Credo als *regula veritatis* unabdingbar.

3.3 Die Glaubensregel als Einheit von Kirche und Wort

Die alte Kirche kannte die Schrift als Norm des Lebens[122] und dementsprechend als Norm der Verkündigung. Diese Richtschnur, die dem christlichen Leben Orientierung gab[123] und Messrute war, galt als *regula fidei* (Glaubensregel) und als *regula veritatis* (Maßstab der Wahrheit)[124], ein Begriff, der vorher im hellenistischen Judentum für

---

120 Joseph Ratzinger, Dogma und Verkündigung, München/Freiburg i. Br. 1973, 22.

121 JRGS 2, 521.

122 Vgl. dazu als Beispiel die „Regula Benedicti“, die im Prolog („Gürten wir uns also mit Glauben und Treue im Guten, und gehen wir unter der Führung des Evangeliums seine Wege, damit wir ihn schauen dürfen, der uns in sein Reich gerufen hat.“) wie auch im Epilog das ganze Leben unter das Wort der Schrift stellt (RB 73,3: „Ist denn nicht jede Seite oder jedes von Gott beglaubigte Wort des Alten und Neuen Testamentes eine verlässliche Wegweisung für das menschliche Leben?“).

123 Vgl. dazu: Gal 6,16: „Friede und Erbarmen komme über alle, die sich von diesem Grundsatz leiten lassen, und über das Israel Gottes.“ In der Einheitsübersetzung wird das griechische Wort „κανών“ (lat. „regula“) mit „Grundsatz“ übersetzt, während die Lutherübersetzung (1984) den Begriff „Maßstab“ verwendet; siehe auch: 1. Clemensbrief 7,2: „Verlassen wir darum die leeren und eitlen Gedanken, wenden wir uns der ruhmvollen und erhabenen Regel unserer Überlieferung zu.“, in: Clemens von Rom, Epistola ad Corinthios/Brief an die Korinther. Übersetzt und eingeleitet von Gerhard Schneider (Fontes Christiani Band 15), Freiburg i. Br. 1994, 81.

124 Bereits Philo von Alexandria, einer der bedeutendsten Philosophen des hellenistischen Judentums, verwendet in seiner Tora-Auslegung die allegorische Methode, die aus der griechischen Homer-Interpretation stammt. Er kennt zwei Schriftsinne – neben der wörtlichen Auslegung (Literalsinn) auch die allegorische Auslegung, die er bevorzugt. Bei ihm findet sich der Ausdruck κανόνα τῆς ἀλήθειας, in: Philo, legum allegoriae, 3, 232-233, in: Leopold Cohn (Hg.), Philonis opera, Berlin 1962, 165. Siehe auch die Übersetzung in: Leopold Cohn, Isaak Heinemann, Maximili-

die rechte Auslegung der Tora verwendet wurde. Entsprechend dieser Regel ist auch das Wort Gottes auszulegen. Es gibt also Gesetzmäßigkeiten, die der kirchliche Glaube der Schriftauslegung setzt. Joseph Ratzinger nennt hierfür vier Grundpfeiler einer Hermeneutik des Glaubens: die analoge Einheit von Altem und Neuem Testament, die Glaubensbekenntnisse der Kirche, das „lebendige Lehramt der lebendigen Kirche“[125] und schließlich den konkreten Glauben der Kirche in ihren Gemeinden. Letzterer kann also kein ungebundener Glaube sein, der sich vom Dogma löst und den sensus fidelium gegen das Lehramt ausspielt, sondern er muss vom diachronen wie synchronen Credo der ganzen Kirche getragen sein[126].

Damit sind wir beim dritten Element dieser Verflechtung von Wort, Zeuge und Glaubensregel. Diese letztgenannte *regula fidei* ist der hermeneutische Schlüssel, der für Papst Benedikt XVI. gerade im ökumenischen Dialog über die Einheit der Kirche von entscheidender Bedeutung ist. Dabei gibt der Nachfolger Petri zu bedenken, dass trotz großer Fortschritte der Annäherung gerade hier noch Gesprächsbedarf besteht: „Wenn wir also von Ekklesiologie und Amt sprechen, sollten wir – denke ich – lieber über diese Verflechtung von Wort und Zeuge und Glaubensregel sprechen und sie als die ekklesiologische Frage und damit zugleich als die Frage des Gotteswortes, seiner Souveränität und seiner Demut ansehen, in der der Herr es auch den Zeugen anvertraut und Auslegung gewährt, die sich freilich immer an der ‚regula fidei‘ und am Ernst des Wortes selbst zu messen hat.“[127]

Die *regula fidei* oder κανὼν τῆς πίστεως zeichnet sich aus als ein Begriff, der das Unterscheidende definiert, das den rechten Glauben von Irrlehre abgrenzt[128] und in dieser antihäretischen Funktion das

---

an Adler, Willy Theiler (Hg.), Philo von Alexandria. Die Werke in deutscher Übersetzung, Berlin 1962, 159: Wer die „Grenzlinie der Wahrheit“ überschreitet (gemeint ist Sihon, der „Zerstörer des rechten Maßstabs der Wahrheit“), wird zugrunde gehen.

125 Joseph Ratzinger, Dogma und Verkündigung, München/Freiburg i. Br. 1973, 28.

126 Vgl. dazu: Joseph Ratzinger, Dogma und Verkündigung, München/Freiburg i. Br. 1973, 35: „Gemeinde wird sie durch das Hineinglauben in die Gesamtkirche, diese synchronisch und diachronisch verstanden. Sie ist Kirche in der Kirche dadurch, dass sie sich selbst übereignet in den Glauben der Gesamtkirche.“

127 Benedikt XVI., Ansprache beim Ökumenischen Treffen im Erzbischöflichen Haus am Freitag, den 19. August 2005, in: Verlautbarungen des Apostolischen Stuhls (Nr. 169), hg. vom Sekretariat der Deutschen Bischofskonferenz, Bonn 2005, 67-73, hier: 70.

128 Vgl. Heinz Ohme, Kanon ekklesiastikos. Die Bedeutung des altkirchlichen Kanonbegriffs, Berlin 1998, 154, hier wörtlich: „Der Kanonbegriff bringt in all seinen Anwendungsfeldern nicht das

klare Bekenntnis zur Gottheit und Menschheit Jesu Christi gegenüber seiner Leugnung darlegt.[129] Auf diese *regula veritatis* berief sich die frühe Kirche, wenn sie in ihren Symbola den kirchlichen Glauben definierte. Heute scheint dieses Bekenntnis zum kirchlichen Glauben als *regula fidei* problematisch. Der gemeinsame Glaube der Kirche aller Zeiten bleibt jedoch die Instanz, wodurch die Kirche ihre Wegweisung empfängt und in ihrer lebendigen Verbundenheit mit Christus, ihrem Ursprung, ihre eigene Kontinuität wahrt.[130] Im zweiten Band seines Werkes „Jesus von Nazareth" spricht Papst Benedikt über dieses „demütige Mitglauben mit der vom Heiligen Geist geführten Kirche aller Jahrhunderte"[131]. So wird noch einmal die Verflechtung von Wort, Zeuge und Glaubensregel deutlich, denn der Maßstab jeder Schrifthermeneutik wie auch der Glaubensverkündigung ist nicht der subjektive Glaube des Einzelnen, sondern das Credo der Kirche. Erst durch diese Gebundenheit entsteht die wahre Freiheit, das Wort ist nicht als eigenes, sondern als Wort des Herrn und seiner Kirche zu entdecken.

4. Die Offenbarung als Wirken Gottes im Glaubenden

Wie wir bisher sehen konnten, ist die Offenbarung in ihrer Dialogstruktur nicht abgeschlossen, denn der verheißene Heilige Geist selbst führt tiefer in die Wahrheit des Evangeliums Jesu Christi ein.[132] In der Vorbereitung auf das Heilige Jahr 2000 sprach Kardinal Ratzinger über diese Zusage Jesu in den johanneischen Abschiedsreden: „*Er* ist der Logos, das allumfassende Wort, in dem Gott sich selbst aussagt [...]. Dieser eine Logos hat sich freilich in normati-

Normativ-Grundlegende zum Ausdruck, sondern das Normativ-Unterscheidende und Abgrenzende gegenüber Irrlehre, Irrglaube, falscher Auslegung der Schrift und falscher Praxis."

129 Vgl. 1 Joh 2,22-24 „Wer ist der Lügner – wenn nicht der, der leugnet, dass Jesus der Christus ist? Das ist der Antichrist: wer den Vater und den Sohn leugnet. Wer leugnet, dass Jesus der Sohn ist, hat auch den Vater nicht; wer bekennt, dass er der Sohn ist, hat auch den Vater. Für euch gilt: Was ihr von Anfang an gehört habt, soll in euch bleiben; wenn das, was ihr von Anfang an gehört habt, in euch bleibt, dann bleibt ihr im Sohn und im Vater."

130 Vgl. Joseph Ratzinger, Dogma und Verkündigung, München/Freiburg i. Br. 1973, 42.

131 Joseph Ratzinger/Benedikt XVI., Jesus von Nazareth. Zweiter Teil: Vom Einzug in Jerusalem bis zur Auferstehung, Freiburg i. Br. 2010, 124.

132 Vgl. Joh 16,12-14: „Noch vieles habe ich euch zu sagen, aber ihr könnt es jetzt nicht tragen. Wenn aber jener kommt, der Geist der Wahrheit, wird er euch in die ganze Wahrheit führen. Denn er wird nicht aus sich selbst heraus reden, sondern er wird sagen, was er hört, und euch verkünden, was kommen wird. Er wird mich verherrlichen; denn er wird von dem, was mein ist, nehmen und es euch verkünden."

ven Worten mitgeteilt, in denen er sein Eigenes vor uns hinstellt. Aber *das* Wort ist immer größer als *die* Wörter [...]; sie erschließen sich von ihm her und wachsen daher gleichsam mit dem Begegnen aller Generationen."[133] Das gängige Axiom, dass mit dem Tod des letzten Apostels die Offenbarung abgeschlossen sei, das eher auf ein instruktionstheoretisches Modell von Offenbarung aufbaut, erfährt durch diese Erkenntnis eine Veränderung, die erkennen lässt, dass es sich bei Offenbarung immer um ein personales Geschehen handelt, die das historisch Einmalige der Offenbarung im menschgewordenen Wort bezeugt, zugleich aber das Wort Gottes nicht fesselt,[134] sondern tieferes Eindringen in dasselbe ermöglicht.[135] Als Präfekt der Glaubenskongregation drückte Kardinal Ratzinger dies so aus: „Einerseits führt der Geist und eröffnet so Erkenntnis, für deren Tragen vorher die Voraussetzung fehlte – das ist die immer unabgeschlossene Weite und Tiefe des christlichen Glaubens. Anderseits ist dieses Führen ein ‚Nehmen' aus dem Schatz Jesu Christi selbst, dessen unerschöpfliche Tiefe sich in diesem Führen offenbart."[136] So wird das Wort Gottes im Heute des Glaubenden gegenwärtig als Kraft für die Zukunft und so ein „historistischer" wie auch „intellektualistischer Begriff der Offenbarung überwunden"[137], der ja erst in der Neuzeit entwickelt wurde.

---

133 Joseph Ratzinger, Unterwegs zu Jesus Christus, Augsburg 2003, 81-82.

134 Vgl. 2 Tim 2,9; siehe dazu auch: Joseph Ratzinger, Gottes Wort ist niemandes Knecht. Zum Wesen christlicher Existenz, München 1981, 4. In seiner Predigt zum Hochfest des heiligen Korbinian am 18.11.1981 sprach Kardinal Ratzinger u. a. über die Freiheit und den Freimut des Glaubens: „[...] das Wort Gottes, das nicht gebunden ist und das niemandes Knecht ist, sondern das uns richtet und unser Richtmaß sein soll."

135 Vgl. Thomas Söding, Die Seele der Theologie. Ihre Einheit aus dem Geist der Heiligen Schrift in Dei Verbum und bei Joseph Ratzinger, in: IKaZ 35 (2006) 545-557, hier: 547. Nach Söding führt Ratzinger die Überwindung der instruktionstheoretischen Sprache des Ersten Vatikanischen Konzils in „Dei Verbum" „auf den Einfluss sowohl der Dialektischen Theologie Karl Barths als auch des personalistischen Denkens u. a. Martin Bubers" (ebd.) zurück.

136 Joseph Ratzinger, Schauungen sind nie reine Fotographie des Jenseits. Kommentar des Präfekten der Glaubenskongregation Kardinal Joseph Ratzinger zum dritten Geheimnis von Fatima, in: Die Tagespost Nr. 76 (27. Juni 2000) 5f. Siehe dazu: Paolo G. Sottopietra, Wissen aus der Taufe. Die Aporien der neuzeitlichen Vernunft und der christliche Weg im Werk von Joseph Ratzinger, Regensburg 2003, 184-185.

137 Joseph Ratzinger, Unterwegs zu Jesus Christus, Augsburg 2003, 81; vgl. dazu: Thomas Söding, Die Seele der Theologie. Ihre Einheit aus dem Geist der Heiligen Schrift in Dei Verbum und bei Joseph Ratzinger, in: IKaZ 35 (2006) 545-557, hier: 547.

Die frühe monastische Tradition hingegen wusste,[138] dass das Hören auf Gottes Wort neue Tiefen freisetzt. Somit sind wir wieder an den Anfang unserer Überlegungen zurückgekehrt. Für den heiligen Benedikt ist das Hören und Gehorchen eine monastische Grundhaltung, die direkt an das Wort Gottes gebunden ist[139], das sich vor allem in der *lectio divina* wie auch in der Liturgie offenbart, die beide zusammen mit der Arbeit den ganzen Tagesablauf des Mönches bestimmen. Zugleich ist Horchen und Gehorchen in der monastischen Tradition an die Demut[140] als Goldader der Tugenden gebunden. Der einzelne Mönch ist bereit, dem Oberen wie auch dem älteren Mönch zu gehorchen. Erwähnenswert ist, dass in benediktinischer Tradition der gegenseitige Gehorsam[141] nichts Ungewöhnliches ist. So selbstverständlich die Verpflichtung des Abtes ist, bei wichtigen Entscheidungen den Rat aller einzuholen, so außergewöhnlich ist die auf die Offenbarung bezogene Begründung des heiligen Benedikt, der aus eigener Leitungserfahrung bekundet, dass Gott oft einem Jüngeren *offenbart*, was der Wille Gottes ist.[142] Gerade diese letztgenannte Weisung des Ordensvaters, die Ratzinger im Zusammenhang mit zwei Paulusstellen zur Begründung eines „charismatischen Offenbarungsbegriffs" anführt, den er speziell bei Bonaventura erkannt hat, hat Ratzingers eigene Auffassung von Offenbarung nachhaltig geprägt. Es handelt sich bei den Paulusworten um 1 Kor 14,30: „Wenn aber noch einem andern Anwesenden eine Offenbarung zuteilwird, soll der erste schweigen"[143] und um Phil 3,15: „Das wollen

---

138 Das gilt auch allgemein für die Geschichte derjenigen, die sich vom lebendigen Wort Gottes leiten lassen; vgl. dazu meine kurzen Ausführungen unter dem Abschnitt „Offenbarung" in: Maximilian Heim, Konziliare Streiflichter auf die Theologie Joseph Ratzingers/Benedikts XVI., in: MIPB 4 (2011) 50-58, bes. 55 und 57.

139 Vgl. Lk 10,16.

140 Vgl. Regula Benedicti (im Folgenden abgekürzt: RB) 7.

141 Vgl. RB 71,1-2; hier wörtlich: „Das Gut des Gehorsams sollen alle nicht nur dem Abt erweisen. Die Brüder müssen ebenso einander gehorchen; sie wissen doch, dass sie auf dem Weg des Gehorsams zu Gott gelangen."

142 Vgl. RB 3,3; hier wörtlich: „Dass aber alle zur Beratung zu rufen seien, haben wir deshalb gesagt, weil der Herr oft einem Jüngeren offenbart, was das Bessere ist"; vgl. dazu: Joseph Ratzinger, Theologische Prinzipienlehre. Bausteine zur Fundamentaltheologie, München 1982, 150f.

143 Vgl. dazu die Rezeption bei Cyprian, Ep 71,3 in: CCL 3/C 520: „Cui rei Paulus quoque prospiciens et concordiae et paci fideliter consulens in epistula sua posuit dicens: *prophetae autem duo aut tres loquantur et ceteri examinent. Si autem alii revelatum sedenti fuerit, ille prior taceat* (1 Cor 14,29-30). Qua in parte docuit et ostendit multa singulis in melius revelari et debere unumquemque non pro eo quod semel inbiberat et tenebat, pertinaciter congredi, sed si quid melius et utilius extiterit libenter amplecti. Non enim uincimur quando offeruntur nobis meliora, sed instruimur, maxime

wir bedenken, wir Vollkommenen. Und wenn ihr anders über etwas denkt, wird Gott euch auch das offenbaren." Der vorher genannte Offenbarungshinweis in der Benediktsregel „mit seinem knappen, sentenzenartigen Klang und mit seiner zur Allegorie geradezu herausfordernden Formulierung vom iunior, dem oft ein Mehr an revelatio zukommt" hat nach Ratzinger „eine außergewöhnlich starke Einwirkung auf die Nachwelt erzielt"[144].

Zusammen mit einer Stelle beim heiligen Augustinus,[145] der sich dort demütig der von Gott erbetenen Offenbarung eines anderen beugt, hat das sogenannte „Benedikt-Axiom"[146] im Anschluss an 1 Kor 14,30 auch den späteren Ordensvater der Zisterzienser, Bernhard von Clairvaux, beeinflusst. Der erste Abt von Clairvaux hat sich selbst – wie es Joseph Ratzinger formuliert – zu diesem „Ordnungsprinzip christlichen Redens über Gott und Gottes Wort" bekannt,

---

in his quae ad ecclesiae unitatem pertinent et spei ac fidei nostrae ueritatem." (Deutsche Übersetzung von Julius Baer, Des heiligen Kirchenvaters Caecilius Cyprianus Briefe, München 1928, 330, hier wörtlich: „Im Hinblick darauf und in treuer Fürsorge für Eintracht und Frieden hat auch Paulus in seinem Briefe die Worte geäußert: ‚Die Weissager aber mögen reden, zwei oder drei, und die übrigen sollen überlegen; wenn aber einem anderen, der da sitzt, etwas offenbart wird, so soll jener erste schweigen [1 Kor 14,29.30]!' An dieser Stelle hat er gelehrt und gezeigt, dass den Einzelnen vieles besser offenbart wird und dass ein jeder nicht etwa für das, was er sich einmal fest in den Kopf gesetzt hat, hartnäckig kämpfen, sondern gerne das Bessere und Nützlichere annehmen soll, das sich etwa zeigt. Denn nicht eine Niederlage ist es für uns, wenn sich uns Besseres darbietet, sondern eine Belehrung, besonders in all dem, was sich auf die Einheit der Kirche und auf die Wahrheit unseres Hoffens und Glaubens bezieht.")

144 JRGS 2, 190.

145 Vgl. Augustinus, De bapt VII 53, 102, in: CSEL 51, 374: „Ubi autem neque societas ulla esset ita credentium neque ille qui ibi acciperet ita crederet, sed totum ludicre et mimice et ioculariter ageretur, utrum adprobandus esset baptismus qui sic daretur, divinum iudicium per alicuius revelationis oraculum concordi oratione et inpensis supplici devotione gemitibus inplorandum esse censerem, ita sane ut post me dicturos sententias, ne quid iam exploratum et cognitum adferrent, humiliter expectarem. Quanto magis ergo nunc sine praeiudicio diligentioris inquisitionis vel maioris auctoritatis istud dixisse accipiendus sum!" (Deutsche Übersetzung in: Aurelius Augustinus, Opera – Werke, Band 28: De baptismo – Über die Taufe. Zweisprachige Ausgabe, eingeleitet, kommentiert und herausgegeben von Hermann-Josef Sieben, Paderborn 2006, 425, hier wörtlich: „Wo es jedoch keinerlei Gesellschaft auf diese Weise Glaubender gibt und auch der, der sie dort empfängt, nicht auf diese Weise glaubt, sondern alles nur Theater und Schauspiel und Scherz ist, um zu erfahren, ob eine auf die genannte Weise gespendete Taufe zu billigen sei, würde ich meinen, müsse man in einträchtigem Gebet und unter Aufwendung von Seufzen in demütiger Frömmigkeit ein göttliches Schiedsgericht durch das Orakel einer Offenbarung erflehen, und zwar so, dass ich demütig auf diejenigen warten würde, die nach mir ihre Meinungen kundtun werden, ob sie nicht etwas schon Erforschtes und Bekanntes beibrächten. Umso mehr soll man mir jetzt glauben, dass ich mich zu diesen Fragen geäußert habe, ohne einer sorgfältigeren Untersuchung oder einer höheren Autorität vorzugreifen.")

146 Vgl. JRGS 2, 192, und Joseph Ratzinger, Offenbarung – Schrift – Überlieferung. Ein Text des heiligen Bonaventura und seine Bedeutung für die gegenwärtige Theologie, in: Ders., JRGS 2, 693-711, hier: 706.

wenn er schreibt: „Es ist Zeit zu sagen, dass unsere Darstellung natürlich keinen Vorgriff bedeuten soll, falls jemandem eine andere ‚Offenbarung' zuteilwird."[147] Denn Bernhard sieht die Gemeinschaft der Mönche als eine Art „ecclesiola", eine Kirche im Kleinen, „in der das Pneuma seine Offenbarungen wirkt wie es will."[148] Das Wort Gottes kann also nicht in die Vergangenheit verbannt werden, sondern es bleibt lebendig, indem es sich den Demütigen und Gehorsamen im Raum der Kirche offenbart. Diese „Kleinen"[149] vor Gott sind bereit, in einen lebendigen Dialog mit IHM einzutreten. Im Hören auf sein kraftvolles Wort und in der Antwort des Glaubens führt der Heilige Geist sie stets in neue Tiefen zur Wahrheit, zu Christus, dem fleischgewordenen Logos. In dieser Dynamik des Heiligen Geistes wird die Offenbarung – wie es das Zweite Vatikanische Konzil in „Dei Verbum" bezeugt – zu einem „personal-dialogischen Geschehen"[150] der Vergangenheit, Gegenwart und Zukunft der Kirche. Offenbarung als lebendiges Wort Gottes ist deshalb nie nur Instruktion, sondern performatives Geschehen, das im Glauben der Kirche seine letzte Vergewisserung findet und den Glaubenden zum Zeugen des fleischgewordenen Wortes zu formen vermag.

---

147 Bernhard von Clairvaux, In Festivitate Omnium Sanctorum Sermo IV, in: PL 183, 471C, hier in der Übersetzung nach JRGS 2, 191; vgl. dazu auch die Übersetzung in der zweisprachigen Ausgabe von Gerhard B. Winkler (Hg.), Bernhard von Clairvaux. Sämtliche Werke lateinisch/deutsch, Band VIII, Innsbruck 1997, 778f.: „Tempus est ut dicamus iam quod de eo nobis sentire datum est, sine praeiudicio sane, si cui forte aliter fuerit revelatum." – „Nun ist es Zeit, dass wir davon sprechen, welche Gedanken uns darüber gegeben wurden. Sollte aber jemandem vielleicht etwas anderes enthüllt worden sein, dann wollen wir gewiss auch diese Auffassung gelten lassen."

148 JRGS 2, 191.

149 Vgl. Joseph Ratzinger/Benedikt XVI., Jesus von Nazareth. Zweiter Teil: Vom Einzug in Jerusalem bis zur Auferstehung, Freiburg i. Br. 2010, 24.

150 Rudolf Voderholzer, Dogmatik im Geiste des Konzils. Die Dynamisierung der Lehre von den Loci theologici durch die Offenbarungskonstitution Dei Verbum, in: TThZ 115 (2006) 149-166, 163. Voderholzer sieht in der „Dynamisierung des Verständnisses von Überlieferung, Schrift und Lehramt" (ebd., 149) (die drei ersten theologischen Fundorte „loci theologici") einen Fortschritt zu einer vertieften Perspektive der Offenbarung.

Monastische Theologie und Kontemplation

Gotteserkenntnis und Glaube als Antwort auf die Sinnkrise im 21. Jahrhundert[151]

1. Einführung

Das berühmte „Fides quaerens intellectum" des hl. Anselm von Canterbury – der Glaube, der nach Verstehbarkeit, nach Einsicht sucht – hat die mittelalterliche Theologie stark geprägt. Nun standen die Zisterziensermönche dieser scholastischen Theologie im Sinne des intellektuellen Verstehens des Glaubens durch die Vernunft eher skeptisch gegenüber. Ihr Zugang zum Glauben, ihre Einsicht in den Glauben verbanden sie mit der Gnadengabe des Heiligen Geistes, der ihre Herzen erleuchtet, indem sie sich täglich der Lectio Divina für mehrere Stunden widmeten. Für sie bedeutet glauben, sich selbst einer sicheren Gewissheit anvertrauen, die auf das Fundament von Heiliger Schrift und Kirchenväter gründet wie auch auf das Vorbild der Heiligen. Deshalb verurteilten die Zisterzienser den stark intellektualisierten Zugang der scholastischen Theologie, in dem sie eine Verkürzung der Wahrheit des Glaubens mutmaßten, wodurch diese selbst relativiert und infrage gestellt werde. Diese Gefahr des Intellektualismus erkannte Bernhard von Clairvaux in seiner Auseinandersetzung mit Petrus Abælard. Im 188. Brief schreibt er: „Das menschliche Verstandesdenken nimmt alles in Besitz und lässt nichts mehr für den Glauben übrig. Es setzt sich mit dem auseinander, was über ihm steht, erforscht, was höher ist als es selbst, es bricht in die Welt Gottes ein, verfälscht die Geheimnisse des Glaubens mehr als sie zu erhellen; was verschlossen und versiegelt ist, öffnet es nicht, sondern entwurzelt es, und was es für sich als nicht beschreitbar befindet, sieht es als nichtig an und lehnt es ab, daran

---

151 Zuerst veröffentlicht in: Jürgen Henkel, Nikolaus Wyrwoll (Hg.), Askese versus Konsumgesellschaft. Aktualität und Spiritualität von Mönchtum und Ordensleben im 21. Jahrhundert, Bonn/Hermannstadt 2013, 148-160.

zu glauben.“[152] Für Bernhard heißt Gott erkennen, ihn vor allem zu lieben und sich von seiner Liebe erfassen zu lassen.

Im Laufe der Entwicklung des Zisterzienserordens nahm die anfängliche Skepsis gegenüber der scholastischen Theologie immer mehr ab. Bald öffnete man sich mit dem Entstehen der Universitäten einer Denkweise, die „fides et ratio“ im philosophisch-theologischen Studium miteinander zu verbinden versuchte. Charakteristisch blieb für die Zisterzienserklöster als „Schulen der Liebe“, dass sie dem bernhardinischen Erbe der monastischen Erfahrung treu blieben, ihre Weisheit und Erkenntnis aus der Lectio Divina zu schöpfen. Entsprechend dazu kann der Zugang vom hl. Bernhard zur Natur genannt werden, den er in einem Brief an Henricus Murdac formuliert hat: „Glaube dem, der es erfahren hat.“[153]

Der Benediktiner Dom Jean Leclercq († 1993) hat in seinem Standardwerk „Wissenschaft und Gottverlangen“ miteinander verbunden. Dies entspricht auch der Intention von Papst Benedikt XVI. in seiner großen Ansprache im Collège des Bernardins in Paris im September 2008. Im Jahr zuvor besuchte Papst Benedikt unsere Abtei Heiligenkreuz mit unserer Phil.-Theol. Hochschule, die seit 2007 seinen Namen trägt. Auch hier forderte er die Mönche auf, sich einer monastischen Theologie verpflichtet zu wissen, die eine wichtige Ergänzung der universitären Theologie darstellt. Beide zusammen haben nach der Auffassung von Papst Benedikt „das Ganze der abendländischen Theologie gestaltet“[154]. Sein Anliegen ist die Verbindung von „wissenschaftlicher Theologie“ und „gelebter Spiritualität“: „Gott ist ja nie bloß Objekt der Theologie, er ist immer zugleich ihr lebendiges Subjekt. Christliche Theologie ist auch nie eine bloß menschenförmige Rede über Gott, sondern sie ist immer zugleich der Logos und die Logik, in der Gott sich zeigt. Darum sind wissenschaftliche Intellektualität und gelebte Frömmigkeit zwei Ele-

152 Benedikt XVI., Theologische Auseinandersetzung zwischen Bernhard von Clairvaux und Abælard. Generalaudienz auf dem Petersplatz (04. November 2009), in: OR (D) Nr. 46 vom 13. November 2009, 2.

153 Ep. 106,2 (7,266,2ff.): Experto crede: aliquid amplius invenies in silvis quam in libris. Ligna et lapides docebunt te, quod a magistris audire non possis. Annon putas posse te sugere mel de petra oleumque de saxo durissimo? Annon montes stillant dulcedinem et colles fluunt lac et mel et valles abundant frumento? Vgl. Ulrich Köpf, Religiöse Erfahrung in der Theologie Bernhards von Clairvaux, Tübingen 1980, 46.

154 http://www.vatican.va/holy_father/benedict_xvi/speeches/2011/june/documents/hf_ben-xvi_spe_20110630_premio-ratzinger_ge.html (27.06.2013).

mente des Studiums, die in unaufgebbarer Komplementarität aufeinander angewiesen sind."[155]

In einem Dreischritt will ich mich dem Thema „Monastische Theologie und Kontemplation – Gotteserkenntnis und Glaube als Antwort auf die Sinnkrise im 21. Jahrhundert" widmen. Erstens: Monastische Theologie als Begegnung mit dem lebendigen Wort Gottes und dem Zeugnis der Väter. Zweitens: Kontemplation als Anbetung des dreieinigen Gottes durch die Liturgie der Kirche. Drittens: Glauben als Antwort auf die Sinnkrise.

2. Monastische Theologie als Begegnung mit dem lebendigen Wort Gottes und dem Zeugnis der Väter

Wie in der Einleitung bereits hingewiesen, widmeten sich die Mönche der Lectio Divina als einer erprobten und bewährten „Methode" der Gotteserfahrung. Der hl. Benedikt von Nursia hat der täglichen Lectio Divina zu bestimmten Zeiten im Tagesablauf ihren festen Platz gegeben. Für ihn war es entscheidend, dass die Mönche unter der Führung des Evangeliums die Wege Gottes gehen, damit sie würdig werden, den zu schauen, der sie in sein Reich berufen hat.[156] Er wusste, dass „Müßiggang der Feind der Seele ist"[157] und bestimmte deshalb in Kapitel 48 der Regel, welche Zeiten für die Handarbeit und welche für die Lesung einzuhalten seien. Außergewöhnlich streng bestimmte er sogar die Tageszeiten, in denen die Mönche „frei für die Lesung sind" (vacare lectioni). Es ist bezeichnend für den hl. Benedikt, dass er im 48. Kapitel das Verbum „vacare" fünfmal verwendet. Für ihn bedeutete die Lectio Divina eine Begegnung mit Christus, der uns selbst in die Freiheit führt. Er wusste: Eine Vernachlässigung der Regel würde den Mönch wieder in die alte Sklaverei der Sünde zurückwerfen. Deshalb war für ihn die Lesung eine Pflicht, der sich niemand entziehen durfte. Der Zeitraum von zwei Stunden wurde in der Fastenzeit noch einmal aufgestockt auf drei Stunden. Dies entsprach der asketisch-monastischen Tradition, in der für die Lectio die ersten drei Stunden des Tages vorgesehen waren.

155 Benedikt XVI., In visitatione Abbatiae „Heiligenkreuz", die 9 Septembris 2007, in: AAS 99 (2007: 10) 853-858, hier: 856.
156 Vgl. RB Prolog 21.
157 RB 48,1.

Die früheste Erwähnung der Lectio Divina finden wir bei Origenes in seinem Brief an Gregorius: „Widme dich der *lectio* der göttlichen Schriften; bemühe dich mit Beharrlichkeit darum. Beschäftige dich mit der *lectio* in der Absicht, zu glauben und Gott zu gefallen. Wenn du während der *lectio* vor einer verschlossenen Tür stehst, klopfe an, und es wird sie dir jener Wächter öffnen, von dem Jesus gesagt hat: ‚Der Türhüter wird sie ihm öffnen‘. Wenn du dich auf diese Weise der *lectio divina* widmest, suche redlich und mit unerschütterlichem Gottvertrauen den Sinn der göttlichen Schriften, der sich in ihnen in reicher Fülle verbirgt. Du darfst dich jedoch nicht damit zufriedengeben, anzuklopfen und zu suchen: Um die Dinge Gottes zu verstehen, bedarfst du unbedingt der *oratio*. Gerade um uns dazu zu ermahnen, hat der Heiland zu uns nicht nur gesagt: ‚Sucht, und ihr werdet finden‘ und ‚Klopft an, und euch wird geöffnet werden‘, sondern er hat hinzugefügt: ‚Bittet, und ihr werdet empfangen‘“.[158] Der Sinn der Heiligen Schrift öffnet sich dem Leser im Lesen, indem er die Lectio nach Origenes mit dem Gebet verbindet. Auch Cyprian von Karthago hat in seinem Brief an Donatus die Lesung verbunden mit dem Gebet, das er als Kommunikation mit Gott versteht: „Deine ständige Beschäftigung sei das Gebet oder das Lesen (der Heiligen Schrift)! Rede du bald selbst mit Gott, bald lass Gott zu dir reden!“[159] In ähnlicher Weise sagt der hl. Kirchenvater Ambrosius, dass das „Gebet die Lesung der Heiligen Schrift begleiten muss, damit es zu einem Gespräch werde zwischen Gott und Mensch; denn ihn reden wir an, wenn wir beten; ihn hören wir, wenn wir die göttlichen Sprüche lesen“[160].

Dass das Wort Gottes nicht einfach nur Objekt unserer Betrachtung ist, sondern sich der Vater selbst in seinem Wort, das heißt in Jesus Christus, den Menschen offenbart, als lebendiges Wort Gottes, das zu uns spricht, und dem wir antworten dürfen, formuliert die Offenbarungskonstitution des Zweiten Vatikanischen Konzils fol-

---

158 Vgl. Benedikt XVI., Nachsynodales Apostolisches Schreiben *Verbum Domini* von Papst Benedikt XVI. über das Wort Gottes im Leben und in der Sendung der Kirche, in: Verlautbarungen des Apostolischen Stuhls (Nr. 187), hg. vom Sekretariat der Deutschen Bischofskonferenz, Bonn 2010, 128f.

159 Cyprian, Traktat „An Donatus“, Kapitel 15, in: Bibliothek der Kirchenväter. Des heiligen Kirchenvaters Caecilius Cyprianus Traktate. Aus dem Lateinischen übersetzt von Dr. Julius Baer, Kempten/München 1918, 54.

160 DV 25.

gendermaßen: „In den Heiligen Büchern kommt ja der Vater, der im Himmel ist, seinen Kindern in Liebe entgegen und nimmt mit ihnen das Gespräch auf. Und solche Gewalt und Kraft west im Worte Gottes, dass es für die Kirche Halt und Leben, für die Kinder der Kirche Glaubensstärke, Seelenspeise und reiner, unversieglicher Quell des geistlichen Lebens ist. Darum gelten von der Heiligen Schrift in besonderer Weise die Worte: ‚Lebendig ist Gottes Rede und wirksam' (Hebr 4,12), ‚mächtig aufzubauen und das Erbe auszuteilen unter allen Geheiligten' (Apg 20,32; vgl. 1 Thess 2,13)."[161]

Die Lectio ist nicht dazu da, Wissen zu vermitteln, das heißt nur informativ zu sein. Sie ist als Lectio Divina Begegnung mit dem lebendigen Gott, von dessen Wort eine performative[162] Kraft ausgeht, entsprechend der Stelle aus Jesaja: „Denn wie der Regen und der Schnee vom Himmel fällt und nicht dorthin zurückkehrt, sondern die Erde tränkt und sie zum Keimen und Sprossen bringt, wie er dem Sämann Samen gibt und Brot zum Essen, so ist es auch mit dem Wort, das meinen Mund verlässt: Es kehrt nicht leer zu mir zurück, sondern bewirkt, was ich will, und erreicht all das, wozu ich es ausgesandt habe" (Jes 55,10-11).

Spätestens seit dem Mittelalter kennt die monastische Tradition eine vierstufige Form der Lectio Divina. Guigo der Kartäuser hat in seiner Schrift *Scala claustralium* folgende vier Elemente dieser Form der Kommunikation mit Gott beschrieben: lectio (Lesung), meditatio (Meditation), oratio (Gebet), contemplatio (Kontemplation) – „Sucht in der Lesung und ihr werdet in der Meditation finden, klopft an im Gebet und euch wird geöffnet"[163].

Es sei an dieser Stelle nur streiflichtartig auf Besonderheiten dieser Elemente hingewiesen. Die Lectio wurde nicht selten halblaut gehalten als ein leises Rezitieren bzw. Murmeln; dadurch sollte nicht nur der Geist, das heißt der Intellekt, sondern der ganze Mensch mit

161 DV 21.

162 Vgl. Maximilian H. Heim, Offenbarung als lebendiges Wort Gottes – Wort des lebendigen Gottes. Die Verflechtung von Wort und Zeuge und Glaubensregel, in: Michaela C. Hastetter, Ioan Moga, Christoph Ohly (Hg.), Symphonie des Wortes. Beiträge zur Offenbarungskonstitution „Dei Verbum" im katholisch-orthodoxen Dialog, St. Ottilien 2012, 15-30, hier: 15.

163 Guigo der Kartäuser, Scala claustralium. Die Leiter der Mönche zu Gott. Aus dem Lateinischen übersetzt und eingeleitet von Daniel Tibi OSB, Traugott Bautz, Nordhausen 2010, II (32f.). Im Folgenden zitiert als „Scala claustralium".

seinen Sinnen vom Wort Gottes erfasst werden, um das Wort selber zu verinnerlichen.

Unter meditatio verstand man eine Form der Wiederholung im Sinne der ruminatio, des Wiederkäuens. Wie Brot im Munde süß wird, wenn es lang genug gekaut wird, so sollte auch das Wort Gottes im Herzen des Lesenden durch die Wiederholung alle „Süßigkeit" in sich entfalten.

Die oratio, das Gebet, macht den Lesenden zu einem demütigen Bettler, der aus Erfahrung weiß, dass – wie Guigo der Kartäuser sagt – die Seele aus sich selbst heraus die ersehnte Süßigkeit nicht erreichen kann und „das Gott umso ferner scheint, je mehr sie das Herz erhebt. Daher erniedrigt sie sich und nimmt Zuflucht zum Gebet"[164].

In der Kontemplation überlässt sich die Seele schließlich dem Wirken des Heiligen Geistes, der mit einem unaussprechlichen Seufzen für sie eintritt. In dieser Haltung wird sie selbst zur Wohnung des Allerhöchsten und erfährt die reinigende und trennende Kraft des Wortes Gottes: „Selig, die ein reines Herz haben, denn sie werden Gott schauen" (Mt 5,8). Damit sind wir angelangt im Zentrum der monastischen Existenz. Der Gott suchende Mönch findet Gott, indem er ihn anbetet in seinem Wort und in seinem Sakrament.

3. Kontemplation als Anbetung des dreieinigen Gottes durch die Liturgie der Kirche

Im Psalm 119 heißt es „Siebenmal am Tag singe ich dein Lob ...". Dieses Wort des Psalmisten ist für die monastischen Klöster bis heute eine verbindliche Weisung. Auch wenn in manchen Klöstern einzelne Horen zusammengelegt oder privat verrichtet werden, so bleibt doch die Verpflichtung, den dreifaltigen Gott zu bestimmten Stunden des Tages und der Nacht zu loben und zu preisen.

Bei seinem Besuch in unserer Zisterzienserabtei Stift Heiligenkreuz hat Papst Benedikt XVI. darauf hingewiesen, dass die Mönche von Berufs wegen Betende sind. Seit der Väterzeit verglich man das Mönchsleben mit dem der Engel – „bios angelikos". Papst Benedikt sagte damals: „Sie beten zuallererst nicht um dies oder jenes, sondern sie beten einfach deshalb, weil Gott es wert ist, angebetet zu werden. ‚Confitemini Domino, quoniam bonus! Danket dem Herrn,

---

164 Scala claustralium, 37.

denn er ist gütig! Denn seine Huld währt ewig', rufen viele Psalmen (z. B. Ps 106,1). Ein solches zweckfreies Gebet, das reiner Gottesdienst sein will, wird daher mit Recht ‚Officium' genannt. Es ist der ‚Dienst', der ‚heilige Dienst' der Mönche. Er gilt dem dreifaltigen Gott, der über alles würdig ist, ‚Herrlichkeit zu empfangen und Ehre und Macht' (Offb 4,11), da er die Welt wunderbar erschaffen und noch wunderbarer erneuert hat."[165]

Jesus Christus, das Wort, das in der Fülle der Zeit im Fleisch erschienen ist, hat uns das Geheimnis des dreifaltigen Gottes offenbart. Er ist das Ziel und die Erfüllung auch unserer menschlichen Existenz. Gerade im täglichen Offizium bezeugt eine monastische Gemeinschaft die Gottsuche als ihren Lebensinhalt. Papst Benedikt XVI. sieht darin einen Beweis dafür, dass „diese urmenschliche Sehnsucht nicht ins Leere geht. Gott, der Schöpfer, hat uns Menschen nicht in eine beängstigende Finsternis gesetzt, wo wir verzweifelt den letzten Sinngrund suchen und ertasten müssten (vgl. Apg 17,27); Gott hat uns nicht in einer sinnleeren Wüste des Nichts ausgesetzt, wo letztens nur der Tod auf uns wartet. Nein! Gott hat unsere Dunkelheit durch sein Licht hell gemacht, durch seinen Sohn Jesus Christus. In ihm ist Gott mit seiner ganzen ‚Fülle' in unsere Welt eingebrochen (Kol 1,19), in ihm hat alle Wahrheit, nach der wir uns sehnen, ihren Ursprung und ihren Gipfelpunkt."[166]

Ursprung, Quelle und Höhepunkt der Liturgie ist die Feier der heiligen Eucharistie. Sie ist zugleich Ausdruck des bräutlichen Verhältnisses von Christus und Kirche. In der Eucharistie feiern wir die Communio mit dem auferstandenen Herrn, indem er uns in sein Opfer aufnimmt, durch das er den Vater verherrlicht im Heiligen Geist und dadurch die höchste Form der Anbetung dargebracht hat. Im katholischen Glauben ist deshalb die Feier der heiligen Messe die Vergegenwärtigung des Paschamysteriums Jesu Christi. Wie er beim Abendmahl durch die Wandlungsworte: „Das ist mein Leib, der für euch hingegeben wird", „Das ist mein Blut, das für euch und für viele vergossen wird zur Vergebung der Sünden" bereits die Deutung des Karfreitags vorwegnimmt und vergegenwärtigt, so ist auch

165 Benedikt XVI., In visitatione Abbatiae „Heiligenkreuz", die 9 Septembris 2007, in: AAS 99 (2007: 10) 853-858, hier: 853-854.
166 Ebd., 854.

jede Eucharistie der Vollzug seines Auftrages: „Tut dies zu meinem Gedächtnis!“ Es ist die Feier von Tod und Auferstehung Jesu Christi, wie wir nach der heiligen Wandlung beten: „Deinen Tod, o Herr, verkünden wir, und deine Auferstehung preisen wir, bis du kommst in Herrlichkeit“. In diesem Gebet, das alle Gläubigen nach der Wandlung sprechen oder singen, kommt auch der eschatologische Charakter der Eucharistiefeier zum Tragen: Sie ist der Ruf der Kirche „Maranatha – Komm, Herr Jesus“ in der Erwartung des himmlischen Hochzeitsmahles, das er selbst für uns durch seine Erlösung bereitet hat. Deshalb ist Liturgie, wie es Joseph Ratzinger ausdrückt, „antizipierte Parusie“. Sie ist „das Hereintreten des ‚schon‘ in unser ‚noch nicht‘, wie es Johannes in der Erzählung von der Hochzeit zu Kana dargestellt hat: Die Stunde des Herrn ist noch nicht da, noch nicht ist alles erfüllt, was geschehen muss; aber auf die Bitte Marias – der Kirche – hin gibt er doch schon jetzt den neuen Wein, schenkt jetzt im Voraus schon die Gabe seiner Stunde“.[167]

In der Liturgie feiert die Kirche das, was sie selber ist. Sie tritt ein in die Wahrheit und Liebe, für die Christus sein Leben eingesetzt hat im Gehorsam gegenüber seinem Vater im Himmel. Deshalb tritt ihr Glaube heraus aus der „Autonomie des eigenmächtigen Denkens und Handelns“ in das *„Extra nos* des Sakramentes, in das Ganz-Andere, d. h. in die *oratio* Christi“[168].

Um die monastische Existenz zu begreifen, ist es notwendig, sich von Christus umgestalten zu lassen, d. h. es geht um einen wahren Exodus aus dem Gebundensein an sich selbst, um Gabe Gottes zu werden entsprechend dem Wort des Apostel Paulus: „Nicht mehr ich lebe, sondern Christus lebt in mir“ (Gal 2,2) und der Unterweisung Jesu: „Wer sich selbst verliert, wird das Leben finden“ (vgl. Mt 16,24ff.). Wer sich von dieser Dynamik der Bibel erfassen lässt, kann das Geheimnis des Glaubens begreifen lernen und sein eigenes Leben von Christus umwandeln lassen, sodass er selbst Leib Chris-

---

167 Joseph Ratzinger, In der Spannung zwischen Regensburger Tradition und nachkonziliarer Reform, auf: http://sinfonia-sacra.weebly.com/uploads/1/2/8/3/12837883/ratzinger_regensburger_tradition_und_nachkonziliare_reform.pdf (27.06.2013), 1f.

168 Maximilian Heim, Joseph Ratzinger – Kirchliche Existenz und existentielle Theologie. Ekklesiologische Grundlinien unter dem Anspruch von *Lumen gentium*, Frankfurt am Main ²2005, 480.

ti wird, den er empfangt. In dieser Gleichförmigkeit werden wir gleichsam blutsverwandt mit Christus[169].

Die Mönche, die seit alters her die Kontemplation in das Zentrum ihrer eigenen Existenz stellen, erfahren in der Anbetung die tiefste Vereinigung mit dem Herrn. Diese innige Beziehung wird im Lateinischen mit dem Wort „adoratio“ wiedergegeben. Es besagt, dass ich in dieser Einung die Freundschaft Jesu annehme und sie durch die Kraft des Heiligen Geistes in Liebe beantworte. Denn wie unser Ordensvater, der heilige Bernhard von Clairvaux, sagt, muss die Liebe heimfließen zu ihrem Quell und aus ihm schöpfen, um immerfort strömen zu können.[170]

Diese Liebe hat die Gestalt des Kreuzes, d. h. sie ist vertikal – Zeichen der Gottesliebe – und horizontal – Zusammenfassung jenes Aktes der Nächstenliebe. Ihren Quellgrund hat sie dort, wo sich Horizontale und Vertikale schneiden im durchbohrten Herzen des Erlösers.

4. Glaube als Antwort auf die Sinnkrise

Christus zu verkünden, und zwar als den Gekreuzigten, ist das bleibende Vermächtnis, das der Völkerapostel Paulus der Kirche aufgetragen hat. Im 1. Korintherbrief steht das bezeichnende Wort: „ἵνα μὴ κενωθῇ ὁ σταυρὸς τοῦ Χριστοῦ. Ut non evacuetur crux Christi. Dass nicht das Kreuz Christi evakuiert werde.“ (1 Kor 1,17) Je mehr die Menschen das Kreuz ablehnen, umso größer wird die Leere, in die sie zurückfallen. Die Orientierungslosigkeit in unserer Zeit steht also in einem signifikanten Zusammenhang mit der Ablehnung des Kreuzes Jesu Christi als Zeichen der Erlösung und Zeichen der Wiedergutmachung und Sühne. Es gibt keine Religion, in der sich Gott so sehr erniedrigt, dass er nicht nur unsere menschliche Natur angenommen hat in seinem Sohn, sondern zugleich auch bereit war, sein Leben am Schandpfahl des Kreuzes für uns hinzugeben. Das Kreuz

---

169 Vgl. Maximilian Heim, Die Eucharistie in der Theologie Joseph Ratzingers. Das Schicksal der Kirche hängt von der Liturgie ab, von der rechten Weise, Gott zu verherrlichen, in: Die Tagespost Nr. 156 (29. Dezember 2012) 25.

170 Vgl. Bernhard von Clairvaux, Sermones super Cantica Canticorum Sermo LXXXIII, in: Bernhard von Clairvaux, Sämtliche Werke lateinisch/deutsch, hg. von Gerhard B. Winkler, Band VI, Innsbruck 1995, 610-619, hier: 615: „Etwas Großes ist die Liebe, aber nur, wenn sie zu ihrem Urgrund zurückkehrt, wenn sie sich ihrem Ursprung wieder schenkt, wenn sie zu ihrer Quelle zurückfließt und von ihr immer empfängt, wovon sie ständig strömen kann.“

wird so zum feurigen Wagen der Liebe entsprechend dem Wort des Origenes: „Wer mir nahe ist, ist dem Feuer nahe“[171]. In der Liturgie symbolisiert das erhöhte Kreuz den Sieg Jesu Christi über den Tod, die Sünde und den Teufel und leuchtet uns als Zeichen der Hoffnung voran. Es steht aber, wie es Joseph Ratzinger einmal ausgedrückt hat, „auch außerhalb der Stadt und des Tempels (Hebr 13,12) und umfasst gerade auch die Welt des Alltags, die Welt außerhalb des Heiligtums. Weil in der vom Kreuz geschenkten Relecture der Opfertraditionen der Menschheit Opfer und Liebe identisch werden, ist es zugleich höchste Liturgie, das heißt Angleichung des Menschen an den Gott, der die Liebe ist, und konkreteste Wirklichkeit des Alltags. Dem Erlöser begegnet man in den Geringsten: im Gefängnis, am Krankenbett, in den Quartieren der Hungernden und Darbenden (vgl. Mt 25,31-46)“.[172]

Die Worte Jesu: „Wer mein Jünger sein will, der verleugne sich selbst, nehme sein Kreuz auf sich und folge mir nach“ (Mt 16,24) wie auch das Wort des Apostel Paulus: „Einer trage des anderen Last, so erfüllt ihr Christi Gesetz“ (Gal 6,2) können also den Menschen aus seiner Ichverfangenheit befreien durch die Offenheit gegenüber der Einladung Jesu Christi, seinen Spuren zu folgen. Diese Form der Proexistenz hat in der monastischen Tradition ihre Wurzel im Beispiel der frühen Christen, die bereit waren, füreinander einzutreten, indem sie Hab und Gut miteinander teilten und sich gegenseitig so stützten, dass ihre Weggemeinschaft als Zeichen der Liebe missionarisch ihre Umgebung beeinflusste. „Seht [...], wie sie sich gegenseitig lieben“[173]. Dieses füreinander Eintreten ging bis zum Martyrium um des Glaubens willen.

Als im 4. Jahrhundert nach der konstantinischen Wende die systematische Christenverfolgung im Imperium Romanum ihr Ende fand, wollte das Mönchtum eine Form des Zeugnisses für Christus darstellen, in dem dieser Geist der Urkirche fortlebt durch die Hingabe des eigenen Lebens in der Befolgung der Evangelischen Räte.

---

171 Joseph Ratzinger, Diener eurer Freude. Meditationen über die priesterliche Spiritualität, Freiburg i. Br. 1988, 34.

172 Joseph Ratzinger, Gesammelte Schriften Bd. 11: Theologie der Liturgie. Die sakramentale Begründung christlicher Existenz (= JRGS 11), hg. von Gerhard Ludwig Müller, Freiburg i. Br. 2008, 700.

173 Vgl. Tertullian, Apologeticum. Verteidigung des Christentums (lateinisch – deutsch), herausgegeben, übersetzt und erläutert von Carl Becker, München [2]1961, 185.

Sie suchten den Weg – wie es der heilige Benedikt von Nursia (* um 480, † 21.03.547) sagt – „der zum Leben führt“[174] und bekamen dafür das geistige Rüstzeug. In Kapitel 4 der Regel des heiligen Benedikt beschreibt der Ordensvater diese Werkzeuge der geistlichen Kunst. Dazu gehören zuerst das Doppelgebot der Liebe, die Zehn Gebote, die Werke der Barmherzigkeit wie auch die Goldene Regel: „[...] keinem anderen antun, was man selbst nicht erleiden möchte“[175]. Ihren Höhepunkt haben diese Instrumente im prägnant formulierten Satz „Der Liebe zu Christus nichts vorziehen“[176] wie auch in der Weisung „[...] an Gottes Barmherzigkeit nie verzweifeln“[177]. Dass zu einem solchen Leben die Überwindung der eigenen Begehrlichkeit auch die entsprechende Askese gehört, drückt Benedikt dadurch aus, dass er der Askese einen breiten Raum einräumt, der die verschiedensten Lebensbereiche bestimmt: das Essen und Trinken, die Sexualität, den Schlaf, das Denken und Reden, das Schweigen und Sprechen. Der Mönch wird aber seiner Eigenverantwortung nicht einfach beraubt, sondern er selbst ist Fechter für sein Tun und Lassen und soll davon überzeugt sein, dass Gott an jedem Ort auf ihn schaut.[178]

Für den heiligen Benedikt ist eine solche Lebensweise Ausdruck des Glaubens und der konkreten Nachfolge Jesu, der arm, keusch und gehorsam gegenüber dem Vater in dieser Welt lebte und die Menschen zur Umkehr zu Gott führen wollte. Betrachtet man diese Form des Mönchtums, so ist Glaube in dieser frühen Zeit nicht zuerst die Frage nach der *fides quae*, d. h. nach dem Inhalt des Glaubens, der durch das Credo der Kirche als selbstverständlich angenommen wurde. Glaube ist vielmehr die Antwort des Mönches auf Gott. Er, der das Ohr des Mönches wachruft, auf sein Wort zu hören: „Verleih deinem Knecht ein hörendes Herz“ (1 Kön 3,9). Diese Bitte des jungen Salomo ist auch heute „das Eingangstor der Nachfolge“[179]. Es geht im Mönchtum um einen Glauben, der sich dem offenbarenden Gott anvertraut. In unserer Gegenwart ist Glaube deshalb

---

174 RB 5,11.

175 RB 4,9.

176 Ebd., 4,21.

177 Ebd., 4,74.

178 Vgl. ebd., 4,48-49.

179 Achim Buckenmaier, Einführung, in: Michaela Christine Hastetter, Helmut Hoping (Hg.), Ein hörendes Herz. Hinführung zur Theologie und Spiritualität von Joseph Ratzinger/Papst Benedikt XVI., Ratzinger-Studien Bd. 5, Regensburg 2012, 9-15, hier: 14.

zuerst persönliche Bindung an Gott und an das größere Wir der Kirche, von der das Ich des Einzelnen den Glauben empfängt. Für den Mönch bedeutet also Glaube zunächst Freundschaft mit Gott. Er ist berufen, aus der täglichen Begegnung mit ihm im Wort und Sakrament seine Gegenwart in dieser Welt zu bezeugen und „in seiner Liebe zu bleiben" (vgl. Joh 15,9). Damit wird er, wie auch ein Kloster als Ganzes, zum prophetischen Zeichen in einer Welt, die der transzendenten Wirklichkeit in unserer säkularisierten Gesellschaft von heute oft gleichgültig gegenübersteht. Er wird zu einem sehenden Wächter, der auf die Frage, die bereits der Prophet Jesaja stellt: „Wächter, wie lange noch dauert die Nacht?", die hoffnungsvolle Antwort gibt: „Es kommt der Morgen, es kommt auch die Nacht. Wenn ihr fragen wollt, kommt wieder und fragt!" (Jes 21,11-12). Auf diese Weise ist die monastische Berufung immer auch eschatologisch zu verstehen. Sie vertraut darauf, dass der Herr wiederkommt und dass der Mönch durch die wache Nüchternheit dem kommenden Herrn entgegengeht. Seine Seele ist ausgespannt auf das österliche Licht Christi. In diesem Sinn ist die conversio, die Umkehr zum Herrn, der Glaubensakt schlechthin, der sein ganzes Leben prägt und verwandelt. Wie Kardinal Kurt Koch sagt, bedeutet das hörende Herz im Kern: „‚Aug in Aug' mit Gott leben und im Dienst seiner Botschaft stehen"[180]. In dieser Haltung ist die monastische Existenz nicht nur christusförmig, sondern auch zutiefst marianisch. Maria ist „jene glaubensstarke Frau, die für das Wort Gottes ein so sehr hörendes Herz hatte, da sie selbst der Menschheit das Wort Gottes geboren hat"[181].

Eine solche Wachheit haben wir in der Gegenwart nötiger denn je. Es geht hier um die Würde des Menschen, der zur Gemeinschaft mit Gott berufen ist: „[...] er existiert nämlich nur, weil er, von Gott aus Liebe geschaffen, immer aus Liebe erhalten wird; und er lebt nicht voll gemäß der Wahrheit, wenn er diese Liebe nicht frei anerkennt und sich seinem Schöpfer anheimgibt"[182].

180 Kurt Koch, Ein hörendes Herz haben. Zum prophetischen Auftrag in der Kirche, in: Michaela Christine Hastetter, Helmut Hoping (Hg.), Ein hörendes Herz. Hinführung zur Theologie und Spiritualität von Joseph Ratzinger/Papst Benedikt XVI., Ratzinger-Studien Bd. 5, Regensburg 2012, 171-176, hier: 175.

181 Ebd., 176.

182 GS 19,1.

Wie der Katechismus der Katholischen Kirche schreibt, kann diese Verbindung mit Gott „vom Menschen vergessen, verkannt, ja ausdrücklich zurückgewiesen werden. Solche Haltungen können verschiedenste Ursachen haben: Auflehnung gegen das Übel in der Welt, religiöse Unwissenheit oder Gleichgültigkeit, irdische Sorgen und Reichtum, schlechtes Beispiel der Gläubigen, religionsfeindliche Denkströmungen und schließlich die Neigung des sündigen Menschen, sich aus Angst vor Gott zu verbergen und vor dem Ruf des Herrn zu fliehen“[183].

Glaube als Antwort auf die Sinnkrise bedarf also des „marianischen Feuers“[184], wie es Papst Benedikt XVI. formulierte: „Wo Maria ist, da ist das Urbild der Ganzhingabe in der Christusnachfolge. Wo Maria ist, da ist das pfingstliche Wehen des Heiligen Geistes, da ist Aufbruch und authentische Erneuerung“[185]. Damit wird der Glaube zu einer Gewissheit, dass ohne Gott das ganze Sein des Menschen ins Nichts fällt.[186] Deshalb ist heute monastisches Leben auch immer verbunden mit dem missionarischen Impuls, den Menschen, die noch nicht glauben, hoffen, lieben und Gott nicht anbeten, durch das eigene Leben das Licht des lebendigen Gottes aufleuchten zu lassen.

5. Schluss

„Monastische Theologie und Kontemplation – Gotteserkenntnis und Glaube als Antwort auf die Sinnkrise im 21. Jahrhundert“: Dieses Thema konnte hier nur streiflichtartig beleuchtet werden. Je mehr die Menschen sich in der Postmoderne verabsolutieren, umso mehr vereinsamen sie. Sie lösen sich aus dem Lebensstrom der Gemeinschaft mit Gott und ihrer natürlichen Beziehungen. Der jüdische Religionsphilosoph Martin Buber sprach schon 1953 in seinem Buch „Gottesfinsternis“ davon, „dass etwas zwischen unsere Existenz und die seine treten kann wie zwischen Erde und Sonne“[187]. Wir erleben heute, wie es Papst Benedikt am 28. Juni 2010 in St. Paul vor

---

183 Katechismus der Katholischen Kirche, München 2005, Nr. 29.

184 Vgl. Benedikt XVI., In visitatione Abbatiae „Heiligenkreuz“, die 9 Septembris 2007, in: AAS 99 (2007: 10) 853-858, hier: 857.

185 Ebd., 858.

186 Vgl. GS 36.

187 Martin Buber, Gottesfinsternis. Betrachtungen zur Beziehung zwischen Religion und Philosophie, Zürich 1953, 150.

den Mauern formulierte, „eine fortschreitende Säkularisierung der Gesellschaft und eine Art »Finsternis des Sinnes für Gott«“[188]. Deshalb ist der Blick auf Gott, der uns bisweilen noch dunkel erscheinen mag, entscheidend in einer Zeit, in der sich „Atheismus, Relativismus und Pluralismus wie eine lichtabsorbierende Mondkugel vor das Licht des einzigen Retters Jesus Christus geschoben und den Glaubenssinn in Europa verdunkelt haben“[189]. In einer Vorahnung dieser Situation erinnerte das Zweite Vatikanische Konzil in seinem Dekret über die zeitgemäße Erneuerung des Ordenslebens die Gottgeweihten daran, sich bewusst zu bleiben, dass sie „vor allem einem göttlichen Ruf geantwortet haben“ und dadurch „auch der Welt entsagt haben, um allein Gott zu leben; denn sie haben ihr ganzes Leben seinem Dienst überantwortet“[190]. Bei seinem letzten Besuch in Deutschland mahnte Papst Benedikt, sich nicht der Welt anzugleichen: „Um ihrem eigentlichen Auftrag zu genügen, muss die Kirche immer wieder die Anstrengung unternehmen, sich von dieser ihrer Verweltlichung zu lösen und wieder offen auf Gott hin zu werden. Sie folgt damit den Worten Jesu: ‚Sie sind nicht von der Welt, wie auch ich nicht von der Welt bin (Joh 17,16)‘“[191].

Bei der oben erwähnten Ansprache am 28. Juni 2010 kündigte Papst Benedikt die Gründung eines neuen Rates zur Förderung der Neuevangelisierung an. Michaela Christine Hastetter weist darauf hin, dass diese Ankündigung im Beisein von Vertretern der Ökumene geschah, insbesondere des Ökumenischen Patriarchen Bartholomaios: „Auf diese Weise wurde die Ostkirche gleich zu Beginn in

188 Benedikt XVI., Mit dem Glauben an Gott ist nichts unmöglich. Predigt von Papst Benedikt XVI. in der Basilika St. Paul vor den Mauern am 28. Juni anlässlich der Ersten Vesper vom Hochfest der heiligen Apostel Petrus und Paulus, in: OR (D) Nr. 27 vom 9. Juli 2010, 8.

189 Michaela Christine Hastetter, Intervention in Zeiten der Gottesfinsternis. Zum Programm der Neuevangelisierung Europas bei Benedikt XVI., in: Michaela Christine Hastetter, Helmut Hoping (Hg.), Ein hörendes Herz. Hinführung zur Theologie und Spiritualität von Joseph Ratzinger/Papst Benedikt XVI., Ratzinger-Studien Bd. 5, Regensburg 2012, 116-148, hier: 122. Vgl. Benedikt XVI., Wege für eine wirksame Verkündigung der Heilsbotschaft. Ansprache während der Audienz für die Teilnehmer an der Vollversammlung des Päpstlichen Rates zur Förderung der Neuevangelisierung (30. Mai 2011), in: OR (D) Nr. 23 vom 10. Juni 2011, 12.

190 Dekret *Perfectae Caritatis* über die zeitgemäße Erneuerung des Ordenslebens (im Folgenden abgekürzt: PC) 5.

191 Benedikt XVI., Ansprache Seiner Heiligkeit Papst Benedikt XVI. an engagierte Katholiken aus Kirche und Gesellschaft, in: Verlautbarungen des Apostolischen Stuhls (Nr. 189), hg. vom Sekretariat der Deutschen Bischofskonferenz, Bonn 2011, 141-151, hier: 148.

diese neue Intervention einbezogen"[192]. So wird die ökumenische Komponente in der Frage der Neuevangelisierung eine beträchtliche Rolle spielen. Es geht darum, die Bitte Jesu an den Vater ernst zu nehmen. „Alle sollen eins sein: Wie du, Vater, in mir bist und ich in dir bin, sollen auch sie in uns sein, damit die Welt glaubt, dass du mich gesandt hast" (Joh 17,21). In der Wüste unserer gegenwärtigen Zeit können so gerade auch die Klöster im Osten wie im Westen Pflanzstätten des Glaubens werden, geistige Biotope, in denen sich der pfingstliche Beistand des Vaters manifestiert mitten in der Gebrochenheit menschlicher Existenz.[193] Durch dieses Licht wird der Verstand erleuchtet, um die Wahrheit des Glaubens, die sich in Jesus Christus offenbart hat, zu suchen und zu finden. Somit versöhnt sich der Ansatz des hl. Anselm von Canterbury: „Neque enim quaero intelligere ut credam, sed credo ut intelligam"[194] „Ich suche ja auch nicht zu verstehen, um zu glauben, sondern glaube, um zu verstehen" mit der monastischen Suche nach Gott, die gemäß Deuteronomium 6,5 „mit ganzem Herzen, mit ganzer Seele und mit ganzer Kraft" die ganze Existenz des Menschen in Anspruch nimmt.

192 Michaela Christine Hastetter, Intervention in Zeiten der Gottesfinsternis. Zum Programm der Neuevangelisierung Europas bei Benedikt XVI., in: Michaela Christine Hastetter, Helmut Hoping (Hg.), Ein hörendes Herz. Hinführung zur Theologie und Spiritualität von Joseph Ratzinger/Papst Benedikt XVI., Ratzinger-Studien Bd. 5, Regensburg 2012, 116-148, hier: 139.

193 Ebd., 146.

194 Anselm von Canterbury, Proslogion/Anrede. Lateinisch/Deutsch. Übersetzung, Anmerkungen und Nachwort von Robert Theis, Stuttgart 2005, 21.

„Dann weitet sich das Herz“

Benediktinische Anmerkungen zu Benedikt XVI.[195]

1. Hinführung: Ein Name als Programm

Als Zisterzienserabt, der nach der Regel des hl. Benedikt lebt, ist es für mich eine Freude, gleichsam als letzte Stimme „Benediktinisches“, bezogen auf den großen Ordensvater des abendländischen Mönchtums und Patron Europas, in der Theologie und Spiritualität Papst Benedikts XVI. darzustellen. „Ein Name ist Programm“[196] – so lautet der Titel eines Buches, das anlässlich des Papstbesuches in Bayern 2006 erschien. Ganz dem benediktinischen Grundwort des „Hörens“ verpflichtet, betonte Papst Benedikt bei seiner Amtseinführung am 24. April 2005: „Das eigentliche Regierungsprogramm aber ist, nicht meinen Willen zu tun, nicht meine Ideen durchzusetzen, sondern gemeinsam mit der ganzen Kirche auf Wort und Wille des Herrn zu lauschen und mich von ihm führen zu lassen, [...]“[197].

Drei Tage danach bei seiner ersten Generalaudienz begründete der neue Pontifex die Frage nach seiner Namenswahl zweifach,[198] nämlich im Blick auf seinen Namensvorgänger Papst Benedikt XV. (geboren 1854 in Genua, gestorben 1922 in Rom) und auf seinen neuen Namenspatron Benedikt von Nursia[199] (geboren um 480 in Nursia bei Perugia, gestorben am 21. März 547 auf dem Monte Cassino). Über Benedikt XV., dessen Pontifikat von 1914 bis 1922 in die Wirren des ersten Weltkriegs und der Nachkriegszeit fiel und der

195 Zuerst veröffentlicht in: Michaela Christine Hastetter, Helmut Hoping (Hg.), Ein hörendes Herz. Hinführung zur Theologie und Spiritualität von Joseph Ratzinger/Papst Benedikt XVI., Ratzinger-Studien Bd. 5, Regensburg 2012, 161-170.

196 Bischöfliches Seelsorgeamt Regensburg (Hg.), Ein Name ist Programm. Grundlegung. Impulse zur geistlichen Vorbereitung auf den Pastoralbesuch von Papst Benedikt XVI. in Regensburg 2006, Regensburg 2006.

197 Benedikt XVI., In der Freundschaft mit Christus öffnen sich die Türen des Lebens. Ansprache von Papst Benedikt XVI. am 24. April beim feierlichen Gottesdienst auf dem Petersplatz anlässlich des Amtsantritts, in: OR (D) Nr. 17 vom 29. April 2005, 2; vgl. auch den Titel unserer Tagung: „Ein hörendes Herz – Hinführung zur Theologie und Spiritualität von Joseph Ratzinger“.

198 Vgl. Benedikt XVI., Ein Amt im Dienst der Versöhnung und Harmonie. Ansprache bei der Generalaudienz auf dem Petersplatz (27. April 2005), in: OR (D) Nr. 18 vom 6. Mai 2005, 2.

199 Vgl. Benedikt XVI., Der heilige Benedikt – ein wahrer Lehrmeister. Ansprache bei der Generalaudienz auf dem Petersplatz (09. April 2008), in: OR (D) Nr. 16 vom 18. April 2008, 2.

sich unermüdlich für Frieden und Versöhnung eingesetzt hat, sagte Papst Benedikt bei der ersten Generalaudienz am 27. April 2005: „Ich möchte mein Amt auf seinen Spuren im Dienst der Versöhnung und Harmonie unter den Menschen und Völkern fortführen [...]"[200].

Charakteristisch für beide Päpste ist das Motto- und Wappenwort der Benediktiner: „PAX – Friede". Den Frieden im eigenen Herzen zu finden ist die Grundvoraussetzung, um selbst Bote des Friedens werden zu können. Der hl. Benedikt konnte nur deshalb Friedensstifter werden, weil er als Einsiedler in der Höhle von Subiaco eine Zeit der Prüfung erfuhr, in der er – wie es Papst Benedikt bezeichnet – „die drei Grundversuchungen jedes Menschen" ertrug und überwand: die Versuchung der Selbstbehauptung, der Sinnlichkeit und der Rache[201].

Für Papst Gregor den Großen, der ein Lebensbild vom hl. Benedikt im zweiten Buch seiner Dialoge zeichnet, war Benedikt von Nursia „ein Mann, der ein verehrungswürdiges Leben führte [...]. Der Gnade und dem Namen nach war er ein Gesegneter"[202]. Wer den Charakter des hl. Benedikt kennenlernen will oder sich seine Lebenserfahrung aneignen möchte, muss seine Regel lesen, denn wie Gregor sagt, „konnte der heilige Mann gar nicht anders lehren, als er lebte"[203]. Im Prolog dieser Regel klingen wie in einer Ouvertüre, gleichsam noch vor geschlossenem Vorhang, alle wesentlichen Elemente benediktinischen Lebens an. Programmatisch heißt es am Ende dieser Vorrede der Regel: „Wir wollen also eine Schule für den Dienst des Herrn einrichten. Bei dieser Gründung hoffen wir, nichts Hartes und nichts Schweres festzulegen. Sollte es jedoch aus wohlüberlegtem Grund etwas strenger zugehen, um Fehler zu bessern und die Liebe zu bewahren, dann lass dich nicht sofort von Angst verwirren und fliehe nicht vom Weg des Heils; er kann am Anfang nicht anders sein als eng. Wer aber im klösterlichen Leben und im

---

200 Vgl. Benedikt XVI., Ein Amt im Dienst der Versöhnung und Harmonie. Ansprache bei der Generalaudienz auf dem Petersplatz (27. April 2005), in: OR (D) Nr. 18 vom 6. Mai 2005, 2.

201 Vgl. Benedikt XVI., Der heilige Benedikt – ein wahrer Lehrmeister. Ansprache bei der Generalaudienz auf dem Petersplatz (09. April 2008), in: OR (D) Nr. 16 vom 18. April 2008, 2.

202 Gregor der Große, Der hl. Benedikt. Buch II der Dialoge (lateinisch – deutsch), hg. im Auftrag der Salzburger Äbtekonferenz, St. Ottilien 1995, 95-205, hier: 103.

203 Ebd., 199.

Glauben fortschreitet, *dem wird das Herz weit,* und er läuft in unsagbarem Glück der Liebe den Weg der Gebote Gottes.“[204]

2. Das hörende Herz als Schlüssel

Damit sind wir beim Titel meines Kurzvortrages: „Ein hörendes und gehorchendes Herz weitet sich“. Entsprechend der biblischen Bedeutung verbindet der Mönchsvater Benedikt mit dem Ausdruck „Herz“ nicht einfach das Gefühl,[205] denn die Sprache der Bibel kennt nicht unseren landläufigen Gegensatz zwischen Herz und Verstand. Vielmehr ist das Herz das Organ, um zu unterscheiden zwischen Gut und Böse,[206] zwischen dem Weg zum Leben oder zum Verderben. Diese Erkenntnis ist nie nur auf den Verstand bezogen, sondern auf die ganze Person mit all ihren Kräften. Mit ganzem Herzen Christus suchen heißt also für Papst Benedikt ganz im biblischen Sinn, mit allen Kräften, insbesondere auch mit dem vom Glauben erleuchteten Verstand, die Wahrheit zu suchen, die sich in Jesus Christus offenbart.

In seinem aufsehenerregenden Gespräch am 19. Januar 2004 mit dem Philosophen und Soziologen Jürgen Habermas – der sich selbst als „religiös unmusikalisch“[207] bezeichnete – über vorpolitische moralische Grundlagen eines freiheitlichen Staates, oder wie es Kardinal Ratzinger zusammenfasste: „Über das, was die Welt

204 RB Prolog 45-49. Vgl. hierzu: „Wenn die Mönche singen, dann weitet sich das Herz“, schreibt Altabt Gregor Henckel Donnersmarck im Booklet der Heiligenkreuzer CD „Chant. Music for paradise“.

205 Vgl. Ilse Müllner, Das hörende Herz. Weisheit in der hebräischen Bibel, Stuttgart 2006, 20f.

206 1 Kön 3,9: „Verleih daher deinem Knecht ein hörendes Herz, damit er dein Volk zu regieren und das Gute vom Bösen zu unterscheiden versteht. Wer könnte sonst dieses mächtige Volk regieren?“

207 Jürgen Habermas hat sich öffentlich als „religiös unmusikalisch“ – ein Ausdruck der auf Max Weber zurückgeht – bezeichnet, einmal bei seiner Dankrede zur Verleihung des Friedenspreises des Deutschen Buchhandels im Jahr 2001 und zum anderen im Gespräch mit Kardinal Joseph Ratzinger in der Katholischen Akademie in München am 19. Januar 2004. U. a. sagte Habermas damals: „Säkularisierte Bürger dürfen, soweit sie in ihrer Rolle als Staatsbürger auftreten, weder religiösen Weltbildern grundsätzlich ein Wahrheitspotential absprechen noch den gläubigen Mitbürgern das Recht bestreiten, in religiöser Sprache Beiträge zu öffentlichen Diskussionen zu machen. Eine liberale politische Kultur kann sogar von den säkularisierten Bürgern erwarten, dass sie sich an Anstrengungen beteiligen, relevante Beiträge aus der religiösen in eine öffentlich zugängliche Sprache zu übersetzen.“ Siehe Jürgen Habermas, Vorpolitische Grundlagen des demokratischen Rechtsstaates?, in: Jürgen Habermas, Joseph Ratzinger, Dialektik der Säkularisierung. Über Vernunft und Religion, Freiburg i. Br. 2005, 15-37, hier: 35.

zusammenhält", sprach der damalige Kardinal über „Pathologien der Vernunft", die ähnlich wie „Pathologien der Religion" gefährlich werden können. Deshalb müssen *fides et ratio* aufeinander zugehen und gegenseitige Lernbereitschaft zeigen, um nicht zerstörerisch zu wirken. Wie der Philosoph Kurt Hübner sprach auch Ratzinger damals von einer „epochalen Verblendung"[208], die meint, der Glaube „habe dem heutigen Menschen deshalb nichts mehr zu sagen, weil er seiner humanistischen Idee von Vernunft, Aufklärung und Freiheit widerspreche"[209].

Nach dem Theorem von Böckenförde[210] aber lebt auch der moderne, freiheitliche Staat aus Grundlagen, die er selbst nicht garantieren kann. Deshalb sind für das Zusammenleben von Personen grundlegende Werte oder, wie es Jürgen Habermas bezeichnet, „vorpolitische Grundlagen" notwendig, die für alle – unabhängig von der eigenen religiösen oder politischen Überzeugung – verbindlich und in eine „öffentlich zugängliche Sprache zu übersetzen"[211] sind. In diesem Zusammenhang darf ich meinen jungen Mitbruder P. Johannes Paul Chavanne OCist zitieren, der diese vorpolitischen Werte mit „Herzensbildung" übersetzt: „Vertrauen ist die Grundlage des Zusammenlebens. Es kann nur da entstehen, wo es neben dem Geld und der Macht noch andere Werte wie Wahrhaftigkeit, Respekt, Achtung voreinander, Solidarität mit den Leidenden, sagen wir einfach Nächstenliebe gibt wie auch Ehrfurcht vor Gott."[212]

---

208 Vgl. dazu: Kurt Hübner, Das Christentum im Wettstreit der Weltreligionen, Tübingen 2003, 145-148, „Anhang: Zur gegenwärtigen Frage des Kampfes der Kulturen", bes. 148.

209 Joseph Ratzinger, Was die Welt zusammenhält. Vorpolitische moralische Grundlagen eines freiheitlichen Staates, in: Jürgen Habermas, Joseph Ratzinger, Dialektik der Säkularisierung. Über Vernunft und Religion, Freiburg i. Br. 2005, 39-60, hier: 57.

210 Ernst-Wolfgang Böckenförde, Staat, Gesellschaft, Freiheit, Frankfurt a. M. 1976, 60: „Der freiheitliche, säkularisierte Staat lebt von Voraussetzungen, die er selbst nicht garantieren kann. Das ist das große Wagnis, das er, um der Freiheit willen, eingegangen ist. Als freiheitlicher Staat kann er einerseits nur bestehen, wenn sich die Freiheit, die er seinen Bürgern gewährt, von innen her, aus der moralischen Substanz des Einzelnen und der Homogenität der Gesellschaft, reguliert. Anderseits kann er diese inneren Regulierungskräfte nicht von sich aus, das heißt, mit den Mitteln des Rechtszwanges und autoritativen Gebots zu garantieren versuchen, ohne seine Freiheitlichkeit aufzugeben und – auf säkularisierter Ebene – in jenen Totalitätsanspruch zurückzufallen, aus dem er in den konfessionellen Bürgerkriegen herausgeführt hat."

211 Jürgen Habermas, Vorpolitische Grundlagen des demokratischen Rechtsstaates?, in: Jürgen Habermas, Joseph Ratzinger, Dialektik der Säkularisierung. Über Vernunft und Religion, Freiburg i. Br. 2005, 15-37, hier: 36.

212 Johannes Paul Chavanne, Anbetung als Zeugnis. Chancen benediktinischer Klöster für eine neue Evangelisierung Europas nach Äußerungen Joseph Ratzingers/Papst Benedikts XVI., in:

In einem Vortrag über „Europa in der Krise der Kulturen" sagte der damalige Kurienkardinal Joseph Ratzinger am 1. April 2005 – am Vorabend des Heimgangs von Papst Johannes Paul II. – in Subiaco, dem berühmten benediktinischen Ort, an dem sich die oben erwähnte „heilige Höhle" Benedikts befindet: „Was wir aber in dieser Stunde vor allem brauchen, sind Menschen, die durch einen erleuchteten und gelebten Glauben Gott glaubwürdig machen in dieser Welt. Das negative Zeugnis von Christen, die von Gott redeten und gegen ihn lebten, hat das Bild Gottes verdunkelt und dem Unglauben die Tür geöffnet. Wir brauchen Menschen, die ihren Blick auf Gott gerichtet halten und von daher die wahre Menschlichkeit erlernen. Wir brauchen Menschen, deren Verstand vom Licht Gottes erleuchtet und deren Herz von Gott geöffnet ist, sodass ihr Verstand zum Verstand der anderen sprechen, ihr Herz das Herz der anderen auftun kann."[213]

3. Leitgedanken Benedikts

Betrachten wir nun einige Leitgedanken der Regel des hl. Benedikt, die immer wieder in Reden Papst Benedikts wiederkehren: Ich halte mich dabei an die Reihenfolge, die Abt Benedikt Müntnich OSB von Maria Laach für seine Publikation „Über Benedikt"[214] gewählt hat. Übrigens hat Abt Benedikt Müntnich in der Vorbereitung auf den Papstbesuch in Heiligenkreuz im September 2007 in einem Triduum ein Referat über Benediktinisches bei Benedikt XVI. gehalten[215].

Das Wichtigste für den hl. Benedikt ist die Gottsuche, das „quaerere Deum" (RB 58,7). In ihr überschreitet der Mensch sich selbst und erfährt dadurch den eigentlichen Sinn und die Erfüllung seiner eigenen Existenz. Diese Gottsuche konkretisiert sich in der unbedingten Liebe zu Christus, ja Freundschaft mit ihm, denn es gibt „nichts

---

Clemens Sedmak, Stephan O. Horn (Hg.), Die Seele Europas. Papst Benedikt XVI. und die europäische Identität, Regensburg 2011, 207-221, hier: 207.

213 Joseph Ratzinger, Europa in der Krise der Kulturen, in: Marcello Pera, Joseph Ratzinger, Ohne Wurzeln. Der Relativismus und die Krise der europäischen Kultur, Augsburg 2005, 61-84, hier: 83.

214 Benedikt Müntnich, Einführung, in: Ders., Über Benedikt. Die Texte von Papst Benedikt XVI. (Münsterschwarzacher Kleinschriften Nr. 172), Münsterschwarzach 2009, 7-12. Dort findet sich eine gute Zusammenstellung des „Benediktinischen" in Ansprachen des gegenwärtigen Petrusnachfolgers; vgl. ebd., 13-76.

215 Benedikt Müntnich, Benediktinisches bei Benedikt XVI., in: Maximilian Heim (Hg.), Tu es Pastor Ovium. Eine Nachlese zum Besuch von Papst Benedikt XVI. am 9. September 2007 im Stift Heiligenkreuz, Heiligenkreuz ²2011, 83-89.

Kostbareres als Christus kennen" (RB 5,2). Benedikt von Nursia, der dem Evangelium entsprechend zuerst das Reich Gottes suchte (vgl. Mt 6,33), „säte in die Asche des Römischen Reiches, vielleicht ohne sich dessen bewusst zu sein, den Samen einer neuen Zivilisation, die sich später weiterentwickeln sollte durch eine Verbindung der christlichen Werte mit dem klassischen Erbe einerseits und den germanischen und slawischen Kulturen andererseits"[216]. Unter Verwendung eines Zitates vom hl. Cyprian von Karthago fasst der Mönchsvater Benedikt das Lebensprogramm der Mönche mit den Worten zusammen: „Nihil amori Christi praeponere" – „Der Liebe zu Christus nichts vorziehen" (RB 4,21). Im vorletzten Kapitel seiner Regel wiederholt er das gleiche Wort noch einmal und ergänzt es durch das verstärkende Adverb „omnino" – „Sie sollen der Liebe zu Christus überhaupt nichts vorziehen" (RB 72,11).

Diese Radikalität in der Liebe spricht vor allem Gottsuchende an, die sich mit Mittelmäßigkeit nicht zufriedengeben wollen. In diesem Sinn sagte Papst Benedikt wenige Tage nach seiner Wahl in der Benediktinerabtei St. Paul vor den Mauern Roms, es sei sein „Herzensanliegen", an das Wort des heiligen Benedikt zu erinnern, „der Liebe zu Christus nichts vorzuziehen". Oft hat er seitdem vor allem vor Jugendlichen von dieser engen Bindung an Christus gesprochen.

Um diese Christuszentrierung in keiner Weise zu beeinträchtigen, nimmt sich Papst Benedikt selbst ganz zurück. Dies entspricht dem Kapitel über die Demut in der Benediktsregel (RB 7), worin Abt Müntnich von Maria Laach „eine Wesensverwandtschaft zu Benedikt von Nursia" sieht, der in seiner Regel „nie von sich selbst spricht, sondern in Jesus Christus den wahren Abt, Hirten und Lehrer sieht."[217] Ganz in diesem Duktus steht auch die Papstansprache von Heiligenkreuz am 9. September 2007, in der Benedikt XVI. bekennt: „Unser Licht, unsere Wahrheit, unser Ziel, unsere Erfüllung, unser Leben – all das ist nicht eine religiöse Lehre, sondern eine Person: Jesus Christus. Noch viel mehr als wir Menschen Gott je suchen

216 Benedikt XVI., Gott liebt das Leben – nicht den Tod. Ansprache vor dem Angelusgebet auf dem Petersplatz (10. Juli 2005), in: OR (D) Nr. 28 vom 15. Juli 2005, 1.

217 Benedikt Müntnich, Einführung, in: Ders., Über Benedikt. Die Texte von Papst Benedikt XVI. (Münsterschwarzacher Kleinschriften Nr. 172), Münsterschwarzach 2009, 7-12, hier: 9f.

und ersehnen können, sind wir schon zuvor von ihm gesucht und ersehnt, ja gefunden und erlöst!“[218]

Um Christus selbst kennenzulernen, muss der Gottsuchende sein Wort betrachten. Zum „quaerere Deum“ gehört in einer inneren Entsprechung die sogenannte *lectio divina*, die geistliche Lesung als eine ursprünglich monastische Form der Begegnung mit Gott. In seiner Ansprache im Collège des Bernardins in Paris betonte der Papst, dass diese Suche nach Gott „von innen her eine Kultur des Wortes“ verlangt – „oder wie Jean Leclercq es ausgedrückt hat: Eschatologie und Grammatik sind im abendländischen Mönchtum inwendig miteinander verbunden (vgl. L'amour des lettres et le désir de Dieu, S. 14)“[219]. Durch die Schrift wird der Lesende nicht einfach nur informiert, sondern er selbst soll sich erfassen lassen von der „performativen Kraft des Wortes Gottes“[220], das in ihm Wohnung nehmen will, um in einen liebenden Austausch zu treten: „Der Gott, der in der Bibel zu uns spricht, lehrt uns, wie wir selber mit ihm reden können.“[221]

Am tiefsten vollzieht sich diese Liebe hier auf Erden in der Liturgie, die ihre Quelle und ihren Höhepunkt in der Feier des Christusgeheimnisses hat, insbesondere in der Feier von Tod und Auferstehung Jesu Christi. In diesem Geist ist die benediktinische Weisung zu verstehen: „Dem Gottesdienst ist nichts vorzuziehen“ (RB 43,3), denn Gott ist – wie es Papst Benedikt formulierte – „das eigentliche Subjekt der Liturgie“: „Gestaltet die heilige Liturgie aus dem Hin-

---

218 Benedikt XVI., In visitatione Abbatiae „Heiligenkreuz“, die 9 Septembris 2007, in: AAS 99 (2007: 10) 853-858, hier: 854.

219 Benedikt XVI., Ansprache im Collège des Bernardins, Paris (12. September 2008), in: Benedikt Müntnich, Über Benedikt. Die Texte von Papst Benedikt XVI. (Münsterschwarzacher Kleinschriften Nr. 172), Münsterschwarzach 2009, 47-63, hier: 49; siehe dazu: Jean Leclercq, L'amour des lettres et le désir de Dieu. Initiation aux auteurs monastiques du Moyen Âge, Paris [3]1991; deutschsprachige Ausgabe: Ders., Wissenschaft und Gottverlangen. Zur Mönchstheologie des Mittelalters. Aus dem Französischen übertragen von Johannes und Nicole Stöber, Düsseldorf 1963.

220 Maximilian Heim, Offenbarung als lebendiges Wort Gottes – Wort des lebendigen Gottes. Die Verflechtung von Wort und Zeuge und Glaubensregel, in: Michaela C. Hastetter, Ioan Moga, Christoph Ohly (Hg.), Symphonie des Wortes. Beiträge zur Offenbarungskonstitution „Dei Verbum“ im katholisch-orthodoxen Dialog. Festgabe des Neuen Schülerkreises zum 85. Geburtstag von Joseph Ratzinger/Papst Benedikt XVI., St. Ottilien 2012, 15-30, hier: 15.

221 Benedikt XVI., Ansprache im Collège des Bernardins, Paris (12. September 2008), in: Benedikt Müntnich, Über Benedikt. Die Texte von Papst Benedikt XVI. (Münsterschwarzacher Kleinschriften Nr. 172), Münsterschwarzach 2009, 47-63, hier: 51.

schauen auf Gott in der Gemeinschaft der Heiligen, der lebendigen Kirche aller Orte und Zeiten"[222].

Entsprechend der Regel des hl. Benedikt (RB 16) soll am Tag und in der Nacht Gott der Schöpfer im Gebet verherrlicht werden. Deshalb sind für den jetzigen Pontifex benediktinische Klöster Orte, in denen die Zerrissenheit der Schöpfung überwunden wird: „Sind nicht die Oasen der Schöpfung, die zum Beispiel um die Benediktinerklöster des Abendlandes entstanden sind, Vorgriffe auf diese Versöhnung der Schöpfung, die von den Gotteskindern kommt, [...]?"[223] Ganz ähnliche Gedanken wiederholte Papst Benedikt in Heiligenkreuz, wenn er davon spricht, dass die Mönche „in allen Jahrhunderten von ihrem Blick auf Gott die Erde lebbar und schön gemacht"[224] haben. In seiner Ansprache im Collège des Bernardins, auf jenem ehemals zisterziensischen Boden, wies Papst Benedikt darauf hin, dass die „griechisch-römische Welt keinen Schöpfergott" kannte, sondern nur den Demiurgen, eine „untergeordnete Gottheit"[225]. Hingegen spricht Jesus im Johannesevangelium den bezeichnenden Satz: „Mein Vater arbeitet und auch ich arbeite." (Joh 5,17)

Das christliche Abendland und seine Kultur sind ohne das Wirken der Klöster mit ihrer bejahenden Sicht der Arbeit nicht denkbar. In ihren Skriptorien und Bibliotheken wurden Theologie, Philosophie und römisches Recht tradiert. Vor allem waren und sind sie Zentren, in denen das *ora et labora et lege* eine Formation der christlichen Gottes- und Nächstenliebe gewährleistete, wodurch die enge Verbindung von Kult und Kultur sichtbar wurde. „Eine bloß positivistische Kultur, die die Frage nach Gott als unwissenschaftlich ins Subjektive abdrängen würde, wäre die Kapitulation der Vernunft, der Verzicht auf ihre höchsten Möglichkeiten und damit ein Absturz der

---

222 Benedikt XVI., In visitatione Abbatiae „Heiligenkreuz", die 9 Septembris 2007, in: AAS 99 (2007: 10) 853-858, hier: 855.

223 Joseph Ratzinger/Benedikt XVI., Jesus von Nazareth. Erster Teil: Von der Taufe im Jordan bis zur Verklärung, Freiburg i. Br. 2006, 56; vgl. Benedikt Müntnich, Benediktinisches bei Benedikt XVI., in: Maximilian Heim (Hg.), Tu es Pastor Ovium. Eine Nachlese zum Besuch von Papst Benedikt XVI. am 9. September 2007 im Stift Heiligenkreuz, Heiligenkreuz ²2011, 83-89, hier: 88.

224 Benedikt XVI., In visitatione Abbatiae „Heiligenkreuz", die 9 Septembris 2007, in: AAS 99 (2007: 10) 853-858, hier: 854.

225 Benedikt XVI., Ansprache im Collège des Bernardins, Paris (12. September 2008), in: Benedikt Müntnich, Über Benedikt. Die Texte von Papst Benedikt XVI. (Münsterschwarzacher Kleinschriften Nr. 172), Münsterschwarzach 2009, 47-63, hier: 58.

Humanität, dessen Folgen nur schwerwiegend sein könnten. Das, was die Kultur Europas gegründet hat, die Suche nach Gott und die Bereitschaft, ihm zuzuhören, bleibt auch heute Grundlage wahrer Kultur."[226] In der Überzeugung, dass auch das Alltägliche zur Verherrlichung Gottes dient, „damit in allem Gott verherrlicht werde" (RB 57,9), hat der hl. Benedikt bestimmt, dass selbst die profanen Gebrauchsgegenstände und der Besitz des Klosters als „heiliges Altargerät" (RB 31,10) aufzufassen seien.

4. Die Seele des Schauenden wird weit

Kommen wir zum Schluss noch einmal auf die schon erwähnte Ansprache in Subiaco von Kardinal Ratzinger[227] am Vorabend des Heimgangs von Papst Johannes Paul II, dem 1. April 2005, zurück. Dort bezieht sich der Kardinal am Ende seiner Rede auf die kosmische Vision des heiligen Benedikt. Der schon greise Benedikt war nach all den Prüfungen seines Lebens mitten in der Nacht in das Obergemach eines Turm hinaufgestiegen: „Er stand am Fenster und flehte zum allmächtigen Gott. Während er mitten in dunkler Nacht hinausschaute, sah er plötzlich ein Licht, das sich von oben her ergoss und alle Finsternis der Nacht vertrieb. [...] Etwas ganz Wunderbares ereignete sich in dieser Schau [...]: Die ganze Welt wurde ihm vor Augen geführt, wie in einem einzigen Sonnenstrahl gesammelt."[228] Auf die Frage, wie das möglich ist, gibt der Autor, der hl. Papst Gregor, selbst die Antwort: Nicht die Welt wird eng, sondern die Seele des Schauenden wird weit.[229]

Kardinal Ratzinger machte schon 1992 darauf aufmerksam, dass in dieser kosmischen Vision Benedikts, die Papst Gregor der Große in seinem zweiten Buch der Dialoge schilderte, alle Einzelheiten wichtig seien: die Nacht, der Turm, die Treppe, das Obergemach, das Stehen und schließlich das Fenster: „All das hat über die topografische und biografische Schilderung hinaus eine große symbolische Tiefe: Dieser Mensch ist in einem langen und mühsamen Weg, der

---

226 Ebd., 63.

227 Joseph Ratzinger, Europa in der Krise der Kulturen, in: Marcello Pera, Joseph Ratzinger, Ohne Wurzeln. Der Relativismus und die Krise der europäischen Kultur, Augsburg 2005, 61-84.

228 Gregor der Große, Der hl. Benedikt. Buch II der Dialoge (lateinisch – deutsch), hg. im Auftrag der Salzburger Äbtekonferenz, St. Ottilien 1995, 192-197, hier: 195.

229 Vgl. ebd., 196f.

in einer Höhle bei Subiaco begann, auf den Berg und schließlich auf den Turm gestiegen. Sein Leben war ein inneres Aufsteigen, Stufe um Stufe auf der ‚geraden Leiter'. Er ist im Turm angelangt und da noch einmal im ‚Obergemach', das von der Apostelgeschichte an als Symbol der Sammlung nach oben, des Heraussteigens aus der Welt des Werkens und des Machens gilt. Er steht am Fenster – er hat den Ort des Ausblicks gesucht und gefunden, an dem die Mauer der Welt aufgeschlagen ist und der Blick ins Freie hinaus sich öffnet. Er steht. Das Stehen ist in der Mönchstradition Sinnbild des Menschen, der sich aus seiner Verkrümmung aufgerichtet hat, nicht mehr in sich verklemmt nur noch zur Erde schauen kann, sondern die aufrechte Haltung und so den freien Blick nach oben wiedergewonnen hat. So wird er zu einem Sehenden. Nicht die Welt wird eng, sondern seine Seele weit, da er nicht mehr vom Einzelnen absorbiert ist, von den Bäumen, die den Wald nicht erkennen lassen, sondern den Blick aufs Ganze gewonnen hat. Besser: Er kann das Ganze sehen, weil er aus der Höhe sieht, und die kann er finden, weil er innerlich weit geworden ist."[230]

Dieses weite Herz, das der hl. Benedikt schon im Prolog (Vers 49) seiner Regel anspricht, ist auch das Ziel, das für Joseph Ratzinger/ Papst Benedikt diejenigen bekommen, die „im geduldigen Aufsteigen und in den erlittenen Reinigungen ihres Lebens Sehende und darum Wegweiser der Jahrhunderte geworden sind [...]. Sie zeigen uns, wie auch in der Nacht Licht zu finden ist und wie wir den aus den Abgründen menschlicher Existenz aufsteigenden Drohungen begegnen und der Zukunft als Hoffende entgegengehen können."[231]

---

230 Joseph Ratzinger, Glaube – Wahrheit – Toleranz. Das Christentum und die Weltreligionen, Freiburg i. Br. 2003, 129.

231 Ebd.

Benedikt XVI. – Der Prophet der Moderne

„Der konziliare Gegensatz zu konservativ heißt nicht progressistisch, sondern missonarisch."[232]

Benedikt XVI. gehört zweifelsohne zu den größten Denkern der Gegenwart. Ihm ist es gelungen, fernstehenden und intellektuell suchenden Menschen das Vernunftgemäße wie auch das Faszinierende des christlichen Glaubens neu nahezubringen. Viele waren überrascht über den Dialog mit Jürgen Habermas, dem führenden Soziologen und Philosophen der Frankfurter Schule. Beide Denker stimmen darin überein, dass in einer postsäkularen Gesellschaft Vernunft und Glaube voneinander lernen können, ja einander bedürfen, um sich zu ergänzen und zu korrigieren. Ein zweites Beispiel dieses Dialoges mit der Moderne ist die Rede vor dem Deutschen Bundestag, in der Benedikt XVI. den verkürzten Vernunftbegriff der Gegenwart kritisiert. Dieser „gleicht den Betonbauten ohne Fenster, in denen wir uns Klima und Licht selber geben, beides nicht mehr aus der weiten Welt Gottes beziehen wollen. Und dabei können wir uns doch nicht verbergen, dass wir in dieser selbstgemachten Welt im Stillen doch aus den Vorräten Gottes schöpfen, die wir zu unseren Produkten umgestalten. Die Fenster müssen wieder aufgerissen werden, wir müssen wieder die Weite der Welt, den Himmel und die Erde sehen und all dies wieder zu gebrauchen lernen"[233]. Dabei forderte er eine Ökologie des Menschen in der Wiederentdeckung der höheren Vernunft der menschlichen Natur, verbunden mit einem dem Menschen eingestifteten Wissen um Recht und Unrecht, von Gut und Böse. Dieses Wissen droht durch die gegenwärtige Diktatur des Relativismus verloren zu gehen.

Joseph Ratzinger versucht in seiner Theologie, den modernen Menschen aus seinem Egoismus und seiner Egozentrik herauszuführen. Dadurch ist der Mensch in der Lage, zu seiner wahren Größe

232 Zuerst veröffentlich in: Die Tagespost Nr. 156 (28. Dezember 2013) 22.

233 Benedikt XVI., Ansprache seiner Heiligkeit Papst Benedikt XVI. im Deutschen Bundestag (22. September 2011), in: AAS 103 (2011: 10) 663-669, hier: 667; siehe auch in: Verlautbarungen des Apostolischen Stuhls (Nr. 189), hg. vom Sekretariat der Deutschen Bischofskonferenz, Bonn 2011, 30-38, hier: 36.

und Freiheit heranzureifen in der Communio mit seinem Schöpfer, durch den das Geschöpf Orientierung und seine letzte Bestimmung findet. Schon früh stellte er die These auf, dass auch in der modernen Welt das Christentum unverzichtbar bleibt. Denn die Vernunft des Menschen kann nicht positivistisch auf das Quantitative und Machbare reduziert werden, da sonst die geistige Dimension des Menschen diesem untergeordnet und zwangsläufig unfrei wird.[234] In seiner Predigt über Freiheit und Gehorsam in New York sagte Papst Benedikt 2008: „Die wahre Freiheit ist daher eine Gabe, die uns ungeschuldet von Gott geschenkt wird, die Frucht der Umkehr zu seiner Wahrheit“[235]. Der christliche Glaube behindert die Freiheit und Vernunft des Menschen nicht, sondern setzt sie voraus und vervollkommnet sie. Denn die Vernunft des Menschen verliert nichts, „wenn sie sich den Inhalten des Glaubens öffnet, vielmehr erfordern diese ihre freie und bewusste Zustimmung“[236].

Allein diese Streiflichter beleuchten Ratzinger als wahren Propheten der Moderne. Angesichts seiner unleugbaren Größe als Vordenker der Gegenwart werden die Pannen des Pontifikates vor dem Urteil der Geschichte nicht verblassen. Der Wiener Erzbischof Christoph Kardinal Schönborn nannte vor Kurzem Papst Benedikt XVI. einen „Meister der Kommunikation“[237]. Dieses Resümee mag die verwundern, die den Papst beschuldigten, den Dialog mit der Moderne zu verweigern, hinter das II. Vatikanische Konzil zurückgehen zu wollen und ihn einschlossen in ein vorgefasstes Bild, das ihn schon in seiner Zeit als Präfekt der Glaubenskongregation als „Panzerkardinal“ charakterisierte. In einem offenen Brief vom März 2009 an die Bischöfe der katholischen Kirche bezüglich der Aufhebung der Exkommunikation der vier unrechtmäßig geweihten Bischöfe von Erzbischof Lefebvre sprach Papst Benedikt XVI. von

---

234 Vgl. Joseph Kardinal Ratzinger, Kirche, Ökumene und Politik, Einsiedeln 1987, 183-197, hier: 193f.

235 Benedikt XVI., Predigt Yankee Stadium, Bronx, New York, 20.04.2008, in: Ders., Freiheit und Glaube, Augsburg 2009, 165-174, hier: 167.

236 Benedikt XVI., Gott und Vernunft. Aufruf zum Dialog der Kulturen, Augsburg 2007, 9.

237 Vgl. Kardinal Schönborn sprach bei Präsentation des Buches „L'ultima parola“ der italienischen Vatikan-Korrespondentin Giovanna Chirri. Kritik an nicht erfolgter Entschuldigung der Kardinäle Castrillon und Bertone für die von ihnen zu verantwortende Causa Williamson, 11. Dezember 2013, auf: http://www.erzdioezese-wien.at/site/home/nachrichten/article/33013.html (14.12.2013).

„sprungbereiter Feindseligkeit“[238], die ihm selbst von „Katholiken, die es eigentlich besser wissen konnten“[239], entgegengebracht wurde. Durch die Affäre um den Holocaustleugner Richard Williamson wurde plötzlich dem Papst wider besseres Wissen vorgeworfen, die guten Beziehungen zwischen Christen und Juden zu beeinträchtigen. Wer das freundschaftliche Verhältnis des Papstes zum Judentum kennt, weiß, dass solche Vorwürfe ohne Fundament sind. Er hatte die Demut, die Kommunikationspannen, die den Heiligen Stuhl in dieser Affäre belasteten, selbst auf seine Schultern zu nehmen, obwohl allen klar sein musste, dass es nicht sein persönliches Versagen gewesen war.

In seiner letzten Chrisam-Messe als amtierender Papst am Gründonnerstag 2012 beklagte Papst Benedikt XVI. den Aufruf der österreichischen Pfarrerinitiative zum Ungehorsam. Dass ihn diese Aufforderung zutiefst erschütterte, zeigt der eigens gewählte Zeitpunkt seiner Homilie, die sich vor allem an die Priester wandte: „Ist Ungehorsam ein Weg, um die Kirche zu erneuern? [...] Spüren wir darin etwas von der Gleichgestaltung mit Christus, die die Voraussetzung jeder wirklichen Erneuerung ist oder nicht doch nur den verzweifelten Drang, etwas zu machen, die Kirche nach unseren Wünschen und Vorstellungen umzuwandeln?“[240]

Geht es in der Kirche nur um Machtverteilung, um Veränderung ihrer Sozialstrukturen nach dem Muster einer demokratischen Gesellschaft? Sicherlich ist die Kirche in ihrer jeweiligen menschlichen Verfasstheit von der Gestalt der Gesellschaft beeinflusst. Aber wie es ein Irrweg in der Zeit des Absolutismus gewesen war, die Kirche als monarchisches Gebilde zu verstehen, so ist es heute eine Gefahr, die sozialen Strukturen dem Geschmack des Zeitgeistes anzupassen, ohne die Frage zu stellen: Was ist der Wille des Herrn? Christi Weg ist der steinige Pfad der Erniedrigung und der Demut, der in der Krippe von Bethlehem seinen Anfang nimmt und im Kreuz seine

---

238 Benedikt XVI., Brief seiner Heiligkeit Papst Benedikt XVI. an die Bischöfe der katholischen Kirche in Sachen Aufhebung der Exkommunikation der vier von Erzbischof Lefebvre geweihten Bischöfe, 10. März 2009, auf: http://www.vatican.va/holy_father/benedict_xvi/letters/2009/documents/hf_ben-xvi_let_20090310_remissione-scomunica_ge.html (14.12.2013).

239 Ebd.

240 Benedikt XVI., Ungehorsam ist nicht der Weg, um die Kirche zu erneuern. Predigt von Papst Benedikt XVI. am 5. April bei der „Missa Chrismatis“ in Sankt Peter am Gründonnerstag, in: OR (D) Nr. 16 vom 20. April 2012, 9.

provozierende Vollendung findet: für die Glaubenden das Zeichen des Heiles, der erbarmenden Liebe und der wahren Gerechtigkeit; für die, die Christus ablehnen, eine unbegreifliche Irritation, ein Skandal und ein Ärgernis[241], das möglichst aus dem öffentlichen Raum verbannt werden soll. Nicht irdische Macht und Sicherheit, sondern Gottes Kraft und Gottes Weisheit[242] leuchten im Kreuz auf und zeigen den Christen, dass der österliche Sieg Christi der Kirche das Gewand der Pilgerschaft verleiht, ihm auf dem gleichen Weg nachzufolgen.

In diesem Zusammenhang muss die Frage der Entweltlichung angesprochen werden, die Papst Benedikt XVI. in seiner Freiburger Rede stellte. Mit den Worten der Dialogenzyklika *Ecclesiam suam* von Papst Paul VI. forderte Benedikt XVI. die Kirche auf, sich „von der menschlichen Umgebung tief [zu] unterscheiden, in der sie doch lebt oder der sie sich nähert“[243]. Keiner hätte vermutet, dass Papst Benedikt XVI. in dieser Rede den sogenannten Säkularisierungen eine positive Funktion einräumt. Für ihn sind solche staatlichen Eingriffe, die Kirchengüter enteignen und Privilegien streichen, eine konkrete Form der Entweltlichung der Kirche, „die sich dabei gleichsam ihres weltlichen Reichtums entblößt und wieder ganz ihre weltliche Armut annimmt“[244]. Dadurch könne ihr missionarisches Zeugnis der Welt klarer vor Augen geführt werden: „Die von materiellen und politischen Lasten und Privilegien befreite Kirche kann sich besser und auf wahrhaft christliche Weise der ganzen Welt zuwenden, wirklich weltoffen sein. Sie kann ihre Berufung zum Dienst der Anbetung Gottes und zum Dienst des Nächsten wieder unbefangener leben.“[245] Vielleicht wird dieses Vermächtnis von Papst Benedikt XVI. erst dann zum Leuchten kommen, wenn die Kirche bereit ist, wie es Papst Franziskus vorlebt, dem armen Christus nachzufolgen im Vertrauen darauf, dass es zuerst um das Reich Gottes gehen muss und um seine Gerechtigkeit und dass alles andere letztlich zweitrangig ist.

---

241 Vgl. 1 Kor 1,23.
242 Vgl. 1 Kor 1,24.
243 Benedikt XVI., Ansprache Seiner Heiligkeit Papst Benedikt XVI. an engagierte Katholiken aus Kirche und Gesellschaft, in: Verlautbarungen des Apostolischen Stuhls (Nr. 189), hg. vom Sekretariat der Deutschen Bischofskonferenz, Bonn 2011, 144-150, hier: 146.
244 AAS 103 (2011: 10) 674-679, hier: 677.
245 Ebd.

Der überraschende Rücktritt Papst Benedikts im Februar 2013, der zweifelsohne eine historische Zäsur darstellt, ist vielleicht der deutlichste Beweis dafür, dass es diesem Pontifex nie um eine Machtposition ging, sondern dass er sein Amt als Dienst an der Kirche verstand in der Treue zum II. Vatikanischen Konzil. Eine wichtige Intention des Konzils war es, die Kirche aus ihrer Ghetto-Mentalität herauszuführen und mit den Fragen der Moderne ins Gespräch zu bringen. Prophetisch sah Ratzinger 1966 voraus, dass die Christen in Zukunft nur die Minderheit darstellen würden. So konstatierte er: „Das Konzil markiert den Übergang von einer konservierenden zu einer missionarischen Haltung, und der konziliare Gegensatz zu konservativ heißt nicht progressistisch, sondern missionarisch. In dieser Antithese liegt im Grunde der genaue Sinn dessen vor, was konziliare Öffnung zur Welt meint und was sie nicht meint.“[246]

Immer wieder geschieht es, dass die Konzilstexte von traditionalistischer Seite in ihrer Verbindlichkeit für die Kirche hinterfragt werden. Die Theologie findet nach Joseph Ratzinger aber dann erst ihr konkretes Maß, wenn auch die sozialen Brückenschläge mitbedacht werden, die nicht zuletzt im Dekret über den Ökumenismus wie auch in den Erklärungen über das Verhältnis zu nichtchristlichen Religionen und über die Religionsfreiheit zum Ausdruck kommen.[247] Obwohl die letztgenannten Konzilsdokumente zweifelsohne nicht die gleiche lehramtliche Verbindlichkeit für sich beanspruchen wie die vier Konzilskonstitutionen, hat Benedikt XVI. noch im Jahr 2012 in seinem Schreiben zum 50-jährigen Konzilsjubiläum ihre wachsende Bedeutsamkeit für den Dialog mit der Moderne unterstrichen.

Beim Weihnachtsempfang der Kurie im ersten Jahr seines Pontifikates sagte Papst Benedikt, „dass der Dialog zwischen Vernunft und Glauben, der heute besonders wichtig ist, aufgrund des Zweiten Vaticanums seine Orientierung gefunden hat. Jetzt muss dieser Dialog weitergeführt werden, und zwar mit großer Offenheit des Geistes, aber auch mit der klaren Unterscheidung der Geister, was die Welt

---

246 Joseph Ratzinger, Gesammelte Schriften Bd. 7 (Teil 2): Zur Lehre des Zweiten Vatikanischen Konzils. Formulierung – Vermittlung – Deutung (= JRGS 7/2), hg. von Gerhard Ludwig Müller, Freiburg i. Br. 2012, 1001.

247 Vgl. Maximilian Heim, Rezeption und Hermeneutik des Zweiten Vatikanischen Konzils. Streiflichter auf die Theologie Joseph Ratzingers, in: Maximilian Heim, Justinus C. Pech (Hg.), Zur Mitte der Theologie im Werk von Joseph Ratzinger/Benedikt XVI., Ratzinger-Studien Bd. 6, Regensburg 2013, 165-194.

aus gutem Grund gerade in diesem Augenblick von uns erwartet."[248] So ist Benedikt XVI. Gottes prophetische Antwort auf die existentiellen Fragen des modernen Menschen: Wo komme ich her? Wo gehe ich hin? Was ist der Sinn des Lebens? Für ihn als prägende Gestalt des Konzils war es wichtig, die Kirche aus dem Dilemma zu führen und „zwischen modernisierender Preisgabe ihres Eigentlichen und ängstlicher Verschließung in das Bisherige [...], die rettende Mitte zu finden"[249]. Diese Mitte ist der Glaube an den dreieinigen Gott, der die Kirche dazu berufen hat, durch Christus im Heiligen Geist den Menschen seine Liebe und Barmherzigkeit zu vermitteln. Bei seiner letzten Generalaudienz sagte Benedikt XVI.: „Verlieren wir niemals diese Sicht des Glaubens, die die einzig wahre Sicht des Weges der Kirche und der Welt ist. Möge in unserem Herzen, im Herzen eines jeden von uns immer die frohe Gewissheit herrschen, dass der Herr uns zur Seite steht, uns nicht verlässt, uns nahe ist und uns mit seiner Liebe umfängt."[250]

---

248 Benedikt XVI., Ansprache von Papst Benedikt an das Kardinalskollegium und die Mitglieder der Römischen Kurie beim Weihnachtsempfang (22.12.2005), in: Verlautbarungen des Apostolischen Stuhls (Nr. 172), hg. vom Sekretariat der Deutschen Bischofskonferenz, Bonn 2006, 20.
249 JRGS 7/2, 645.
250 Benedikt XVI., Im Gebet bleibe ich immer bei euch. Letzte Generalaudienz mit Papst Benedikt XVI. auf dem Petersplatz am 27. Februar 2013, in: OR (D) Nr. 10 vom 8. März 2013, 7f., hier: 8.

Rezeption und Hermeneutik des Zweiten Vatikanischen Konzils

Streiflichter auf die Theologie Joseph Ratzingers[251]

1. Hinführung

1.1 Struktur

In seiner programmatischen Predigt am Tag nach seiner Wahl sagte Papst Benedikt XVI. in der Sixtinischen Kapelle, dass er sich wie seine Vorgänger verpflichtet weiß, das Zweite Vatikanische Konzil ins Leben der Kirche umzusetzen „in treuer Kontinuität mit der zweitausendjährigen Tradition der Kirche."[252]

Es scheint mir notwendig, diese klare Absicht von Papst Benedikt XVI. im Rückblick auf seine bisherige Amtszeit und mit Blick auf das 50-jährige Konzilsjubiläum des Zweiten Vatikanischen Konzils unter vier Aspekten zu untersuchen: Nach einer Hinführung zum Thema werde ich mich in einem zweiten Punkt dem allgemeinen Begriff der Rezeption des Konzils widmen, der im dritten Kapitel in einer entscheidenden Frage vertieft wird, nämlich: Was verstehe ich unter Hermeneutik des Konzils? Dabei werden folgende Stichworte näherhin untersucht: Hermeneutik des Bruchs, Kontinuität und Diskontinuität auf verschiedenen Ebenen und Hermeneutik der Reform. Im abschließenden Kapitel werde ich schließlich Streiflichter auf einzelne Konzilsdokumente werfen, in denen ich als Lichtquelle die Theologie Ratzingers verwende und damit darstelle, dass Papst Benedikt XVI. seinem Grundsatz treu bleibt, sich um die Verwirklichung der Aussagen des Zweiten Vatikanischen Konzils zu bemühen, das tatsächlich eine Ghettoisierung der Kirche, wie sie

---

251 Zuerst veröffentlicht in: Maximilian Heim, Justinus C. Pech (Hg.), Zur Mitte der Theologie im Werk von Joseph Ratzinger/Benedikt XVI., Ratzinger-Studien Bd. 6, Regensburg 2013, 165-194.

252 Benedikt XVI., Missa pro ecclesia. Eucharistiefeier mit den wahlberechtigten Kardinälen in der Sixtinischen Kapelle. Erste Botschaft Seiner Heiligkeit Benedikt XVI. am 20.04.2005, in: Verlautbarungen des Apostolischen Stuhls (Nr. 168), hg. vom Sekretariat der Deutschen Bischofskonferenz, Bonn 2005, 20-26, hier: 23.

zum Teil im 19. Jahrhundert geschehen ist, zu überwinden trachtet, um den Dialog mit der Moderne anzustoßen.

1.2 Geschichtliche Verortung

Im Blick auf den 40. Jahrestag des Konzilsendes (8. Dezember 2005) hielt Papst Benedikt XVI. im ersten Jahr seines Pontifikates kurz vor Weihnachten eine bedeutungsvolle Rede zur Hermeneutik des Konzils vor dem Kardinalskollegium und den Mitgliedern der Römischen Kurie. Wie er wenige Wochen vor seiner Wahl zum Petrusnachfolger schrieb, ist die Auseinandersetzung um das II. Vatikanische Konzil heute „kein Streit, der im Raum gelehrter Theorien bleibt"; vielmehr stehe „das Geschick der lebendigen Kirche"[253] auf dem Spiel.

Um diesen Ernst der Lage bewusst zu machen, verwendete Papst Benedikt XVI. bei seiner oben erwähnten Ansprache am 22. Dezember 2005 ein Bild von Basilius dem Großen. Dieser vergleicht die Lage der Kirche nach dem Konzil von Nizäa mit einer nächtlichen Seeschlacht im aufgepeitschten Meer, wenn er schreibt: „Das heisere Geschrei derer, die sich im Streit gegeneinander erheben, das unverständliche Geschwätz, die verworrenen Geräusche des pausenlosen Lärms, all das hat fast schon die ganze Kirche erfüllt und so durch Hinzufügungen oder Auslassungen die rechte Lehre der Kirche verfälscht"[254]. Papst Benedikt XVI. kommentiert diese dramatische Szene, indem er sagt, er wolle sie „nicht direkt auf die nachkonziliare Situation übertragen, aber etwas von dem, was geschehen ist"[255], werde darin ausgedrückt.

Vielleicht ist ein Grund für die Spannung in der nachkonziliaren Rezeptionsgeschichte darin zu finden, dass in der wissenschaftlichen Lehre der Theologie die Letztentscheidungskompetenz des kirchlichen Lehramtes des Papstes in Communio mit den Bischöfen als Ort der theologischen Erkenntnislehre immer mehr infrage

---

253 Joseph Ratzinger, Gesammelte Schriften Bd. 8 (Teil 2): Kirche – Zeichen unter den Völkern. Schriften zur Ekklesiologie und Ökumene (= JRGS 8/2), hg. von Gerhard Ludwig Müller, Freiburg i. Br. 2010, 1315.

254 Benedikt XVI., Ansprache von Papst Benedikt XVI. an das Kardinalskollegium und die Mitglieder der Römischen Kurie beim Weihnachtsempfang (22.12.2005), in: Verlautbarungen des Apostolischen Stuhls (Nr. 172), hg. vom Sekretariat der Deutschen Bischofskonferenz, Bonn 2006, 10.

255 Ebd.

gestellt wurde. Zwar stellt auch ein Theologe einen *locus theologicus* nach Melchior Cano dar[256], aber er hat sich in die gesamte Kirche einzugliedern. Diese Demut der Übereignung an die Kirche ist sogar Voraussetzung, dass der Theologe selbst zum *locus theologicus* werden kann.

In seinem Buch „Das Konzil – ein Sprung vorwärts“ gibt der Wiener Weihbischof und Zeitzeuge des Konzils, Helmut Krätzl[257], die Ansicht des Münsteraner Fundamentaltheologen Jürgen Werbick von zwei Lehrämtern wieder, nämlich das der Bischöfe und das der Theologen. Gegenseitig solle man darauf achten, ob man noch auf dem Boden des Credo bzw. des Wortes Gottes sei. Eine solche Parallelität bzw. Parallelschaltung der Lehrämter scheint mir eher problematisch. Denn sie könnte leicht dazu führen, das eine Lehramt gegen das andere zu wenden. Sicherlich hat jeder Getaufte die Pflicht, seine prophetische Stimme zu erheben, wenn der Glaube der Kirche, dessen höchste Norm das „Wort Gottes“ ist, infrage gestellt wird; denn die Martyria ist einer der Grundvollzüge der Kirche. Das Bekenntnis des Glaubens ist aber immer an die *communio sanctorum* gebunden, die der tiefste Grund für die Einheit in der Kirche ist.

Als Abt unseres Klosters und Letztverantwortlicher für unsere Ordenshochschule gehöre ich weder dem universitären noch dem episkopalen Lehramt an. Ich glaube aber, dass ich dem einen wie dem anderen verpflichtet bin, soweit sie in Communio mit dem Lehramt des Papstes stehen, dem der besondere Beistand des Heiligen Geistes zugesagt ist, um die Kirche in der Einheit zu bewahren. In dieser unmittelbaren Verwiesenheit auf den Petrusnachfolger haben die Orden in der verfassten Struktur der Kirche eine prophetische Funktion, den universalen Primat in den Ortskirchen lebendig zu halten. Diese Verpflichtung zur Einheit ist aber kein Privileg der Orden. Sie ist auch ein Wesensmerkmal, das die theologische Arbeit von Joseph Ratzinger als Erzbischof und Kardinal prägte. Ihm geht es – wie ich es bereits an anderer Stelle formulierte – „um eine Theologie, die nicht aus einem privaten Sein, sondern aus einer Existenz hervor-

---

256 Vgl. Bernhard Körner, Melchior Cano. De locis theologicis. Ein Beitrag zur theologischen Erkenntnislehre, Würzburg 1994, 240-243.

257 Vgl. Helmut Krätzl, Das Konzil – ein Sprung vorwärts. Ein Zeitzeuge zieht Bilanz, Innsbruck/Wien 2012, 142-146.

geht, die sich selbst der Kirche überantwortet hat."[258] Es geht ihm – wie er es in seiner *Theologischen Prinzipienlehre* formulierte – um „eine Theologie des ex-sistere", um jenen „Exodus des Menschen von sich selber fort, durch den allein er zu sich selber finden kann"[259].

Eine fast unübersehbare Reihe von Artikeln und Büchern zur Konzilsrezeption sind im Laufe von fünf Jahrzehnten erschienen und weitere folgen in diesem Jubiläumsjahr.[260] Ursprünglich wollte ich mich in meinem Thema vor allem auf die vier Konzilskonstitutionen konzentrieren, die von ihrem Rang her die wichtigsten Dokumente dieser Kirchenversammlung darstellen. In der Frage nach der rechten Auslegung der Konstitutionen ist immer zu beachten, dass sie komplementär zu verstehen sind und nicht gegeneinander ausgelegt werden dürfen. In ihnen finden wir, wie es Kardinal Ratzinger einmal formulierte, „das wesentliche Erbe des Konzils"[261] dargestellt. Von den 16 Dokumenten, die das Konzil veröffentlicht hat, gibt es neben diesen vier Konstitutionen noch neun Dekrete und drei Deklarationes. Auf drei Dokumente möchte ich in dieser Abhandlung speziell eingehen, weil sie in besonderer Weise den Dialog mit der Moderne gefördert haben: das Ökumenismusdekret *Unitatis redintegratio*, die Erklärung über die Religionsfreiheit *Dignitatis humanae* und schließlich die Erklärung *Nostra aetate.* Sie sind vor allem von der traditionalistischen Ecke heftig umkämpft und werden gerade von Joseph Ratzinger/Papst Benedikt XVI. verteidigt, da sie in ihrer konstitutionellen Verflochtenheit mit den anderen Dokumenten die Öffnung der Kirche zur Welt von heute herausstellen.

An dieser Stelle sei es mir erlaubt, auf das vom französischen Maler Philippe Lejeune entworfene und von Weihbischof Andreas Laun initiierte neue Denkmal zur Religions- und Gewissensfreiheit

---

258 Maximilian Heim, Joseph Ratzinger/Papst Benedikt als Theologe, in: Ders. (Hg.), Tu es Pastor Ovium. Eine Nachlese zum Besuch von Papst Benedikt XVI. am 9. September 2007 im Stift Heiligenkreuz, Heiligenkreuz 2009, 62-82, hier: 63.

259 Joseph Ratzinger, Theologische Prinzipienlehre. Bausteine zur Fundamentaltheologie, München 1982, 199.

260 Vgl. z. B. Stephan Otto Horn, Siegfried Wiedenhofer, Kurt Kardinal Koch (Hg.) im Auftrag des Schülerkreises von Papst Benedikt XVI., Das Zweite Vatikanische Konzil. Die Hermeneutik der Reform, Augsburg 2012. Jan-Heiner Tück (Hg.), Erinnerung an die Zukunft. Das Zweite Vatikanische Konzil, Freiburg i. Br. 2012. Helmut Krätzl, Das Konzil – ein Sprung vorwärts. Ein Zeitzeuge zieht Bilanz, Innsbruck/Wien 2012.

261 Zitiert nach: Maximilian Heim, Joseph Ratzinger – Kirchliche Existenz und existentielle Theologie. Ekklesiologische Grundlagen unter dem Anspruch von *Lumen gentium*, Frankfurt am Main [2]2005, 7.

in Heiligenkreuz am Badener Tor hinzuweisen. Ich freue mich, dass durch die Zustimmung von Abt Gregor Henckel Donnersmarck dieses Denkmal in Heiligenkreuz seinen Platz finden konnte. Es wurde am 9. September 2012 zum fünften Jahrestag des Besuchs von Papst Benedikt in Heiligenkreuz von Weihbischof Andreas Laun gesegnet[262]. Es ist ein die Jahrzehnte überdauerndes äußeres „Zeichen der Zeit" im wahrsten Sinn des Wortes, da es als Sonnenuhr zugleich als Zeitmesser dient. Für uns ist es auch ein Symbol unserer Treue zum Lehramt der Kirche, speziell zum Zweiten Vatikanischen Konzil.

In der oben erwähnten Ansprache von Papst Benedikt vor nunmehr sieben Jahren im Dezember 2005 in Rom stellte er die Grundfragen, die auch Leitschnur für meine Erörterung sind: „Welches Ergebnis hatte das Konzil? Ist es richtig rezipiert worden? Was war an der Rezeption des Konzils gut, was unzulänglich oder falsch? Was muss noch getan werden?"[263]

Bevor ich mich den Fragen der Rezeption und der Hermeneutik zuwende, weise ich noch auf den bewusst gewählten marianischen Rahmen des Konzils hin. Es war sicher kein Zufall, dass Papst Johannes XXIII. die Konzilseröffnung auf den 11. Oktober 1962 legte. An diesem Tag feierte die Kirche damals das Fest der Gottesmutterschaft Mariens als Erinnerung an das Konzil von Ephesus, auf dem dieses marianische Dogma feierlich verkündet wurde. Papst Paul VI. wählte 1965 für das Ende des Konzils den 8. Dezember, das Hochfest der Immaculata, und gab bei dieser Feier Maria den neuen Ehrentitel: „Mutter der Kirche". Papst Benedikt hat auf diesen Rahmen des Konzils hingewiesen, um den Vorrang der Gnade vor dem menschlichen Tun zu unterstreichen, wodurch der Konzilsverlauf seine Orientierung bekommen habe[264]:

„Ebenso wie seinerzeit die Konzilsväter verweist es auch uns auf das Bild der Jungfrau, die zuhört, die im Wort Gottes lebt, die die Worte, die von Gott zu ihr gelangen, in ihrem Herzen bewahrt und die sie begreifen lernt, indem sie sie gleichsam zu einem Mosaik zu-

262 Vgl. Hans-Bernhard Wuermeling, Ein Denkmal im Wienerwald. Silvesterbetrachtung 2012 für Radio Vatikan, auf: http://www.stift-heiligenkreuz.org/fileadmin/bilder/TEXTE_DOWNLOAD/Wuermeling-Denkmal_Badenertor-Sonnenreflexionsuhr-RadioVatikan_2012.pdf (08.04.2013).

263 Benedikt XVI., Ansprache von Papst Benedikt XVI. an das Kardinalskollegium und die Mitglieder der Römischen Kurie beim Weihnachtsempfang (22.12.2005), in: Verlautbarungen des Apostolischen Stuhls (Nr. 172), hg. vom Sekretariat der Deutschen Bischofskonferenz, Bonn 2006, 10.

264 Vgl. ebd.

sammenfügt (vgl. Lk 2,19.51); es verweist uns auf die große Glaubende, die sich demütig und vertrauensvoll in die Hände Gottes übergibt, indem sie sich seinem Willen überlässt; es verweist uns auf die demütige Mutter, die, wenn es die Sendung des Sohnes verlangt, in den Hintergrund tritt, und zugleich auf die mutige Frau, die unter dem Kreuz steht, während die Jünger die Flucht ergreifen."[265]

Wenn von Rezeption des Konzils gesprochen wird, dann wird nur selten dieser marianische Rahmen berücksichtigt. Als wichtigstes Wort hingegen wird das von Johannes XXIII. geprägte „aggiornamento" aber nicht selten missverstanden. Der Papst, der das Konzil einberufen hatte, wollte mit diesem Begriff tragfähige Antworten des christlichen Glaubens auf die Frage einer modernen Gesellschaft initiieren, damit auch heute das Christentum „Salz der Erde und Licht der Welt sei", oder wie es Papst Benedikt 2012 in seinem Vorwort zum 7. Band der Gesammelten Schriften schreibt: „Das Empfinden für diesen Gegenwartsverlust des Christentums und für die Aufgabe, die daraus folgte, war sehr genau zusammengefasst in dem Wort »aggiornamento«. Das Christentum muss im Heute stehen, um Zukunft formen zu können."[266]

Es ist ein Irrtum zu behaupten, dass das Konzil gleichsam einen Neustart der Kirche darstelle. Als ungeheuren Vorgang bezeichnete bereits 1922 Romano Guardini das „Erwachen der Kirche in der Seele"[267]. Liturgische Erneuerung, ökumenische Bewegung wie auch Bibelbewegung und nicht zuletzt die Wiederentdeckung der Kirchenvätertheologie bereiteten den Boden für das Konzil, das den Mut hatte, die 2000-jährige Tradition der Kirche in Beziehung zur modernen Welt zu bringen. Jan-Heiner Tück, der Wiener Dogmatiker, weist auf die Schere hin „zwischen der öffentlichen Erwartungshaltung, die durch einschlägige theologische Publikationen, aber auch durch die wachsende Aufmerksamkeit der Medien erzeugt wurde,

---

265 Benedikt XVI., Maria ist uns so nahe wie kein anderer Mensch, weil Christus Mensch für die Menschen ist. Predigt von Papst Benedikt XVI. am 8. Dezember während der Eucharistiefeier im Petersdom am Hochfest der ohne Erbsünde empfangenen Jungfrau und Gottesmutter Maria, in: OR (D) Nr. 50 vom 16. Dezember 2005, 7f., hier: 7.

266 Joseph Ratzinger, Gesammelte Schriften Bd. 7 (Teil 1): Zur Lehre des Zweiten Vatikanischen Konzils. Formulierung – Vermittlung – Deutung (= JRGS 7/1), hg. von Gerhard Ludwig Müller, Freiburg i. Br. 2012, 5f. Das Schreiben von Papst Benedikt XVI. zum 50. Jahrestag des Beginns des Zweiten Vatikanischen Konzils ist identisch mit dem Vorwort zu Band 7 der JRGS.

267 Romano Guardini, Vom Sinn der Kirche. Fünf Vorträge, in: Ders., Vom Sinn der Kirche – Die Kirche des Herrn (Romano Guardini/Werke), Mainz/Paderborn 1990, 7-99, hier: 19.

und jenen 72 vorbereiteten Schemata"[268]. Letztere waren ganz von der neuscholastischen Theologie beseelt und wirkten stark und schulmäßig geprägt von einer Art hierarchologischen Verengung.[269] In einem Aufbruch von großer Offenheit und Weite, die für Joseph Ratzinger vor allem auch in der Gestalt von Josef Kardinal Frings sichtbar wurde, der sich auf den jungen Professor als theologischen Berater während des Konzils stützte,[270] war Ratzinger sowohl Peritus als auch Kommentator des Konzils.[271] Damit sind wir beim großen Thema der Konzilsrezeption angelangt, das in diesem Beitrag nur streiflichtartig beleuchtet werden kann.

2. Zum Begriff der Rezeption des Konzils

Bereits als Konzilsperitus, der die vier Sitzungsperioden der damaligen Kirchenversammlung an der Seite von Josef Kardinal Frings miterlebte und mitprägte, wies Ratzinger darauf hin, dass für die Nachhaltigkeit eines Konzils seine Rezeption entscheidend ist. In diesem Prozess muss sich das geschriebene Wort der Konzilsakten im Leben bewähren und ihm „in einem sehr mühseligen Ringen die Eindeutigkeit" geben, „die es als bloßes Wort gar nicht haben kann"[272]. Denn der Glaube der Kirche muss immer in seiner diachronen und synchronen Gestalt erkannt werden, d. h. das geschriebene Wort kann nie aus seinem geschichtlichen Kontext gelöst werden, zu dem einerseits die 2000-jährige Tradition der Kirche gehört wie auch sein Gegenwartsbezug. Es geht im Letzten um die Erneuerung der Kirche, die als *„Ecclesia semper reformanda"* immer auch ihre eigene Erneuerungsbedürftigkeit erkennt. Kennzeichen dafür sind Heilige, die in jeder Epoche die Kirche stützen, indem Glaube, Hoffnung und Liebe aus ihren Leben leuchten und so das Wort Gottes bzw. das Evangelium Jesu Christi lebendige Gestalt annimmt. Dieses Rezipieren ist für Ratzinger eine Form, „in der die Gläubigen auf

---

268 Jan-Heiner Tück, Erinnerung an die Zukunft. 50 Jahre Zweites Vatikanisches Konzil, in: Jan-Heiner Tück (Hg.), Erinnerung an die Zukunft. Das Zweite Vatikanische Konzil, Freiburg i. Br. 2012, 11-30, hier: 14.

269 Vgl. Maximilian Heim, Joseph Ratzinger – Kirchliche Existenz und existentielle Theologie. Ekklesiologische Grundlagen unter dem Anspruch von *Lumen gentium*, Frankfurt am Main ²2005, 43.

270 Vgl. JRGS 7/1, 9.

271 Vgl. Teil C Berichterstattung/Begleitung, in: JRGS 7/1, 293-573; Teil D Zusammenarbeit mit Josef Kardinal Frings, in: JRGS 7/1, 579-638.

272 JRGS 7/2, 1076.

eine durchaus aktive Weise an der Glaubensgesetzgebung mitwirkten, die nicht einseitig in hierarchischen Beschlüssen gesetzt wurde, sondern in einer inneren Durchdringung von handelnder Aktivität der Bischöfe und rezeptiver Aktivität der Kirche“[273] wächst.

Wenn wir heute von Rezeption sprechen, dann meinen wir die Umsetzung von Beschlüssen in der Kirche als Volk Gottes. In der alten Kirche hingegen verstand man unter dem gleichen Begriff vor allem die Bestätigung durch den Bischof von Rom. Bis heute muss ein Konzil, damit es gesamtkirchliche Verbindlichkeit erhält, durch den Papst bestätigt werden, dessen Teilnahme für die Gültigkeit der Beschlüsse jedoch nicht unbedingt erforderlich ist.[274]

Nach diesen grundsätzlichen Erwägungen zur Rezeption wenden wir uns wieder dem II. Vatikanischen Konzil zu. Schon 1975, zehn Jahre nach dem Konzil, zog Joseph Ratzinger eine ernüchternde Bilanz durch die Feststellung, „dass die wirkliche Rezeption des Konzils noch gar nicht begonnen hat. Was die Kirche des letzten Jahrzehnts verwüstete, war nicht das Konzil, sondern die Verweigerung seiner Aufnahme: Das wird gerade durch die Analyse der Wirkungsgeschichte von »Gaudium et spes« deutlich. Was als Konzil ausgegeben wurde, war weithin Ausdruck einer Attitüde, die auch mit den Aussagen dieses Textes nicht zu decken ist, aber in seinem Werden und auch in einzelnen Formulierungen als Tendenz in der Tat erkennbar ist.“[275]

Bevor wir uns dieser spannenden Geschichte zuwenden, bleibt festzustellen, dass Joseph Ratzinger immer für die Rezeption des „wirklichen Konzils“ plädierte. Dabei tritt er ausdrücklich nicht für eine Rückkehr des Syllabus Errorum Pius‘ IX. von 1864 ein, der nur „eine erste Markierung in der Auseinandersetzung mit dem Libe-

---

273 JRGS 7/1, 451. Vgl. JRGS 7/2, 1074: Das Konzil verabschiedet seine Beschlüsse, aber diese erhalten ihre historische Bedeutung erst „durch den Prozess der Klärung und Ausscheidung, der sich im Leben der Kirche anschließend vollzieht: Auf diese Weise hat die ganze Kirche am Konzil teil; es kann gar nicht in der Versammlung der Bischöfe allein zu Ende gebracht werden.“

274 Wie z. B. das Erste Konzil von Konstantinopel (381), das ohne Vertreter der westlichen Kirchen stattfand, dessen Beschlüsse zum Trinitätsglauben und zur dritten göttlichen Person, dem Heiligen Geist, von der Gesamtkirche rezipiert wurden, wodurch es nach Nizäa als zweites ökumenisches Konzil anerkannt wurde. Vgl. JRGS 7/1, 451. Auch das Konzil von Trient kannte die reinigende Kraft der gesamtkirchlichen Rezeption, die sich zugleich auch scheidend und unterscheidend auswirkte, indem es z. B. nur solche liturgischen Traditionen anerkannte, die ihre zeitliche Bewährung in der Geschichte aufzeigen konnten. Vgl. dazu: JRGS 7/2, 758.

275 JRGS 7/2, 1056.

ralismus und dem heraufsteigenden Marxismus sein mochte, aber kein letztes Wort sein kann. Weder Umarmung noch Ghetto können auf die Dauer das Problem der Neuzeit für den Christen lösen."[276] Eine Abschottung der Kirche von der Welt konnte nicht die Lösung sein, weshalb Hans Urs von Balthasar schon 1952 die „Schleifung der Bastionen" verlangt hatte. Für Papst Benedikt bedeutet dies aber keine Verweltlichung der Kirche, sondern „sich allein dem Schild des Glaubens anvertrauen, der Kraft des Wortes, das ihre einzige wahre und bleibende Macht ist"[277]. Denn es gilt für die Kirche, die aus dem durchbohrten Herzen des Herrn geboren wird, die Zusage Jesu: „In der Welt werdet ihr Drangsal haben, aber seid getrost: Ich habe die Welt überwunden" (Joh 16,33).

Mit Kurt Kardinal Koch können wir bisher vier Phasen der Konzilsrezeption unterscheiden: Eine erste Phase des „Aufbruchs und Überschwangs", die von einer zweiten Phase „von enttäuschten Hoffnungen und Erwartungen, und zwar sowohl auf traditionalistischer wie auf progressistischer Seite"[278] abgelöst wurde. Zwanzig Jahre nach Ende des Konzils sei mit der außerordentlichen Bischofssynode die dritte Phase eingeleitet worden, die vor allem durch die Communio-Ekklesiologie einen neuen Aufbruch erlebte. Mittlerweile sind wir in einer vierten Phase, in der das Konzil von vielen schon als geschichtliche Vergangenheit empfunden wird und deshalb durch eine „relecture" der Texte wieder neu entdeckt werden muss. Außerdem gibt es auch eine Reihe von meist älteren Zeitgenossen, die auf der progressistischen Seite einem imaginären „Geist" des Konzils anhangen, während gleichzeitig auf traditionalistischer Seite die Verweigerung der Konzilsrezeption aus Prinzip stattfindet bzw. die Texte nur im engen Rahmen der Tradition – ohne innovativen Anstoß – verstanden werden. Den Grund für die schwierige Rezeption des Konzils sieht Papst Benedikt in der gegensätzlichen Auslegung begründet durch eine Hermeneutik der Kontinuität bzw. eine Hermeneutik des Bruches.

---

276 Ebd.

277 JRGS 7/2, 1057.

278 Kurt Cardinal Koch, Das Zweite Vatikanische Konzil zwischen Innovation und Tradition. Die Hermeneutik der Reform zwischen der Hermeneutik bruchhafter Diskontinuität und der Hermeneutik ungeschichtlicher Kontinuität, in: Stephan Otto Horn, Siegfried Wiedenhofer, Kurt Kardinal Koch, Das Zweite Vatikanische Konzil. Die Hermeneutik der Reform, 22-50, hier: 23.

Weihbischof Helmut Krätzl meinte vor dem Forum „Wir sind Kirche“, dass „Rom [...] der ersten Form zuneige“[279]. Falls mit „Rom“ Papst Benedikt gemeint ist, so wäre es nötig, hier stärker zu differenzieren, wie dies Jan-Heiner Tück in seinem Communio-Artikel „Zur Verbindlichkeit des Vatikanum II“[280] unternimmt. Nicht nur gegen die Traditionalisten, vielmehr auch gegen die sogenannten Progressisten kann man das Argument Tücks bekräftigen, dass die „Hermeneutik der Reform“ nach Papst Benedikt „einen Schlüssel zur Interpretation des Konzils“ bietet, „der die konstitutive Traditionsverpflichtung mit der erforderlichen Erneuerung der kirchlichen Lehre im Blick auf die gewandelten Gegebenheiten der Zeit zusammenbringt“[281]. Somit bewahrheitet sich auch hier – ähnlich wie in der Frage des Ungehorsams – die französische Redensart, die sich schon bei altklassischen Philosophen findet: „Les extrêmes se touchent“, d. h. die Extreme berühren sich. Damit meine ich hier die mangelnde Bereitschaft der Extrempositionen der Kirche, die Konzilstexte in ihrer Spannungseinheit ernst zu nehmen und zu rezipieren. Damit kommen wir zum Zentrum unserer Fragestellung: einer authentischen Auslegung des Konzils, d. h. seiner „korrekten Hermeneutik“[282].

3. Zum Begriff der Hermeneutik des Konzils

In der schon mehrfach zitierten Ansprache zum Konzilsjubiläum spricht Papst Benedikt zunächst von zwei „gegensätzlichen Hermeneutiken“, die miteinander konkurrieren; und er fügt lapidar hinzu: „Die eine hat Verwirrung gestiftet, die andere hat Früchte getragen, was in der Stille geschah, aber immer deutlicher sichtbar wurde, und sie trägt auch weiterhin Früchte.“[283] Durch diese grundsätzliche Unterscheidung finden wir bei Papst Benedikt eine weitere Differen-

---

279 Helmut Krätzl, 50 Jahre nach dem Konzil – (m)eine Bilanz, auf: http://www.wir-sind-kirche.at/content/index.php?option=com_content&task=view&id=1324&Itemid=27 (08.04.2013).

280 Vgl. Jan-Heiner Tück, Ein „reines Pastoralkonzil“? Zur Verbindlichkeit des Vatikanum II, in: IKaZ 4 (2012) 441-457. Nochmals erschienen unter dem veränderten Titel „Die Verbindlichkeit des Konzils. Die Hermeneutik der Reform als Interpretationsschlüssel“, in: Jan-Heiner Tück (Hg.), Erinnerung an die Zukunft. Das Zweite Vatikanische Konzil, Freiburg i. Br. 2012, 85-104.

281 Ebd., 444.

282 Benedikt XVI., Ansprache von Papst Benedikt XVI. an das Kardinalskollegium und die Mitglieder der Römischen Kurie beim Weihnachtsempfang (22.12.2005), in: Verlautbarungen des Apostolischen Stuhls (Nr. 172), hg. vom Sekretariat der Deutschen Bischofskonferenz, Bonn 2006, 10.

283 Ebd., 11.

zierung, die aufhorchen lässt. Denn neben der „Hermeneutik der Diskontinuität und des Bruches", die sich „nicht selten das Wohlwollen der Massenmedien und auch eines Teiles der modernen Theologie zunutze machen" konnte, und der „Hermeneutik der Reform", der Papst Benedikt eindeutig den Vorrang gibt, da sie die Texte des Konzils im Sinne einer Erneuerung der Kirche auslegt, modifiziert Papst Benedikt gerade diesen letztgenannten Ansatz, indem er sein *sed contra* formuliert. Er spricht nämlich bei der „Hermeneutik der Reform" von einem „Zusammenspiel von Kontinuität und Diskontinuität auf verschiedenen Ebenen", worin eigentlich „die Natur der wahren Reform"[284] liege. Dabei fügt er hinzu, dass es um die „Erneuerung des einen Subjekts Kirche, die der Herr uns geschenkt hat, unter Wahrung der Kontinuität" gehe. Die Kirche aber macht Veränderungsprozesse durch, da sie sich selbst in ihrem Wachstum weiterentwickelt und dennoch „immer sie selbst bleibt, das Gottesvolk als das eine Subjekt auf seinem Weg"[285].

Analog zur Dogmenentwicklung können wir also auch von einer Unabgeschlossenheit des Konzils sprechen, wodurch „vergangene Texte erst in anstrengender Denkbemühung in ihrer Gegenwärtigkeit sichtbar zu machen sind"[286]. Wer jedoch den Filter der Hermeneutik falsch wählt und vor allem der Grundannahme nicht treu bleibt, dass die Kirche in all ihrer Veränderungsbereitschaft stets identisch mit sich selbst bleibt, wird zu Ergebnissen kommen, die der Identität der Kirche als gottmenschliche Stiftung nicht gerecht werden. Die Wurzel einer derartigen Interpretation, die die Konzilsbeschlüsse zu wenig in ihrer kontextuellen Verflechtung und inneren Einheit mit dem *depositum fidei* der Kirche betrachtet und demzufolge isoliert davon auf eine offene Zukunft hin interpretiert, vernachlässigt die übernatürliche Ebene: Es ist die Verheißung Jesu, dass der Geist Gottes die Kirche immer tiefer in die Wahrheit hineinführen wird. Durch dieses übernatürliche Licht der Offenbarung unterscheidet sich die Kirche von allen anderen Organisationen, da ihr Wesen sich nicht einfach aus geschichtlich gewachsenen Ge-

---

284 Ebd., 16.
285 Ebd., 11.
286 JRGS 7/1, 587.

wohnheiten zusammensetzt, sondern konstituiert wird in der Kraft des Heiligen Geistes.

Die Aussagen des Lehramtes müssen wie die Schrift in ihrer inneren Einheit verstanden werden; verfällt sie – wie es Joseph Ratzinger sagt – „vollends der Vieldeutigkeit, ja, der Beliebigkeit", dann gerät sie „in die abenteuerlichsten Modernisierungen hinein, die mit dem Vorwand der Hermeneutik gerechtfertigt werden sollen."[287] Es kann so weit kommen, dass die sogenannte „Orthodoxie", d. h. der rechte Glaube, von einer puren „Orthopraxie" abgelöst wird, da der innere Zusammenhang des sich durch die Jahrhunderte hindurch entfaltenden *depositum fidei* verloren gegangen ist.

Diese kurzen Anmerkungen zu einer fehlgeleiteten Hermeneutik sollen genügen, um zu verdeutlichen, dass die Auslegung von Glaubenswahrheiten stets ihrem Charakter als von Gott geoffenbarte Wahrheiten entsprechen muss, die der Herr seiner Kirche anvertraut hat. Sie ist das pilgernde Gottesvolk, das seine Kontinuität vom Anfang bis zu seiner Vollendung bewahrt und so als konkretes Subjekt trotz aller Veränderlichkeit in seinem Wesen identisch bleibt als Braut Christi, die Christus mit seinem kostbaren Blut am Kreuz erworben hat. Diese „Verantwortlichkeit"[288] vor Gott und den Menschen zu betonen, wurde das Konzil nicht müde.

Unter dieser Prämisse werde ich näherhin in drei Unterpunkten auf die schon erwähnten Begriffe – Hermeneutik des Bruchs, Hermeneutik der Kontinuität bei gleichzeitiger Diskontinuität auf verschiedenen Ebenen und schließlich Hermeneutik der Reform – eingehen.

3.1 Hermeneutik des Bruchs

Wie oben erwähnt, kommen extrem entgegengesetzte Positionen nicht selten zu einem ähnlichen Resultat. Dies gilt auch für die Hermeneutik des Bruchs, den die sogenannten Progressisten wie auch

---

287 Ebd., 588.

288 Vgl. JRGS 7/2, 871: „Das Wort responsabilitas (= Verantwortlichkeit) stellt eine lateinische Neubildung des Konzils dar. Weder die heidnische Antike noch das christliche Latein kennen ein genaues Äquivalent für »Verantwortlichkeit«. So hat man zunächst einfach aus dem französischen responsabilité das neue Wort responsabilitas gebildet und in Klammern die französische Form beigegeben. Gegen Ende des Konzils wurde »responsabilitas« eines seiner weitaus häufigsten Worte, das fortwährend – vielleicht sogar zu oft – in den verschiedensten Dokumenten wiederkehrt."

die Traditionalisten konstatieren. Zeitlich jedoch ist der Bruch mit dem Konzil und seinen Texten bei den beiden Gruppen unterschiedlich anzusetzen.

Die „Fortschrittlichen“ sehen in den Konzilsbeschlüssen nur einen Ausgangspunkt für eine offene Bewegung, die nicht mehr gebunden ist an den Wortlaut der Konzilsbeschlüsse, denn diese seien ja nur sogenannte Kompromisstexte, die die eigentliche Dynamik des Konzils wieder aufhielten, um die konservative Seite zu beruhigen. Deshalb vertritt jene Gruppe eine – wie es Kardinal Koch bezeichnet – „emphatische Hermeneutik der Diskontinuität“[289]. „Ihre Vertreter behaupten“, so Papst Benedikt, „dass die Konzilstexte als solche noch nicht wirklich den Konzilsgeist ausdrückten. Nicht in diesen Kompromissen komme jedoch der wahre Geist des Konzils zum Vorschein, sondern im Elan auf das Neue hin, das den Texten zugrunde liege: nur in diesem Elan liege der wahre Konzilsgeist, und hier müsse man ansetzen und dementsprechend fortfahren.“[290] Papst Benedikt äußert die Befürchtung, dass ein solcher imaginärer Geist nur das Spiegelbild der eigenen, selbstgemachten Vorstellungen ist, die einen weiten „Raum für Spekulationen“[291] schaffen. Dahinter stehe nicht selten eine grundsätzliche Kritik, die auf dem Missverständnis beruhe, das Konzil sei „eine Art verfassunggebende Versammlung“, „die eine alte Verfassung außer Kraft setzt und eine neue schafft.“[292] Dazu hatten aber die Konzilsväter weder den Auftrag noch die Kompetenz, zumal die Kirche nicht eine rein weltliche Institution ist, und daher – wie es Papst Benedikt ausdrückt – ihre „eigentliche Kirchenverfassung vom Herrn kommt“[293]. Wie er auch an anderer Stelle betont, ist nicht das Volk der Souverän der Kirche und entsprechend sind die Konzilsväter keine Abgeordneten, son-

289 Kurt Cardinal Koch, Das Zweite Vatikanische Konzil zwischen Innovation und Tradition. Die Hermeneutik der Reform zwischen der Hermeneutik bruchhafter Diskontinuität und der Hermeneutik ungeschichtlicher Kontinuität, in: Stephan Otto Horn, Siegfried Wiedenhofer, Kurt Kardinal Koch, Das Zweite Vatikanische Konzil. Die Hermeneutik der Reform, 22-50, hier: 31.

290 Benedikt XVI., Ansprache von Papst Benedikt XVI. an das Kardinalskollegium und die Mitglieder der Römischen Kurie beim Weihnachtsempfang (22.12.2005), in: Verlautbarungen des Apostolischen Stuhls (Nr. 172), hg. vom Sekretariat der Deutschen Bischofskonferenz, Bonn 2006, 11.

291 Ebd., 12.

292 Ebd.; vgl. dazu: Jan-Heiner Tück, Erinnerung an die Zukunft. 50 Jahre Zweites Vatikanisches Konzil, in: Jan-Heiner Tück (Hg.), Erinnerung an die Zukunft. Das Zweite Vatikanische Konzil, Freiburg i. Br. 2012, 11-30, hier: 22.

293 Ebd.

dern „Treuhänder der Gabe des Herrn". Deshalb spricht Papst Benedikt hier von einer „Dynamik der Treue", „die im Dienst des Herrn wichtig ist". Im Konzil müssen „Dynamik und Treue eins werden"[294].

Im Vorwort zu Band 7 seiner Gesammelten Schriften „Zur Lehre des Zweiten Vatikanischen Konzils" präzisiert Papst Benedikt den gleichen Gedanken, indem er aus der Retrospektive resümiert: „Die Konzilsväter konnten und wollten nicht eine neue, eine andere Kirche schaffen. Dafür hatten sie weder Vollmacht noch Auftrag. Väter des Konzils mit Stimme und Entscheidungsrecht waren sie nur als Bischöfe, das heißt auf dem Grund des Sakraments und in der Kirche des Sakraments. Sie konnten und wollten deshalb nicht einen anderen Glauben oder eine neue Kirche schaffen, sondern nur beides tiefer verstehen und so wahrhaft »erneuern«. Deshalb ist eine Hermeneutik des Bruchs absurd, gegen den Geist und gegen den Willen der Konzilsväter."[295]

Auch die zweite Gruppe, die Traditionalisten, spricht von einem Bruch, indem sie die Kategorien vor- und nachkonziliare Kirche einführt. Im Jahr 1988 hat Erzbischof Marcel Lefebvre in einem offenen Brief an ratlose Katholiken kurz vor den unerlaubten Bischofsweihen, die das Schisma begründeten, das Konzil als Ursache für die Zerstörung in der Kirche bezeichnet.[296] Der Vorwurf lautete, dass einzelne Konzilsdokumente nicht nur etwas „auf neue Weise ausdrücken, sondern Neues sagen, und zwar mit Blick auf die ständige Tradition der Kirche."[297] In seinem Brief an die vier schismatischen Bischöfe unterstrich Papst Benedikt zwei Argumente: dass man „die Lehrautorität der Kirche nicht im Jahre 1962 einfrieren" könne und dass das II. Vatikanum von den lehramtlichen Aussagen einer 2000-jährigen Geschichte der Kirche lebe. Wörtlich sagte er, wer dem Konzil gehorchen will, „muss den Glauben der Jahrhunderte annehmen und darf nicht die Wurzeln abschneiden, von denen der

---

294 Ebd.

295 JRGS 7/1, 8f.

296 Vgl. Marcel Lefebvre, Offener Brief an die ratlosen Katholiken, Wien 1996, 196. Siehe auch Jan-Heiner Tück, Ein „reines Pastoralkonzil"? Zur Verbindlichkeit des Vatikanum II, in: IKaZ 4 (2012) 441-457, hier: 444 und 454.

297 Heinz-Lothar Barth, Hermeneutik der Kontinuität oder des Bruchs? Aspekte der Theologie Papst Benedikts XVI., Bobingen 2012, 137. Barth zitiert an dieser Stelle das Geleitwort von Bischof Mario Oliveri, in: Brunero Gheradini, Das Zweite Vatikanische Konzil. Ein ausstehender Diskurs, übersetzt von Claudia Barthold, Mülheim/Mosel 2010, 7-10.

Baum lebt."[298] Die Kirche aber muss im Sinne des „aggiornamento" eine Ghettoisierung durch den Dialog mit der Moderne überwinden, damit sie ihrem missionarischen Auftrag in der Welt von heute gerecht werde. Es gibt – und das ist das Erstaunliche – eine Kontinuität in den wesentlichen Fragen des *depositum fidei* und zugleich eine Diskontinuität auf einer Ebene, die durch ihre zeitliche Prägung immer auch Veränderlichkeit miteinschließt. Was das bedeutet, untersuchen wir im folgenden Unterpunkt.

3.2 Kontinuität und Diskontinuität auf verschiedenen Ebenen

Lange Zeit wurde gemutmaßt, dass Papst Benedikt hinter das Konzil zurückgehe. Diese Meinung wurde damit begründet, dass er die außerordentliche Form der Messliturgie wieder ohne Einschränkungen zuließ und die Exkommunikation der Piusbruderschaft aufhob. Man wollte ihn gerne als rückschrittlichen Papst etikettieren, der zudem infolge der Reform der Karfreitagsfürbitte in der außerordentlichen Liturgie gleichsam zwischen die Fronten geriet. Trotz aller Versuche, ihn gegen das Konzil zu interpretieren, bleibt er seiner Linie immer treu, sich um die Verwirklichung des Zweiten Vatikanischen Konzils zu sorgen, auf den Spuren seiner Vorgänger und in Kontinuität zur zweitausendjährigen Tradition der Kirche.[299]

Als Schlüssel für sein Verständnis von Kontinuität und Diskontinuität auf verschiedenen Ebenen wies Benedikt XVI. auf Papst Paul VI. hin, der die besondere Situation berücksichtigte, dass das Konzil sein Verhältnis zur Moderne neu bestimmen wollte. Um Papst Benedikt gegen den Vorwurf, er verhindere den Dialog mit der Moderne, zu verteidigen, scheint es mir notwendig, hier einen längeren Auszug aus seiner Rede wiederzugeben:

„Paul VI. hat dann in seiner Abschlussrede zum Konzil noch einen speziellen Grund aufgezeigt, warum eine Hermeneutik der Diskon-

---

298 Zitiert nach: Kurt Cardinal Koch, Das Zweite Vatikanische Konzil zwischen Innovation und Tradition. Die Hermeneutik der Reform zwischen der Hermeneutik bruchhafter Diskontinuität und der Hermeneutik ungeschichtlicher Kontinuität, in: Stephan Otto Horn, Siegfried Wiedenhofer, Kurt Kardinal Koch, Das Zweite Vatikanische Konzil. Die Hermeneutik der Reform, 22-50, hier: 33.

299 Vgl. Benedikt XVI., Missa pro ecclesia. Eucharistiefeier mit den wahlberechtigten Kardinälen in der Sixtinischen Kapelle. Erste Botschaft Seiner Heiligkeit Benedikt XVI. am 20.04.2005, in: Verlautbarungen des Apostolischen Stuhls (Nr. 168), hg. vom Sekretariat der Deutschen Bischofskonferenz, Bonn 2005, 20-26, hier: 23.

tinuität überzeugend erscheinen könnte. In der großen Kontroverse um den Menschen, die bezeichnend ist für die Moderne, musste das Konzil sich besonders dem Thema der Anthropologie widmen. Es musste über das Verhältnis zwischen der Kirche und ihrem Glauben auf der einen und dem Menschen und der heutigen Welt auf der anderen Seite nachdenken. [...] Dieses Verhältnis hatte mit dem Prozess gegen Galilei einen sehr problematischen Anfang genommen. Es war im Folgenden vollkommen zerbrochen, als Kant die ‚Religion innerhalb der Grenzen der bloßen Vernunft' beschrieb und als in der radikalen Phase der Französischen Revolution ein Staats- und Menschenbild Verbreitung fand, das der Kirche und dem Glauben praktisch keinen Raum mehr zugestehen wollte. Der Zusammenstoß des Glaubens der Kirche mit einem radikalen Liberalismus und auch mit den Naturwissenschaften, die sich anmaßten, mit ihren Kenntnissen die ganze Wirklichkeit bis zu ihrem Ende zu erfassen, und sich fest vorgenommen hatten, die »Hypothese Gott« überflüssig zu machen, hatte im 19. Jahrhundert seitens der Kirche unter Pius IX. zu harten und radikalen Verurteilungen eines solchen Geistes der Moderne geführt. Es gab somit scheinbar keinen Bereich mehr, der offen gewesen wäre für eine positive und fruchtbare Verständigung, und diese wurde von denjenigen, die sich als Vertreter der Moderne fühlten, auch drastisch abgelehnt."[300]

Papst Benedikt benennt in der Folge Entwicklungen, die einen Dialog der Kirche mit der Moderne begünstigen, weil sie mit dem christlichen Menschenbild in Einklang gebracht werden können. Dazu zählt er die amerikanische Revolution, aus der ein Staatsmodell hervorging, das vor allem die persönliche Gewissens- und Religionsfreiheit des Einzelnen achte. Er nennt die Naturwissenschaften, soweit sie ihre eigenen Grenzen anerkennen, und er erinnert an katholische Staatsmänner, die nach dem Zusammenbruch des Zweiten Weltkriegs Glaube und Vernunft nicht als Gegensatz erkannten, indem sie sich an den Prinzipien der katholischen Soziallehre orientierten. Diese Streiflichter auf Entwicklungen in der Moderne zeigen, dass die Kirche sich damals im Konzil drei Herausforderungen stel-

300 Benedikt XVI., Ansprache von Papst Benedikt XVI. an das Kardinalskollegium und die Mitglieder der Römischen Kurie beim Weihnachtsempfang (22.12.2005), in: Verlautbarungen des Apostolischen Stuhls (Nr. 172), hg. vom Sekretariat der Deutschen Bischofskonferenz, Bonn 2006, 14.

len musste: dem Verhältnis von Glaube und modernen Wissenschaften (Naturwissenschaften und historische Wissenschaften, inklusive der historisch-kritischen Methode in der Exegese), der Beziehung von Kirche und modernem Staat und schließlich dem Problem der religiösen Toleranz, näherhin dem interreligiösen Dialog.

Wer nur oberflächlich die Konzilstexte liest, angefangen bei *Lumen gentium* über *Nostra aetate* und *Dignitatis humanae* bis hin zu *Gaudium et spes*, kann eine Art Diskontinuität zu bisherigen kirchlichen Dokumenten mutmaßen. Wenn man jedoch diese bisher genannten Texte zusammen mit dem Ökumenismusdekret in ihrer kontextuellen Verflochtenheit in der Tradition der Kirche und auf der Basis des Wortes Gottes entdeckt, dann wird man erkennen, dass hier unterschieden werden muss zwischen verschiedenen konkreten historischen Situationen, ihren jeweiligen Ansprüchen und der Grundsatztreue im Wesentlichen zum *depositum fidei* der Kirche.

Eben diese Verknüpfung von Kontinuität und Diskontinuität auf unterschiedlichen Ebenen haben nicht wenige Kritiker des Papstes auf beiden Seiten zu wenig wahrgenommen.[301] Jan-Heiner Tück hingegen sieht in der päpstlichen Anerkennung der Dialogbereitschaft mit der Moderne eine entscheidende Weichenstellung gegenüber traditionalistischen Auffassungen. So schreibt er: „Die Diskontinuitäten, die den gewandelten Zeitverhältnissen geschuldet sind, haben die tiefer liegende Kontinuität der Glaubenslehre keineswegs beeinträchtigt oder verraten." Für die Hermeneutik der Reform, die Papst Benedikt vertritt, kann es auf der „Mikroebene Brüche und Diskontinuitäten" geben, die „allerdings auf der Makroebene die Kontinuität der Lehrtradition nicht tangieren"[302]. Schließlich zitiert Tück hier Walter Kardinal Brandmüller, der wörtlich sagte: „Reform kann nie zum Ergebnis haben, dass das Reformierte nicht mehr mit dem vorherigen zu Reformierenden identisch ist."[303] Damit sind wir schließlich bei der Hermeneutik der Reform angelangt.

---

301 Vgl. dazu: Stephan Otto Horn, Der Papst, das Konzil und die Hermeneutik, in: FAZ 22.04.2009, N4.

302 Jan-Heiner Tück, Ein „reines Pastoralkonzil"? Zur Verbindlichkeit des Vatikanum II, in: IKaZ 4 (2012) 441-457, hier: 449.

303 Walter Kardinal Brandmüller, Licht und Schatten. Kirchengeschichte zwischen Glaube, Fakten und Legenden, Augsburg 2007, 108. Vgl. dazu: Benedikt XVI., Ansprache von Papst Benedikt XVI. an das Kardinalskollegium und die Mitglieder der Römischen Kurie beim Weihnachtsempfang (22.12.2005), in: Verlautbarungen des Apostolischen Stuhls (Nr. 172), hg. vom

3.3 Hermeneutik der Reform

Eigentlich ist mit dem Bisherigen das Wesentliche zur Hermeneutik der Erneuerung gesagt. Kurt Kardinal Koch hat in seinem Referat vor dem Schülerkreis des Papstes auch darauf hingewiesen, dass gerade aus der deutschsprachigen Theologie Reaktionen auf die päpstliche Hermeneutikrede kamen, die dieser einfach sachlich nicht gerecht wurden.[304] So identifizieren die dort genannten Theologen die von Papst Benedikt angesprochene Hermeneutik der Reform mit der Hermeneutik der Kontinuität, ohne die eben beschriebene Differenzierung des Papstes wahrzunehmen und die oben erwähnte Spannung von Kontinuität und Diskontinuität in der päpstlichen Rede zu beachten.

Stephan Horn weist darauf hin, dass Papst Benedikt in seiner Unterscheidung der Hermeneutik der Diskontinuität bzw. des Bruches von der Hermeneutik der Reform die letztere eben nicht einfach als Hermeneutik der Kontinuität bezeichnet, um ihre „dynamische Dimension“[305] zu unterstreichen. In Anlehnung an die Eröffnungsansprache an das Konzil von Papst Johannes XXIII. 1962 – „Es ist notwendig, die unumstößliche und unveränderliche Lehre, die treu geachtet werden muss, zu vertiefen und sie so zu formulieren, dass sie den Erfordernissen unserer Zeit entspricht. Eine Sache sind nämlich die Glaubensinhalte, also die in unserer ehrwürdigen Lehre enthaltenen Wahrheiten, eine andere Sache ist die Art, wie sie formuliert werden, wobei ihr Sinn und ihre Tragweite erhalten bleiben müssen“[306] – ist es das Anliegen von Benedikt XVI., Tradition und

---

Sekretariat der Deutschen Bischofskonferenz, Bonn 2006, 17: „Man musste lernen, zu akzeptieren, dass bei solchen Entscheidungen nur die Grundsätze den dauerhaften Aspekt darstellen, wobei sie selbst im Hintergrund bleiben und die Entscheidung von innen heraus begründen. Die konkreten Umstände, die von der historischen Situation abhängen und daher Veränderungen unterworfen sein können, sind dagegen nicht ebenso beständig. So können die grundsätzlichen Entscheidungen ihre Gültigkeit behalten, während die Art ihrer Anwendung auf neue Zusammenhänge sich ändern kann.“

304 Vgl. Kurt Cardinal Koch, Das Zweite Vatikanische Konzil zwischen Innovation und Tradition. Die Hermeneutik der Reform zwischen der Hermeneutik bruchhafter Diskontinuität und der Hermeneutik ungeschichtlicher Kontinuität, in: Stephan Otto Horn, Siegfried Wiedenhofer, Kurt Kardinal Koch, Das Zweite Vatikanische Konzil. Die Hermeneutik der Reform, 22-50, hier: 27.

305 Stephan Otto Horn, Der Papst, das Konzil und die Hermeneutik, in: FAZ 22.04.2009, N4.

306 Benedikt XVI., Ansprache von Papst Benedikt XVI. an das Kardinalskollegium und die Mitglieder der Römischen Kurie beim Weihnachtsempfang (22.12.2005), in: Verlautbarungen des Apostolischen Stuhls (Nr. 172), hg. vom Sekretariat der Deutschen Bischofskonferenz, Bonn 2006, 13. Siehe auch Oec. Conc. Vat. II Constitutiones Decreta Declarationes, 1974, 863-865.

Innovation nicht als Gegensätze zu verstehen, sondern als den Weg der Kirche zu beschreiten und fortzuführen.

Voller Zuversicht vertritt Papst Benedikt die Ansicht, dass eine solche Auslegung der Konzilstexte zur Erneuerung der Kirche beiträgt. Durch sein universales Hirtenamt kann er im Blick auf die Gesamtkirche das positive Urteil fällen, dass „überall dort, wo die Rezeption des Konzils sich an dieser Auslegung orientiert hat", „neues Leben gewachsen" ist und „neue Früchte"[307] heranreifen. In dieser tiefen Dankbarkeit gegenüber Gott blicken auch wir mit ihm im „Jahr des Glaubens" und im 20. Jahr der Veröffentlichung des Weltkatechismus in die Zukunft der Kirche. Sie wird letztlich reformiert durch die Bekehrung zu Christus, dem Licht der Völker. Durch die allgemeine Berufung zur Heiligkeit werden wir alle Missionare der Liebe Gottes in dieser Welt von heute, wenn wir als Christen nicht demissionieren wollen.

Mit prophetischer Gabe, die selbst Kritiker zum Staunen bringt, hat Joseph Ratzinger vor dem Epochenjahr 1968 ein ganz ähnliches Urteil zur Weltöffnung der Kirche gefällt, die nicht darin bestehen kann, „die Welt in ihrem Weltsein und in ihrer Weltlichkeit zu bestätigen"[308]. Vielmehr ist es ihre Aufgabe, zu einem Dialog zu führen, zu einer „Geste der Öffnung"[309], deren Ziel es ist, „einzuführen in das *sacrum commercium*, in den heiligen Tausch, der mit der Menschwerdung Gottes begonnen hat"[310]. Kurz nach dem Konzil konstatierte Joseph Ratzinger in einem Vortrag vor etwa zweitausend Hörern am 23. Juni 1966 in der Aula der TH Aachen auf Einladung der Katholischen Studentengemeinde deshalb den Paradigmenwechsel von einer verchristlichten Gesellschaft zu einer Gesellschaft, in der die Christen die Minderheit darstellen: „Das Konzil markiert den Übergang von einer konservierenden zu einer missionarischen Haltung, und der konziliare Gegensatz zu konservativ heißt nicht progressis-

---

307 Benedikt XVI., Ansprache von Papst Benedikt XVI. an das Kardinalskollegium und die Mitglieder der Römischen Kurie beim Weihnachtsempfang (22.12.2005), in: Verlautbarungen des Apostolischen Stuhls (Nr. 172), hg. vom Sekretariat der Deutschen Bischofskonferenz, Bonn 2006, 13.

308 JRGS 7/2, 982.

309 Maximilian Heim, Joseph Ratzinger – Kirchliche Existenz und existentielle Theologie. Ekklesiologische Grundlagen unter dem Anspruch von *Lumen gentium*, Frankfurt am Main ²2005, 277-281, hier: 278.

310 Ebd., 279.

tisch, sondern missionarisch. In dieser Antithese liegt im Grunde der genaue Sinn dessen vor, was konziliare Öffnung zur Welt meint und was sie nicht meint."[311] Es geht letztlich um die Glaubwürdigkeit der Kirche, die gesandt ist, das Evangelium Jesu Christi in den unterschiedlichen Lebens- und Zeitbedingungen zu verkünden. Müsste nicht auch die „Entweltlichung", wie sie der Papst in seiner Konzerthausrede in Freiburg am 25. September 2011 ansprach, auf diesem Hintergrund neu gehört werden? Wörtlich sagte er:

„Das missionarische Zeugnis der entweltlichten Kirche tritt klarer zutage. Die von materiellen und politischen Lasten und Privilegien befreite Kirche kann sich besser und auf wahrhaft christliche Weise der ganzen Welt zuwenden, wirklich weltoffen sein. Sie kann ihre Berufung zum Dienst der Anbetung Gottes und zum Dienst des Nächsten wieder unbefangener leben."[312] „Nur die tiefe Beziehung zu Gott ermöglicht eine vollwertige Zuwendung zum Mitmenschen, so wie ohne Zuwendung zum Nächsten die Beziehung zu Gott verkümmert."[313]

4. Konzilsdokumente als Brücke zur Moderne

Wer das Erbe des Konzils entdecken will, muss vor allem mit einer Relecture der Texte wieder beginnen. Selbst wenn diese nicht selten durch Kompromisse zustande kamen, so muss man doch auch in dieser Suche nach der Einheit das Wirken des Heiligen Geistes erkennen. Wer dies hingegen ignoriert und die Texte eklektisch wieder zerstückelt, betreibt eine Bruchsteinexegese und wird der eigentlichen Aussageabsicht des Konzils nicht gerecht, den Glauben der Kirche in der Sprache von heute den Menschen nahezubringen. Hier sind wir bei einem entscheidenden Punkt. Die Kirche hat sich bewusst im Zweiten Vatikanischen Konzil gegen jene bestehende Ghettomentalität gewendet, die sie selbst mitverursacht hat, indem sie lange Zeit zu Entwicklungen in der modernen Gesellschaft in Opposition ging.[314] Vor allem die Konstitution über die Kirche in

311 JRGS 7/2, 1001.

312 Benedikt XVI., Ansprache Seiner Heiligkeit Papst Benedikt XVI. an engagierte Katholiken aus Kirche und Gesellschaft, in: Verlautbarungen des Apostolischen Stuhls (Nr. 189), hg. vom Sekretariat der Deutschen Bischofskonferenz, Bonn 2011, 144-150, hier: 148.

313 Ebd., 150.

314 Vgl. Hans Schelkshorn, Das Zweite Vatikanische Konzil als kirchlicher Diskurs über die Moderne. Ein philosophischer Beitrag zur Frage der Hermeneutik des Konzils, in: Jan-Heiner Tück

der Welt von heute, *Gaudium et spes*, betont eine neue Weltzuwendung, die aber nicht mit Verweltlichung verwechselt werden darf: „Als Zeuge und Künder des Glaubens des gesamten in Christus geeinten Volkes Gottes kann daher das Konzil dessen Verbundenheit, Achtung und Liebe gegenüber der ganzen Menschheitsfamilie, der dieses ja selbst eingefügt ist, nicht beredter bekunden als dadurch, dass es mit ihr in einen Dialog eintritt über all diese verschiedenen Probleme; dass es das Licht des Evangeliums bringt und dass es dem Menschengeschlecht jene Heilskräfte bietet, die die Kirche selbst, vom Heiligen Geist geleitet, von ihrem Gründer empfängt. Es geht um die Rettung der menschlichen Person, es geht um den rechten Aufbau der menschlichen Gesellschaft."[315]

Um in diesen Dialog einzutreten, schrieb Papst Paul VI. mit Datum vom 6. August 1964, noch vor der 3. Sitzungsperiode des 2. Vatikanischen Konzils, seine erste Enzyklika *Ecclesiam suam*. In „konzentrischen Kreisen"[316] um die Mitte, die allein Gott ist, richtet sich das Interesse Pauls VI. in seiner universalen Verantwortung zunächst an alle Menschen; in einem zweiten Kreis an „die Gottgläubigen", wobei er vor allem die monotheistischen Religionen im Sinn hat; im dritten Kreis an „die getrennten christlichen Brüder", womit er das ökumenische Anliegen des Konzils deutlich formuliert; und schließlich fordert er im engsten Kreis den „Dialog in der Katholischen Kirche" selbst.[317]

Mit diesem Auftakt gab Paul VI. eine klare Orientierung vor, die den Verlauf der dritten und vierten Sitzungsperiode bestimmen sollte. Bisher hatte das Konzil nur zwei Dokumente verabschiedet, nämlich die Liturgiekonstitution *Sacrosanctum Concilium* und das Dekret *Inter mirifica (Über die sozialen Kommunikationsmittel)*. Weitere 14 Dokumente sollten folgen. Auch wenn die großen Konstitutionen *Lumen gentium* (Über die Kirche) und *Sacrosanctum Concilium* (Über die heilige Liturgie), *Dei Verbum* (Über die göttliche Offenbarung)

(Hg.), Erinnerung an die Zukunft. Das Zweite Vatikanische Konzil, Freiburg i. Br. 2012, 54-84, bes. 63-68: „III. Gaudium et Spes als kirchlicher ‚Diskurs über die Moderne'". Wie Schelkshorn darstellt, tritt die katholische Kirche nicht erst mit dem Konzil in die sogenannte Moderne ein, sondern „nimmt dort eine neue Selbstverortung in der Kultur der Neuzeit vor, die gewiss tiefgehende Revisionen, jedoch keinen vollkommenen Bruch impliziert", ebd., 64.

315 GS 3.

316 Paul VI., Enzyklika *Ecclesiam suam*, in: AAS 56 (1964) 609-659.

317 Ebd.

und schließlich *Gaudium et spes* (Pastoralkonstitution) das entscheidende Erbe des Konzils darstellen, dürfen gerade im Sinne der Hermeneutik der Reform die kleineren Dokumente des Konzils nicht aufgrund ihrer dogmatisch geringeren Gewichtung infrage gestellt werden. Da es in dieser Arbeit nicht möglich ist, die Rezeption aller Dokumente gebührend darzustellen, will ich mich mit Papst Benedikt vor allem auf die drei Dokumente beschränken, die die Brücke zur Moderne in besonderer Weise darstellen: a) auf die Erklärung über die Religionsfreiheit *Dignitatis humanae*, b) auf die Erklärung über das Verhältnis der Kirche zu den nichtchristlichen Religionen *Nostra aetate* sowie c) auf das Ökumenismusdekret *Unitatis redintegratio*.

Diese Dokumente herauszustreichen ist deshalb auch notwendig, weil von traditionalistischer Seite diese immer wieder in ihrer bindenden Kraft infrage gestellt und eher als Irrwege der Kirche diskreditiert werden. Vor allem von deutschsprachigen Theologen wird Papst Benedikt jedoch gerne in eine traditionalistische Ecke gestellt, weil er – wie oben erwähnt – die Wiederzulassung der tridentinischen Messe in seinem Motu proprio *Summorum Pontificum*[318] als außerordentliche Form der Liturgie der Kirche zugelassen hat, um so den Dialog mit der Piusbruderschaft durch die Aufhebung der Exkommunikation wieder anzustoßen. Mit dieser Aufhebung der Exkommunikation war aber die Strafe der Suspendierung[319], das heißt das Verbot der Amtsausübung für die Piusbruderschaft, nicht aufgehoben, und die Forderung, das Konzil als Ganzes anzuerkennen, blieb unabdingbare Voraussetzung für die Aufhebung ihrer Beugestrafe. In der chronologischen Reihenfolge, wie sie vom Zweiten Vatikanischen Konzil verabschiedet worden sind, wenden wir uns diesen drei Konzilsdokumenten im Einzelnen zu.

---

318 Die Suspension oder Suspendierung ist als Kirchenstrafe eine Beugestrafe des katholischen Kirchenrechts, mit der einem kirchlichen Amtsträger die Amtsausübung verboten werden kann. Sie soll den Betroffenen dazu bewegen, Auffassungen oder Verhaltensweisen aufzugeben, die mit der kirchlichen Lehre nicht vereinbar sind.

319 Canones 1333ff., in: Codex des kanonischen Rechts (Codex Iuris Canonici/CIC). Im Auftrag der Deutschen Bischofskonferenz, Kevelaer 2001. Siehe auch Stephan Otto Horn, Der Papst, das Konzil und die Hermeneutik, in: FAZ 22.04.2009, N4.

4.1 Unitatis redintegratio – Dekret über den Ökumenismus

Das Dekret über den Ökumenismus *Unitatis redintegratio* wurde bereits in der dritten Konzilsperiode am 21. November 1964 verabschiedet. Was in *Lumen gentium* in Artikel 15 grundgelegt wurde und eine der Hauptintentionen des Konzils gewesen ist, nämlich das ökumenische Anliegen fortzuführen, wurde in diesem Dokument konkretisiert, indem die Prinzipien des Ökumenismus, seine praktische Verwirklichung und das Verhältnis zu den getrennten Kirchen und kirchlichen Gemeinschaften näherhin bestimmt wurden. Dabei stellte die in *Lumen gentium* 8 verwendete „*Subsistit in*-Formel"[320] einen wesentlichen Fortschritt dar, wenn es dort heißt: „Diese Kirche, in dieser Welt als Gesellschaft verfasst und geordnet, ist verwirklicht in der katholischen Kirche, die vom Nachfolger Petri und von den Bischöfen in Gemeinschaft mit ihm geleitet wird. Das schließt nicht aus, dass außerhalb ihres Gefüges vielfältige Elemente der Heiligung und der Wahrheit zu finden sind, die als der Kirche Christi eigene Gaben auf die katholische Einheit hindrängen."[321]

Für den Theologen Ratzinger ist es ein Grundanliegen, einerseits den Schmerz der Spaltung der Christenheit nicht zu verharmlosen und andererseits den vom Konzil vertretenen Plural der Kirchen wieder neu zu entdecken, indem die Kirchen „*Kirchen* bleiben und doch *eine* Kirche werden."[322] Wer meint, dass Ratzingers Grundhaltung sich im Laufe der Jahrzehnte hier wesentlich verändert habe, nimmt nicht wahr, dass er auch schon während des Konzils keinen Zweifel daran ließ, dass die Kirche in der katholischen Kirche ihre geschichtliche Kontinuität, das heißt ihre konkrete Verbindung zum Ursprung darstellen kann.[323] Joseph Ratzinger wendete sich deshalb immer gegen einen Ökumenismus, der die Kirche Jesu Christi als Addition der verschiedenen Kirchen und kirchlichen Gemeinschaf-

---

320 Siehe Maximilian Heim, Joseph Ratzinger – Kirchliche Existenz und existentielle Theologie. Ekklesiologische Grundlagen unter dem Anspruch von *Lumen gentium*, Frankfurt am Main ²2005, 290-309.

321 Dogmatische Konstitution *Lumen gentium* über die Kirche (im Folgenden abgekürzt: LG) 8. Vgl. dieselbe Formulierung in: Erklärung *Dominus Iesus* über die Einzigkeit und die Heilsuniversalität Jesu Christi und der Kirche 16 und 17; Dekret *Unitatis redintegratio* über den Ökumenismus (im Folgenden abgekürzt: UR) 19 und 22.

322 JRGS 7/1, 402. Vgl. Maximilian Heim, Joseph Ratzinger – Kirchliche Existenz und existentielle Theologie. Ekklesiologische Grundlagen unter dem Anspruch von *Lumen gentium*, Frankfurt am Main ²2005, 298.

323 Ebd., 299.

ten verstehen würde, in der diese Kirche Jesu Christi – in der katholischen wie in den anderen Kirchen gleichberechtigt nebeneinander – gegenwärtig sei. Die *Subsistit in*-Formel wendet sich ganz bewusst gegen einen solchen ekklesiologischen Relativismus.[324]

Von Anfang an bleibt jedoch der ökumenische Auftrag für Papst Benedikt bindend, wie er in seiner ersten Ansprache vor den Kardinälen betonte, dass er als Nachfolger Petri „alles in seiner Macht Stehende" tun werde, „um das grundlegende Anliegen der Ökumene zu fördern"[325]. Wie bereits seine Vorgänger Paul VI. und Johannes Paul II. verband Papst Benedikt jede Auslandsreise auch mit ökumenischen Begegnungen, um so dem konkreten Dialog mit den Vertretern der anderen Kirchen zu dienen. Ihm war bewusst, dass das heilige Anliegen der Wiederversöhnung aller Christen in der Einheit der einen und einzigen Kirche Christi die menschlichen Kräfte und Fähigkeiten übersteigt.[326]

Es würde jetzt hier zu weit führen, die Kontakte zu den verschiedenen Konfessionen im Einzelnen darzustellen. Ihm ging es darum, die Zeugenschaft für Christus unter ökumenischer Rücksicht wieder neu erstrahlen zu lassen. So griff er z. B. indirekt seine These auf, die Rolle des Bischofs von Rom in der Kirche des ersten Jahrtausends wieder zu beleuchten[327], um so den Orthodoxen Kirchen wie auch den Altorientalischen Orthodoxen Kirchen (koptische, äthiopische und syrische Kirchen) einen neuen Zugang zum Petrusamt zu ermöglichen. Sicherlich sollten hier auch nicht die wesentlichen Arbeiten Joseph Ratzingers für das Zustandekommen der „Gemeinsamen Erklärung der Rechtfertigungslehre" vergessen werden, um auch den Kirchen der Reformation das ökumenische Anliegen zu verdeutlichen.

---

324 Vgl. ebd., 300.

325 Benedikt XVI., Missa pro ecclesia. Eucharistiefeier mit den wahlberechtigten Kardinälen in der Sixtinischen Kapelle. Erste Botschaft Seiner Heiligkeit Benedikt XVI. am 20.04.2005, in: Verlautbarungen des Apostolischen Stuhls (Nr. 168), hg. vom Sekretariat der Deutschen Bischofskonferenz, Bonn 2005, 20-26, hier: 25. Vgl. Kurt Koch, Ökumene im Wandel. Zum Zukunftspotential des Ökumenedekrets *Unitatis redintegratio*, in: Jan-HeinerTück (Hg.), Erinnerung an die Zukunft. Das Zweite Vatikanische Konzil, Freiburg i. Br. 2012, 335-368.

326 Vgl. UR 24.

327 Mitte der 1970er-Jahre vertrat Joseph Ratzinger in Graz in einem wegweisenden Referat über „Prognosen für die Zukunft des Ökumenismus" den Grundsatz: „Rom muss vom Osten nicht mehr an Primatslehre fordern, als auch im ersten Jahrtausend formuliert und gelebt wurde" (JRGS 8/2, 724).

Nach diesen Streiflichtern will ich noch einmal Papst Benedikt zu Wort kommen lassen in seinem Schreiben zum 50. Jahrestag des Beginns des Zweiten Vatikanischen Konzils. Er erinnerte daran, dass vor allem die Ökumene ein Grundanliegen des Konzils gewesen ist, nicht zuletzt für die Länder der Reformation, in denen die Erfahrung der letzten beiden Weltkriege wie auch „das gemeinsame Bestehen der Verfolgung durch den Nazismus“[328] protestantische und katholische Christen nahe zueinander geführt habe. Die Hinwendung zu Jesus Christus, vor allem zu seinem lebendigen Wort, kann die Türen öffnen, um auf dem Weg der Einheit entschieden voranzugehen.

4.2 Nostra aetate – Erklärung über das Verhältnis der Kirche zu den nichtchristlichen Religionen

In seinem Schreiben anlässlich des Konzilsjubiläums stellt Papst Benedikt fest, dass die Pastoralkonstitution *Gaudium et spes* zwar „viel Wichtiges zum Verständnis von ‚Welt‘ aussagt und bedeutende Beiträge“ zur christlichen Ethik leistet, aber die Begegnung mit der Moderne nicht wirklich gelungen ist. Dies ist nach Papst Benedikt erst in den beiden kleineren Dokumenten *Nostra aetate* und *Dignitatis humanae* gelungen, „deren Wichtigkeit erst nach und nach in der Rezeption des Konzils zum Vorschein gekommen ist.“[329]

Fast zufällig, wie Benedikt XVI. in dem Vorwort[330] zum 7. Band seiner Gesammelten Schriften zur Lehre des Zweiten Vatikanischen Konzils bemerkt, ist die Erklärung über das Verhältnis der Kirche zu nichtchristlichen Religionen entstanden, denn ursprünglich sollte in einem eigenen Dokument das Verhältnis zwischen der Kirche und dem Judentum formuliert werden, worin die Verurteilung der Shoah enthalten ist. In innerer Notwendigkeit war es geboten, nicht nur das Verhältnis der Kirche zum Judentum, sondern vor allem auch für die arabischen Länder, zum Islam, darzustellen. In der Folge schien es das Gebot der Stunde zu sein, auch das Verhältnis zum Hinduismus und Buddhismus und allgemein das Thema Religion anzusprechen. Der interreligiöse Dialog sollte bewirken, spirituelle, moralische, soziale und kulturelle Werte und Errungenschaften der

---

328 JRGS 7/1, 6.
329 Ebd., 7.
330 Ebd.

Menschheit zu bewahren und in Beziehung zueinander zu bringen. Papst Benedikt sagt wörtlich über *Nostra aetate*: „Damit war in einem präzisen und außerordentlich dichten Dokument ein Thema eröffnet, dessen Wichtigkeit damals noch nicht abzusehen war. Welchen Auftrag es einschließt, wie viel Mühe der Unterscheidung des Klärens und des Verstehens noch zu leisten ist, wird immer mehr sichtbar.“[331] Dass bei diesem Bestreben die Frage nach der Wahrheit nicht ausgeklammert werden kann und der Wahrheitsanspruch des Christentums als *religio vera* bezeugt wird, widerspricht der Auffassung unseres aufgeklärten Zeitgeistes, zu dessen anscheinend verpflichtendem Erbe es gehört, wie es Albert Dahm formuliert, „allen Religionen eine gleiche Nähe und Ferne zur Wahrheit zuzugestehen.“[332] Aus dieser Haltung ist ein Religionspluralismus erwachsen, der im Letzten den Absolutheitsanspruch einer Religion für obsolet erklärt. Joseph Ratzinger hat in seinem Verständnis als „Mitarbeiter der Wahrheit“ einen solchen indifferenten Rationalismus der Aufklärung abgelehnt. Für ihn war es entscheidend, die Vernunft des Menschen nicht als autonom zu begreifen, sondern in Demut den Anruf des ewigen Logos zu hören. Das bedeutet, dass der Mensch bereit sein muss, „das Gerufensein der eigenen Vernunft durch die ewige Vernunft anzunehmen.“[333]

Mit Albert Dahm können wir die Quintessenz ziehen, dass der christliche Glaube „im Vollzug seines Denkens auf den rationalen Grund (den Logos) seiner selbst“[334] stößt. Das heißt, dass *fides et ratio* keinen Widerspruch darstellen, sondern den menschlichen Geist zur ewigen Wahrheit emporheben. Das war schließlich der Grund, warum das Christentum in der Antike eine Art Aufklärung darstellte, die die menschliche Vernunft für die Erkenntnis der ewigen Wahrheit öffnete, die sich in Jesus Christus geoffenbart hat. Anders als in der Aufklärung des 18. Jahrhunderts wurde nicht die menschliche Vernunft verabsolutiert; es wurde vielmehr erkannt, dass allein Gott der Absolutheitsanspruch gebührt. Daher stellte der christliche

331 Ebd., 8.

332 Albert Dahm, Christus – Sehnsucht der Völker. Das Christentum und die Religionen in der Theologie Papst Benedikts XVI., auf: http://www.kath-info.de/religionen.html (09.04.2013).

333 Joseph Ratzinger, Theologische Prinzipienlehre. Bausteine zur Fundamentaltheologie, München 1982, 75.

334 Albert Dahm, Christus – Sehnsucht der Völker. Das Christentum und die Religionen in der Theologie Papst Benedikts XVI., auf: http://www.kath-info.de/religionen.html (09.04.2013).

Glaube schon in seinem Ursprung eine Art Religionskritik dar. Die Christen im antiken Rom wurden nicht zuletzt deshalb verfolgt, weil sie den Absolutheitsanspruch des Kaisers und die damit verbundene göttliche Verehrung gegenüber dem Herrscher ablehnten.

Der christliche Glaube hat nach Auffassung von Papst Benedikt XVI. diese reinigende Kraft nicht verloren, da er – um authentisch zu bleiben – immer ein Aufruf zur Erneuerung sein muss, das bedeutet Hinwendung zu Wahrheit und Liebe – auch in der Ökumene. In Bezug zu den anderen Religionen, in denen nach dem Kirchenvater Justinus überall „Samenkörner der Wahrheit“[335] zu finden sind, hat die Wahrheit selbst reinigende Kraft. Deshalb verkennt Ratzinger trotz allen Lobes für *Nostra aetate* als großartigen Text auch dessen Schwäche nicht; jener spricht „von Religion nur positiv und lässt dabei die kranken und gestörten Formen von Religion beiseite, die geschichtlich und theologisch von großer Tragweite sind: Der christliche Glaube war deshalb von Anfang an nach innen wie nach außen auch religionskritisch“[336].

Die Kirche versteht sich deshalb als Verteidigerin der Menschenwürde und verwirft „jede Diskriminierung eines Menschen oder jeden Gewaltakt gegen ihn um seiner Rasse oder Farbe, seines Standes oder seiner Religion willen, weil dies dem Geist Christi widerspricht.“[337] In demselben Geiste ist die Erklärung zur Religionsfreiheit *Dignitatis humanae* am 7. Dezember 1965, einen Tag vor dem Konzilsende, verabschiedet worden, der wir uns schließlich zuwenden.

4.3 Dignitatis humanae – Erklärung über die Religionsfreiheit

Wenn Papst Benedikt sein Schreiben zum Konzilsjubiläum am 2. August 2012, dem Festtag des heiligen Eusebius von Vercelli, unterzeichnet hat, der im 4. Jahrhundert ein entschiedener Gegner des Arianismus gewesen ist, so vertraut er auch heute sich dessen Fürsprache an, um in den christologischen Auseinandersetzungen unserer Zeit *die* Wahrheit zu finden, die sich in Jesus Christus geof-

---

335 Benedikt XVI., Der heilige Justinus, Philosoph und Märtyrer. Generalaudienz auf dem Petersplatz am 21. März 2007, in: OR (D) Nr. 13 vom 30. März 2007, 2.

336 JRGS 7/1, 8.

337 Erklärung *Nostra aetate* über das Verhältnis der Kirche zu den nichtchristlichen Religionen 5.

fenbart hat. Der Glaube an diese Wahrheit kann nicht erzwungen werden, sondern nur in Freiheit angenommen werden.

Freiheit ist in den modernen Gesellschaften eine Art „Lebensheiligtum" geworden. In den vergangenen Jahrzehnten wurde der Aspekt der Freiheit im Dokument *Dignitatis humanae* immer tiefer durchdrungen, wenn es heißt: „Denn die Verwirklichung und Ausübung der Religion besteht ihrem Wesen nach vor allem in inneren, willentlichen und freien Akten, durch die sich der Mensch unmittelbar auf Gott hinordnet; Akte dieser Art können von einer rein menschlichen Gewalt weder befohlen noch verhindert werden. Die Sozialnatur des Menschen erfordert aber, dass der Mensch innere Akte der Religion nach außen zum Ausdruck bringt, mit anderen in religiösen Dingen in Gemeinschaft steht und seine Religion gemeinschaftlich bekennt."[338] Jahrhundertelang wurde in den Missionsbemühungen dieses Grundrecht nur der katholischen Kirche zugestanden, indem sie den Grundsatz vertrat, der Irrtum an sich habe kein Recht gegenüber der Wahrheit und die Wahrheit habe gegenüber der Freiheit immer den Vorrang. Ernst-Wolfgang Böckenförde stellte fest, dass die bis in die Mitte des 20. Jahrhunderts gültige katholische „Toleranztheorie" „ziemlich genau der Toleranztheorie" gleicht, „die der moderne Kommunismus entwickelt hat und praktiziert."[339] Wörtlich sagte er: „Die Kommunisten brauchten nur die Prinzipien der hergebrachten katholischen Toleranztheorie für sich zu übernehmen und einseitig im Sinn der Intoleranz zu interpretieren, um eine legitimierende Grundlage für die von ihnen geübte Praxis der kontinuierlichen Religionsverfolgung ohne Blutvergießen und der Beschränkung der Glaubensfreiheit zu haben."[340]

Vor allem nach dem Zusammenbruch der Diktaturen im 20. Jahrhundert wurde in den Verfassungen der modernen Staaten der Grundsatz der Menschenrechte wie Religions- und Gewissensfreiheit verankert. Nach dem Zweiten Vatikanischen Konzil forderten die amerikanischen Bischöfe eine solche Erklärung zur Religions- und Gewissensfreiheit. Papst Benedikt weiß, dass es sich dabei um einen Grundsatz unseres eigenen christlichen Glaubens handelt,

338 Erklärung *Dignitatis humanae* über die Religionsfreiheit 3.
339 Ernst-Wolfgang Böckenförde, Kirche und christlicher Glaube in den Herausforderungen der Zeit. Beiträge zur politisch-theologischen Verfassungsgeschichte 1957-2002, Münster 2007, 206.
340 Ebd.

„der in die Welt getreten war mit dem Anspruch, dass der Staat über die Wahrheit nicht entscheiden und keine Art von Kult beanspruchen könne.“[341]

Welchen Fortschritt *Dignitatis humanae* darstellt, wird deutlich, wenn Papst Benedikt in seiner Ansprache an das Kardinalskollegium und die Mitglieder der Römischen Kurie beim Weihnachtsempfang am 22. Dezember 2005 die Religionsfreiheit „als Notwendigkeit für das menschliche Zusammenleben“ betrachtet wie auch als eine Konsequenz aus der Tatsache, „dass die Wahrheit nicht von außen aufgezwungen werden kann, sondern dass der Mensch sie sich nur durch einen Prozess innerer Überzeugung zu eigen machen kann“[342].

Religionsfreiheit, die jedoch auch im säkularen Staat die öffentliche Ausübung des Kultes beinhaltet, stellt keine Bedrohung der staatlichen Ordnung dar, sondern ist eine Garantie, dass der Staat die Persönlichkeitsrechte jedes Einzelnen wie auch von Gemeinschaften achtet und nicht ignoriert. Benedikt XVI. bringt es auf die Formel: „Die Christen beteten für den Kaiser, aber sie beteten ihn nicht an.“[343] Die religionskritische Haltung der frühen Christen gegenüber dem römischen Kaiserkult erlaubt uns zu sagen, dass sie Religionsfreiheit von Anfang an für sich beansprucht hatten und so zu Protagonisten dieser Religionsfreiheit wurden.[344]

Weshalb war es für die Kirche dennoch nicht einfach, die Religionsfreiheit im 20. Jahrhundert zu formulieren? Zwei Gründe möchte ich abschließend nennen. Erstens einen philosophischen: Die Sichtweise der Aufklärung, die für ihre Auffassung von Religionsfreiheit voraussetzt, dass eine absolute Wahrheit für den Menschen unzugänglich sei und deshalb „Religion in den Bereich des Subjektiven“[345] verlagert. Die zweite Ursache, wie oben bereits erwähnt, ist

---

341 JRGS 7/1, 7.

342 Benedikt XVI., Ansprache von Papst Benedikt XVI. an das Kardinalskollegium und die Mitglieder der Römischen Kurie beim Weihnachtsempfang (22.12.2005), in: Verlautbarungen des Apostolischen Stuhls (Nr. 172), hg. vom Sekretariat der Deutschen Bischofskonferenz, Bonn 2006, 17.

343 JRGS 7/1, 7.

344 Vgl. Heinz-Lothar Barth, Hermeneutik der Kontinuität oder des Bruchs? Aspekte der Theologie Papst Benedikts XVI., Bobingen 2012, 178-180. Der Altphilologe Heinz-Lothar Barth wirft dem Konzilsdokument *Dignitatis humanae* und vor allem Joseph Ratzinger vor, Augustinus „gleichsam zum Patron der modernen Religionsfreiheit“ (178) zu erheben. Gegen diese These einer „wahren Laizität“ meint er, dass bei Augustinus allenfalls ein Ausgangspunkt für die Trennung von Staat und Kirche zu finden sei.

345 JRGS 7/1, 7.

durch politische Umstände bedingt: In den Diktaturen des 20. Jahrhunderts wurden Ideologien entwickelt, die einen quasi-religiösen Absolutheitsanspruch für sich einforderten und deshalb nicht davor zurückschreckten, Kirchen, Glaubensüberzeugungen und Religionen zu verfolgen, um Menschen „religionsfrei" zu machen. Es ist für Papst Benedikt in der Vorsehung Gottes begründet, „dass 13 Jahre nach Konzilsende Papst Johannes Paul II. aus einem Land kam, in dem die Religionsfreiheit vom Marxismus, das heißt von einer bestimmten Form neuzeitlicher Staatsphilosophie her, bestritten wurde."[346]

Das Zeugnis der Märtyrer während der Christenverfolgungen im Imperium Romanum wie das Beispiel der christlichen Blutzeugen des 20. und 21. Jahrhunderts dokumentieren eindrücklich die Glaubens- und Gewissensfreiheit. Indem die Märtyrer sich zu Christus bekannten, wurden sie in eine Freiheit geführt, die von keiner irdischen Macht gebunden werden konnte. An ihnen können wir ablesen, dass das christliche Martyrium immer ein Akt der Freiheit und der vergebenden Liebe ist, die niemals die Freiheiten des anderen missachtet oder dessen Leben bedroht, sondern das eigene Leben hingibt als Zeugnis dieser Freiheit und Liebe.

5. Resümee

50 Jahre nach Konzilsbeginn ist der missionarische Eifer teilweise erlahmt, sodass in vielen Regionen, die schon einmal christianisiert wurden, eine Neuevangelisierung notwendig ist. Dabei gilt, dass „eine missionarische Kirche, die sich verpflichtet weiß, ihre Botschaft allen Völkern zu verkündigen", sich zugleich „unbedingt für die Glaubensfreiheit einsetzen"[347] muss. Wenn Justinus von den „Samenkörnern der Wahrheit" spricht, die in den verschiedenen Kulturen der Menschheit zu finden sind, so geht es den Christen darum, ihren Glauben zu inkulturieren, ohne die jeweiligen Kulturen zu zerstören, um ihnen den Zugang zur geoffenbarten Wahrheit zu eröffnen. Diese ist eine Gabe für alle Menschen, die vor allem „Ein-

346 Ebd.

347 Benedikt XVI., Ansprache von Papst Benedikt XVI. an das Kardinalskollegium und die Mitglieder der Römischen Kurie beim Weihnachtsempfang (22.12.2005), in: Verlautbarungen des Apostolischen Stuhls (Nr. 172), hg. vom Sekretariat der Deutschen Bischofskonferenz, Bonn 2006, 18.

heit unter den Menschen" bei Bewahrung der kulturellen Vielfalt stiftet und so den „Frieden unter den Völkern vermehrt"[348].

Das Zweite Vatikanische Konzil hat mitgeholfen, die Isolation der Kirche in der Gesellschaft zu überwinden, indem es „einige in der Vergangenheit gefällte Entscheidungen neu überdacht oder auch korrigiert"[349] hat. Benedikt XVI. betont jedoch die Identität der Kirche, die wie alles Lebendige im Laufe ihrer Geschichte einen Veränderungsprozess durchmacht und doch dieselbe bleibt.[350] Trotz „dieser scheinbaren Diskontinuität" hat die Kirche gerade auch im letzten Konzil ihre wahre Identität bewahrt und vertieft, wie es Papst Benedikt ausdrückt: „Die Kirche war und ist vor und nach dem Konzil dieselbe eine, heilige, katholische und apostolische Kirche, die sich auf dem Weg durch die Zeiten befindet; sie ‚schreitet zwischen den Verfolgungen der Welt und den Tröstungen Gottes auf ihrem Pilgerweg dahin' und verkündet den Tod des Herrn, bis er wiederkommt (vgl. Lumen gentium 8)."[351] Zu einer adäquaten Hermeneutik des 2. Vatikanischen Konzils, das er selber mitgeformt hat, gehört nach Papst Benedikt vor allem eine Rezeption seiner Texte, die zugleich den Geist des Konzils widerspiegeln. Dieser Geist weist der Kirche einen Weg, das anvertraute Glaubensgut treu zu bewahren, indem es in die Sprache unserer Zeit übersetzt wurde.

Wer das Konzil und Benedikt XVI. recht verstehen will, wird erkennen, dass er den vor 50 Jahren angestoßenen Dialog mit der Moderne durch eine große Offenheit des Geistes weiterführt, jedoch in einer wahrhaft weisen Discretio, d. h. in der klaren Unterscheidung der Geister, wie sie den Christen in der Welt von heute ansteht, wenn sie „Salz der Erde" und „Licht der Welt" bleiben wollen. Das Denkmal zur Gewissens- und Religionsfreiheit, das uns am Badener Tor in Heiligenkreuz begrüßt, lässt uns eintreten in den Prozess des Suchens der Völker nach dem wahren Licht der Wahrheit, das uns in Jesus Christus erschienen ist. Dazu gab uns Papst Benedikt XVI.

---

348 Ebd.

349 Ebd.

350 Vgl. Maximilian Heim, Joseph Ratzinger – Kirchliche Existenz und existentielle Theologie. Ekklesiologische Grundlagen unter dem Anspruch von *Lumen gentium*, Frankfurt am Main ²2005, 239.

351 Benedikt XVI., Ansprache von Papst Benedikt XVI. an das Kardinalskollegium und die Mitglieder der Römischen Kurie beim Weihnachtsempfang (22.12.2005), in: Verlautbarungen des Apostolischen Stuhls (Nr. 172), hg. vom Sekretariat der Deutschen Bischofskonferenz, Bonn 2006, 18.

in seiner Ansprache in Heiligenkreuz folgendes Wort als bleibendes Vermächtnis: „Unser Licht, unsere Wahrheit, unser Ziel, unsere Erfüllung, unser Leben – all das ist nicht eine religiöse Lehre, sondern eine Person: *Jesus Christus*. Noch viel mehr als wir Menschen Gott je suchen und ersehnen können, sind wir schon zuvor von ihm gesucht und ersehnt, ja gefunden und erlöst! Der Blick der Menschen aller Zeiten und Völker, aller Philosophien, Religionen und Kulturen trifft zuletzt auf die weit geöffneten Augen des gekreuzigten und auferstandenen Sohnes Gottes; sein geöffnetes Herz ist die Fülle der Liebe.“[352]

352 Benedikt XVI., In visitatione Abbatiae „Heiligenkreuz“, die 9 Septembris 2007, in: AAS 99 (2007: 10) 853-858, hier: 854.

Konziliare Streiflichter auf die Theologie Joseph Ratzingers/Papst Benedikts XVI.

Vortrag in Natz-Schabs (Südtirol) am 22. Oktober 2011[353]

Hochwürdigster Herr Bischof Ivo,
sehr geehrter Herr Bürgermeister Dr. Gasser von Natz-Schabs,
sehr geehrte Bürgermeister der Gemeinden mit „Papst-Wurzeln“:
von Marktl am Inn (Geburtsort des Papstes),
von der Gemeinde Oberaudorf (Taufort der Mutter des Papstes),
von Rimsting (Bäckerei der Großeltern und Wohnort der Mutter).
Verehrte Ehrengäste und Verwandte des Heiligen Vaters,
sehr geehrte Damen und Herren,
liebe Schwestern und Brüder in Christus!

1. Einführung

Zunächst bedanke ich mich herzlich für Ihre Einladung, heute über die Theologie unseres Heiligen Vaters Papst Benedikt zu sprechen. „Überall bist du zu Hause“ – so lautet der Titel eines Bildbandes „vom Leben der Weltkirche“, der 1957 mit einem Geleitwort des Kölner Kardinals Frings erschien.[354] Für einen Katholiken, der regelmäßig seine Sonntagspflicht erfüllte, war es klar, dass er überall zu Hause ist, wo die heilige Messe gefeiert wird.

„Überall bist du zu Hause.“ Dieses Wort wiederholte Professor Joseph Ratzinger 1975 bei einem Festvortrag anlässlich des 1000-jährigen Weihejubiläums des Mainzer Doms. In diesem Wort sah er den biblischen Auftrag für die Kirche, wie der Tempel in Jerusalem ein „Bethaus für alle Völker“[355] zu sein. Kontrastierend dazu erinnerte Ratzinger damals an ein frühes Werk von Albert Camus aus dem

353 Zuerst veröffentlicht in: Mitteilungen Institut Papst Benedikt XVI., Jahrgang 4/2011, Regensburg 2011, 50-58.
354 Bertram Otto, Marlis Grünberg-Otto, Überall bist du zu Hause. Dokumentarischer Bildband aus dem Leben der Weltkirche. Mit einem Geleitwort von Joseph Kardinal Frings und einer Einführung von P. Dr. Hugo Rahner, Bonn 1957.
355 Jes 56,7; Mk 11,17.

Jahr 1937, in dem der französische Schriftsteller und Philosoph eine Reise nach Prag schilderte. Und Ratzinger sagt dazu: „In einer Stadt, deren Sprache er nicht versteht, ist er wie ein Verbannter; auch die Pracht der Kirchen bleibt stumm und tröstet nicht. Für den Gläubigen sollte es nicht so sein können: Wo Kirche ist, wo eucharistische Präsenz des Herrn ist, erlebt er Heimat.“[356]

„Es ist gar nicht leicht zu sagen, wo ich zu Hause bin.“ So beginnt das erste Kapitel „Kindheit zwischen Inn und Salzach“ der Autobiografie unseres Heiligen Vaters. Eines aber kann wiederholt werden: Wo Eucharistie gefeiert wird, ist für ihn zutiefst Heimat: „Unsere Eltern haben uns früh geholfen, den Zugang zur Liturgie zu finden. [...] Natürlich habe ich das als Kind nicht im Einzelnen erfasst, aber mein Weg mit der Liturgie war doch ein kontinuierlicher Prozess eines Hineinwachsens in eine alle Individualitäten und Generationen übersteigende große Realität, die zu immer neuem Staunen und Entdecken Anlass wurde.“[357]

Es ist nicht leicht, das Werk eines so profilierten Theologen zu fokussieren, das allein an die 140 Bücher umfasst, die in ca. 30 Sprachen übersetzt wurden. Seine Veröffentlichungen bis zu seiner Wahl wurden vor Kurzem in einer Bibliografie von Vinzenz Pfnür aufgelistet, die selbst 445 Seiten umfasst[358]. Nun, so will ich versuchen, Grundanliegen seiner Theologie zu formulieren, die – und das darf ich vorwegnehmen – eine erstaunliche Kontinuität seines theologischen Denkens aufzeigen, auch wenn natürlich Zeit, Ort und die jeweilige Aufgabe sein theologisches Forschen prägten.

Der spanische Dogmatiker Olegario González de Cardedal hat zur Wahl Papst Benedikts im Jahr 2005 in einer Publikation auf sechs fundamentale Fragen hingewiesen, mit denen sich Joseph Ratzinger – ob als Theologe, Bischof und Kardinal – bisher intensiv auseinandersetzte: in den 60er-Jahren des 20. Jahrhunderts, also in der Zeit des Zweiten Vatikanischen Konzils, waren es vor allem Themen der Zukunftsfähigkeit des Christentums, in den 70er-Jahren be-

---

356 JRGS 11, 458. Vgl. Albert Camus, L'envers et l'endroit. La mort dans l'âme, in: Ders., Essais (= Bibl. de la Pléiade), Paris 1965, 31-39.

357 Joseph Ratzinger, Aus meinem Leben. Erinnerungen (1927-1977), München [5]2006, 22f.

358 Joseph Ratzinger/Papst Benedikt XVI., Das Werk. Veröffentlichungen bis zur Papstwahl. Bibliographisches Hilfsmittel zur Erschließung des literarisch-theologischen Werkes von Joseph Ratzinger. Herausgegeben vom Schülerkreis, Redaktion: Vinzenz Pfnür, Augsburg 2010.

schäftigten ihn Themen der Kirche, im darauf folgenden Jahrzehnt war es u. a. die Befreiungstheologie und im letzten Jahrzehnt des zwanzigsten Jahrhunderts der Pluralismus der Religionen. Daraus wächst heute die bestimmende geistige Situation Europas, die von Gegensätzen gekennzeichnet ist: ein wachsender Säkularismus gegen fundamentalistische religiöse Bewegungen, Gottlosigkeit gegen neue Religiosität und schließlich die Suche nach einem verbindlichen Wertekodex zur Stabilisierung des gesellschaftlichen Lebens.[359]

In all diesen Auseinandersetzungen mit den Fragen unserer Zeit ist es für Papst Benedikt entscheidend, dass der Glaube der Kirche nicht unvernünftig ist, d. h. mit anderen Worten, dass Glaube und Vernunft sich gegenseitig ergänzen und reinigen, um so zur Erkenntnis der Wahrheit zu gelangen, die sich in Jesus Christus offenbart hat. Deshalb muss die Kirche von heute „in sich das Bewusstsein ihrer Aufgabe schärfen, der Welt die Stimme dessen anzubieten, der gesagt hat: »Ich bin das Licht der Welt. Wer mir nachfolgt, wird nicht in der Finsternis umhergehen, sondern wird das Licht des Lebens haben« (Joh 8,12)."[360] Dies betonte Papst Benedikt bei seiner Amtsübernahme in der gleichzeitig bezeugten Demut, dass es das Licht Christi und nicht das eigene Licht ist.

„In diesem Bewusstsein" – so Papst Benedikt in seiner ersten Predigt als Pontifex maximus – „wende ich mich an alle, auch an diejenigen, die anderen Religionen angehören oder die einfach eine Antwort auf die Grundfragen des Daseins suchen und sie noch nicht gefunden haben. An alle wende ich mich in Einfachheit und Liebe, um sie dessen zu vergewissern, dass die Kirche mit ihnen weiterhin einen offenen und aufrichtigen Dialog pflegen will in der Suche nach dem wahren Guten des Menschen und der Gesellschaft."[361] In derselben Ansprache stellte Papst Benedikt sein Pontifikat in eine bewusste Kontinuität zu seinen Vorgängern und bekräftigte mit

---

359 Vgl. Olegario González de Cardedal, Ratzinger y Juan Pablo II.: la Iglesia entre dos milenios, Salamanca 2005, 29-35, 75-96. Siehe dazu: Michael Schulz, „Die Quadratur des Zirkels der Theologie". Papst Benedikt XVI. in der Auseinandersetzung mit der Pluralistischen Religionstheologie, in: Peter Hofmann (Hg.), Joseph Ratzinger. Ein theologisches Profil, Paderborn 2008, 71-97, hier: 71.

360 Benedikt XVI., Missa pro ecclesia. Eucharistiefeier mit den wahlberechtigten Kardinälen in der Sixtinischen Kapelle. Erste Botschaft Seiner Heiligkeit Benedikt XVI. am 20.04.2005, in: Verlautbarungen des Apostolischen Stuhls (Nr. 168), hg. vom Sekretariat der Deutschen Bischofskonferenz, Bonn 2005, 20-26, hier: 25.

361 Ebd.

Nachdruck, dass er sich „weiter um die Verwirklichung des Zweiten Vatikanischen Konzils bemühen werde, [...] in treuer Kontinuität mit der zweitausendjährigen Tradition der Kirche."[362]

Im 50. Jahr nach dem Beginn des II. Vatikanischen Konzils, das 1962 vom seligen Papst Johannes XXIII. einberufen und 1965 von Papst Paul VI. beendet wurde, stellt sich für uns heute die Frage nach der rechten Auslegung, d. h. der Hermeneutik des Konzils. Kurz vor seiner Wahl schrieb Papst Benedikt im Jahr 2005: „Der Streit um das II. Vaticanum dauert an. Was hat es wirklich sagen wollen? Wie wird es richtig im Leben der Kirche angeeignet? Dies ist kein Streit, der im Raum gelehrter Theorien bleibt – das Geschick der lebendigen Kirche steht dabei auf dem Spiel."[363]

Für Papst Benedikt als Konzilstheologen und Peritus von Kardinal Frings, der selbst das Entstehen der Texte miterleben durfte, ja wesentlich mit beeinflussen konnte,[364] ist es entscheidend, die 16 Konzilsdokumente in ihrem Zusammenhang und in ihrer unterschiedlichen Gewichtung zu lesen. Das wesentliche Erbe dieser großen Kirchenversammlung des 20. Jahrhunderts findet sich vor allem in den vier Konstitutionen über die Kirche, über die Heilige Liturgie, über die göttliche Offenbarung und schließlich in der Pastoralkonstitution über die Kirche in der Welt von heute. Diese vier Themen Liturgie, Kirche, Offenbarung, Verhältnis zur Welt von heute sollen nun den Rahmen bilden, um streiflichtartig die Theologie Papst Benedikts zu beleuchten.

Eine wichtige Aufgabe der Theologie besteht darin, das Irdische und das Menschliche auf die sie eigentlich tragende Wirklichkeit, nämlich auf Gott hin, transparent zu halten. Diesen Vorrang Gottes zu verteidigen, bedingte jedoch auch eine Entwicklung der Theologie Ratzingers von einem ursprünglich stärker heilsgeschichtlich ausgerichteten hin zu einem mehr metaphysisch geprägten Denken. Das heißt konkret: Im Zentrum der Theologie Ratzingers stehen nicht zuletzt durch die Auseinandersetzungen mit unserer moder-

---

362 Ebd., 23.
363 JRGS 8/2, 1315.
364 Vgl. Maximilian Heim, Joseph Ratzinger – Kirchliche Existenz und existentielle Theologie. Ekklesiologische Grundlinien unter dem Anspruch von *Lumen gentium*, Frankfurt am Main ²2005, 27.

nen bzw. postmodernen Kultur vor allem die letzten Gründe und Zusammenhänge des Seins.[365]

2. Liturgie

Der letzte Grund und das Ziel unseres Daseins ist Gott. Nach dem hl. Benedikt, dem Patron Europas, dessen Namen der Heilige Vater gewählt hat, „darf dem Gottesdienst nichts vorgezogen werden[366]. Dieser Weisung des Ordensvaters aller Benediktiner und Zisterzienser gemäß und dem Konzil entsprechend, hat Papst Benedikt den Eröffnungsband seiner „Gesammelten Schriften" der Liturgie[367] gewidmet. Er sieht darin den inneren Kompass für Theologie schlechthin entsprechend dem Axiom *lex orandi – lex credendi*, d. h. es gilt der Grundsatz, dass Gebet und Glauben einander entsprechen: „Durch den Beginn mit dem Thema Liturgie wurde der Primat Gottes, die Erstrangigkeit des Themas Gott unmissverständlich ins Licht gesetzt. Gott zuerst, so sagt uns der Anfang mit der Liturgie. Wo der Blick auf Gott nicht bestimmend ist, verliert alles andere seine Richtung."[368]

Im Jahr 2007 hatte unsere Abtei Stift Heiligenkreuz das Glück, dass Papst Benedikt uns besuchte. Seine programmatische Ansprache ist eine Wegweisung für uns Mönche wie für alle, die sich der Liturgiekonstitution des Zweiten Vatikanischen Konzils verpflichtet wissen: Danach ist die Liturgie „der Höhepunkt, dem das Tun der Kirche zustrebt, und zugleich die Quelle, aus der all ihre Kraft strömt"[369]. Ähnlich wie in seinem Vorwort zum Liturgieband seiner Gesammelten Schriften betonte Papst Benedikt den Blick auf Gott, der maßgebend für die Liturgie sein muss: „Wir stehen vor Gott – er spricht mit uns, wir mit ihm. Wo immer man bei liturgischen Besinnungen nur darüber nachdenkt, wie man Liturgie attraktiv, interessant, schön machen kann, ist Liturgie schon verfallen. Entweder ist sie opus Dei mit Gott als dem eigentlichen Subjekt oder sie ist nicht. Ich bitte an dieser Stelle: Gestaltet die heilige Liturgie aus dem Hinschauen auf Gott in der Gemeinschaft der Heiligen, der leben-

365 Vgl. Maximilian Heim, Joseph Ratzinger/Papst Benedikt als Theologe, in: Ders. (Hg.), Tu es Pastor Ovium. Eine Nachlese zum Besuch von Papst Benedikt XVI. am 9. September 2007 im Stift Heiligenkreuz, Heiligenkreuz 2009, 62-82, hier: 64.

366 RB 43,3.

367 JRGS 11.

368 JRGS 11, 5.

369 SC 10.

digen Kirche aller Orte und Zeiten so, dass sie zu einem Ausdruck der Schönheit und Erhabenheit des menschenfreundlichen Gottes wird!"[370]

Die Eucharistie ist für Papst Benedikt – wie es Kardinal Kurt Koch vor Kurzem schrieb – der „Quellort seines theologischen Denkens"[371]. Ausgangspunkt der christlichen Liturgie ist nämlich das Handeln Jesu beim Letzten Abendmahl. Hier stiftete der Herr das Sakrament seines Leibes und Blutes als Zeichen des neuen und ewigen Bundes. Die 12er-Gemeinschaft ist deshalb symbolisch zu verstehen als Beginn des neuen Volkes Gottes, das Israel selbst am Ende der Zeiten erwartete. Deshalb ist Kirche „geworden, als der Herr unter den Gestalten von Brot und Wein seinen Leib und sein Blut gegeben und dann gesagt hatte: Tut dies zu meinem Gedächtnis. Das bedeutet: Kirche ist Antwort auf diesen Auftrag, auf eine Vollmacht und seine Verantwortung. Kirche ist Eucharistie."[372] In ihr wird seine Hingabe an den Vater für uns Menschen gegenwärtig. Seine Worte über Brot und Wein – „Das ist mein Leib. Das ist mein Blut, das für euch vergossen wird" – sind eine reale Gegenwärtigsetzung seines Todes und seiner Auferstehung, seines Paschamysteriums, das der Herr selbst beim Letzten Abendmahl seiner Kirche schenkte und das bei jeder Eucharistiefeier gegenwärtig wird.

Ich kann mich noch gut an die Worte Papst Benedikts beim Weltjugendtag in Köln erinnern, als er die Eucharistie als den „zentralen Verwandlungsakt, der allein die Welt erneuern kann", beschrieb: „Gewalt wird in Liebe umgewandelt und so Tod in Leben. Weil er den Tod in Liebe umformt, darum ist der Tod als solcher schon von innen her überwunden und Auferstehung schon in ihm da. Der Tod ist gleichsam von innen verwundet und kann nicht mehr das letzte Wort sein. Das ist sozusagen die Kernspaltung im Innersten des Seins – der Sieg der Liebe über den Hass, der Sieg der Liebe über

---

370 Benedikt XVI., In visitatione Abbatiae „Heiligenkreuz", die 9 Septembris 2007, in: AAS 99 (2007: 10) 853-858, hier: 855.

371 Kurt Koch, Das Geheimnis des Senfkorns. Grundzüge des theologischen Denkens von Papst Benedikt XVI., Ratzinger-Studien Bd. 3, Regensburg 2010, 27.

372 Joseph Ratzinger, Gesammelte Schriften Bd. 8 (Teil 1): Kirche – Zeichen unter den Völkern. Schriften zur Ekklesiologie und Ökumene (= JRGS 8/1), hg. von Gerhard Ludwig Müller, Freiburg i. Br. 2010, 519.

den Tod."[373] Damit sind wir auch beim Herzstück der Theologie Ratzingers, seiner eucharistischen Ekklesiologie, und zugleich bei unserem zweiten wichtigen Punkt: der Kirche.

3. Kirche

„[...] eine Kirche, die allzu viel von sich selbst reden macht, redet nicht von dem, wovon sie reden soll."[374] Kirche ist nach Papst Benedikt nie ein Selbstzweck. In und durch Christus ist sie – wie es die Kirchenkonstitution sagt – „gleichsam das Sakrament, das heißt Zeichen und Werkzeug für die innigste Vereinigung mit Gott wie für die Einheit der ganzen Menschheit."[375] Durch sie sollen alle Menschen mit Gott und untereinander in communio treten. Zu dieser Sammlung gehörte in der endzeitlichen Sicht des Volkes Gottes immer auch die Reinigung[376]. Die Kirchenväter haben diese vertikale Vereinigung mit Gott und die horizontale mit den Menschen als communio begriffen: „Kirche ist Kommunion; sie ist Kommunion des Wortes und des Leibes Christi und so Kommunion der Menschen untereinander, die durch diese von oben und von innen her zusammenführende Kommunion *ein* Volk werden, ja, ein Leib."[377]

„Wer glaubt ist nie allein – im Leben nicht und auch im Sterben nicht."[378] Diese Botschaft bei seiner Amtseinführung durchzieht wie ein roter Faden die Verkündigung von Papst Benedikt. Für ihn ist Glaube ein Mitglauben mit der ganzen Kirche – d. h. aller Orte und aller Zeiten. Deshalb weiß sich gerade der Nachfolger Petri von diesem Glauben der Kirche gebunden wie getragen.

---

373 Benedikt XVI., Predigt bei der Eucharistiefeier zum Abschluss des XX. Weltjugendtages 2005 auf dem Marienfeld am Sonntag, den 21. August 2005, in: Verlautbarungen des Apostolischen Stuhls (Nr. 169), hg. vom Sekretariat der Deutschen Bischofskonferenz, Bonn 2005, 85-90, hier: 86.

374 Joseph Ratzinger, Demokratisierung der Kirche?, in: Joseph Ratzinger, Hans Maier, Demokratie in der Kirche. Möglichkeiten und Grenzen, Limburg/Kevelaer 2000, 7-46, hier: 21.

375 LG 1.

376 Vgl. JRGS 8/1, 225.

377 JRGS 8/1, 520; vgl. JRGS 8/1, 255: „Kirche ist Communio; sie ist das Kommunizieren Gottes mit den Menschen in Christus und so der Menschen untereinander und damit Sakrament, Zeichen und Werkzeug des Heils. Kirche ist Eucharistie-Feiern, Eucharistie ist Kirche; beides steht nicht nebeneinander, sondern ist dasselbe; von da strahlt alles andere aus."

378 Benedikt XVI., Heilige Messe zur Amtseinführung von Papst Benedikt XVI. mit Übergabe des Palliums und des Fischerrings. Predigt des Heiligen Vaters Benedikt XVI., in: Verlautbarungen des Apostolischen Stuhls (Nr. 168), hg. vom Sekretariat der Deutschen Bischofskonferenz, Bonn 2005, 30-36, hier: 30.

In seiner Pfingstpredigt 1986 sagte Joseph Kardinal Ratzinger: „Wenn ich rede, denke, handle, tue ich es als Christ immer im Ganzen und aus dem Ganzen heraus: So kommt der Geist zu Wort, und so kommen die Menschen zueinander. Sie kommen auswendig nur zueinander, wenn sie zuvor inwendig zueinandergekommen sind: wenn ich inwendig weit geworden bin, offen die anderen durch mein Mitglauben und Mitlieben in mich aufgenommen habe, sodass ich nie mehr allein bin, sondern mein ganzes Wesen von diesem Mit geprägt wird."[379] Von diesem Miteinander waren die 12 von Anfang an geprägt, weshalb diese Gemeinschaft nach dem Ausscheiden des Judas noch einmal ergänzt und aufgefüllt wurde. Diese communio, die im Abendmahl gestiftet wurde, als Jesus seinen Jüngern die Füße wusch und sich selbst unter den Gestalten von Brot und Wein austeilte, ist von Anfang an der Grund für die Einheit des Gottesvolkes.

Deshalb widersprechen Abspaltungen letztlich der communio. Jeder Christ, ja jeder Amtsträger – ob Bischof oder Priester – ist nie für sich allein, sondern einzig in der Gemeinschaft derer, die es vor ihm waren, die es mit ihm sind und die es nach ihm sein werden. Deshalb steht der Bischof immer als Zeichen der Einheit in seiner Diözese und muss sie in der größeren Einheit mit der Gesamtkirche bewahren, d. h. in Einheit mit dem weltweiten Kollegium der Bischöfe. Garant der Einheit der Gesamtkirche ist und bleibt der Nachfolger des Petrus, der Bischof von Rom, der Papst.

4. Offenbarung

Im Ersten Vatikanischen Konzil verstand man unter Offenbarung vor allem Mitteilung von Sätzen, die dem Verstand des Menschen ohne Hilfe Gottes unzugänglich sind. Einige Jahrzehnte danach, besonders vor und während des II. Vatikanischen Konzils, „wurde nun Offenbarung als Selbsterschließung Gottes auf einem Weg geschichtlichen Handelns gesehen"[380]. Offenbarung ist nicht einfach nur das geschriebene Wort der Bibel und kann deshalb nicht einfach mit der Schrift gleichgesetzt werden, denn das Wort Gottes ist nicht toter Buchstabe. Offenbarung ist nach Papst Benedikt vielmehr

379 JRGS 8/1, 513.
380 JRGS 2, 7.

ein „Zugehen Gottes auf den Menschen“[381], das immer größer ist, als Worte es fassen könnten.

Auch wenn die Offenbarung zwar „ein für alle Mal“ in Jesus Christus ihren Höhepunkt gefunden hat, so hat sie doch „ihr ständiges Heute“[382], das heißt Gottes Wort ist nicht nur als geschichtlich einmal ergangenes zu verstehen, sondern wirkt jetzt im Leben der Kirche[383] wie in den Herzen der einzelnen Gläubigen und will ihr ständiger Begleiter sein.

Deutliche Beispiele für die Kraft des Wortes Gottes sind vor allem die Heiligen, wie z. B. Antonius, der Einsiedler, der das Wort Jesu „Wenn du vollkommen sein willst, dann verkaufe alles, was du hast, und gibt es den Armen“ (Mt 19,21) direkt auf sein eigenes Leben bezog, oder auch Franz von Assisi und viele andere Heilige. Dieser „Mehrwert des Wortes“[384] hat seinen letzten Grund in der Verwurzelung der Beziehung zwischen Gott und seinem Volk. Zugleich ist darauf zu achten, dass die einzelnen Texte der Heiligen Schrift immer „im Ganzen der einen Schrift zu verstehen“ sind, wodurch sie wiederum ein neues Licht empfangen. Darum müssen – wie Papst Benedikt mit Dei Verbum[385] fordert – immer die lebendige Überlieferung der ganzen Kirche und die „inneren Entsprechungen im Glauben“[386] (analogia fidei) bei der Auslegung berücksichtigt werden.

Im Vorwort zum ersten Band „Jesus von Nazareth“ schreibt Papst Benedikt: „Gewiss, die christologische Hermeneutik, die in Jesus Christus den Schlüssel des Ganzen sieht und von ihm her die Bibel als Einheit verstehen lernt, setzt einen Glaubensentscheid voraus und kann nicht aus purer historischer Methode hervorkommen.“[387] Damit will der Heilige Vater nicht die historisch-kritische Methode

---

381 Joseph Ratzinger, Aus meinem Leben. Erinnerungen (1927-1977), München [5]2006, 129.

382 Joseph Ratzinger/Benedikt XVI., Wort Gottes. Schrift – Tradition – Amt, hg. von Peter Hünermann, Thomas Söding, Freiburg i. Br. 2005, 79.

383 Vgl. Rudolf Voderholzer in seiner Antrittsvorlesung: „Der Glaube der Kirche antwortet auf diese Selbstmitteilung, und im Glauben als Annahme der Offenbarung kommt die Offenbarung selbst zur Vollendung, denn erst wenn jemandem etwas offenbar geworden ist, kann man im Vollsinn von Offenbarung sprechen.“; auf: http://www.theo.uni-trier.de/allgemeines.php?id=20119 (16.02.2014).

384 Joseph Ratzinger/Benedikt XVI., Jesus von Nazareth. Erster Teil: Von der Taufe im Jordan bis zur Verklärung, Freiburg i. Br. 2007, 18.

385 Vgl. DV 12.

386 Joseph Ratzinger/Benedikt XVI., Jesus von Nazareth. Erster Teil: Von der Taufe im Jordan bis zur Verklärung, Freiburg i. Br. 2007, 17.

387 Ebd., 18.

verwerfen, deren hermeneutische Prinzipien vor allem durch den Humanismus und die Aufklärung bestimmt sind. Aber es gilt, ihre Grenze zu erkennen und zugleich die Vernünftigkeit des Glaubensentscheides aufzuzeigen.

Der Auslegungsschlüssel der Schrift ist also der Glaube der Kirche, der sich vor der geschichtlichen Forschung nicht fürchtet, weil Jesus selbst als fleischgewordenes Wort in der Geschichte der Menschheit Fleisch angenommen hat. Wir glauben deshalb nicht irgendwelchen Mythen, sondern unser Glaube basiert auf dem Ereignis der Menschwerdung Gottes in der Zeitenwende.

Mit seinem dreibändig geplanten Werk über Jesus von Nazareth will Papst Benedikt XVI. „den Jesus der Evangelien als den wirklichen Jesus, als den ‚historischen Jesus' im eigentlichen Sinn"[388] darstellen, denn – wie er sagt: „Ich bin überzeugt und hoffe, [...], dass diese Gestalt viel logischer und auch historisch betrachtet viel verständlicher ist als die Rekonstruktionen, mit denen wir in den letzten Jahrzehnten konfrontiert wurden."[389]

Der Heilige Vater sieht nämlich eine wesentliche Ursache der heutigen Glaubenskrise darin begründet, dass ein Jesus rekonstruiert wurde, der nicht der Christus ist. Alles Göttliche an ihm – wie seine einzigartige Sohnschaft, seine Empfängnis aus Maria, der Jungfrau, seine Wunder, die Erlösung durch sein Kreuzesopfer, seine Auferstehung und Himmelfahrt – wurden abgestreift. Übrig blieb nur ein „maßgebender Mensch", der aus den vermeintlich historischen Quellen herausdestilliert wurde.[390]

Das lebendige Wort Gottes aber wird verkündet durch das Zeugnis derjenigen, die rückgebunden sind an das Credo der Kirche.[391] Joseph Ratzinger weist darauf hin, dass Gott jedem einzelnen Menschen auch nahe ist und sich ihm offenbaren will[392]. Das bezeugt die Schrift, vor allem in 1 Kor 14,30 (Wenn aber noch einem andern

388 Joseph Ratzinger/Benedikt XVI., Jesus von Nazareth. Erster Teil: Von der Taufe im Jordan bis zur Verklärung, Freiburg i. Br. 2007, 20.

389 Ebd., 20f.

390 Vgl. Joseph Ratzinger, Probleme von Glaubens- und Sittenlehre im europäischen Kontext, in: Erzb. Generalvikariat Paderborn (Hg.), Zu den Grundfragen der Theologie heute, Paderborn 1992, 7-17, bes. 8-11.

391 Vgl. Benedikt XVI., Ansprache beim Ökumenischen Treffen im Erzbischöflichen Haus am Freitag, den 19. August 2005, in: Verlautbarungen des Apostolischen Stuhls (Nr. 169), hg. vom Sekretariat der Deutschen Bischofskonferenz, Bonn 2005, 67-73.

392 Vgl. JRGS 2, 693-711.

Anwesenden eine Offenbarung zuteilwird, soll der erste schweigen.) und Phil 3,15 (Das wollen wir bedenken, wir Vollkommenen. Und wenn ihr anders über etwas denkt, wird Gott euch auch das offenbaren.), aber auch Augustinus, Bonaventura, der Mönchsvater Benedikt[393] und nicht zuletzt Bernhard von Clairvaux[394].

Um „Salz der Erde" und „Licht der Welt" (Mt 5,13f.) zu werden, ist es notwendig, das Wort Gottes ins Leben zu übersetzen. Dies fordert die missionarische Dimension unseres Glaubens. Dabei ist es entscheidend, „in einer neuen Art und Weise die Vernünftigkeit des Menschen wiederzuentdecken, die offen ist für das Licht des göttlichen Logos und seine vollkommene Offenbarung: Jesus Christus, den menschgewordenen Sohn Gottes."[395]

Damit sind wir bei unserem letzten Streiflicht auf die Theologie Joseph Ratzingers angelangt: In Dialog zu treten mit allen Menschen guten Willens, wie es der selige Papst Johannes XXIII. vorlebte und wie es in der Pastoralkonstitution des II. Vatikanischen Konzils „Die Kirche in der Welt von heute" gefordert wird. Dabei geht es Papst Benedikt nicht zuletzt darum, die Vernünftigkeit des christlichen Glaubens in einer multikulturellen Welt zu bezeugen.

5. Verhältnis zur Welt von heute

„Tatsächlich klärt sich nur im Geheimnis des fleischgewordenen Wortes das Geheimnis des Menschen wahrhaft auf."[396] Diesen Glaubensinhalt der Pastoralkonstitution *Gaudium et spes* bedenkt Papst Benedikt in seiner in Heiligenkreuz gehaltenen Ansprache. Um der Schönheit des sprachlichen Ausdrucks von Papst Benedikt willen, möchte ich sie noch einmal wörtlich zitieren:

„Gott, der Schöpfer, hat uns Menschen nicht in eine beängstigende Finsternis gesetzt, wo wir verzweifelt den letzten Sinngrund suchen und ertasten müssten (vgl. Apg 17,27); Gott hat uns nicht in einer sinnleeren Wüste des Nichts ausgesetzt, wo letztens nur der Tod auf

---

393 Vgl. RB 3,3: „Dass aber alle zur Beratung zu rufen seien, haben wir deshalb gesagt, weil der Herr oft einem Jüngeren offenbart, was das Bessere ist."

394 Vgl. Bernhard von Clairvaux, In Festivitate Omnium Sanctorum Sermo IV (PL 183, 471C), in: Bernhard von Clairvaux, Sämtliche Werke lateinisch/deutsch, hg. von Gerhard B. Winkler, Band VIII, Innsbruck 1997, 778-791, hier: 778.

395 http://www.vatican.va/holy_father/benedict_xvi/angelus/2007/documents/hf_ben-xvi_ang_20070128_ge.html (16.02.2014).

396 GS 22.

uns wartet. Nein! Gott hat unsere Dunkelheit durch sein Licht hell gemacht, durch seinen Sohn Jesus Christus. In ihm ist Gott mit seiner ganzen „Fülle" in unsere Welt eingebrochen (Kol 1,19), in ihm hat alle Wahrheit, nach der wir uns sehnen, ihren Ursprung und ihren Gipfelpunkt. Unser Licht, unsere Wahrheit, unser Ziel, unsere Erfüllung, unser Leben – all das ist nicht eine religiöse Lehre, sondern eine Person: Jesus Christus. Noch viel mehr als wir Menschen Gott je suchen und ersehnen können, sind wir schon zuvor von ihm gesucht und ersehnt, ja gefunden und erlöst!"[397]

Christlicher Glaube und Vernunft demütigen also die Freiheit des Menschen nicht. Sie sind die Flügel, die uns zur Erkenntnis der Wahrheit, die in Jesus Christus Mensch geworden ist, erheben. Notwendig ist aber unsere freie und bewusste Zustimmung als Akt des Willens, denn Gott zwingt niemanden zum Glauben. Hören wir auf seine einladende Stimme, mitten in einem Stimmengewirr, wo es oft nicht einfach ist, seine Stimme zu vernehmen.

Am Anfang fragten wir: Wo ist Heimat? In diesem wunderschönen Land sind es nicht selten die Kirchtürme, die uns unsere Heimat ankündigen. Aber sind sie nicht letztlich nur ein Verweis, „dass wir" – wie es Joseph Ratzinger einmal ausdrückte – „nicht ganz zu Hause sind, dass wir unterwegs bleiben, und dass etwas dann am schönsten ist, dann am meisten Heimat in einem Orte ist, wenn der Ausblick auf die bleibende Stadt darin liegt, wenn Christus mit uns ist."[398]

In diesem Glauben und in dieser Hoffnung sind wir unterwegs zur endgültigen Stadt, in die uns viele Menschen voll Hoffnung vorausgegangen sind. Weil wir mit ihnen über den Tod hinaus lebendig verbunden sind, deshalb ist es auch gut, an die Vorfahren unseres Heiligen Vaters zu erinnern, die ihm das größte Gut, den in der Familie lebendig gelebten Glauben, als Erste haben aufleuchten lassen. Mögen auch wir anderen in ähnlicher Weise Wegbereiter zur bleibenden Heimat werden[399].

---

397 Benedikt XVI., In visitatione Abbatiae „Heiligenkreuz", die 9 Septembris 2007, in: AAS 99 (2007: 10) 853-858, hier: 854.

398 Joseph Ratzinger, Gesammelte Schriften Bd. 12: Künder des Wortes und Diener eurer Freude. Theologie und Spiritualität des Weihesakramentes (= JRGS 12), hg. von Gerhard Ludwig Müller, Freiburg i. Br. 2010, 767.

399 Vgl. Hebr 13,14: „Wir haben hier keine bleibende Stadt, sondern wir suchen die zukünftige."

Ekklesiologische Linien in den Bonaventura-Studien Joseph Ratzingers[400]

1. Hinführung

1.1 Geschichtsprophetie

„Zu einer Theologie und Philosophie der Geschichte kommt es vor allen Dingen in den Krisenzeiten menschlicher Geschichte“[401]. Dass zur Zeit Bonaventuras geschichtstheologische Betrachtungen in der Nachfolge von Augustinus‘ „De civitate Dei“ wieder aufkeimten, hing mit der eschatologisch-apokalyptischen Deutung der Geschichtsprophetie des frommen Zisterzienserabtes Joachim von Fiore zusammen, die jedoch ihre begeisternde Kraft erst durch die Gestalt des hl. Franziskus erlangte. Bonaventuras Geschichtsphilosophie in seinem Spätwerk „Collationes in Hexaëmeron“, das wesentlich von Joachim beeinflusst ist, stellt nach Augustinus den „zweiten Höhepunkt christlichen Geschichtsdenkens“[402] dar. Bonaventura übernahm darin zwar die Doppeldeutung des Hexaëmerons hin auf das Alte Testament und auf die Kirchengeschichte wie auch die Idee eines neuen Ordens und die Erwartung einer innergeschichtlichen Heilszeit. Anders aber als Joachim und joachitische Deutungen – z. B. bei Gerhard von Borgo San Donnino oder Johannes von Parma – lehnte Bonaventura die Begrenzung des Neuen Testamentes und der Zeit Jesu Christi auf das zweite Zeitalter ab, das nach der Zeit des Vaters als die Zeit des Sohnes gedeutet wurde. Das Neue Testament ist für Bonaventura das „testamentum aeternum“ schlechthin.

Daran ist zu erkennen, dass Bonaventura das Denken Joachims nicht verwirft. Bonaventura ist jedoch – wie Ratzinger 1992 im Vorwort zur Neuauflage seiner Habilitationsschrift darlegt – „unerbittlich in der Ablehnung von Bestrebungen, die Christus und

400 Zuerst veröffentlicht in: Marianne Schlosser, Franz-Xaver Heibl (Hg.), Gegenwart der Offenbarung. Zu den Bonaventura-Forschungen Joseph Ratzingers, Ratzinger-Studien Bd. 2, Regensburg 2011, 104-115.

401 Joseph Ratzinger, Die Geschichtstheologie des heiligen Bonaventura [1959], in: JRGS 2, 419-644, hier: 429.

402 Ebd., 430.

Geist, christologisch-sakramental geordnete Kirche und pneumatologisch-prophetische Kirche der neuen Armen zu teilen versuchten und dabei in Anspruch nahmen, Utopie durch ihre Lebensform selbst vergegenwärtigen zu können."[403] Eine gewisse Offenheit für das geschichtstheologische Denken Joachims im Doppelsiebenerschema wurde Bonaventura dadurch möglich, dass er – anders als Joachim – schon als Professor die quasi-dogmatische Sechs-Zeitenlehre der Väter so deutete, dass Christus „quasi in fine temporum"[404] Mensch geworden sei. Damit verband er nicht nur die zentrale Stellung Jesu Christi in der Heilsgeschichte, sondern auch seine Mittlerfunktion. Christus wird – wie Ratzinger es formuliert – „immer mehr zum Sammelpunkt alles dessen, was sich für Bonaventura im Begriff der Mitte ausspricht, er wird zur Mitte schlechthin und im Zug dieser allgemeinen Deutung seiner Gestalt vom Gedanken der Mitte her auch zur »Mitte der Zeiten«"[405].

1.2 Bettelordensstreit

Hatte Bonaventura noch als Magister die Lehre von den letzten Dingen in seinem Sentenzenkommentar streng schulmäßig abgehandelt, so entwickelte sich in dieser Epoche immer mehr ein Endzeitbewusstsein, das vor allem im Armutsstreit zur vollen Geltung kam.[406] Als der Bettelordensstreit 1252 begann, der zwischen den weltgeistlichen Magistri und den beiden Mendikantenorden der Dominikaner und Franziskaner in den folgenden fünf Jahren ausgetragen wurde, hatte Bonaventura gerade seinen Sentenzenkommentar abgeschlossen und bereitete sich als *baccalaureus formatus* auf seine Promotion vor.

Die Ursache dieses Streites war der fremdartige Charakter der aufkommenden neuen Orden, der die bisherige kirchliche Struktur insofern aufbrach, dass Ordensleute ihre Hauptaufgabe nun nicht mehr in einem zurückgezogenen Leben der Buße und des Gebetes sahen, sondern pastorale Dienste und Lehrtätigkeit an der Universi-

---

403 Ebd., 427.

404 Ebd., 578; die betreffenden Stellen bei Bonaventura sind III Sent 1 a 2 q 4 c (III 32 a) und IV Sent d 2 a 1 q 2 c (IV 51 a-b).

405 Joseph Ratzinger, Die Geschichtstheologie des heiligen Bonaventura [1959], in: JRGS 2, 419-644, hier: 580.

406 Vgl. ebd., 581-586.

tät anstrebten. Es wurde hier nicht nur um Lehrkanzeln gestritten, sondern um die Tatsache, dass durch päpstliche Privilegien für die Mendikanten (Bettelarmut, Predigt- und Beichtberechtigung ohne feste Ortsgebundenheit, authentische Nachfolge des armen Christus) eine Spannung zur bisherigen hierarchischen Ordnung mit lokal umgrenzten Rechten des jeweiligen Bischofs und Pfarrers entstand. Zudem wurde dadurch die wirtschaftliche und soziale Ordnung des Mittelalters empfindlich aufgebrochen, da „die Gebefreudigkeit der Gläubigen sich dem Neuen und Ungewohnten zum Schaden des Gewöhnlichen und Alltäglichen zuwandte“[407].

Im Folgenden sollen die ekklesiologischen Konsequenzen dieser Entwicklung näher untersucht werden, wie sie Ratzinger aufgrund seiner Bonaventura-Studien zieht. Dabei wird zum einen die Bedeutung des Bettelordensstreites in Bezug auf die Entwicklung des päpstlichen Jurisdiktionsprimats im Blickpunkt stehen, zum anderen der theologische Hintergrund dieser Entwicklung im ausgehenden Mittelalter nachgezeichnet. Der hermeneutische Schlüssel für den letzteren liegt insbesondere in der Franziskusgestalt, wie sie Bonaventura darstellt.

1.3 Franziskusgestalt

In einer klugen Rezeption der Geschichtstheologie des Zisterzienserabtes Joachim von Fiore versteht Bonaventura es, sie nicht als Gegensatz zur sakramentalen Struktur der Kirche rein pneumatologisch zu deuten, sondern christologisch zu vertiefen. Franziskus als der „Engel des sechsten Siegels“ in der Offenbarung des Johannes wird von Bonaventura als Gottesbote dargestellt, „mit Prophetengeist erfüllt, zu Engeldienst erwählt, ganz von seraphischer Glut entflammt und als hierarchischer Mann auf feurigem Wagen emporgetragen“[408]. Welche Konsequenzen aus dieser eschatologischen Sicht von „Hierarchie“ abgeleitet werden können, wenn Hierarchie prophetisch als persönlicher Weg der Vollkommenheit durch Rei-

407 Joseph Ratzinger, Der Einfluss des Bettelordensstreites auf die Entwicklung der Lehre vom päpstlichen Universalprimat, unter besonderer Berücksichtigung des heiligen Bonaventura, in: Johann Auer, Hermann Volk (Hg.), Theologie in Geschichte und Gegenwart. Michael Schmaus zum sechzigsten Geburtstag, München 1957, 697-724, in: JRGS 2, 663-692, hier: 670.

408 Sophronius Clasen, Franziskus – Engel des sechsten Siegels. Sein Leben nach den Schriften des heiligen Bonaventura, Werl 1962, 252.

nigung, Erleuchtung und Einigung gedeutet wird, und inwieweit in dieser Perspektive Bonaventuras die bisherige ekklesiologische Struktur aufgebrochen wird, soll in der abschließenden Frage erörtert werden.[409] Dieser Gedanke ist heute ökumenisch relevant, maßgeblich durch den Begriff der „Ökumene der Heiligkeit“[410], jener Heiligkeit, die den Grund der Seele verändert und zur vollen Gemeinschaft mit der Kirche des Himmels führt.

Bonaventura ist dabei weit davon entfernt, die sakramental-hierarchische Struktur der Kirche infrage zu stellen. Dies wird in besonderer Weise deutlich, wenn er das Verhältnis von Schrift und Tradition darlegt. Für ihn sind die Apostel die Träger der hierarchischen Gewalt, die den Glauben als *symbolum fidei* nicht einfach weitererzählt, sondern „institutionalisiert“ haben. Die Kirche selbst hat nach Bonaventura nur Autorität, „weil hinter ihrer auctoritas die auctoritas apostolorum steht“[411]. Bonaventura erläutert dies anhand der Einsetzungsworte der Heiligen Messe: „Anzunehmen ist die im Kanon stehende Formel, denn sie wurde in Form der *Einsetzung* übergeben, nicht in der der *Erzählung* (wie die im Evangelium stehende: traditur non per modum narrationis, sed institutionis)“[412]. Entscheidend für den Glauben der Kirche und seine Feier in der Liturgie ist demnach der von der Autorität der Kirche bezeugte Christus. Wie wichtig für Bonaventura diese kirchliche Bindung, insbesondere an das päpstliche Lehr- und Hirtenamt, war, wird im sogenannten Bettelordensstreit noch einmal deutlich.

---

409 Sophronius Clasen stellt im Hinblick auf Bonaventuras Itinerarium mentis in Deum c. 4, n. 4 fest: „Bonaventura will mit ‚hierarchisch‘ einen Menschen bezeichnen, der gereinigt, erleuchtet und vollendet ist“ (ebd.).

410 Ein Begriff, den Papst Johannes Paul II. wiederholt im Dialog mit anderen christlichen Konfessionen gebrauchte und der von Walter Kardinal Kasper in der Beerdigungsansprache für Frère Roger Schutz am 23. August 2005 verwendet wurde.

411 Joseph Ratzinger, Offenbarung und Heilsgeschichte nach der Lehre des heiligen Bonaventura [1955], in: JRGS 2, 53-417, hier: 215.

412 Bonaventura IV Sent d 8 p 2 a 1 q 2 c (194a).

2. Die Bedeutung des Bettelordensstreites in Bezug auf die Entwicklung des Jurisdiktionsprimats

2.1 Beginnender Zentralismus

Als Hintergrund für den Bettelordensstreit nennt Joseph Ratzinger vor allem zwei ekklesiologische Veränderungen, die sich in einer wirtschaftlichen und gesellschaftlichen Umbruchszeit abzeichnen, ja die Zäsur sogar mit auslösen. Erstens: Die Mendikanten, die ohne festen Wohnsitz und ohne eigenes Patrimonium sich jeweils an Ort und Stelle für ihre Leistungen entgelten lassen, bedeuten „einen Angriff auf das hierarchische Eigenrecht des Pfarrers“[413] wie auch einschlussweise auf die bischöfliche Jurisdiktionsgewalt. Dies stellt einen doppelten Einbruch in das bisherige System des Mittelalters dar, wodurch ein dementsprechender doppelter Abbau mittelalterlicher Prinzipien eingeleitet wurde: Die Ordnung des Pfründewesens wird zugunsten einer sich anbahnenden Kapitalwirtschaft verändert wie auch die lokal gebundene hierarchische Ordnung durch die neuen Orden aufgebrochen, die nicht mehr dem Bischof bzw. Ortspfarrer unterstellt sind, sondern nur dem Generalminister, der sich wiederum allein dem Papst verantwortlich weiß. Joseph Ratzinger resümiert: „Dass dieser Vorgang weit über die Ordensebene hinaus von Gewicht war, ist offensichtlich. Es bedeutet nämlich, dass jener Zentralismus, der sich zunächst als ein Novum innerhalb des Ordens vollzog, zugleich auch übertragen wurde auf die Gesamtkirche, die jetzt und erst jetzt im Sinn eines modernen Zentralstaates aufgefasst wurde.“[414] Ratzinger betont indes, dass dieser Zentralismus nicht notwendig aus dem Wesen des Primates abgeleitet werden kann, sondern eher als Ausnahmegesetzgebung zu gelten hat.[415]

---

413 Joseph Ratzinger, Der Einfluss des Bettelordensstreites auf die Entwicklung der Lehre vom päpstlichen Universalprimat, unter besonderer Berücksichtigung des heiligen Bonaventura, in: Johann Auer, Hermann Volk (Hg.), Theologie in Geschichte und Gegenwart. Michael Schmaus zum sechzigsten Geburtstag, München 1957, in: JRGS 2, 663-692, hier: 669.

414 Ebd., 671.

415 Aufgrund dieser Erkenntnis ist es gut zu verstehen, dass Joseph Ratzinger als Konzilstheologe die Communio-Struktur der alten Kirche stärker hervorhob, um einem überbordenden römischen Zentralismus entgegenzuwirken; vgl. das Kapitel 2 „Konkrete Formen bischöflicher Kollegialität in unterschiedlicher Interpretation“, in: Maximilian Heim, Joseph Ratzinger – Kirchliche Existenz und existentielle Theologie. Ekklesiologische Grundlinien unter dem Anspruch von *Lumen gentium*, Frankfurt am Main ²2005, 431-453.

2.2 Wilhelm von St. Amour

In seiner Darlegung des sogenannten Bettelordensstreites behandelt Ratzinger nicht einfach nur das vordergründige Problem des Anspruchs der Franziskaner und Dominikaner auf Lehrkanzeln an den Universitäten, sondern die dahinterliegende größere Frage nach den Bettelorden überhaupt. Wilhelm von St. Amour als zentrale Gestalt der Gegner – d. h. der Professoren aus dem Weltklerus – argumentierte mit dem ekklesiologischen Modell des Pseudo-Dionysius Areopagita: Das Lehren kommt den Bischöfen als Nachfolgern der zwölf Apostel und den Pfarrern als Nachfolgern der zweiundsiebzig Jünger zu. Kraft ihres Amtes teilen sie anderen den Weg zur Vollkommenheit mit. Mönche hingegen sollten durch Buße und Abgeschiedenheit den Weg der Vollkommenheit erst anstreben: Die „heilige Legion der Mönche [...] hat sich den vollendenden Gewalten der Hierarchen zur Leitung unterstellt, wird durch deren von Gott geschenkte Erleuchtungen belehrt, durch deren Schau aller hierarchischen Überlieferungen in den Riten ihrer heiligen Weihen gelenkt und durch deren heiliges Wissen zur vollkommensten Vollendung geführt, wieder je nach dem Grade, der den Fähigkeiten des Einzelnen entspricht."[416] Diese Ordnung galt als unumkehrbar, da den „perficientes" (Bischöfen, Priestern, Diakonen) die heilsausspendende Aktivität zukam, während den „perficiendi" (Mönchen, Laien und Katechumenen) die Haltung des Empfangens entsprach. Gerade hier tritt das Ungenügen der Begründung Wilhelms von St. Amour zutage, denn seit dem 9. Jahrhundert gab es neben dem Laienmönchtum immer häufiger auch Ordensmänner, die zugleich die Weihen empfangen hatten.

Aus diesem Grund hat Wilhelm ein weiteres Grundprinzip des Areopagiten zur Beachtung vorgelegt: „Keiner Hierarchie sollte es demnach verstattet sein, in den hierarchischen Gesamtbereich hineinzuwirken, sondern jede darf nur jeweils die unmittelbar unter ihr liegende Hierarchie beeinflussen."[417] Dass dieses Prinzip (eine Art

---

416 Dionysios Areopagita, Die Hierarchien der Engel und der Kirche. Einführung von Hugo Ball, übers. Walther Tritsch, München-Planegg 1955, 229f.

417 Joseph Ratzinger, Der Einfluss des Bettelordensstreites auf die Entwicklung der Lehre vom päpstlichen Universalprimat, unter besonderer Berücksichtigung des heiligen Bonaventura, in: Johann Auer, Hermann Volk (Hg.), Theologie in Geschichte und Gegenwart. Michael Schmaus zum sechzigsten Geburtstag, München 1957, in: JRGS 2, 663-692, hier: 672.

Subsidiaritätsprinzip) eine antipapalistische Spitze hatte, die aber auch ins Gegenteil verkehrt werden konnte, zeigte der begabte dritte Nachfolger Bonaventuras in Oxford, Thomas von York: Ihm zufolge ist der Papst zu vergleichen mit „dem höchsten Hierarchen Gott, der seine Kraft auf alle untergeordneten hierarchischen Gewalten überströmen lässt"[418]. Auf derartige Übertreibungen und Mystifizierungen der päpstlichen Jurisdiktionsgewalt antwortet Wilhelm von St. Amour mit dem Hinweis auf die grundsätzliche Irrtumsfähigkeit des Papstes bzw. auf den „Papa haereticus", dem selbstverständlich der Gehorsam zu verweigern ist. Ekklesiologisch bedeutsam ist der Umstand, dass im Zusammenhang des Bettelordensstreites die Idee des Konziliarismus geboren wurde, d. h. der Überordnung des Konzils über den Papst, und Wilhems Anrufung der Hl. Schrift gegen die Hierarchie darf in gewisser Weise schon als Vorläufer des lutherschen *Sola-scriptura*-Prinzips gedeutet werden.[419]

2.3 System der Zueignung (possessio)

Diese Argumentation der weltgeistlichen Professoren konnte allerdings in der Mitte des dreizehnten Jahrhunderts die einsetzende Entwicklung hin zum päpstlichen Universalprimat nicht aufhalten. Um das Armutsideal der Franziskaner ganz im Sinne des hl. Franziskus zu wahren, entwickelte Bonaventura das System der Zueignung (*possessio*) an den Heiligen Stuhl, der dadurch als Vermögensträger des Ordens fungierte: „Dem gemeinen Recht nach sind zwar alle Christgläubigen Kinder des Papstes, die Angehörigen des Armutsordens sind jedoch darüber hinaus aufgrund eines besonderen Rechtstitels seinem Gehorsam und seiner fürsorgenden Gewalt unterstellt. Wenn nämlich die anderen sozusagen mündige Söhne sind, die aufgrund des ihnen verliehenen Rechtes über ihre Kirchengüter in normalem Umfang verfügen können, so sind die Bettelmönche gleichsam in der Familie lebende Kleinkinder und als solche ganz und gar seiner Gewalt anvertraut"[420].

---

418 So Gerhard von Abbeville, Exceptiones, Nr. 105 (ed. Bierbaum, 200), zitiert nach: Joseph Ratzinger, Der Einfluss des Bettelordensstreites auf die Entwicklung der Lehre vom päpstlichen Universalprimat, unter besonderer Berücksichtigung des heiligen Bonaventura, in: Johann Auer, Hermann Volk (Hg.), Theologie in Geschichte und Gegenwart. Michael Schmaus zum sechzigsten Geburtstag, München 1957, in: JRGS 2, 663-692, hier: 673.

419 Vgl. ebd., 675f.

420 So Bonaventura, Apologia pauperum XI 7 (VIII 312 b); zitiert nach: ebd., 678f.

2.4 Begriff der ‚reductio'

In seiner Antwort auf die Gegner wies Bonaventura neben der päpstlichen Jurisdiktionsgewalt auch auf die päpstliche Lehrvollmacht hin, die ja die evangeliumsgemäße Lebensform der Mendikanten sanktioniert hatte, nicht zuletzt in Form der Heiligsprechung ihrer Gründer Franziskus und Dominikus. Im Zentrum der dogmatischen Argumentation Bonaventuras steht der Terminus *reductio*. Dieser ist – wie Ratzinger feststellt – dem arabischen Neuaristotelismus des Averroës entlehnt im Sinne jenes Axioms, „dass es in jedem Genus ein Erstes und Oberstes gibt, das als Maßstab für alle übrigen Wesen der gleichen Gattung dient"[421]. Daraus folgt für Bonaventura, dass der Papst als Stellvertreter Christi hier auf Erden, wo „nur eine Ordnung von einfacher Vollkommenheit besteht",[422] als Höchster des Menschengeschlechtes gilt. Ratzinger fragt kritisch, ob dies nicht eine Aussage ist, „die sinnvollerweise allein auf den Menschen Christus Jesus selbst bezogen werden kann"[423]. Gemäß Bonaventuras Argumentation kommt im *Reductio*-Prozess dem Papst – abgeleitet vom alttestamentlichen König- und Priestertum Melchisedechs – nicht nur religiöse, sondern auch politische Macht zu, da Christus, dem alle Macht gegeben ist, auch seinem Stellvertreter als dem „einzigen ersten und höchsten Hierarchen"[424] beide Schwerter in die Hand gegeben habe. Bereits in seinem Sentenzenkommentar betont Bonaventura, dass die Einheit der Kirche als einzige Hierarchie, einziger Leib und einzige Braut einen einzigen Hierarchen, ein einziges Haupt und einen einzigen Bräutigam verlange. Dies komme in der sichtbaren Ordnung der Kirche dem Stellvertreter Christi zu. Ratzinger stellt diese Umdeutung des Hierarchiebegriffs im Sinne des Primatsgedankens infrage, nämlich einerseits mit Blick auf den Hebräerbrief, denn die neutestamentliche Entsprechung zu Melchisedech sei Christus als endgültiger und einziger wahrer Hohepriester; andererseits zeige eben dieses Beispiel, dass nicht jede Bege-

421 Ebd., 681.
422 Ebd., 682.
423 Ebd.
424 So Bonaventura in den Quaestiones De perfectione evangelica q 4 a 3 ad 8 (196 b); zitiert nach: Joseph Ratzinger, Der Einfluss des Bettelordensstreites auf die Entwicklung der Lehre vom päpstlichen Universalprimat, unter besonderer Berücksichtigung des heiligen Bonaventura, in: Johann Auer, Hermann Volk (Hg.), Theologie in Geschichte und Gegenwart. Michael Schmaus zum sechzigsten Geburtstag, München 1957, in: JRGS 2, 663-692, hier: 683.

benheit des Alten Testamentes „eminentiori modo" auf die Kirche übertragen werden könne.[425]

Über die Brücke, an Christus als „innerem Einheitsprinzip" (innerer Mitte) der Kirche festzuhalten und den Papst nur als ihr äußeres Prinzip (äußere Mitte) der Einheit zu betrachten, setzt auch Bonaventura der päpstlichen Primatsgewalt ihre innere Grenze. Der Papst kann nur die Gnadengaben verteilen, die Christus selbst seiner Kirche erwirkt hat im Sinne der Verhältnisbestimmung „interior influentia – exterior derivatio"[426].

Mit dieser Unterscheidung Bonaventuras wird der Primat auf seine Wirklichkeit des „Vicarius Christi"[427] zurückgeholt. Ratzinger zieht daraus das Resümee: Der Papst ist Stellvertreter Christi „erstlich nicht in dem Sinn, dass er jetzt an die Stelle des einst lebenden historischen Christus tritt, sondern vielmehr so, dass er den jetzt lebenden und herrschenden Herrn äußerlich repräsentiert und seine Gegenwart aktualisiert"[428]. Hier wird besonders deutlich, wie Bonaventura zwar im Kontext des Bettelordensstreites theologische Grundlagen für den päpstlichen Universalprimat des Papstes bereitete, gleichwohl verließ er in der Argumentation den Weg der *sana doctrina* nie und wahrte – wie in seinem ganzen Werk – jenen „Geist der Mitte"[429], wie er anderen Zeitgenossen, insbesondere der extremistischen Spiritualen-Bewegung, fehlte. Um nur ein Beispiel für die letztere zu nennen: Petrus Johannes Olivi entwickelte sich vom Verteidiger des päpstlichen Primates zu einem entschiedenen

---

425 Vgl. ebd., 685.

426 Ebd., 686.

427 Zum ökumenischen Dialog über den Petrusdienst siehe das Dialogdokument „Communio Sanctorum – Die Kirchen als Gemeinschaft der Heiligen". Es wurde am 4. September 2000 vorgestellt und ist von einer bilateralen Arbeitsgruppe im Auftrag der Deutschen Bischofskonferenz und der Kirchenleitung der Vereinigten Evangelisch-Lutherischen Kirche Deutschlands (VELKD) verfasst worden (http://www.dbk.de/imperia/md/content/stichwoerter/communio_sanctorum.pdf). Wie Ratzinger bereits erwähnt, hat der Vikariatsbegriff bei Karl Barth eine Würdigung gefunden, wenn dieser auf pointierte Weise feststellt: „Man müsste schon den Christus praesens leugnen, wenn man den vicarius Christi grundsätzlich leugnen wollte" (Karl Barth, Kirchliche Dogmatik I/1, München 1932, 99). Im Gegensatz zur Dialektischen Theologie Karl Barths nimmt Adolf von Harnack als Vertreter der Liberalen Theologie Anstoß sowohl an dem Vikariats- als auch am Sukzessionsgedanken.

428 Joseph Ratzinger, Der Einfluss des Bettelordensstreites auf die Entwicklung der Lehre vom päpstlichen Universalprimat, unter besonderer Berücksichtigung des heiligen Bonaventura, in: Johann Auer, Hermann Volk (Hg.), Theologie in Geschichte und Gegenwart. Michael Schmaus zum sechzigsten Geburtstag, München 1957, in: JRGS 2, 663-692, hier: 688.

429 Ebd., 689.

Gegner und verstieg sich dann sogar dazu, im Papst den Antichrist zu sehen. Dass auch hier schon Parallelen zur Reformation und zu extremen Formen der Befreiungstheologie festzustellen sind, sei abschließend bemerkt.[430] So bleibt das mahnende Wort Ratzingers auch heute aktuell, dem „Geist der Maßhaltung und der Mitte, der, ohne nach Nutzen und Nachteil zu fragen, allein der Wahrheit dienen will"[431], treu zu bleiben.

3. Franziskus als Engel mit dem Zeichen des lebendigen Gottes – hermeneutischer Schlüssel für die bonaventuranische Geschichtstheologie

3.1 Zusammentreffen von Ereignis und Prophetie

Wenn Bonaventura sich im Oktober 1259, d. h. im zweiten Jahr nach seiner Wahl zum Generalminister des Minderbrüderordens, auf den Berg La Verna zurückzog, jenen Ort, wo 35 Jahre zuvor der hl. Franziskus durch die Stigmatisierung sichtbar gleichförmig wurde mit dem Gekreuzigten, so war es in der Absicht, diesen hl. Franziskus als den Herold der anbrechenden Gottesherrschaft zu verkünden. Bonaventura sah „in ihm ein Zeichen der Endzeit, einen Gesandten Gottes, der innerhalb der bestimmt umgrenzten geschichtlichen Heilslinie eine genau festgelegte, unvertauschbare Stellung einnimmt"[432]. Die Geschichtstheologie Bonaventuras in seinem Werk „Collationes in Hexaëmeron" greift in Bezug auf die Gestalt des Franziskus die Deutung Joachims von Fiore auf, der „die biblische Eliaserwartung (vgl. Mal 3,23) mit der apokalyptischen Vorhersage der zwei Zeugen (Offb 11,3ff.) verbindet und für den Beginn des dritten Zeitalters das Auftreten des neuen Elias und eines neuen Henoch prophezeit".[433] Beide Gestalten konnten auf Franziskus und Dominikus hin gedeutet werden.

---

430 Vgl. Maximilian Heim, Joseph Ratzinger – Kirchliche Existenz und existentielle Theologie. Ekklesiologische Grundlinien unter dem Anspruch von *Lumen gentium*, Frankfurt am Main [2]2005, 156-159.

431 Joseph Ratzinger, Der Einfluss des Bettelordensstreites auf die Entwicklung der Lehre vom päpstlichen Universalprimat, unter besonderer Berücksichtigung des heiligen Bonaventura, in: Johann Auer, Hermann Volk (Hg.), Theologie in Geschichte und Gegenwart. Michael Schmaus zum sechzigsten Geburtstag, München 1957, in: JRGS 2, 663-692, hier: 692.

432 Joseph Ratzinger, Die Geschichtstheologie des heiligen Bonaventura [1959], in: JRGS 2, 419-644, hier: 471.

433 Ebd., 472.

Im Laufe seiner theologischen Entwicklung hat sich bei Bonaventura die Idee des Engels mit dem Zeichen des lebendigen Gottes (Offb 7,2) zu einem Schlüsselbegriff seiner Franziskus-Rezeption entwickelt[434]. Zwei Gegebenheiten aus dem Leben des hl. Franziskus unterstützten diese Deutung noch: Zum einen seine Unterschrift mit dem Tau „T" in Anknüpfung an Ez 9,4 und Offb 7,2 und zum anderen seine Stigmatisation am 17. September 1224, zwei Jahre vor seinem Transitus. „Ihre volle Aktualität, ihre geradezu erregende Wahrscheinlichkeit" – wie Ratzinger begeistert ausführt – „erfuhr diese Deutung jedoch erst aus dem Zusammentreffen dieses *Ereignisses* mit der davon an sich ganz unabhängigen *Prophetie* des Abtes von Fiore"[435]. Joachim von Fiore hatte im apokalyptischen Engel mit dem Zeichen des lebendigen Gottes den *„novus dux de Babylone"* wie auch den *„universalis pontifex sanctae Hierusalem"*[436] erblickt, der zur Erneuerung der Christenheit bestimmt war.

3.2 Orden der Endzeit

Nicht minder wichtig ist bei Bonaventura die Deutung der 144.000, die das Siegel tragen (Offb 7,4). Nach Joachim ist es die kontemplative Gemeinschaft des endzeitlichen Gottesvolkes[437]. Wenn nun in der prophetischen Gestalt des aufsteigenden Engels der geschichtliche Franziskus erkannt wird, war es dann für Bonaventura nicht ein kleiner Schritt, den *novus ordo* als Orden der Endzeit zu erwarten? Anders als die Spiritualen, die sich selbst mit jenem *ordo ultimus* identifizierten, hat Bonaventura eine solche Gleichsetzung niemals befürwortet[438]. Der letzte Orden ist seiner Auffassung zufolge höchstens franziskanisch geprägt und hat im heiligen Franziskus selbst schon seinen Anfang genommen, denn „Franziskus antizipiert [...] in seiner Person eine eschatologische Existenzform, die als allgemeine Lebensform noch der Zukunft angehört."[439]

---

434 Vgl. ebd., 475-478.

435 Ebd., 477.

436 Ebd.

437 Es ist bemerkenswert, dass Joachim „‚ordo' häufig mit ‚populus'" wiedergibt (ebd., 482, Fußnote 45).

438 Vgl. ebd., 487-503.

439 Ebd., 497. In einem Dreier-Schema hat Ratzinger das wichtigste Schema des Hexaëmeron vereinfacht vorgestellt; siehe ebd., 495f.

Wie Ratzinger zusammenfasst, ist es das geschichtliche Verdienst Bonaventuras, entgegen allen Anfeindungen von Spiritualen wie Laxisten erkannt zu haben, „dass die endzeitliche Lebensform Franzens in dieser Welt nicht als Institution, sondern nur als Durchbruch der Gnade im Einzelnen existieren kann, bis einmal die allein von Gott zu wirkende Stunde kommen wird, in der die Welt umgewandelt wird in ihre endzeitliche Daseinsform“.[440] Dass Franziskus diese als seraphischer Heiliger bereits erlangte, hat die Kirche bestätigt, als sie ihn heiligsprach. Bei Franziskus korrespondiert die Kontemplation mit höchster Einfachheit und tiefster Armut. Dies ist eine Herausforderung, der sich die Kirche und innerhalb ihrer in besonderer Weise die Orden immer neu zu stellen haben, um dem wiederkommenden Herrn die Wege zu bereiten; denn die „Lebensform des heiligen Franz wird einmal die allgemeine Lebensform der Kirche sein – der simplex et idiota wird triumphieren über alle die großen Gelehrten und die Kirche der Endzeit wird Geist von seinem Geiste atmen“.[441]

440 Ebd., 499.
441 Ebd., 644.

Ich glaube ... an die heilige katholische Kirche, die Gemeinschaft der Heiligen.[442]

Im Credo bekennen wir die „eine, heilige, katholische und apostolische Kirche“. Sie ist nicht das Ziel unseres Glaubens, das allein Gott ist, sondern seine Gabe. Der hl. Hippolyt vergleicht die Kirche mit einem Schiff, das auf dem Meer – d. h. in der Welt – von den Wogen hin und her geworfen, aber nicht überwältigt wird. Christus als Steuermann lenkt dieses Schiff. Das Steuerruder ist Gottes Wort. Im Logo zum „Jahr des Glaubens“ wird dieses Bild aufgegriffen. Die Mitte des Schiffes ist Christus, der Gekreuzigte, der Mast das Kreuz. Wer einen Meeresarm überqueren will, darf nicht am Ufer stehen bleiben, um zu erkennen, was am anderen Ufer ist. Er muss vielmehr ein Schiff besteigen und hinüberfahren[443]. Heute haben viele dem Schiff der Kirche den Rücken zugewendet. – Was und wer ist Kirche? Kann ich mich bei ihr einfach abmelden wie bei einem Verein oder austreten wie aus einer Partei?

Als vor 50 Jahren das II. Vatikanische Konzil vom sel. Papst Johannes XXIII. einberufen wurde, war es ein Hauptanliegen des Konzils, das Selbstverständnis der Kirche öffentlich zu bezeugen. Der Wiener Kardinal und Konzilsvater Franz Kardinal König sagte: Es war vor allem das Bestreben des Konzils, die katholische Kirche im Geiste Jesu Christi zu erneuern, die Liebe zu ihr zu stärken und das Verständnis ihres Wesens zu fördern. Das Zweite Vatikanum wollte das Evangelium Christi verheutigen als eine frohe Botschaft, die den Menschen Leben und Hoffnung schenkt.

Vor 20 Jahren erschien der „Katechismus der Katholischen Kirche“. Mitten im Sturm dieser Zeit hat sich die Kirche ihres Glaubens vergewissert. „Studiert den Katechismus mit Leidenschaft und Ausdauer! [...] Ihr selbst seid der Leib Christi, die Kirche! Bringt das un-

442 Zuerst veröffentlicht in: Credo. Im Licht des Glaubens unterwegs, Radio Maria Österreich, Wien 2012, 122-125.

443 Vgl. Augustinus, De Trinitate IV, 15-30.

verbrauchte Feuer Eurer Liebe in diese Kirche ein, sooft Menschen ihr Antlitz auch entstellt haben."[444]

In einem Dreischritt wollen wir die Kirche betrachten.

1. Sie ist der Leib Christi
Romano Guardini prägte das Wort: Die Kirche ist ein „lebendiges Wesen"[445]. Christus ist ihr Haupt und wir sind sein Leib. Um das Miteinander und Gegenüber von Christus und Kirche zu verstehen, wird die Kirche als Braut bezeichnet, Christus als ihr Bräutigam, der sich für die Kirche am Kreuz hingegeben hat, um seine Braut heilig und makellos erscheinen zu lassen. In der Taufe empfangen alle diese heiligmachende Gnade, die die Gottesmutter Maria in einzigartiger Weise empfangen hat, ohne jemals von der Sünde berührt worden zu sein. Sie ist Typus und Urbild der Kirche und wurde vom Gekreuzigten als Mutter der Kirche eingesetzt.

Die Kirche wird immer neu in der Eucharistie aus dem geöffneten Herzen des Erlösers geboren. Die hl. Messe ist der Vollzug ihres tiefsten Mysteriums. In ihr wird das Opfer Jesu Christi gegenwärtig, seine Hingabe aus Liebe zu den Menschen, um uns durch diesen Akt der Liebe im Heiligen Geist mit dem Vater zu verbinden. Ein Leib und ein Geist werden wir in Christus. Deshalb widerspricht Uneinigkeit dem innersten Wesen des einen Leibes.

2. Sie ist gegründet auf das Fundament der Apostel
„Was an unserem Erlöser sichtbar war, ist in seine Sakramente übergegangen" (hl. Leo der Große)[446]. Die Berufung der Zwölf ist ein Zeichen, das die Urgemeinde verstehen konnte. Diese Sendung sprengte die Grenzen Israels, als der Herr zu seinen Aposteln sagte: „Geht hinaus zu allen Völkern, macht sie alle zu meinen Jüngern und tauft sie im Namen des Vaters und des Sohnes und des Heiligen Geistes."

---

444 Benedikt XVI., Vorwort, in: YOUCAT. Jugendkatechismus der katholischen Kirche, hg. von der Österreichischen Bischofskonferenz mit Zustimmung der Deutschen Bischofskonferenz und der Schweizer Bischofskonferenz, München 2010, 10f.

445 Romano Guardini, Die Kirche des Herrn. Meditationen über Wesen und Auftrag der Kirche, in: Ders., Vom Sinn der Kirche – Die Kirche des Herrn (Romano Guardini/Werke), Mainz/Paderborn 1990, 101-197, hier: 133.

446 Leo der Große, Predigt zu Christi Himmelfahrt/Sermo LXXIV de Ascensione Domini, PL 54, 397-399.

(vgl. Mt 28,19) Von Anfang an bürgt dieser Auftrag für die Katholizität und Universalität der Kirche. Durch Handauflegung haben die Apostel ihre Sendung an die Bischöfe und Priester weitergegeben, das Volk Gottes zu sammeln, zu leiten und zu heiligen.

3. Die Kirche als pilgerndes Gottesvolk

Es war eine Errungenschaft des Konzils, den Begriff „Volk Gottes", der in der Hl. Schrift vor allem auf das alttestamentliche Volk Gottes bezogen ist, nun auf die Kirche anzuwenden. In diesem Bild wird ihr Wegcharakter deutlich, d. h. ihre eigene Vorläufigkeit, Gebrochenheit und Erneuerungsbedürftigkeit. Wir bleiben nur Volk Gottes, wenn wir uns dem Herrn zuwenden, denn er allein macht uns zu dem, was wir aus uns selbst nicht sind. So ist die Kirche Sakrament des Heils für alle Menschen, Licht der Völker, die nicht ihr eigenes Licht, sondern das Licht Christi weiterzugeben hat.

Christus muss also Gestalt in uns annehmen, damit sein Reich komme. Erst wenn wir uns – wie Maria – für seine Gnade öffnen, ist Kirche in uns lebendig. Unser Hl. Vater schrieb als Theologe: Die „Kirche wurde auch im Ursprung nicht gemacht, sondern geboren. Sie war geboren, als in der Seele Marias das Fiat erwacht war."[447] Mit der Gottesmutter und in der Gemeinschaft der Heiligen sind wir berufen, täglich dieses „Fiat", dieses „Dein Wille geschehe", zu sprechen, damit die Kirche durch ein neues Pfingsten im Heiligen Geist erneuert werde.

---

447 JRGS 8/1, 275.

Ein fast vergessenes Prinzip der Kirche

Kirche verdankt sich dem aus der Seitenwunde Christi geflossenen Blut des Herrn – Anmerkung zur Aktualität von „Lumen gentium".[448]

Das vor uns liegende neue weltliche Jahr bietet eine hervorragende Möglichkeit, um aus einem Blick zurück nach vorne zu schauen. Im Jahr 2012 jährt sich zum 50. Mal die Eröffnung des Zweiten Vatikanischen Konzils. In den zurückliegenden fünf Jahrzehnten stand in vielen theologischen Aufsätzen die Kirche im Mittelpunkt der Reflexion. Dabei wurden nicht selten Strukturfragen der Kirche betrachtet.

Diese Diskussionen erinnerten eher an die hierarchologische Verengung der nachreformatorischen Epoche als an den Neuansatz des Konzils. Diesem ging es nämlich darum, die Kirche als ein „Mysterium" wiederzuentdecken. Die Konzilsväter schauten auf die Wirklichkeit der Kirche schlechthin, die in der Kirche eine Offenbarung der dreieinigen Liebe Gottes erkennt. Diese ist die „ecclesia ab Abel"[449], die Gott seit Beginn der Menschheitsgeschichte vorbereitet hat, die von Jesus Christus „in den letzten Zeiten gestiftet" und „durch die Ausgießung des Heiligen Geistes offenbart"[450] wurde. Sie ist das Volk Gottes, das durch Reinigung und Läuterung seiner eschatologischen Vollendung entgegengeht.

Dies entspricht der von Papst Benedikt XVI. in seiner Ansprache vor den in Rom versammelten Kardinälen am 22. Dezember 2005 geforderten „Hermeneutik der Reform" zur „Erneuerung des einen Subjekts Kirche"[451]. Nur derjenige interpretiert das Konzil adäquat, der die Kontinuität der Lehraussagen beachtet gegen eine Hermeneutik des Bruchs. Denn die Kirche selbst versteht sich als dieses ungebrochene Subjekt, „das mit der Zeit wächst und sich weiterent-

448 Zuerst veröffentlicht in: Die Tagespost Nr. 156 (31. Dezember 2011) 19f.

449 Vgl. LG 2.

450 Ebd.

451 Benedikt XVI., Ansprache von Papst Benedikt XVI. an das Kardinalskollegium und die Mitglieder der Römischen Kurie beim Weihnachtsempfang (22. Dezember 2005), in: Verlautbarungen des Apostolischen Stuhls (Nr. 172), hg. vom Sekretariat der Deutschen Bischofskonferenz, Bonn 2006, 11.

wickelt, dabei aber immer sie selbst bleibt“[452], als Volk Gottes, das seiner eschatologischen Vollendung entgegengeht.

Was aber blieb von diesem Ansatz in den vergangenen fünf Jahrzehnten? Immer wieder wird der Streit um Strukturen in der Kirche geführt. Dabei wird diese „Institution“ in der öffentlichen Meinung als ein rein innerweltliches Sozialgebilde verstanden, in dem es vor allem um Machtverteilung und Kompetenzgerangel ginge. Wie aber können wir unser Gesichtsfeld weiten, um die erneuernde Kraft des Konzils wiederzuentdecken?

Dieser Artikel versucht, durch einen Blick auf den ekklesiologischen Ansatz in der Konzilskonstitution „Lumen gentium“ einige wichtige Aspekte herauszuarbeiten, die bei der zukünftigen Konzilsrezeption neu bedacht werden könnten.

Wenn man über die Kirche nachdenkt, dann sind stets zwei Aspekte zugleich zu betrachten. „Die mit hierarchischen Organen ausgestattete Gesellschaft und der geheimnisvolle Leib Christi, die sichtbare Versammlung und die geistliche Gemeinschaft, die irdische Kirche und die mit himmlischen Gaben beschenkte Kirche sind nicht als zwei verschiedene Größen zu betrachten, sondern bilden eine einzige komplexe Wirklichkeit, die aus menschlichem und göttlichem Element zusammenwächst“[453].

Die Kirche kann nicht nur als eine diesseitige Gesellschaft betrachtet werden, sondern sie ist immer auf ihren Stifter, Jesus Christus, hin ausgerichtet. In all ihrem Tun, in ihrem Dasein als gesellschaftliches Gefüge dient sie dem Geist Christi, der sie belebt, zum Wachstum des Leibes[454]. Die Kapitel zwei und drei von „Lumen gentium“ sind also niemals in einem Entweder-oder, sondern stets in einem Zusammen und Miteinander zu lesen. Alle Bestrebungen, die versuchen, das Leitungsamt vom Volk Gottes zu trennen, verkennen die geistgewirkte Lehre des Konzils.

Deshalb wiederholt Papst Benedikt XVI. in seiner Predigt anlässlich des 40. Jahrestags des Abschlusses des Zweiten Vatikanischen Konzils am 8. Dezember 2005: „Das II. Vaticanum sollte über die institutionellen Glieder der Kirche sprechen: über die Bischöfe und

452 Ebd.
453 LG 8.
454 Ebd.

über den Papst, über die Priester, die Laien und die Ordensleute in ihrer Gemeinschaft und in ihren Beziehungen zueinander; es sollte die pilgernde Kirche beschreiben, ‚die in ihrem eigenen Schoß Sünder umfasst; die zugleich heilig und stets der Reinigung bedürftig ist …‘ (Lumen gentium 8). Aber diese ‚petrinische‘ Dimension der Kirche ist in jener ‚marianischen‘ Dimension enthalten.“[455]

Meiner Ansicht nach wurde kaum beachtet, was Papst Benedikt XVI. hier formuliert: Die petrinische und die marianische Dimension sind aufeinander bezogen. Was das heißt, wird besonders deutlich im Geheimnis der Immaculata, denn in Maria begegnen wir dem unentstellten Wesen der Kirche. Die Immaculata, die Gott vom ersten Augenblick ihres Daseins an vor jeder Schuldverstrickung – Erbsünde – im Hinblick auf die Verdienste Christi Jesu, des Erlösers des Menschengeschlechts, bewahrt hat, hat die Gnade der besonderen Erwählung nie durch die Sünde verraten. Durch ihr freies Jawort hat sie das Nein der Ursünde umgekehrt, wie es „Lumen gentium“ mit den Kirchenvätern betont: „[…] dass der Knoten des Ungehorsams der Eva gelöst worden sei durch den Gehorsam Marias; und was die Jungfrau Eva durch den Unglauben gebunden hat, das habe die Jungfrau Maria durch den Glauben gelöst“[456].

In diesem Sinn nennt das Konzil Maria „die Mutter der Lebendigen“[457], die uns Christus, das Leben, brachte. Deshalb ist die Gottesmutter „durch ihre einzigartigen Gnaden und Gaben auch mit der Kirche auf das Innigste verbunden“[458]. Als Frau aus dem heiligen Rest Israels wird sie durch die jungfräuliche Empfängnis und die Geburt des Erlösers zum Anbeginn des neuen Jerusalems. Der Heilsplan Gottes kann sich an ihr erfüllen, da sie immer dem Willen Gottes entsprochen hat und sich Ihm ganz hingegeben hat. Dem Gehorsam Gott gegenüber gilt ihr freies Jawort. „Sie ist in Person das wahre Zion, auf das sich die Hoffnungen in allen Verwüstungen der Geschichte gerichtet haben. Sie *ist* das wahre Israel, in dem Alter und Neuer Bund, Israel und die Kirche, trennungslos eins sind. Sie

---

455 Benedikt XVI., Maria ist uns so nahe wie kein anderer Mensch, weil Christus Mensch für die Menschen ist. Predigt von Papst Benedikt XVI. am 8. Dezember während der Eucharistiefeier im Petersdom am Hochfest der ohne Erbsünde empfangenen Jungfrau und Gottesmutter Maria, in: OR (D) Nr. 50 vom 16. Dezember 2005, 7f., hier: 7.

456 LG 56.

457 Ebd.

458 LG 63.

ist das ‚Volk Gottes', das Frucht trägt aus Gottes gnädiger Macht", wie es Joseph Ratzinger 1977 in dem Buch „Tochter Zion"[459] formuliert.

Es war kein Zufall, dass das Konzil in einen marianischen Rahmen eingebettet wurde: Der selige Papst Johannes XXIII. eröffnete es am 11. Oktober 1962, dem damaligen Fest der Mutterschaft Mariens, und Papst Paul VI., der Maria als „Schützerin des Konzils" bei der Promulgation von „Lumen gentium" bezeichnete, beendete diese große Kirchenversammlung am 8. Dezember 1965, dem Hochfest der Unbefleckten Empfängnis Mariens, indem er Maria feierlich als „Mutter der Kirche" erklärte.

In innerer Entsprechung zu diesem Rahmen lautet das letzte Kapitel der Kirchenkonstitution: „Die selige jungfräuliche Gottesmutter Maria im Geheimnis Christi und der Kirche". Dort heißt es: „Die Jungfrau Maria [...] wird als wahre Mutter Gottes und des Erlösers anerkannt und geehrt. Im Hinblick auf die Verdienste ihres Sohnes auf erhabenere Weise erlöst und mit ihm in enger und unauflöslicher Verbindung geeint, ist sie mit dieser höchsten Aufgabe und Würde beschenkt, die Mutter des Sohnes Gottes und daher die bevorzugt geliebte Tochter des Vaters und das Heiligtum des Heiligen Geistes zu sein"[460].

Sie ist, wie es bei Augustinus heißt, sogar Mutter der Glieder Christi, denn sie hat in Liebe mitgewirkt, dass die Gläubigen in der Kirche geboren würden. Vom Kreuz empfing sie von Ewigkeit her die Gnade ihrer besonderen Erwählung und unter dem Kreuz wird sie von ihrem gekreuzigten Sohn selbst zur Mutter der Kirche bestimmt, zur Mutter für alle, die ihrem Sohn Jesus glauben und ihm folgen wollen (vgl. „Spe salvi" 50).

Damit kann man Maria als Mutter der Kirche bezeichnen und das petrinische Prinzip im marianischen Prinzip aufgehoben sehen, denn das in Treue durchgehaltene Ja zum Willen Gottes, das Maria nie gebrochen hat, ist Anfang und Ziel jeder Berufung in der Kirche. „Alle Christgläubigen jeglichen Standes oder Ranges" sind also „zur Fülle des christlichen Lebens und zur vollkommenen Liebe be-

459 Joseph Ratzinger, Die Tochter Zion. Betrachtungen über den Marienglauben der Kirche, Einsiedeln 1977, 41.
460 LG 53.

rufen"[461]. Es ist erstaunlich, wie dieser Kernsatz des 5. Kapitels von „Lumen gentium" über die „allgemeine Berufung zur Heiligkeit" in den Auseinandersetzungen um die soziologische Gestalt der Kirche in den vergangenen Jahrzehnten vernachlässigt wurde.

Die gemeinsame Würde aller Getauften zeigt, dass nicht ein ethischer Entschluss oder eine große Idee, sondern die Begegnung mit einer Person, Jesus Christus, der dem Leben einen „neuen Horizont und seine entscheidende Richtung gibt" („Deus Caritas est" 1), allen Menschen offensteht. Könnte nicht gerade dieser Blick auf Christus dem missionarischen Elan der Kirche neuen Auftrieb geben? Im Reich Gottes geht es doch nicht vorrangig um Karriere, sondern um die Gnade der Gotteskindschaft, die immer Geschenk ist, das wir nicht verwirken dürfen.

Die großen Kirchenfragen der Zeit sind daher weniger organisatorischer Art. Im Mittelpunkt steht die Frage, wie die christliche Hoffnung an die kommende Generation weitergegeben werden kann, wie wir selbst in unserer Gesellschaft Menschen wieder neu zu Gott führen können. Dabei steht eine Aussage der seligen Mutter Teresa im Mittelpunkt, die auf die Frage, was sich an der Kirche ändern müsse, „Sie und ich" antwortete.

Dieser Satz, den Papst Benedikt in seiner Freiburger Rede zitierte, fasst alles Wichtige zusammen. Ist es nicht merkwürdig, dass mit dem Verlust der marianischen Dimension der Kirche oft auch die Begeisterung für das Heilige schwindet und der Ruf nach Umkehr immer mehr verhallt? Warum stehen die Beichtstühle leer, während die aufgeladene Schuld immer mehr nach Lösung schreit?

Alle Glieder der Kirche – mit Ausnahme der Immaculata – sind der Reinigung bedürftig. „Die wahre Reform", so Joseph Ratzinger, „ist jene, die sich um das verdeckte wahrhaft Christliche müht, sich von ihm fordern und formen lässt; die falsche Reform ist jene, die hinter dem Menschen herläuft, anstatt ihn zu führen, und damit das Christentum in einen schlecht gehenden Krämerladen umwandelt, der um Kundschaften schreit"[462].

Die Kirche ist nicht ein Apparat, der uns gegenübersteht oder sich im Gegensatz Bischöfe-Priester gegen Laien ausdrückt. Kirche ist,

---

461 LG 40.
462 JRGS 8/2, 1191.

mit Romano Guardini gesprochen, „keine erdachte und konstruierte Institution, [...]. Sondern sie ist ein lebendiges Wesen, und unser Verhältnis zu ihr muss selbst Leben sein“[463].

Daher kann sie sich nur von oben her, vom Heiligen Geist, den Jesus ihr als Beistand verheißen hat, erneuern. Joseph Ratzinger formuliert es so: „Wir selber sind die Kirche, sie ist mehr als Organisation, sie ist Organismus des Heiligen Geistes, etwas Lebendiges, das uns alle von innen her umgreift“[464]. Deshalb ist auch die gesamte Kirchenkonstitution „Lumen gentium“ nicht ekklesiologische Selbstbespiegelung, sondern versucht das Wesen der Kirche „im Verwiesensein und im Verweisen über sich hinaus“[465] aufzuzeigen.

Daraus lässt sich ein für die aktuelle Diskussion wichtiger Gedanke formulieren. Wenn Kirche nicht etwas ist, was wir machen, was wir gestalten, sondern sich in allem Ihm, ihrem Stifter, verdankt, dann ist Kirche über sich selbst hinaus verwiesen. Die Glieder der Kirche können sich nur von dem Moment ihrer Stiftung im Abendmahlsaal her, wo das eucharistische Opfer am Kreuz bereits gegenwärtig geworden ist, verstehen. Kirche verdankt sich dem Opfertod am Kreuz und dem aus der Seitenwunde Christi geflossenen Blut des Herrn.

Gott ist in Jesus Christus wahrhaft Mensch geworden und war gehorsam bis zum Tod am Kreuz, um durch dieses Sühneopfer die Menschheit zu erlösen. Für diesen Erweis der göttlichen Liebe bedarf es einer neuen Haltung, die in Maria sichtbar wird: unter dem Kreuz zu stehen. Diese Grundhaltung der Kirche und ihrer Glieder kann keine fordernde sein, sondern eine dankbare, im Herzen eucharistische Haltung.

Mit ihren Gliedern sind alle Getauften gemeint. Um es mit Joseph Ratzinger zu formulieren: „Und »wir«, das ist dann wiederum nicht eine Gruppe, die sich isoliert, sondern eine, die sich hineinhält in die ganze Gemeinschaft aller Glieder Christi“[466]. Alle Einzel- und Untergruppen in der Kirche müssen als Hauptziel haben, dem ei-

---

463 Romano Guardini, Die Kirche des Herrn. Meditationen über Wesen und Auftrag der Kirche, in: Ders., Vom Sinn der Kirche – Die Kirche des Herrn (Romano Guardini/Werke), Mainz/Paderborn 1990, 101-197, hier: 133f.

464 JRGS 8/1, 258.

465 JRGS 8/2, 1316.

466 JRGS 8/1, 261.

nen Leib zu dienen und die Sendung Christi in die Welt tragen, das Evangelium hinauszutragen in alle Welt, also missionarisch Kirche zu sein.

Papst Benedikt XVI. nannte in seiner Freiburger Rede das entscheidende Stichwort: Entweltlichung! So wie Maria in ihrem Fiat alles zurückgelassen hat, alle möglichen Lebenspläne, die sie für sich als junge Frau hatte, darf auch die Kirche als mystischer Leib Christi ihr Fiat sprechen. Wie der Diakon bei der Priesterweihe sein Adsum (Ich bin bereit) spricht, muss das gesamte Gottesvolk täglich neu sein „Ich bin bereit" sprechen im Vertrauen auf die Fürsprache der Mutter der Kirche.

Maria ist die Ersterwählte, ohne Erbsünde empfangene Jungfrau, die neue Eva, die Mutter der Lebendigen[467]. Wenn wir Maria mit dem Konzil im Geheimnis Christi und seiner Kirche betrachten, dann wird deutlich, was Joseph Ratzinger, unser heutiger Papst, 1985 formulierte: „Kirche ist nicht Apparat, ist nicht bloß Institution, auch nicht eine der üblichen soziologischen Größen – sie ist Person. Sie ist eine Frau. Sie ist Mutter. Sie ist lebendig. Das marianische Verständnis der Kirche ist der entschiedenste Gegensatz zu einem bloß organisatorischen oder bürokratischen Kirchenbegriff"[468].

Daran kann man den Gedanken von Christoph Kardinal Schönborn anschließen, der in seinem Brief an Mitarbeiter der Erzdiözese Wien schrieb, dass die Kirche einer missionarischen Reform bedarf und nicht das Festhalten an hergebrachten Strukturen.

Marianisches Denken ist lebendiges Denken, das das Gnadenhafte in der Kirche neu zum Leuchten bringen will. Marianische Reform ist deshalb missionarische Reform. Denn „Kirche können wir nicht machen, wir müssen sie sein. Und nur in dem Maß, in dem der Glaube über das Machen hinaus unser Sein prägt, sind wir Kirche, ist Kirche in uns. Erst im marianischen Sein werden wir Kirche. Kirche wurde auch im Ursprung nicht gemacht, sondern geboren. Sie war geboren, als in der Seele Marias das Fiat erwacht war. Das ist das tiefste Wollen des Konzils: dass Kirche in unseren Seelen erwache. Maria zeigt uns den Weg"[469].

---

467 Vgl. LG 56.
468 JRGS 8/1, 275.
469 Ebd.

Wenn wir nicht weglos werden wollen, müssen wir dieses marianische Prinzip wiederentdecken, oder wie Karl Rahner am Ende seines Lebens „für eine neue Liebe zu Maria" plädieren.

Die Eucharistie in der Theologie Joseph Ratzingers

Das Schicksal der Kirche hängt von der Liturgie ab, von der rechten Weise, Gott zu verherrlichen.[470]

Am 50. Jahrestag der Eröffnung des Zweiten Vatikanischen Konzils durch den seligen Papst Johannes XXIII. hat unser Heiliger Vater das „Jahr des Glaubens" begonnen. Gegenwärtig wird uns immer mehr bewusst, dass das Schicksal der Kirche von der Eucharistie abhängt. Sie ist Ursprung, Quelle, Höhepunkt und Zukunft der kirchlichen *Communio* mit dem auferstandenen Herrn und der Gläubigen untereinander. Tagtäglich wird die Kirche aus seinem geöffneten Herzen neu geboren.[471] Hier ist der Ursprung auch aller anderen Sakramente, die die Begegnung von Mensch und Gott in dieser Welt ermöglichen. Zugleich schenken sie uns auch untereinander eine neue, tiefe Gemeinschaft, die nicht von uns gemacht ist, sondern aus Gnade von Gott geschenkt wird.

1. Anbetung als Schlüssel

Vor einem solchen Geheimnis der Liebe können wir nur staunen, niederfallen und anbeten. Diese Haltung der Anbetung durchdringt das ganze Leben und Werk von Joseph Ratzinger/Papst Benedikt XVI. Schon in einem Predigtvorschlag zur Ewigen Anbetung, der 1960 erstmalig publiziert wurde, schreibt er am Schluss: „[...] wer wahrhaft anbetet, beugt nicht nur das Knie, sondern sich selbst. Er beugt sein Leben vor Gott. [...] Gott will nicht diese oder jene Werke, diese oder jene Spezialandachten von uns. *Er will uns selbst.* Das Ja des ganzen Lebens."[472] Es geht dem jungen Theologen Ratzinger wie auch jetzt dem Heiligen Vater Papst Benedikt XVI. um eine „Theologie des ex-sistere"[473], um jenen „Exodus" aus dem Selbstgemachten hin zur Gabe Gottes, zu dem, der sich für uns zur Gabe gemacht hat,

470 Zuerst veröffentlicht in: Die Tagespost Nr. 156 (29. Dezember 2012) 25.
471 Vgl. JRGS 8/2, 1316.
472 Joseph Ratzinger, Kosmische Liturgie. Ein Predigtvorschlag zur ewigen Anbetung, in: MIPB 2 (2009) 31-35, hier: 35.
473 Vgl. Ders., Theologische Prinzipienlehre. Bausteine zur Fundamentaltheologie, München 1982, 199.

zu Jesus Christus. Je mehr wir dieses „Nicht mehr ich lebe, sondern Christus lebt in mir“ (Gal 2,20), dieses „Wer sich selbst verliert, wird das Leben finden“ (vgl. Mt 16,24f.) konkretisieren, umso deutlicher erkennen wir, dass wir von ihm erkannt, ja geliebt sind.

Papst Benedikt XVI. hat diesen Prozess der Hingabe Jesu Christi wie auch unserer eigenen Hingabe in der Eucharistie beim Weltjugendtag in Köln mit unverwechselbaren Worten charakterisiert: Beim letzten Abendmahl nimmt Jesus seinen Tod vorweg und nimmt „ihn von innen her an und verwandelt ihn in eine Tat der Liebe“[474]. Hier geschieht „der zentrale Verwandlungsakt, der allein wirklich die Welt erneuern kann: Gewalt wird in Liebe umgewandelt und so Tod in Leben. Weil er den Tod in Liebe umformt, darum ist der Tod als solcher schon von innen her überwunden und Auferstehung schon in ihm da.“[475]

Erst in dieser Perspektive begreifen wir die Wandlungsworte, die der Herr selber spricht und die uns die Synoptiker wie auch der Apostel Paulus überliefert haben: „Mein Leib, hingegeben für euch; mein Blut, vergossen für euch und für viele.“ Wer sich von dieser Dynamik der Liebe erfassen lässt, kann das Geheimnis des Glaubens begreifen lernen und sein eigenes Leben von Christus umwandeln lassen, sodass er selbst Leib Christi wird, den er empfängt, und dadurch gleichsam blutsverwandt mit ihm wird.

Diese existentielle Wahrheit erklärte Papst Benedikt beim Weltjugendtag vor allem durch die beiden Begriffe „proskynesis“ und „adoratio“. Der griechische wie der lateinische Begriff wird im Deutschen mit „Anbetung“ übersetzt. Proskynesis heißt wörtlich Unterwerfung, sich niederwerfen. Es bedeutet, seine eigene Freiheit „nach dem Maß der Wahrheit und des Guten zu richten“, um so selbst wahr und gut zu werden. Gott verlangt von uns nicht blinde Unterwerfung, sondern Liebe. Und deshalb wird der zweite Begriff „ad-oratio“ von Papst Benedikt als „Berührung von Mund zu Mund“[476] gedeutet. Diese Einung mit Christus geschieht, indem ich seine Freundschaft

474 Benedikt XVI., Predigt bei der Eucharistiefeier zum Abschluss des XX. Weltjugendtages 2005 auf dem Marienfeld am Sonntag, den 21. August 2005, in: Verlautbarungen des Apostolischen Stuhls (Nr. 169), hg. vom Sekretariat der Deutschen Bischofskonferenz, Bonn 2005, 85-90, hier: 85.

475 Ebd., 86.

476 Ebd., 87.

annehme und sie in Liebe beantworte. So wird jede Eucharistie die Vergegenwärtigung der unbegreiflichen Liebe, die Jesus Christus dem Vater entgegenbringt. In diesem Geist nimmt er uns auf und führt uns im „feurigen Wagen" seiner gekreuzigten Liebe dem Vater entgegen. Joseph Ratzinger hat dieses Bild vom Kreuz als feurigen Wagen der Himmelfahrt des Propheten Elija entlehnt und dabei an ein dem Origenes zugeschriebenes Wort erinnert: „Wer mir nahe ist, ist dem Feuer nahe".[477] Diese Einsicht in die Eucharistie wie auch in das Geheimnis der Kirche ist für Papst Benedikt XVI. entscheidend, denn beide Mysterien sind eng miteinander verbunden. Nicht wir „machen" die Kirche, und auch in der Eucharistie ist der dreieinige Gott der eigentlich Handelnde. Es ist ein Geschehen im Heiligen Geist, in dem Christus als Priester und Opfergabe den Vater durch seinen Akt der Hingabe verherrlicht und von ihm verherrlicht wird (vgl. Joh 17,1).

2. Das Kreuz im Blick

Demgemäß hat Papst Benedikt das Kreuz bei jeder Eucharistiefeier neu in den Blickpunkt der Feiernden gerückt. Denn wir dürfen nie vergessen, dass wir uns nicht selbst feiern, sondern dass wir das nur mitvollziehen, was Christus für uns vollzieht, die tiefste Anbetung im Heiligen Geist durch die Hingabe seines eigenen Lebens zur Vergebung der Sünden. Zu dieser Feier sammelt Christus seine Kirche als das neue Volk Gottes, das stets der Reinigung bedarf, um eucharistiefähig zu werden.

Dies geschieht im Kreuzesopfer Jesu Christi: „Das Kreuz, Mitte der himmlischen Liturgie, steht nicht nur auf der Erde, [...] – es steht auch außerhalb der Stadt und des Tempels (Hebr 13,12) und umfasst gerade auch die Welt des Alltags, die Welt außerhalb des Heiligtums. Weil in der vom Kreuz geschenkten Relecture der Opfertraditionen der Menschheit Opfer und Liebe identisch werden, ist es zugleich höchste Liturgie, das heißt Angleichung des Menschen an den Gott, der Liebe ist und konkreteste Wirklichkeit des Alltags. Dem Erlöser begegnet man in den Geringsten: im Gefängnis, am Krankenbett, in den Quartieren der Hungernden und Darbenden

477 Joseph Ratzinger, Diener eurer Freude. Meditationen über die priesterliche Spiritualität, Freiburg i. Br. 1988, 34.

(vgl. Mt 25,31-46)."[478] Christus hat in Erfüllung der alttestamentlichen Gottesknechtslieder die Gestalt des Geringsten angenommen, um uns von unserer Ichverfangenheit zu heilen, denn „durch seine Wunden sind wir geheilt" (Jes 53,5). Indem er unsere Schuld auf sich lädt und sie in Gnade umwandelt, versöhnt er uns mit dem Vater. Nur der ist eucharistiefähig, der sich durch Christus versöhnen lässt. Beichte und Eucharistie, Reinigung und Kommunion gehören zusammen, damit die Kirche heute wieder von ihm erneuert werden kann.

Als Versöhnte aber müssen wir zugleich Versöhnende sein. Was bedeutet das? Wir müssen uns von der Wahrheit Christi erfassen lassen, dass er durch sein Leiden und Kreuz die Welt erlöst hat und dass er auch uns in seine Kreuzesnachfolge hinein beruft. Hass und Ablehnung wird von Christus mit vergebender Liebe beantwortet. Deshalb hat das Zeichen des Friedens in der Liturgie seinen Grund in der Bereitschaft, diesen Weg Jesu mitzugehen. Es muss von Herzen kommen und darf nicht zu einem oberflächlichen Händeschütteln verebben. Im Blick auf den Gekreuzigten werden wir gerettet, wenn wir nicht aus dem „Geist des Protestes oder gar des Hasses heraus, sondern nur in der Teilhabe an der bis zum Äußersten gehenden Liebe"[479] leben.

3. „Pro multis" – „für viele"

Kommen wir hier noch einmal zurück zu den Gottesknechtsliedern: „Mein Knecht, der Gerechte, macht die vielen gerecht; er lädt ihre Schuld auf sich." (Jes 53,11) Wir glauben, dass Christus sein Leben für uns Sünder hingegeben hat. In den vergangenen Jahrzehnten hat die Kirche das „pro multis" übersetzt mit „für alle". Papst Benedikt XVI. hat in seiner Erläuterung der Neuübersetzung des „pro multis" als „für viele" darauf hingewiesen, dass die Kirche nach wie vor daran glaubt, dass der Herr für alle Menschen gestorben ist, denn „das Sein und Wirken Jesu umfasst die ganze Menschheit, Vergangenheit und Gegenwart und Zukunft".[480] Von dieser ontologischen Ebene muss die historische Faktizität unterschieden

478 JRGS 11, 700.
479 Ebd., 701.
480 Schreiben von Papst Benedikt XVI. an den Erzbischof von Freiburg und Vorsitzenden der Deutschen Bischofskonferenz, Dr. Robert Zollitsch, Vatikanstadt 14.4.2012, auf: http://www.vati-

werden, dass in der konkreten Geschichte der Menschheit niemand gezwungen wird, den Erlöser anzunehmen. Um der Wahrheit und der Freiheit des Menschen willen entspricht es sowohl der biblischen Tradition wie auch dem Tun des Herrn, wenn die Kirche sich wieder überall an die wörtliche Übersetzung hält. Wer dagegen polemisiert, sollte sich fragen, ob er nicht die Möglichkeit des Menschen missachtet, sich auch gegen Gott zu entscheiden. Die Barmherzigkeit Gottes ist zwar immer ein Akt der Liebe, aber diese Liebe drängt sich dem Menschen nicht auf. Sie „kann" nur von denen empfangen werden, die ihr Herz nicht verhärten.

Der Herr reinigt und sammelt sein Volk. In ihm findet das Sinai-Ereignis seine Vollendung, da er uns das neue Gebot der Liebe gibt, indem er sich selbst erniedrigt. In der Fußwaschung, die er an seinen Jüngern vollzieht, damit sie Gemeinschaft mit ihm haben, findet dieses Zeichen der vergebenden Liebe seinen sinnenfälligen Ausdruck. Dabei trägt er ihnen auf: „Ich habe euch ein Beispiel gegeben, damit auch ihr so handelt, wie ich an euch gehandelt habe" (Joh 13,15).[481]

4. Communio – in der Einheit wirkt der Eine

Das neue Volk Gottes, das so von ihm gesammelt und gereinigt wird, wird in diesem Akt der *Communio* durch die vergebende Liebe des Herrn zusammengeschlossen zu einem Leib. Von dieser inneren Einheit ist der Begriff des „Volkes Gottes" immer vom „Leib Christi" her zu verstehen.[482] Christus schenkt sich den Gläubigen in der Eucharistie und formt sie zu seinem Leib.

„Beiderlei Bedeutungen von Leib Christi", so Papst Benedikt, „die eucharistische und die kirchliche, sind zwar nicht identisch, aber doch ganz und gar aufeinander bezogen: Vom eucharistischen Mahl her baut sich die Kirche auf und umgekehrt ist Eucharistie ganz dazu da, die Menschen in den Leib des Herrn und so in den Geist des Herrn zu versammeln, um sie damit selbst zum lebendigen Leib

can.va/holy_father/benedict_xvi/letters/2012/documents/hf_ben-xvi_let_20120414_zollitsch_ge.html (15.02.2014).

481 Vgl. JRGS 11, 37.

482 Siehe dazu Stephan Alberto, Begriff und Wesen der Kirche in der Entstehung der Kirchenkonstitution „Lumen gentium", in: Erich Naab (Hg.), Ex latere. Ausfaltungen communialer Theologie, Eichstätt 1993, 149-175, hier: 161f. Alberto weist auf die systematische Zuordnung des Begriffs „Volk Gottes" zum Begriff „Leib Christi" hin.

Christi, zum Ort der konkreten und wirkmächtigen Anwesenheit Christi in der Welt umzugestalten."[483]

Wie „die erste Paschanacht die eigentliche Geburtsstunde des Volkes Israel" war und mit dem Pascha und dem Bundesschluss vom Sinai die beiden Gründungsakte Israels vollzogen waren, so versteht sich Christus „als das neue, wahre Paschalamm, das stellvertretend für alle Welt stirbt"[484]. Die Kirche ist also im Pascha des Herrn geboren. Dabei bilden die Worte Jesu beim letzten Abendmahl eine Einheit mit dem Geschehen des Karfreitags und des Ostertages. Es ist, wie es Ratzinger einmal ausdrückte, eine Dreieinigkeit von Wort, Tod und Auferstehung, die uns das Geheimnis des dreieinen Gottes erahnen lässt. Nur in der Einheit wirkt der Eine.

Deshalb darf die Feier der Eucharistie nicht von der ekklesialen Verbundenheit mit dem Papst und dem jeweiligen Ortsbischof losgelöst werden. Diese Verbundenheit gehört zum Wesenskern der Eucharistie, die uns in den Abendmahlsaal hinführt, wo der Herr den Aposteln den Auftrag gegeben hat: „Tut dies zu meinem Gedächtnis" (Lk 22,19). Aus dieser konkreten ekklesialen Verfasstheit der Eucharistie erkennen wir, dass eine Einladung zur eucharistischen Gastfreundschaft der Wahrheit widerspricht, dass der Kommunizierende nicht nur den Glauben an die Realpräsenz, an die wahre Gegenwart des Herrn in der Eucharistie, bezeugen muss, sondern zugleich auch ein Bekenntnis zur Apostolizität der Kirche, die durch ihre hierarchische Struktur – Papst und Ortsbischof – sichtbar wird, ablegt.

5. Wiederauffinden der Mitte

Der unvergessene Mainzer Kardinal Hermann Volk wurde vor etwa 40 Jahren von einem jungen Priester gefragt, warum er überhaupt ein Messgewand tragen soll. Er gab die plastische Antwort: „Damit Du darunter verschwindest." Das liturgische Gewand macht also deutlich, dass hier nicht einfach eine Privatperson als Priester vor uns steht, sondern dass der Priester an der Stelle eines anderen, an der Stelle Jesu Christi handelt.

483 JRGS 7/2, 649.
484 JRGS 8/1, 144.

Manche Versuche, die Liturgie zu vereinfachen, haben in den vergangenen Jahrzehnten die Liturgie zum Teil banalisiert und zugleich auf eine rein menschliche Ebene reduziert. Es besteht außerdem die Gefahr, dass ungewollt ein neuer „Klerikalismus" dadurch entsteht, weil Christus als die eigentliche Mitte der Liturgie zu wenig im Vordergrund steht. Das liturgische Gewand fordert hingegen „den Priester heraus, sich in die Dynamik einer Ent-Werdung aus dem abgekapselten Eigenen heraus in eine Neuwerdung von Christus her und auf Christus zu hineinzubegeben."[485]

Wie also können wir uns von dieser Dynamik Christi wieder neu erfassen lassen? Indem wir die *„participatio actuosa"* (die aktive Teilnahme an der Liturgie) nicht auf das menschliche Agieren reduzieren, sondern an der Christuszentrierung unseres ganzen Tuns messen. „Wir stehen vor Gott – er spricht mit uns, wir mit ihm", so Papst Benedikt XVI. bei seiner Rede in Heiligenkreuz. „Wo immer man bei liturgischen Besinnungen nur darüber nachdenkt, wie man Liturgie attraktiv, interessant, schön machen kann, ist Liturgie schon verfallen. Entweder ist sie *opus Dei* mit Gott als dem eigentlichen Subjekt oder sie ist nicht." Der Papst bittet darum: „Gestaltet die heilige Liturgie aus dem Hinschauen auf Gott in der Gemeinschaft der Heiligen, der lebendigen Kirche aller Orten und Zeiten so, dass sie zu einem Ausdruck der Schönheit und Erhabenheit des menschenfreundlichen Gottes wird!"[486]

Bei der Erneuerung der Liturgie ging es den Konzilsvätern um diese Mitte des Glaubens. Wenn Papst Benedikt von der „Reform der Reform"[487] spricht, dann beabsichtigt er die Mitte unseres liturgischen Tuns wiederzufinden. Deshalb spricht er auch von der *„ars celebrandi"*, d. h. von der Kunst des Zelebrierens, die nicht den in den Mittelpunkt stellt, der zelebriert, sondern Christus, um dessen Willen sich die Gläubigen versammeln. Diese Mitte ist letztlich der wiederkommende Christus, wie wir in der erneuerten Liturgie nach der Wandlung beten: „Deinen Tod, o Herr, verkünden wir, und deine Auferstehung preisen wir, bis du kommst in Herrlichkeit". Viele Kirchen wurden deshalb geostet, weil man in der aufgehenden Son-

---

485 JRGS 11, 183.
486 Benedikt XVI., In visitatione Abbatiae „Heiligenkreuz", die 9 Septembris 2007, in: AAS 99 (2007: 10) 853-858, hier: 855.
487 JRGS 11, 673-677.

ne ein Symbol sehen konnte für den Auferstandenen, der mitten in seine Kirche eintritt und ihr Orientierung und Leben schenkt.

Kirche ist *Communio* mit dem Herrn in seinem Wort und Sakrament. Er selber tritt in unsere Mitte und spricht uns an, wenn wir uns wie die Heiligen von seinem lebendigen performativen Wort[488] formen lassen. Ihm und seiner Kirche gehorsam, müssen wir den Geist der *Communio* in die Welt zur Neuevangelisierung hinaustragen. Dafür wurde uns durch die Liturgiereform des II. Vatikanischen Konzils der Tisch des Wortes reich gedeckt. Indem wir nicht uns selbst verkündigen, sondern den dreieinigen Gott, geben wir der Welt Zeugnis für die Liebe, die fleischgeworden ist in seinem Wort.

So kann die Kirche zum Zeichen der Einheit mit Gott und untereinander werden (Lumen gentium 1). Das Schicksal der Kirche hängt von der Liturgie ab, von der rechten Weise, Gott zu verherrlichen. Papst Benedikt XVI., der den lebendigen Glauben der Kirche mit der Verkündigung des Wortes verbindet, sagte in einer Adventspredigt: „Komm heute, Herr, komm in jeden von uns, und komm so auch in diese Zeit: sichtbar, geschichtlich, neu, wie es diese Zeit braucht und wie es ihr angemessen ist. Ja Herr, komm und hilf uns, dass wir dir die Tore öffnen, dass wir mitgehen bei deinem Einzug."[489]

---

488 Vgl. Maximilian Heim, Offenbarung als lebendiges Wort Gottes – Wort des lebendigen Gottes. Verflechtung von Wort und Zeuge und Glaubensregel, in: Michaela C. Hastetter, Ioan Moga, Christoph Ohly (Hg.), Symphonie des Wortes. Beiträge zur Offenbarungskonstitution „Dei Verbum" im katholisch-orthodoxen Dialog, St. Ottilien 2012, 15-30, hier: 15.
489 JRGS 11, 723.

„Gott einen Ort sichern" (Madeleine Delbrêl)

Die fundamentale christliche Berufung heute?[490]

„Der Mittelpunkt dieses Lebens, seine Freude, sein tiefster Daseinsgrund, ohne den es uns nichtig erschiene, ist die Gabe unserer selbst an Gott, in Jesus Christus. Ist, in dieser Welt zu sein, in sie hineingetaucht, als Parzelle der Menschheit, mit all seinen Fasern ausgeliefert, dargebracht, enteignet. Inseln göttlicher Anwesenheit sein. Gott einen Ort sichern. Vor allem der Anbetung überantwortet sein. Das Geheimnis des göttlichen Lebens auf uns lasten lassen, bis zum Erdrücktwerden. In den Finsternissen der allgemeinen Unwissenheit Leuchtpunkte der Bewusstwerdung Gottes sein. Erkennen, dass hier der eigentliche Akt der Erlösung geschieht; glauben im Namen der Welt, hoffen für die Welt, lieben im Namen der Welt. Wissen, dass eine Minute von glaubensbeladenem Leben, auch wenn sie sich ohne jede Aktion, ohne jeden äußeren Ausdruck vollzieht, einen Genius der Wertsteigerung und eine vitale Kraft in sich trägt, die unsere armseligen menschlichen Taten nie ersetzen können."[491]

1. Eine Vorgabe und ein Versuch

Dem kleinen Band „Gott einen Ort sichern. Texte – Gedichte – Gebete", den die theologische Referentin des Bischofs von Magdeburg, Annette Schleinzer, verantwortet, ist das gleichnamige Gedicht der französischen Mystikerin Madeleine Delbrêl entnommen, mit dem ich dieses Referat begonnen habe. Wer ihren Versen mit Aufmerksamkeit folgt, wird erkennen, dass die Aussage „Gott einen Ort sichern" wie ein archaischer Appell aus der sprachlichen Verbindlichkeit des übrigen Textes herausfällt und dadurch eine außergewöhnliche Kraft bekommt. So ist der Titel des Symposiums, das uns anlässlich des zwanzigsten Jahresjubiläums der Lehrtätigkeit

490 Dieser Vortrag wurde im Rahmen des Symposiums „Gott ver(w)orten" gehalten, das am 24./25. Oktober 2013 anlässlich der 20-jährigen Lehrtätigkeit des Dogmatikers Prof. Bernhard Körner in Graz stattfand.

491 Madeleine Delbrêl, Gott einen Ort sichern. Texte – Gedichte – Gebete, hg. von Annette Schleinzer, Kevelaer [3]2013, 128.

von Univ.-Prof. Bernhard Körner hier zusammengeführt hat, dem literarischen Erbe Madeleine Delbrêls verdankt, die als Mystikerin der Straße den christlichen Glauben in einer säkularisierten Umgebung verortet und „verwortet" hat. Sie ist für mich als Zisterzienser zwar keine Unbekannte[492], auch wenn ich gestehen muss, dass ihr Einfluss auf meine Frömmigkeit bisher eher marginal und meine Kenntnis ihrer Schriften eklektisch geblieben sind.

Vielleicht ist es ein verwegenes Tun, Madeleine Delbrêl – die 1904 in Südfrankreich geboren wurde, die mit 20 Jahren ihre erste radikale Bekehrung erlebte und 1964 in Paris starb – in dieser Abhandlung mit dem benediktinischen Leben in Beziehung zu setzen, mit einer mehr als 1500 Jahre alten Lebensform, die eine Spiritualität patristischen Zuschnitts repräsentiert, deren ästhetische Spuren sich allenfalls im urbanen Säkularismus der Moderne – nicht immer ohne Respekt – im Paradigma des Feuilletons nachlesen lassen.

1.1 Am Ort des Nicht-Glaubens

Madeleine Delbrêl war und wollte keine Heilige des katholischen Milieus sein. Vielmehr begann ihre Sendung exakt dort, wo der katholische Rahmen aufhört und jede Geltung verliert. Auf eine besondere und intensive Weise wusste sie sich vom Wort Jesu angesprochen: „Wie du mich in die Welt gesandt hast, so habe auch ich sie in die Welt gesandt" (Joh 17,18); und wie der alttestamentliche Prophet Jona eine Tagesreise weit nach Ninive, in die „große Stadt vor Gott" (vgl. Jona 3,3f.), ging, wollte sie in das Zentrum der „Stadt ohne Gott"[493] hineinwandern, um Buße und Umkehr nicht im Genre der eschatologischen Strafpredigt zu erzwingen, sondern durch das Zeugnis der Liebe und Barmherzigkeit Gottes zu provozieren. Mit ihrer gesamten Existenz schien sie danach zu verlangen, in Sendung und Schicksal dessen einzutreten, von dem der Evangelist Johannes im Prolog schreibt: „Er war in der Welt, und die Welt ist durch ihn geworden, und die Welt hat ihn nicht erkannt" (Joh 1,10). Madeleine Delbrêl wusste um die Versuchung, das missionarische

---

492 Noch während meiner Studienzeit entdeckte ich das Buch „Der kleine Mönch"; auch in den Vorlesungen des Heiligenkreuzer Pastoraltheologen Prof. P. Dr. Norbert Stigler OCist wurde über Madeleine Delbrêl referiert.

493 Vgl. Harvey Cox, The Secular City. Secularization and Urbanization in Theological Perspective (1965), Princeton/New Jersey 2013, deutsch: Stadt ohne Gott?, Stuttgart [6]1971.

Risiko und die Unvertretbarkeit des apostolischen Zeugnisses durch institutionelle Sicherheiten zu entlasten; sie baute kein Sozialwerk auf, gründete keinen Orden und hinterließ kein theologisches Œuvre[494]. Weil sie jedoch davon überzeugt war, durch ihren Glauben an Christus mit ihm die Welt überwunden zu haben, war sie frei geworden für den Versuch, der Welt gerade in deren Weltlichkeit ganz nahezukommen. Ihr persönliches Charisma bestand im schweigenden Zeugnis des Glaubens an Ort und Stelle des Nicht-Glaubens. Das freiwillige Bewohnen dieses Ortes betrachtete sie als die letzte Möglichkeit ihrer Selbst-Auslieferung. Für ihr Leben wählte sie eine Stätte, die nicht der Spiegel ihres Glaubens sein konnte, nicht einmal in der dialektischen Verwandtschaft der Negation. Sie befürwortete einen Ort, der als Wüste des Glaubens die übernatürliche Prüfung des mystischen Weges zu einer soziologischen Kategorie veräußerlichte, indem diese Stätte unbetrauerten und erinnerungslosen Fehlens jeglichen christlichen Glaubens gerade für den Glaubenden ein äußerstes Maß an Einsamkeit bedeutet. Der Kampf um die Treue des Glaubens fordert dann einmal mehr nicht den Angriff (gegen wen auch?) und nicht den Streit (mit wem auch?), sondern die nackte und schweigende (weil antwortlose) Treue zur Stätte. Dieser Kampf besteht in nichts anderem als im Ausharren vor Ort, er besteht in der *stabilitas loci*. Ist bereits das Wenige, das Madeleine Delbrêl als geistliche Schriftstellerin hinterlassen hat, wie Victor Conzemius sagt, die Offenbarung einer „Gläubigkeit von so strahlender Dichte und von einem so unbestechlichen Realismus, dass man wieder Freude und Zuversicht am Glauben gewinnen kann“[495], so gibt sie darin doch nur fragmentarisch Auskunft von einem Leben, das sich nicht bewahren, sondern sich aussetzen wollte – in der Freiheit der Wahrheit, die Christus ist. Und ebenso, wie Madeleine Delbrêl in Christus das Fundament und den Inhalt ihrer missionarischen Position erkannte, wurde er selbst ihr zur Methode einer Art kenotischer Pädagogik, womit eine zutiefst christologische Verbindung von Menschwerdung und Kreuz ausgesprochen ist.

494 In seinem Vorwort zum Buch „Christ in einer marxistischen Stadt“ von Madeleine Delbrêl schreibt der Herausgeber Victor Conzemius: „Was von ihr schriftlich vorliegt, ist nicht sehr viel, vier Bücher, Auswahlbändchen von Reden und Gelegenheitsartikeln.“, 7-38, hier: 7.

495 Madeleine Delbrêl, Christ in einer marxistischen Stadt, Frankfurt a. M. 1974, 8.

1.2 Exkurs: Freiwillig das Kreuz als Ort der Verlassenheit aushalten

Hat nicht Jesus, der wahre Sohn Gottes und Menschensohn, von Beginn an – seitdem er in eine Krippe gelegt worden war und zum Fremden wurde, dessen Identität und Ort nur ein Stern kannte, – einen Ort gesucht, an dem er das tun würde, was der Wille des Vaters von ihm verlangte?[496] Dieser Ort ist Golgotha, der Ort „außerhalb des Tores" und „außerhalb des Lagers";[497] der Ort „außerhalb von Gott".[498] Hier sollte seine Einheit mit dem Vater jene abgründige Tiefe erreichen, aus der die Botschaft des „titulus crucis" moralisch hervortritt: „Hic est Jesus Rex Iudaeorum" „Dies ist Jesus, der König der Juden" (Mt 27,37). Das demonstrative Pronomen „hic" lässt sich im Lateinischen durchaus auch als „hier" verstehen. Wer damals nach dem König der Juden gefragt hätte, danach, wo dieser sei, der hätte die Antwort des Pilatus erhalten: Hier ist der König der Juden. So bekommt schließlich die Frage der Magier am Beginn des irdischen Lebensweges Jesu am Ende im Kreuzestitulus eine öffentliche Antwort: Wer den wahren König der Juden sucht, muss hinaustreten aus der Heiligen Stadt und aus den Tröstungen des Glaubens, hinaufsteigen zur Schädelhöhe und die Schmach dessen teilen, der von allem entkleidet, mit seinem nicht wesens-, sondern weltbestimmten Ort verschmilzt. Hier findet keine Flucht mehr statt – wie damals als Kind auf den Armen der Mutter nach Ägypten. Auf Golgotha wird er auch seine Mutter weg- und weitergeben. Hier wird kein fremdes Blut mehr vergossen von unschuldigen Kindern, sondern das eigene „zur Vergebung der Sünden" (Mt 26,28). Hier in der Verlassenheit gibt es nur noch die Nacktheit der Sünde[499] und das Nicht-Herabsteigen vom Kreuz, das Aushalten der Position, die der Tod der Sünde sein sollte und der Tod des Todes[500]. Hier gibt Jesus Christus, der „treue Zeuge"[501], Zeugnis dafür, dass er vom Vater in

---

496 Vgl. Hebr 10,5ff. unter Zitation von Psalm 40,7ff.

497 Vgl. Hebr 13,12f.

498 Vgl. Dtn 21,23; Gal 3,13: „Christus hat uns vom Fluch des Gesetzes freigekauft, indem er für uns zum Fluch geworden ist; denn es steht in der Schrift: Verflucht ist jeder, der am Pfahl hängt."

499 Vgl. Gen 3,7: „Da gingen beiden die Augen auf und sie erkannten, dass sie nackt waren. Sie hefteten Feigenblätter zusammen und machten sich einen Schurz." Die Beraubung der Kleider Jesu bei der Kreuzigung schloss diesen Schurz mit ein.

500 Vgl. 1 Kor 15,26: „Der letzte Feind, der entmachtet wird, ist der Tod."

501 Vgl. Offb 1,5: „und von Jesus Christus; er ist der treue Zeuge, der Erstgeborene der Toten, der Herrscher über die Könige der Erde. Er liebt uns und hat uns von unseren Sünden erlöst durch sein Blut."

die Welt gesandt ist, in eine Welt aber, in der Gott nicht als Herr und „König" anerkannt wird. Nur dann wird sie ihn König nennen, wenn er den Platz in Demut annimmt, den sie ihm zuweist, den Schandpfahl des Kreuzes. Freiwillig, weil aus Liebe, hält er diesen *Ort* der Schande aus.

Die Welt steht unter dem Gesetz der Sünde, deren grausame „Mechanik" sich daraufhin ausrichtet, dass Gott tot ist. Die Doppeldeutigkeit der Wendung: „Der ist für mich gestorben!" kann aber für die Glaubenden in der freien Annahme des Kreuzes seine erlösende Eindeutigkeit im paulinischen Glauben gewinnen, dass nämlich einer für alle gestorben ist: „Denn die Liebe Christi drängt uns, da wir erkannt haben: Einer ist für alle gestorben, also sind alle gestorben. Er ist aber für alle gestorben, damit die Lebenden nicht mehr für sich leben, sondern für den, der für sie starb und auferweckt wurde." (2 Kor 5,14f.)

So wird die Gottferne der Welt überwunden, indem Jesus, der der Herr ist über die Sünde, einen Ort zu dem seinen macht, der selbst bis zur Gottverlassenheit reicht. Klaus Hemmerle hat mit Chiara Lubich „Jesus, den Verlassenen" als die „höchste Offenbarung des Gottes, der die Liebe ist"[502], erkannt: „Das ‚Äußerste' der Liebe ist das Größte, was es gibt."[503] Diesen Ort aushalten bedeutet: „Immobiliter sistere in periculis"[504] „in Gefahren unbeweglich festzustehen" als eine präzise Beschreibung des Kreuzes! Das ist nicht nur der wesentliche Akt der Tapferkeit, das ist das Urbild jeder *stabilitas loci*. Im Kreuz offenbart sich jenes „Mehr von Liebe", das – wie es Klaus Hemmerle sagt – „die spezifische Antwort auf die Situation einer jeden Epoche gibt"[505]. Den Menschen nachgehen, ihren Ort teilen, in ihrer Stadt verweilen, bis in die letzte Entäußerung war auch das Lebensprogramm Madeleine Delbrêls, ein Weg – betrachtet man ihn auf dem Hintergrund der faszinierenden Charismen der Kirchen-

502 Klaus Hemmerle, Wie Glauben im Leben geht. Schriften zur Spiritualität, München 1995, 220-241, hier: 220. Vgl. Bernhard Körner, Gute Gründe für ein Leben in der Kirche, Innsbruck 2012, 42f.: „Der von Gott verlassene Gott".

503 Klaus Hemmerle, Wie Glauben im Leben geht. Schriften zur Spiritualität, München 1995, 223. Vgl. Joh 15,13.

504 Thomas von Aquin, STh II-II, q. 123, a. 6: „Et ideo principalior actus est fortitudinis sustinere, id est immobiliter sistere in periculis, quam aggredi." „Und daher ist es ein gewichtigerer Akt der Tugend (Stärke) auszuhalten, d. h. in Gefahren unbeweglich festzustehen, als anzugreifen."

505 Klaus Hemmerle, Wie Glauben im Leben geht. Schriften zur Spiritualität, München 1995, 227.

geschichte –, der sich einfügt in ein Netz der Liebe, das die Welt umspannt.

Meine Überlegungen zum existentiellen Engagement Madeleine Delbrêls basieren auf der Überzeugung, es sei gerade in einer solchen Entäußerung, in der ein Gläubiger dort ausharrt, wo der Glaube nicht einmal mehr zum Thema der Erinnerung an bessere Tage taugt, wo er seiner selbst auch als negierter Glaube weglos allein bleibt, das Wesen jeder *stabilitas loci* gelegen. Damit erkennen wir zugleich eine nicht auf den ersten Blick offen zutage tretende Verbindung, die es in der Tat rechtfertigt, Leben und Denken Madeleine Delbrêls aus der Perspektive der monastisch-benediktinischen Tradition zu erschließen und beides auf Gemeinsamkeiten und Kontrastierungen hin zu durchsuchen.

2. An unterschiedlichen Orten

Gott in dieser Welt einen Ort sichern bedeutet, ihn einzuladen, unsere Koordinaten von Raum und Zeit im Zeichen des Kreuzes neu zu bestimmen. Dies ist für den an die Inkarnation wie an die Erlösung durch Leiden, Kreuz und Auferstehung Glaubenden deshalb möglich, weil er die Zusage des Auferstandenen: „Ich bin bei euch alle Tage bis zum Ende der Welt" (Mt 28,20) in ihrer Ernsthaftigkeit und Wirksamkeit auf sein eigenes Leben, das eingebunden ist in einen ganz bestimmten Kontext, bezieht. Unserem säkularen Zeitalter sind solche Deutungskategorien des Lebens aus dem Glauben oft sehr fremd. Anders als in früheren Zeiten, in denen Religion und Glaube eine Selbstverständlichkeit darstellten, kann sich in der Gegenwart der Glaube oft nur als eine mögliche Sinndeutung neben anderen behaupten. Dem jeweiligen Ort ist jedoch Rechnung zu tragen, weil er den inneren Diskurs über den Glauben der Kirche wesentlich prägt und voranbringt.[506]

Es ist wirklich spannend, das kleine Haus Madeleine Delbrêls in Ivry, einer Industrievorstadt von Paris, mit einer jahrhundertealten Abtei im Wienerwald in Verbindung zu bringen. Letztere lebt aus der benediktinischen Tradition von *ora, lege et labora*, die bereits 1500 Jahre alt ist und sich bewährt hat. Das Glaubenszeugnis von

---

506 Vgl. Hans-Joachim Sander, Kirche versteht sich vom Außen her, in: Herders Theologischer Kommentar zum Zweiten Vatikanischen Konzil, Band 5, Freiburg i. Br. 2009, 186-209, hier: 187.

Madeleine Delbrêl bedarf weniger der Mauern eines Hauses oder einer speziellen Gewandung, sondern spielt sich im Alltäglichen konkret auf der Straße ab, die in ihrer Unmittelbarkeit auch die Gebetsordnung der kleinen Gemeinschaft von Ivry bestimmt. Ist ein Vergleich der beiden Lebensformen überhaupt möglich? Nun geht es in einem solchen Referat nicht darum, eine umfassende Antwort auf diese komplexe Fragestellung zu geben. Was ich hier versuchen möchte ist, Gemeinsames in aller Verschiedenheit aufzuzeigen.

2.1 Gemeinsames in aller Verschiedenheit

Vergegenwärtigen wir uns noch einmal den Eingangstext: „Der Mittelpunkt dieses Lebens, seine Freude, sein tiefster Daseinsgrund, ohne den es uns nichtig erschiene, ist die Gabe unserer selbst an Gott, in Jesus Christus." Diese Grundentscheidung für Jesus Christus ist die verbindende Mitte, die beide Lebensentwürfe auszeichnet. Auch der hl. Benedikt spricht an mehreren Stellen seiner Regel davon, dass Christus überhaupt nichts vorgezogen werden darf (vgl. RB 72,11). So unterschiedlich der Lebensentwurf Madeleine Delbrêls von einem benediktinischen Alltag erscheinen mag, so anregend kann er durch diese Gemeinsamkeit der Zentrierung auf Christus in seiner Grundstruktur auch für ein Leben im Kloster sein. In unserer postmodernen Zeit, in der Klöster oft in einer Wüste der Gleichgültigkeit existieren, werden auch sie zu einer Oase für die Menschen, zu einer Quelle der Gottesbegegnung[507].

Vielleicht verwundert es manchen, dass ich primär die Gemeinsamkeiten dieser beiden Berufungen herausarbeite. Erst in einem zweiten Ansatz werde ich die unterschiedliche Umsetzung der Verwirklichung des Evangeliums beider Lebensformen ins Wort bringen, insbesondere in Kapitel 3.

Grundsätzlich gilt, was Papst Benedikt in einer Ansprache so formulierte: „Um das Wort des Evangeliums fruchtbar zu verkün-

---

507 Vgl. Benedikt XVI., In visitatione Abbatiae „Heiligenkreuz", die 9 Septembris 2007, in: AAS 99 (2007: 10) 853-858, hier 856: „Ein Kloster ist vor allem eines: ein Ort der geistlichen Kraft. Wenn man zu einem Eurer Klöster hier in Österreich kommt, empfindet man dasselbe, wie wenn man nach einer schweißtreibenden Wanderung in den Alpen sich endlich an einem klaren Quellbach erfrischen kann... Nützt also diese Quellen der Nähe Gottes in Eurem Land, schätzt die Ordensgemeinschaften, Klöster und Stifte und nehmt den geistlichen Dienst in Anspruch, den die Gottgeweihten für Euch zu leisten bereit sind!"

digen, braucht es zuallererst eine tiefgehende Gotteserfahrung".[508] Diese Gotteserfahrung geschieht nicht ort- und zeitlos, sondern inkarniert sich in dieser Welt. So wird der jeweilige Kontext auch zu einem theologischen Ort, der die Glaubenserfahrung jeweils prägt und aktualisiert. Deshalb erfordern unterschiedliche Situationen die notwendige *discretio*, die bereit ist, das vielfältige Wirken des Heiligen Geistes, der „weht, wo er will" (vgl. Joh 3,8), wahrzunehmen. Diese Offenheit gegenüber dem Geist bewirkt einen neuen missionarischen Elan, Gott dort Eingang zu gewähren, wo er scheinbar ausgeschlossen ist. Um Glaubens- und Gotteserkenntnis in unserer säkularen Epoche zu vermitteln, bedarf es des glaubwürdigen Zeugnisses, der offenen Mission und der mutigen Verkündigung.

2.2 Drei Leitgedanken

Diese drei Zugänge bilden den Rahmen für mein Thema „Gott einen Ort sichern – Die fundamentale christliche Berufung heute?". Zeugnis, Mission und Verkündigung sind Grundperspektiven des Evangeliums, die in je unterschiedlicher Weise sowohl die „Mystikerin der Straße"[509], Madeleine Delbrêl, inmitten ihres marxistischen Milieus als auch ein benediktinisches Kloster unserer Zeit ins Leben umsetzen. Beide Lebensformen stellen sich dem Dialog mit der säkularen Gesellschaft, der im Vollzug „eine Art Grundgrammatik"[510] für Kirche und Theologie heute darstellt. Wie Hans-Joachim Sander betont, hat ein solcher Dialog auch dann einen Wert, wenn er scheitert, weil er den anderen und seine Perspektive wahrnimmt.[511]

Unabhängig von dieser Möglichkeit des Scheiterns kann am Leben Madeleine Delbrêls wie auch von benediktinischen Gemeinschaften nachgewiesen werden, dass sie ihre jeweilige Umwelt doch positiv verändert haben.

---

508 Benedikt XVI., Ubicumque et semper. Apostolisches Schreiben in Form eines „Motu proprio" von Papst Benedikt XVI., mit dem der päpstliche Rat zur Förderung der Neuevangelisierung errichtet wird, auf: http://www.vatican.va/holy_father/benedict_xvi/apost_letters/documents/hf_ben-xvi_apl_20100921_ubicumque-et-semper_ge.html (21.01.2014).

509 Vgl. Christine de Boismarmin, Madeleine Delbrêl. Mystikerin der Straße, München ²1996.

510 Hans-Joachim Sander, Scheitern können. Ein Zeichen für die Qualität des Dialogs auf dem Konzil, in: Herders Theologischer Kommentar zum Zweiten Vatikanischen Konzil, Band 5, Freiburg i. Br. 2009, 349-356, hier: 349.

511 Vgl. ebd., 351.

2.3 Exkurs: Madeleine Delbrêls monastischer Zug

So unterschiedlich die Orte sind, an denen der Glaube gelebt und verkündet wird, so erstaunlich ist es, Gemeinsamkeiten gerade bei Madeleine Delbrêl mit dem monastischen Leben festzustellen. Sie identifiziert sich selbst in der geistlichen Aphorismensammlung „Der kleine Mönch“ mit der gleichnamigen Gestalt, die in der Welt lebend die „einfachen Christen“ re-präsentiert, welche „nicht danach streben, Heilige zu sein, sondern heilig zu werden“[512]. Zu ihnen zählt sie ausdrücklich Menschen von ganz unterschiedlicher Herkunft, Stand und Beruf, Laien ebenso wie Ordensleute.[513] Ihr gemeinsamer Grundauftrag basiert meines Erachtens auf dem Wort des Herrn: „Ich bitte nicht, dass du sie aus der Welt nimmst, sondern dass du sie vor dem Bösen bewahrst. Sie sind nicht von der Welt, wie auch ich nicht von der Welt bin. Heilige sie in der Wahrheit; dein Wort ist Wahrheit. Wie du mich in die Welt gesandt hast, so habe auch ich sie in die Welt gesandt. Und ich heilige mich für sie, damit auch sie in der Wahrheit geheiligt sind.“[514]

Dass beide Berufungen, die kontemplative im Kloster und die aktive mitten in der Welt, in eine Beziehung gebracht werden können, ist im Leben von Madeleine Delbrêl ablesbar. Sie wollte nach ihrer „stürmischen Konversion“[515] zuerst in den Karmel eintreten, um „Gott freiwillig anzugehören, so sehr es einem menschlichen Wesen überhaupt nur möglich ist, dem gehören zu wollen, den es liebt; freiwillig das Eigentum Gottes zu werden, so vollständig, ausschließlich, endgültig und öffentlich wie eine Ordensfrau, die Gott geweiht ist“.[516] Für sie waren zunächst äußere Gründe ausschlaggebend für ihre Entscheidung, nicht ins Kloster zu gehen. Ihre Eltern waren auf ihre Hilfe angewiesen, denn der Vater war früh erblindet und die Mutter war angesichts dieser Erkrankung immer mehr überfordert.

---

512 Madeleine Delbrêl, Der kleine Mönch. Ein geistliches Notizbüchlein, deutsche Übertragung und Zeichnungen von Bernhard Matheis, Freiburg i. Br. 1981, 10.

513 Vgl. ebd.

514 Joh 17,15-19.

515 Vgl. Madeleine Delbrêl, Wir Nachbarn der Kommunisten. Diagnosen, Einsiedeln 1975, 263. Vgl. Annette Schleinzer, Die Liebe ist unsere einzige Aufgabe. Das Lebenszeugnis von Madeleine Delbrêl, Ostfildern ²2001, 72. Madeleine Delbrêl hat einen Monat vor ihrem Tod in lebendiger Erinnerung an ihre heftige Bekehrung gesagt: „Ich war von Gott überwältigt worden und bin es noch.“

516 Dieser Text von Madeleine Delbrêl wurde erstmals veröffentlicht in: Annette Schleinzer, Die Liebe ist unsere einzige Aufgabe. Das Lebenszeugnis von Madeleine Delbrêl, Ostfildern ²2001, 91.

Dennoch fühlte sie sich von den Heiligen des Karmels besonders angezogen: Theresia von Ávila, Johannes vom Kreuz und Thérèse von Lisieux. Das Wort der kleinen heiligen Thérèse: „[...]: im Herzen der Kirche, meiner Mutter, *werde ich die Liebe sein*! ... Auf diese Weise werde ich alles sein. So wird mein Traum verwirklicht werden!“[517] wurde für sie zu einem Leitmotiv des Lebens. Sie entschloss sich, wie es Hans Urs von Balthasar ausdrückte, „ihr Leben mitten in der weltlichsten Welt Gott zu weihen, denn sie weiß um das Geheimnis der Kirche, die keine ‚Institution‘ ist, sondern Christi lebendiger Leib, in dem die Glieder, so einsam sie in der Welt zu leben scheinen, durch ein ganz anderes Band verbunden sind als das der bloßen Brüderlichkeit.“[518] Dieses Band können wir auch *communio* nennen, die im Heiligen Geist gestiftet wird. Frucht dieser *communio* ist die Liebe, die den Glauben nicht für sich behält, sondern kraftvoll weiterträgt. Dies geschieht bei den Heiligen, die in der Gemeinschaft mit Gott leben, auch über ihren Tod hinaus, ja ihr Leben wie ihr Sterben künden von einer unzerstörbaren Hoffnung, die sich bereits in ihrem Leben erfüllt hat. In den Menschen, die gottverbunden leben, wird deutlich, dass Zeugnis, Mission und Verkündigung eine innere Einheit bilden und im Letzten den Dialog fortführen, den Gott damit begonnen hat, dass er sich den Menschen offenbarte.

3. Zeugnis, Mission und Verkündigung

3.1 Zeugnis: den Glauben – einfach leben

Madeleine Delbrêl setzte dieses dialogische Zeugnis konkret im Alltag ihrer kommunistischen Umgebung um, da sie die Not der Gottlosigkeit selbst kannte. Als Jugendliche in Paris lernte sie den Agnostizismus und den Atheismus ihrer marxistischen Umgebung nicht nur kennen, sondern nahm ihn als eigene Lebenshaltung an. Beeindruckt von ihrer nichtgläubigen Umwelt bekannte sie: „Wenn außergewöhnliche Menschen mir zwischen sieben und zwölf Jahren den Glauben beigebracht hatten, gaben mir nicht weniger außergewöhnliche Menschen in der Folge die entgegengesetzte Ausbildung.

517 Thérèse Martin, Geschichte einer Seele. Die Heilige von Lisieux erzählt aus ihrem Leben, Trier 2009, 263.

518 Hans Urs von Balthasar, Vorwort, in: Madeleine Delbrêl, Gebet in einem weltlichen Leben, Einsiedeln [7]2013, 7-13, hier: 9.

Mit 15 war ich strikt atheistisch und fand die Welt täglich absurder."[519] Zwei Jahre später schrieb sie überzeugt von dieser Absurdität: „Gott ist tot, es lebe der Tod."[520] Wiederum drei Jahre später folgte ihre Bekehrung. In Erinnerung an den 30. Jahrestag ihrer Konversion verfasste sie folgendes Gedicht:

„Ich will das, was du willst
ohne mich zu fragen
ob ich es kann
ohne mich zu fragen
ob ich darauf Lust habe
ohne mich zu fragen
ob ich es will
29. März 1924
29. März 1954"[521]

Diese ihre Bekehrung erlebte sie als einen „Übergang vom Tod zum Leben"[522]. Mit kritischem Unterton beurteilt sie das Verhalten der Christen ihrer Zeit, eine Mahnung, die nach Katja Boehme auch heute nichts von ihrer Bedeutsamkeit verloren hat. Madeleine Delbrêl schrieb: „Wo Anlass zur Verkündigung ist, diskutieren wir über Ideen, statt ein Lebendiges zu bezeugen. Wir verkünden keine gute Nachricht, weil das Evangelium keine Neuigkeit mehr für uns ist, wir sind daran gewohnt, es ist für uns eine alte Neuigkeit geworden. Der lebendige Gott ist kein ungeheures, umwerfendes Glück; er ist Gesolltes geworden."[523] Entscheidend für ihr Leben wurde ihr geistlicher Vater Abbé Lorenzo, der sie über die Pfadfinderbewegung zum Einsatz als Sozialarbeiterin im kommunistischen Ivry, der kleinen Arbeitervorstadt von Paris, bewegt. Er selbst war als Arbeiterpfarrer für sie „eine Stimme, die das Evangelium hinausschreit".[524]

---

519 Madeleine Delbrêl, Gebet in einem weltlichen Leben, Einsiedeln [7]2013, 8.
520 Ebd.
521 Annette Schleinzer, Die Liebe ist unsere einzige Aufgabe. Das Lebenszeugnis von Madeleine Delbrêl, Ostfildern [2]2001, 175.
522 Katja Boehme, Vorwort, in: Madeleine Delbrêl, Auftrag des Christen in einer Welt ohne Gott, Einsiedeln [2]2000, 9-14, hier: 13.
523 Ebd.
524 Ebd.; Abbé Lorenzo war ab 1942 einer der Leiter der *Mission de France* und verstarb am 06. Jänner 1958.

3.1.1 Das Evangelium leben in einer Industrievorstadt

Bald schlossen sich ihr einige junge Frauen an, denen sie folgende Regel mitgab: „Diese Gruppe will das Evangelium leben: Sie setzt sich der Botschaft Christi aus und will von dieser mit ihrem eigenen Leben eine kühne und realistische Ausgabe sein. Sie glaubt vor allem an dieses Apostolat des Lebens."[525] Madeleine Delbrêl war überzeugt, dass die konkrete Stadt, in der sie lebte, für sie zum Ort ihrer Berufung zur Heiligkeit wird. Worin bestand ihr alltägliches Zeugnis? In einem evangeliumsgemäßen Leben der selbstlosen Liebe und des Gehorsams „durch Glaube, Liebe, Demut, Hingabe an Gott und die Menschen"[526]. Indem sie die Unsicherheit und Nöte der Arbeiterbevölkerung teilte, war sie getragen von einer letzten Sicherheit durch ihr restloses Vertrauen auf Gott, dem sie im Gebet stets verbunden blieb.

Madeleine Delbrêl versteht es, das benediktinische *ora et labora* mitten in ihrem sozialen Milieu umzusetzen in einer Weise, die auch dem Laienapostolat unserer Zeit neue Impulse geben kann. Es erinnert an die Forderung von Papst Franziskus, dass Christen nicht in den Gütern dieser Welt ihre Erfüllung finden können. Deshalb müssen alle eine solche Weltlichkeit ablegen, die dem Geist der Seligpreisungen entgegengesetzt ist.[527] Wörtlich sagte er in Assisi bei der Begegnung mit Armen, die von der Caritas betreut werden: „Es ist ganz einfach lächerlich, wenn ein Christ – ein wahrer Christ –, ein Priester, eine Ordensfrau, ein Bischof, ein Kardinal, ein Papst diesen Weg der Weltlichkeit gehen will, was ein selbstmörderisches Vorhaben ist. Die geistliche Weltlichkeit tötet! Sie tötet die Seele! Sie tötet die Personen! Sie tötet die Kirche!"[528]

525 Katja Boehme, Madeleine Delbrêl – Die andere Heilige, Freiburg i. Br. 2004, 54.
526 Hans Urs von Balthasar, Vorwort, in: Madeleine Delbrêl, Frei für Gott. Über Laien-Gemeinschaften in der Welt, Einsiedeln ²1991, 7-11, hier: 10.
527 Vgl. Franziskus, Die geistliche Weltlichkeit tötet die Seele, sie tötet die Kirche. Ansprache von Papst Franziskus am 4. Oktober bei der Begegnung mit den von der Caritas betreuten Armen in der Sala della Spoliazione [Saal der Einkleidung] des Bischofshauses, in: OR (D) Nr. 41 vom 11. Oktober 2013, 4f., hier: 4.
528 Ebd.

3.1.2 Leben nach der Regel des hl. Benedikt

Vergleicht man die Stichworte[529], die Madeleine Delbrêls Leben kennzeichnen: Nachahmung Jesu Christi, Leben in Gemeinschaft, fruchtbare Zusammenarbeit, Gebet, Schweigen, Einsamkeit, Einfachheit[530], schließlich die Evangelischen Räte Ehelosigkeit, Armut und Gehorsam, dann findet man vieles davon in der Regel des heiligen Benedikt. Auch er betont die Stabilität und den Einsatz am konkreten Ort durch die *stabilitas loci*. Die Grundelemente von *ora, lege et labora* wie die Bereitschaft, die *conversio morum* als einen Weg der Umkehr zu leben, erden eine solche Berufung. Besondere Beachtung finden auch in der Regel des heiligen Benedikt die Armen und Fremden. Letztere sollen im Kloster aufgenommen werden wie Christus; denn er wird sagen: „Ich war fremd, und ihr habt mich aufgenommen."[531]

Zusätzlich zählt der heilige Benedikt in Kapitel 4 über die Werkzeuge der geistlichen Kunst die Werke der Barmherzigkeit auf: „Arme bewirten, Nackte bekleiden, Kranke besuchen, Tote begraben, Bedrängten zu Hilfe kommen, Trauernde trösten"[532]. Wer dieses Kapitel durchliest, findet eine konkrete Anweisung, was es bedeutet, nach dem Evangelium zu leben, wie Benedikt bereits in seinem Prolog formuliert: „Nach all diesen Worten erwartet der Herr, dass wir jeden Tag auf seine göttlichen Mahnungen mit unserem Tun antworten. Deshalb sind uns die Tage des Lebens als Frist gewährt, damit wir uns von unseren Fehlern bessern, wie der Apostel sagt: ‚Weißt du nicht, dass Gottes Geduld dich zur Umkehr führt?' Denn in seiner Güte sagt der Herr: ‚Ich will nicht den Tod des Sünders, sondern dass er umkehrt und lebt.'"[533] Benedikt verlangt vom Mönch, sich selbst zu verleugnen, um Christus nachzufolgen, indem er Christus überhaupt nichts vorzieht.[534]

---

529 Vgl. Annette Schleinzer, Die Liebe ist unsere einzige Aufgabe. Das Lebenszeugnis von Madeleine Delbrêl, Abschnitt: „Wir Leute von der Straße", Ostfildern ²2001, 134-178.

530 Vgl. RB 34 „Die Zuteilung des Notwendigen".

531 Ebd., 53,1.

532 Ebd., 4,14-19.

533 RB Prolog 35-38.

534 Vgl. RB 72,11.

Das in unserer Zeit viel diskutierte Wort „Entweltlichung“[535] bedeutet für Menschen, die nach der Regel des heiligen Benedikt leben, nicht, sich ihrer sozialen Verantwortung zu entledigen, jedoch sich dem Treiben der Welt zu entziehen.[536] Hierin äußert sich die Gottesliebe, die gerade in der Nächstenliebe ihre Konkretisierung erfährt. Das letzte Kapitel der Regel fasst noch einmal zusammen, was Benedikt unter dem sogenannten guten Eifer der Mönche versteht, den sie „mit glühender Liebe in die Tat umsetzen“[537] mögen: „Sie sollen einander in gegenseitiger Achtung zuvorkommen; ihre körperlichen und charakterlichen Schwächen sollen sie mit unerschöpflicher Geduld ertragen; im gegenseitigen Gehorsam sollen sie miteinander wetteifern; keiner achte auf das eigene Wohl, sondern mehr auf das des anderen; die Bruderliebe sollen sie einander selbstlos erweisen.“[538]

3.1.3 Die Urkirche vergegenwärtigen

Wer die Regel des hl. Benedikt liest, wird klar erkennen, dass sie vom Bestreben geprägt ist, das Leben der ersten Christen nachzuahmen, das nach dem Wort von Tertullian: „Seht [...], wie sie sich gegenseitig lieben [...] und wie sie füreinander zu sterben bereit sind“[539] durch die Bereitschaft zur Hingabe an Gott für den Nächsten gekennzeichnet ist. Dies war schon die Motivation der Wüstenväter, die nach der Zeit der Christenverfolgungen in der Antike eine Form der Ganzhingabe aus Liebe suchten.

Auch Madeleine Delbrêl, die in ihrem Denken sehr vom Johannesevangelium geprägt ist und das Evangelium als Lebensregel deutet, war sich bewusst, ihr Leben nach dieser „unteilbaren Liebe“[540] auszurichten, d. h. als eine „Art Sakrament“[541] mitten in ihrer marxistischen Umwelt. Den Anstoß, in einer Gemeinschaft zu leben, die

---

535 Vgl. Paul Josef Cordes, Manfred Lütz, Benedikts Vermächtnis und Franziskus´ Auftrag. Entweltlichung. Eine Streitschrift, Freiburg i. Br. 2013.

536 Vgl. RB 4,20.

537 Ebd., 72,3.

538 Ebd., 72,4-8.

539 Vgl. Tertullian, Apologeticum. Verteidigung des Christentums, Lateinisch und Deutsch, hg., übersetzt und erläutert von Carl Becker, München [2]1961, 185.

540 Vgl. den Titel ihres posthum erschienenen Buches Indivisible amour. Pensées détachées inédites. Préface de Jacques Sommet, Paris 1991; siehe dazu: Katja Boehme, Gott aussäen. Zur Theologie der weltoffenen Spiritualität bei Madeleine Delbrêl, Würzburg [2]1999, 111-112.

541 Madeleine Delbrêl, Wir Nachbarn der Kommunisten. Diagnosen. Übertragen und mit einem Vorwort versehen von Hans Urs von Balthasar, Einsiedeln 1976, 56.

sich an der Jerusalemer Urgemeinde orientiert, gab die gemeinsame Lektüre und Betrachtung der Apostelgeschichte. Madeleine Delbrêl fragte sich mit ihren Gefährtinnen, ob es nicht möglich sei, „mitten in unserer säkularisierten Zeit eine Gemeinschaft zu gründen, die sich unaufhörlich vom Beispiel der ersten Christen inspirieren lässt, in einem Leben, das genauso wenig streng geregelt ist wie das ihre – und das von einem ebenso wahrhaftigen Verlangen nach vollkommener Heiligkeit erfüllt ist.“[542] Indem das Wort Gottes sich immer mehr in ihr inkarnierte, glaubte sie daran, dass Gott sie als Werkzeug verwendet, um den Menschen seine eigene Gegenwart näherzubringen.[543] Darin können wir mit dem Dominikaner und Arbeiterpriester Jacques Loew die zweite Bekehrung von Madeleine Delbrêl erkennen, die sich im Alter von etwa 25 Jahren vollzog. Ihre dritte Bekehrung geschah durch das Leben in Ivry, in diesem atheistischen Milieu, in dem sie von 1933 bis zu ihrem Tod lebte. Es ist, wie Josef Weismayer schreibt, „der Schock einer Welt, die sich von Gott entfernt hat, in der Gott niemandem zu fehlen scheint.“[544] In dieser Situation wird Mission die zweite wesentliche Voraussetzung, Gott in dieser Welt einen Ort zu sichern.

Können wir in ihrer ersten und zweiten Bekehrung viele Parallelen zu benediktinischen Berufungen ablesen, so sind doch gerade in ihrer „dritten Bekehrung“ Unterschiede wahrzunehmen, die letztlich aus dem unterschiedlichen Kontext des Glaubenszeugnisses herrühren.

3.1.4 Unterschiedliche Formen des Zeugnisses: Missionare auf der Straße – Mönche im Kloster

Auch wenn heute ein Kloster keine Trutzburg ist, die sich abschottet gegenüber der Umwelt, sondern eine Oase für viele Suchende darstellt, so ist dennoch die Form des Zeugnisses in dieser Welt anders als bei Missionarinnen der Straße. Hier können nur einige Stichpunkte die Unterschiede verdeutlichen. Zudem ist zu beachten, dass

542 Auszug aus einem Brief von Madeleine Delbrêl, veröffentlicht in: Annette Schleinzer, Die Liebe ist unsere einzige Aufgabe. Das Lebenszeugnis von Madeleine Delbrêl, Ostfildern [2]2001, 121.

543 Vgl. Katja Boehme, Gott aussäen. Zur Theologie der weltoffenen Spiritualität bei Madeleine Delbrêl, Würzburg [2]1999, 113.

544 Josef Weismayer, „Spiritualität konkret“ – Am Beispiel von Madeleine Delbrêl (1904-1964), 19. Forum Ostarrichi – Neuhofen/Ybbs 21.-24.8.2008, „Der Mensch lebt nicht vom Brot allein“ – Spiritualität wieder gefragt, 3.

die individuelle Berufung der jeweiligen Person noch einmal eine besondere Farbe in dieses Berufungsbild hineinbringt, sodass auch – wie wir bereits sahen – die Konturen verlaufen können.

Benediktinisches Leben zeichnet sich aus durch die *stabilitas loci*. Schon der Begriff birgt in sich eine gewisse Sperrigkeit, die der modernen Mobilität entgegensteht und ihre Dynamik entschleunigt. Madeleine Delbrêl hingegen definiert sich selbst als Missionarin der Straße. Diese Offenheit bietet die Möglichkeit, Nicht-Planbares sofort als Anruf Gottes wahrzunehmen. Sie trägt keinen Habit und versteht sich deshalb als Teil ihrer Umgebung, von der sie sich nicht abgrenzen will. Sicherlich ist das Ordensgewand der Mönche eine nonverbale Form des Zeugnisses mitten in dieser Welt. Dennoch kann es auch mitunter Menschen abhalten, sich dem zu öffnen, der sich als gottgeweiht in dieser Welt versteht und immer wieder hinter Klostermauern verschwindet. Die Regel des heiligen Benedikt sieht überdies vor, dass die Mönche sich nicht unnötig außerhalb des Klosters aufhalten sollen. Deshalb verlangt Benedikt, dass alles Notwendige dem Einzelnen gegeben werden soll. Das moderne Kommunikationszeitalter, das auch ein Kloster medial vernetzt, bringt noch einmal einen Wandel hervor, wodurch die Konturen der Abgrenzung immer mehr verwischen. Darauf einzugehen würde den Rahmen dieses Referates sprengen. Wandel und Veränderung sind Herausforderungen, das geistliche Erbe der jeweiligen Lebensform so anzupassen, dass es seinen innersten Kern behält: die Vergegenwärtigung der Gottes- und Nächstenliebe als Mission für diese Welt.

3.2 Mission: eine Kirche auf dem Weg zu den Menschen

Worin besteht nun die Mission der Kirche? Madeleine Delbrêl prägte die Formel: „Kirche ist Kirche nur, weil sie rettet. Wir sind nicht Christus-Kirche, wenn wir nicht Rettende sind. Wir sind nicht Rettende, wenn wir nicht Kirche sind. Wir sind nicht Kirche, wenn wir nicht die ganze Kirche sind: Jedes Glied gehört zum gesamten Leib. Und wir sind die ganze Kirche nur, wenn wir in ihr an unserem exakten Platz stehen, was nichts anderes heißt als: an unserem Platz in der Welt, wo Kirche sich durch uns hindurch vergegenwärtigt. Mission heißt: an dem Ort, wo wir stehen, das Werk Christi tun.“[545]

545 Ebd., 93.

3.2.1 Missionare ohne Schiff

Der Dominikaner Marie-Dominique Chenu († 1990), der mit Yves Congar, Jean Daniélou und Henri de Lubac zu den Hauptvertretern der *Nouvelle Théologie* zählt, prägte den Ausdruck, dass die Kirche sich „im Zustand der Mission befinde"[546]. Entsprechend verfasste Madeleine Delbrêl 1943, inspiriert von der *Nouvelle Théologie*, den Text „Missionnaires sans bateaux" – Wir sind Missionare, ohne mit einem Schiff in fremde Länder zu fahren; aber „uns Missionare, die von der gleichen Liebe geplagt sind, treibt der gleiche Geist anderen Wüsten zu. Von seinem Sandhügel aus betrachtet der weißgekleidete Missionar die weite Fläche der ungetauften Länder. Oben, an der großen Treppe zur Untergrundbahn, blicken wir, Missionare im Tailleur oder Regenmantel, von Tritt zu Tritt – es ist Stoßzeit – über eine Fläche aus Menschenköpfen hin, ihre bebende Fläche, die auf die Öffnung des Tores wartet. Mützen, Hüte, Haare jeglicher Farbe, Köpfe zu Hunderten: Seelen zu Hunderten. Wir ganz oben. Weiter oben und überall: Gott. Gott überall. Aber wie viele wissen das? [...] Ja, wir haben unsere Wüsten [...]. Die Liebe führt uns hinein. Derselbe Geist, der unsere weißen Brüder in ihre eigenen Wüsten leitet, führt uns, zuweilen mit klopfenden Herzen, auf die brandenden Treppen, in die Untergrundbahn, die schwarzen Straßen"[547]. In diesen Worten Madeleine Delbrêls flammt die leidenschaftliche Liebe auf, das Licht der lebendigen Gegenwart Gottes durch ihr authentisches christliches Zeugnis in eine von „Gottesfinsternis"[548] gezeichnete Zeit zu tragen. Madeleine Delbrêl, wie Josef Weismayer schreibt, „respektiert ‚Leben purer Präsenz' [...]. Schritt für Schritt möchte sie in das

---

546 Ebd., 252.

547 Madeleine Delbrêl, Wir Nachbarn der Kommunisten. Diagnosen. Übertragen und mit einem Vorwort versehen von Hans Urs von Balthasar, Einsiedeln 1976, 54f.

548 Papst Benedikt XVI., Apostolische Reise nach Madrid anlässlich des 26. Weltjugendtags, 18.-21. August 2011, Begegnung mit jungen Ordensfrauen, Kloster San Lorenzo de El Escorial, Freitag, 19. August 2011: „Die persönliche Begegnung mit Christus, die eure Weihe nährt, muss mit aller ihrer verwandelnden Kraft in eurem Leben bezeugt werden; und heute kommt ihr eine besondere Bedeutung zu, insofern »eine Art ‚Gottesfinsternis' festzustellen ist, ein gewisser Gedächtnisschwund, wenn nicht sogar eine ausgesprochene Ablehnung des Christentums und eine Zurückweisung des empfangenen Glaubensguts, wobei die Gefahr besteht, die eigene tiefere Identität zu verlieren«.", auf: http://www.vatican.va/holy_father/benedict_xvi/speeches/2011/august/documents/hf_ben-xvi_spe_20110819_religiose-el-escorial_ge.html (18.10.2013).

eigentliche Arbeiterleben vordringen und dort beredtes Zeugnis für Christus geben“[549].

3.2.2 Benediktinische „Mission“ als geistliche Kunst

Wer die Mission eines benediktinischen Klosters näher kennenlernen will, der wird sie als „geistliche Kunst“ entdecken, die Benedikt selbst in den 73 Kapiteln seiner Regel umschreibt, die er als „Anfang unseres Weges zur vollen Gerechtigkeit“ (Kap. 73) versteht. Im vierten Kapitel präzisiert er diese geistliche Kunst, indem er 74 „Werkzeuge“ aufzählt, mit denen der Mönch die Gottes- und Nächstenliebe im Kloster umsetzen soll. Dieses vierte Kapitel ist eine Art Missionsauftrag, der Liebe zu Christus nichts vorzuziehen und die Liebe zum Nächsten bis zur Feindesliebe zu praktizieren. In der letzten Weisung dieses vierten Kapitels heißt es: „Und an Gottes Barmherzigkeit niemals verzweifeln.“[550] Hierin wird zugleich sichtbar, dass der Mönch nicht auf die eigene Kraft, sondern nur auf die Gnade Gottes bauen kann, da er selber den Schatz seiner Berufung in einem zerbrechlichen Gefäß trägt. Geistlicher Kampf und das Ausgeliefertsein an die Barmherzigkeit Gottes bestimmen im Letzten seine Sendung, die ihn mit denen verbindet, die den gleichen Weg gehen.

3.2.3 Mission und Kampf – ein geistlicher Kampf

Das Angefochtenwerden, dieser durch Christus übertragenen Sendung nicht zu entsprechen, nimmt auch Madeleine Delbrêl im Inneren des einzelnen Getauften und der Kirche wahr. Für sie ist Apostolat „wesentlich Kampf: Kampf der streitenden Kirche, Kampf zwischen ‚der Welt‘ und dem Reich Gottes; persönlich im Herzen des Einzelnen, scharf in jedem Kirchenglied, schwer ringend zwischen dem mystischen Leib Christi und den sozialen oder politischen Körpern der Völker, Staaten, Rassen, Kulturen.“[551] Sie ist der Überzeugung, dass die Kirche in diesem Kampf nicht untergeht,

549 Josef Weismayer, „Spiritualität konkret“ – Am Beispiel von Madeleine Delbrêl (1904-1964), 19. Forum Ostarrichi – Neuhofen/Ybbs 21.-24.8.2008, „Der Mensch lebt nicht vom Brot allein“ – Spiritualität wieder gefragt, 13.

550 RB 4,74.

551 Madeleine Delbrêl, Wir Nachbarn der Kommunisten. Diagnosen. Übertragen und mit einem Vorwort versehen von Hans Urs von Balthasar, Einsiedeln 1976, 168. Vgl. Katja Boehme, Gott aussäen. Zur Theologie der weltoffenen Spiritualität bei Madeleine Delbrêl, Würzburg ^{2}1999, 253.

sondern vom Geist Gottes selbst geführt wird.[552] Im Kapitel „Der kleine Mönch als Kämpfer" bemerkt Madeleine Delbrêl über das Miteinander: „Du magst ein Kämpfer sein; deshalb ist dein Kloster noch lang kein Schlachtfeld. *Als der kleine Mönch alle auf Hochtouren bringen wollte.*"[553]

Wenn wir noch einmal unseren Blick auf die Benediktsregel lenken, so finden wir das Thema des Kampfes bereits am Anfang dieser Weisung des Mönchsvaters.[554] Benedikt greift dabei das paulinische Bild der geistlichen Waffenrüstung im Epheserbrief auf. Dort heißt es: „[...]: Gürtet euch mit Wahrheit, zieht als Panzer die Gerechtigkeit an und als Schuhe die Bereitschaft, für das Evangelium vom Frieden zu kämpfen."[555] Diese ersten drei Werkzeuge des geistlichen Kampfes dienen dazu, für das Evangelium des Friedens einzutreten. Die folgenden drei Elemente der geistigen Rüstung sind der Schild des Glaubens, um die feurigen Geschosse des Bösen auszulöschen, der Helm des Heils, um die Gedanken in Gottes Hoffnung zu verankern und schließlich das Schwert des Geistes, das ist das Wort Gottes[556]. Als siebte Waffe, die zwar von Paulus nicht ausdrücklich erwähnt wird, möchte ich zusammen mit dem evangelischen Theologen Stefan Klautke „die Lanze des Gebetes"[557] nennen, gemäß dem Wort des Apostels Paulus: „Hört nicht auf, zu beten und zu flehen! Betet jederzeit im Geist; seid wachsam, harrt aus und bittet für alle Heiligen, auch für mich: dass Gott mir das rechte Wort schenkt, wenn es darauf ankommt, mit Freimut das Geheimnis des Evangeliums zu verkünden, als dessen Gesandter ich im Gefängnis bin. Bittet, dass ich in seiner Kraft freimütig zu reden vermag, wie es meine Pflicht ist."[558]

552 Vgl. Madeleine Delbrêl, Wir Nachbarn der Kommunisten. Diagnosen. Übertragen und mit einem Vorwort versehen von Hans Urs von Balthasar, Einsiedeln 1976, 170.

553 Madeleine Delbrêl, Der kleine Mönch. Ein geistliches Notizbüchlein, deutsche Übertragung und Zeichnungen von Bernhard Matheis, Freiburg i. Br. 1981, 51.

554 Vgl. RB Prolog 3; 1,4f.

555 Eph 6,14f.

556 Vgl. Eph 6,16f.

557 Stefan Klautke, Predigt über Epheser 6,10-20 (21. Sonntag nach Trinitatis), auf: http://www.predigten.de/predigt.php3?predigt=9786 (18.10.2013).

558 Eph 6,18ff.

Madeleine Delbrêl ging sogar so weit, dass sie das Verhältnis zwischen Kirche und Welt als „Nahkampf"[559] zwischen dem einzelnen Gläubigen und der Welt bezeichnet. Dabei vollzieht sich dieser Kampf, wie es Katja Boehme zusammenfasst, „nicht nur *durch* den Christen, sondern auch *im* Christen."[560] Für Madeleine Delbrêl ist nämlich die Mission „die Kontaktstelle zwischen der Liebe Gottes und der Weigerung der Welt, der Christ ist von beidem durchdrungen"[561].

3.3 Verkündigung: die Botschaft zur Sprache bringen

Jeder Christ, der Gott einen Ort in seinem Leben gibt, wird bestrebt sein, diese Hoffnung, die er im Herzen trägt, weiterzugeben. „Denn wovon das Herz voll ist, davon spricht der Mund" (Mt 12,34). Gott verorten und ihn verworten darf aber nicht dazu führen, zu meinen, sich selbst ein Gottesbild zu schaffen. Er ist immer der Größere, von dem wir nur deshalb sprechen können, weil er sich vorher uns Menschen offenbart hat. Diese Offenbarung sprengt den Privatrahmen und öffnet stets für das Wir der Glaubensgemeinschaft. Madeleine Delbrêl hat diese kirchliche Bindung nie als konstitutiv empfunden. Dies ist umso erstaunlicher, weil in der Gegenwart geistliche Wege nicht selten ohne kirchliche Bindung gesucht werden.

3.3.1 Ganz selbstverständlich kirchlich

Die bloße Existenz von Menschen, die motiviert von ihrem Glauben sich dem Nächsten zuwenden durch die Tat der Liebe, ist eine gelebte Predigt des Evangeliums. Es ist erstaunlich, wie sehr Madeleine Delbrêl ihre Verkündigung in den Dienst der Kirche stellt in einem kirchlichen Gehorsam, der für manche ihrer Zeitgenossen unverständlich erscheint. So bekennt sie nach ihrer ersten Romreise: „Rom ist für mich eine Art Sakrament von Christus-Kirche – und es schien mir, als ob sich manche Gnadengaben der Kirche nur in Rom erbeten und empfangen lassen."[562] Dabei ist sie alles andere als

559 Vgl. Katja Boehme, Gott aussäen. Zur Theologie der weltoffenen Spiritualität bei Madeleine Delbrêl, Würzburg ²1999, 253.
560 Ebd.
561 Madeleine Delbrêl, Wir Nachbarn der Kommunisten. Diagnosen. Übertragen und mit einem Vorwort versehen von Hans Urs von Balthasar, Einsiedeln 1976, 170.
562 Madeleine Delbrêl, La joie de croire. Préface de Jean Guéguen. Avant-propos de Guy Lafon. Ed. du Seuil 1968, 8. Deutsche Übersetzung in: Annette Schleinzer, Die Liebe ist unsere einzige Auf-

eine Freundin des Klerikalismus, der in sich selbst verschlossen ist, sich selbst weidet und die Verkündigung des Evangeliums in den Raum der Sakristei verbannt. Dies entspricht ganz dem aktuellen Auftrag von Papst Franziskus, bis an die Ränder der Gesellschaft hinauszugehen, um diese neu zu evangelisieren. Keiner dürfe nur ein „Sakristei-Christ"[563] sein. Das Apostolat der Verkündigung des Evangeliums muss durch Wort *und* Tat geschehen.

Als Konvertitin war sich Madeleine Delbrêl bewusst, wie sehr sie ihren Glauben dem kirchlichen Credo verdankt. Sie war mit einer glühenden Liebe zur Kirche versehen: „In Christus Gottes Kind zu sein, mit allen Brüdern (und Schwestern), die mit ihm zusammen in Christus sind. Gott gegenüber und der Welt gegenüber, in Gott und in der Welt, ist er mit allen anderen zusammen Christus. Der totale Christus, Christus-Kirche: das ist ein Tatbestand, an dem er nichts ändern kann."[564]

3.3.2 Das Kloster als ‚ecclesiola'

Parallelen zu diesen ekklesiologischen Ansätzen, die Madeleine Delbrêls Zeit auch prägten, können leicht ebenso in der Benediktsregel gefunden werden. Benedikt versteht seine Gemeinschaft als eine Kirche im Kleinen, eine *ecclesiola*, die durch Liturgie, Verkündigung und Caritas geprägt ist, eingebunden in den Raum der bischöflich verfassten Ortskirche. Dabei ist das Amt des Abtes einer Kommunität stets gebunden an das Evangelium als oberste Richtschnur in der Verantwortung vor Gott, der vom Oberen Rechenschaft verlangt beim Gericht[565] nach dem benediktinischen Grundsatz: „Wem mehr anvertraut ist, von dem wird mehr verlangt."[566]

3.3.3 Unterschiede in der Verkündigung

In dem Gedicht „Der Ball des Gehorsams" gibt uns Madeleine Delbrêl Einblick in die Motivation ihrer Verkündigung:

---

gabe. Das Lebenszeugnis von Madeleine Delbrêl, Ostfildern ²2001, 44.

563 Vgl. Franziskus, Die Bedeutung, die der Ausdruck ‚apostolisch' hat. Generalaudienz auf dem Petersplatz am 16. Oktober, in: OR (D) Nr. 43 vom 25. Oktober 2013, 2.

564 Madeleine Delbrêl, Wir Nachbarn der Kommunisten. Diagnosen, Einsiedeln 1975, 92.

565 Vgl. dazu: RB, vor allem die beiden Kapitel 2 und 64 über Einsetzung und Dienst des Abtes.

566 RB 2,30.

[...] Gib, dass wir unser Dasein leben
Nicht wie einen Wettkampf, bei dem alles schwierig ist,
Nicht wie einen Lehrsatz, bei dem wir uns den Kopf zerbrechen,
Sondern wie ein Fest ohne Ende, bei dem man dir immer wieder begegnet,
Wie einen Ball,
Wie einen Tanz,
In den Armen deiner Gnade,
Zu der Musik allumfassender Liebe.
Herr, komm und lade uns ein.

Dieses Gedicht zeugt von der tiefen Gottverbundenheit, wodurch Madeleine Delbrêl Gott durch ihr Leben verkündet. Es ist die Sprache des Herzens und der Güte[567], die ausdrucksstark und kreativ aktuelle Begegnungen ins Wort bringt. Das benediktinische Lebenszeugnis hingegen ist durch eine sprichwörtliche Ebenmäßigkeit des Tagesablaufes geprägt. Vielleicht können wir es auf folgende Formel bringen: Wo Madeleine Delbrêl tanzt, da verwehrt Benedikt eine spontane Ausgelassenheit[568], die dieses Ebenmaß von Gebet, Arbeit und geistlicher Lesung unterbrechen würde.

4. Resümee

4.1 Missionieren oder demissionieren

Der konkrete Ort, ob im Kloster oder mitten in der Welt, wo Gott den Einzelnen hinsetzt, wird zum Ort der Bewährung, zum Ort der lebendigen Verkündigung des Evangeliums. Madeleine Delbrêl, die in einem atheistischen Umfeld als Christin lebte, erkannte es als Pflicht, diese ihre nächste Umgebung nicht gleichgültig in ihrem Gefängnis des rein Irdischen zu belassen, sondern sie zu christianisieren. Sie sagte: „Wenn wir in einer atheistischen Umwelt leben, stellt sie uns vor die Wahl: zu missionieren oder zu demissionieren."[569] Für sie musste die Verkündigung das ganze Leben umfassen, indem sie „die unverwendeten übernatürlichen Wahrheiten in unser

567 Vgl. Madeleine Delbrêl, Gott einen Ort sichern. Texte – Gedichte – Gebete, hg. von Annette Schleinzer, Kevelaer ³2013, 131.
568 Vgl. RB 4,53; 6,8; 7,59.
569 Madeleine Delbrêl, Gebet in einem weltlichen Leben, Einsiedeln ⁷2013, 101.

praktisches Gesichtsfeld“[570] zurückholt. In der christlichen Verkündigung sieht sie ein „Postulat der Liebe“[571]. Das sich Verändernde in unserer Welt braucht die unwandelbare Kraft der Gegenwart Gottes, der in seinem Wort und in der Tat der Liebe sich den Menschen offenbart.

Jede Christin und jeder Christ ist so zur Verkündigung des Evangeliums gerufen, das durch den Heiligen Geist, der die Kirche zur Einheit ruft, seine eigentliche Kraft empfängt. Für Madeleine Delbrêl ist dieses kirchliche Bewusstsein der Verbundenheit aller in dem einen Leib eine Selbstverständlichkeit. Christliche Verkündigung ist für sie „eine Art organische Notwendigkeit, eine erstrangige Standespflicht.“[572] Madeleine Delbrêl sieht in ihr eine „normale Reaktion unseres Organismus auf die Entchristlichung; als Gebrauch einer Lebensfunktion, als Erledigung eines Auftrags, für den wir konstitutiv ausgerüstet sind“[573]. Für sie bildet das Doppelgebot der Liebe einen zweifachen Imperativ, der das Grundgesetz ihres Lebens darstellt. Gottes- und Nächstenliebe spannen uns ein, wie sie selbst sagt, „in den Akt der Verkündigung, in eine Leistung, an der nichts unser Eigen ist, und doch alles durch uns getan werden muss beim Einsatz für das Evangelium“[574]. Es ist faszinierend, dass Madeleine Delbrêl sich als Sozialarbeiterin sogar in ihrem kommunistischen Umfeld politisch für die Arbeiter einsetzt. Nicht immer wird ihr vonseiten der Kirche Verständnis entgegengebracht, die nur langsam die Bedeutung solcher Neuaufbrüche erkannte. Trotzdem blieb Madeleine Delbrêl der Kirche immer verbunden. Nicht nur Pater Jacques Loew, der Leiter der Arbeitermission in Versailles, sondern auch Bischöfe und Ordensleute suchte ihren Rat. Elisabeth Hamm fasst zusammen: „Mit der Ankündigung des II. Vatikanischen Konzils 1959 durch Johannes XXIII. bekundet die Amtskirche nun vollends ihr Bemühen, sich dem neuen Geist anzuschließen. Madeleine Delbrêl wird, als Vorreiterin einer neuen Ära der Kirche, zweimal gebeten, sich an den Vorbereitungen für das Konzil zu beteiligen. Sie erarbei-

570 Ebd., 101.
571 Ebd., 104.
572 Ebd., 102.
573 Ebd.
574 Ebd., 107.

tet hierzu Gedanken über den Zeitgeist in Beziehung zum Glauben sowie zum Thema Atheismus im Volksmilieu."[575]

4.2 Gott einen Ort sichern

Können wir Gott in unserer Zeit wirklich einen Ort sichern? Am Ende des Untertitels steht ein Fragezeichen. Es ist die Frage, die wir uns alle einzeln stellen müssen. Können wir heute in den ganz unterschiedlichen Milieus, aus denen wir kommen und in die wir hineingestellt werden, eine fundamentale christliche Berufung leben, sodass sie von den Menschen, die nicht selten weit entfernt sind von jeder kirchlichen Gebundenheit, als Evangelium Jesu Christi verstanden werden kann? Darauf eine glaubwürdige Antwort zu geben, bleibt eine Option, der sich jede und jeder stellen muss. Eines ist meines Erachtens möglich: eine beispielhafte Verwirklichung von Zeugnis, Mission und Verkündigung an einzelnen Personen wie an Gemeinschaften abzulesen. Hierbei ist es notwendig, die unterschiedlichen Wege und Zugänge zum Evangelium als Verkündigungspotentiale zu erkennen, wodurch Menschen auch heute in ihrer Individualität angesprochen und so zu dem größeren Wir der Kirche hingeführt werden können. Sie ist eine Gemeinschaft (*koinonia*), in der Glaube, Hoffnung und Liebe in den Grundvollzügen von *martyria* (Verkündigung), *leiturgia* (Liturgie) und *diakonia* (Caritas) gelebt wird. Weil die Kirche aufgrund ihrer sakramentalen Zeichenhaftigkeit nie ein Selbstzweck ist, ist sie – wie Bernhard Körner schreibt – „ausgerichtet auf Gott und mit Gott auf die Menschen". Deshalb ist die Verkündigung „nicht nur etwas in der Kirche, sondern sie ist ein Auftrag, das Evangelium und den Glauben allen Menschen zugänglich zu machen."[576]

Heute ist der Anspruch der Neuevangelisierung, vor allem in Europa, ein drängender. Nicht mehr der Marxismus im Sinne eines dialektischen Materialismus prägt die Gesellschaften, sondern eher der Individualismus, der Religion als private Angelegenheit versteht, die eine kirchliche Gebundenheit grundsätzlich infrage stellt. Dennoch wirkt das authentisch umgesetzte christliche Zeugnis auch in

575 Elisabeth Hamm, Glaubensvermittlung heute. Überlegungen zum Erwachsenenkatechumenat, Diplomarbeit an der Kath.-Theol. Fakultät der LMU München, 2005, 46.

576 Bernhard Körner, Gute Gründe für ein Leben in der Kirche, Innsbruck 2012, 134.

unserer Zeit apostolisch. Das erkennen wir am Beispiel Madeleine Delbrêls wie an anderen Personen, die ihren kirchlich gebundenen Glauben exemplarisch vorlebten; ob innerhalb der Klostermauern oder außerhalb ist dabei nicht entscheidend. Dies zeigt uns das Beispiel der kleinen hl. Thérèse von Lisieux, die, obwohl sie nie Länder bereiste und in der Abgeschiedenheit ihres Karmels lebte, 1927 von Papst Pius XI. zur Patronin der Missionen erklärt und von Papst Johannes Paul II. 1997 zur Kirchenlehrerin erhoben wurde.

Die Erfüllung des Doppelgebotes der Liebe ist auch in einer religiös-indifferenten bzw. unmusikalischen Welt[577] wie das leise Ertönen einer Symphonie des Glaubens, deren Musik das Ohr des Herzens erreichen kann.

Durch das Leben Madeleine Delbrêls wurde Gott wirklich verortet. Sie zeigt uns einen Weg, die fundamentale christliche Berufung auch in unserer Zeit zu leben. Josef Weismayer sieht in ihr eine Christin, die den Geist des Zweiten Vatikanums durch ihre Weltverantwortung glaubwürdig umgesetzt hat, um „so wie ein Sauerteig zur Heiligung der Welt gewissermaßen von innen her beizutragen und durch das Zeugnis ihres Lebens, im Glanz von Glaube, Hoffnung und Liebe Christus den anderen kundzumachen."[578] Im zu Ende gehenden „Jahr des Glaubens" halte ich es für geboten, auf solche Zeugnisse des christlichen Lebens zu schauen, um „freudig und furchtlos"[579] aus der christlichen Hoffnung in unserer Zeit zu leben und diese gläubige Zuversicht weiterzugeben oder mit den Worten Madeleine Delbrêls: „In den Finsternissen der allgemeinen Unwissenheit Leuchtpunkte der Bewusstwerdung Gottes sein. Erkennen, dass hier der eigentliche Akt der Erlösung geschieht; glauben im Namen der Welt, hoffen für die Welt, lieben im Namen der Welt."[580]

---

577 Vgl. Maximilian Heim, „Dann weitet sich das Herz". Benediktinische Anmerkungen zu Benedikt XVI., in: Michaela Christine Hastetter, Helmut Hoping, Ein hörendes Herz. Hinführung zur Theologie und Spiritualität von Joseph Ratzinger/Papst Benedikt XVI., Ratzinger-Studien Bd. 5, Regensburg 2012, 161-170, hier: 163, Fußnote 12.

578 LG 31; vgl. Josef Weismayer, „Spiritualität konkret" – Am Beispiel von Madeleine Delbrêl (1904-1964), 19. Forum Ostarrichi – Neuhofen/Ybbs 21.-24.8.2008, „Der Mensch lebt nicht vom Brot allein" – Spiritualität wieder gefragt, 4.

579 Vgl. Johannes XXIII., Gaudet Mater Ecclesia, in: AAS 54 (1962) 786-795, hier: 791: „sed alacres, sine timore". Vgl. den gleichnamigen Titel der Broschüre zum Konzilsjubiläum von: Bernhard Körner, Maria Unterberger, Freudig und furchtlos. Das II. Vatikanische Konzil wieder lesen, Bozen 2012.

580 Madeleine Delbrêl, Gott einen Ort sichern. Texte – Gedichte – Gebete, hg. von Annette Schleinzer, Kevelaer ³2013, 128.

Neuaufbruch im Blick auf Christus

Ordensleben im Licht des II. Vatikanischen Konzils[581]

Ecclesia semper reformanda, Religio semper reformanda! Die Kirche wie die Ordensgemeinschaften bleiben auf stete Reform verpflichtet. Diesen Grundsatz vertrat 1966, ein Jahr nach dem Konzil, der damalige Jesuitenpater und spätere Kardinal Alois Grillmeier. In einem Kommentar zum Ordensdekret *Perfectae caritatis* über die Absichten des Zweiten Vatikanischen Konzils sagte er über die Kirche, das neue Volk Gottes:

„Die Stiftung Christi als Ganzes will abschütteln, was sie selbst an geschichtlichen, aber unzeitgemäß gewordenen Formen belastet; sie will sich neu am Evangelium ausrichten; sie will Verantwortlichkeit wecken, die bisher brachlag. Sie will so mehr als bisher ‚Kirche' werden, der Welt und der Zeit begegnen."[582] Grillmeier erinnerte an ein Papst Clemens XIII. zugeschriebenes Wort an die Jesuiten: „Entweder bleiben sie so, wie sie sind, oder sie sollen untergehen."[583] Ganz anders das Zweite Vatikanische Konzil: Es habe sich dem eingangs erwähnten Grundsatz: *„Ecclesia semper reformanda"* verpflichtet und entsprechend eine „zeitgemäße Erneuerung des Ordenslebens"[584] gefordert[585].

Nun sind fast 50 Jahre seither vergangen. Viele Veränderungen in Kirche und Welt haben auch das Angesicht der Orden stark verändert. Der Grundsatz der Kartäuser: *„Cartusia numquam reformata, quia numquam deformata" – „Die Kartause wurde nie reformiert, da sie nie deformiert wurde"* – kann höchstens heißen, dass sich die Kar-

---

581 Vortrag beim Ordenstag des Bistums Münster am 29. September 2012.

582 Alois Grillmeier SJ, Erwägungen zum Dekret über die zeitgemäße Erneuerung des Ordenslebens, in: GuL 39 (1966) 95.

583 Ebd.

584 PC 2.

585 Vgl. PC 2: Zeitgemäße Erneuerung des Ordenslebens heißt „Rückkehr zu den Quellen" unter „Anpassung an die veränderten Zeitverhältnisse". „Diese Erneuerung ist unter dem Antrieb des Heiligen Geistes und unter der Führung der Kirche nach folgenden Grundsätzen zu verwirklichen: a) Letzte Norm [...] ist die im Evangelium dargelegte Nachfolge Christi. Sie hat allen Instituten als oberste Regel zu gelten"; b) Ordenstradition; c) biblische, liturgische, dogmatische, pastorale, ökumenische, missionarische und soziale Bewegung; d) Realität der heutigen Menschen und apostolischer Eifer; e) geistliche Erneuerung.

täuser wie andere monastische Orden der beständigen Umkehr verpflichtet wissen, der *conversatio morum* (fidelity to monastic life), d. h. Treue im klösterlichen Lebenswandel, der die freiwillige Armut und die ehelose Keuschheit und den Gehorsam mit einschließt.

Reform ist etwas zutiefst Biblisches. Im ersten Kapitel des Markusevangeliums lesen wir: „Nachdem man Johannes den Täufer ins Gefängnis geworfen hatte, ging Jesus wieder nach Galiläa; er verkündete das Evangelium Gottes und sprach: Die Zeit ist erfüllt, das Reich Gottes ist nahe. Kehrt um, und glaubt an das Evangelium!" (Mk 1,14f.)

Gott wartet auf uns. Er möchte, dass wir uns ihm zuwenden und die Wege verlassen, die nicht zum Leben führen. Bereits im Alten Testament ruft Gott Menschen, die als Propheten den Menschen Gottes Erwartung mitteilen. So auch Jesaja, den Gott zu seiner Stimme macht, wenn er bekundet: „Ich sagte zu einem Volk, das meinen Namen nicht anrief: Hier bin ich, hier bin ich. Den ganzen Tag streckte ich meine Hände aus nach einem abtrünnigen Volk" (Jes 65,1f.). Wir denken hier an den Beginn des Hebräerbriefes, wo es heißt: „Viele Male und auf vielerlei Weise hat Gott einst zu den Vätern gesprochen durch die Propheten; in dieser Endzeit aber hat er zu uns gesprochen durch den Sohn, den er zum Erben des Alls eingesetzt und durch den er auch die Welt erschaffen hat" (Hebr 1,1f.).

Zur Fülle lädt uns Jesus ein, wenn er uns zuruft: „Kehrt um, und glaubt an das Evangelium!" (Mk 1,15) Umkehr ist die Hinwendung zu Gott, zu meinem Schöpfer. Sie beginnt damit, dass ich ihm „das Ohr meines Herzens" öffne, wie es der hl. Benedikt formuliert. Umkehr wird zur Formung des Lebens. Sich nicht abwenden von Gott, sondern darauf vertrauen, dass er – noch bevor wir ihn suchen – uns „gesucht und ersehnt, ja gefunden und erlöst"[586] hat. In all den Strukturreformen, die wir in den vergangenen Jahren im deutschen Sprachraum erlebten, bleibt das persönliche Zeugnis des einzelnen Mitglieds einer Gemeinschaft immer entscheidend. Papst Benedikt wies in Freiburg auf die selige Mutter Teresa hin, die einmal gefragt

586 Benedikt XVI., In visitatione Abbatiae „Heiligenkreuz", die 9 Septembris 2007, in: AAS 99 (2007: 10) 853-858, hier: 854.

wurde, „was sich ihrer Meinung nach als Erstes in der Kirche ändern müsse. Ihre Antwort war: Sie und ich!“[587]

Seit Jahrzehnten erleben wir einen starken Rückgang der kirchlichen Bindung. Auch die Kandidatinnen und Kandidaten, die trotz allem in Orden eintreten möchten, entstammen ganz unterschiedlichen Milieus. Was sie suchen, ist Authentizität. In seiner ersten Enzyklika *Ecclesiam suam*, über den Weg der Kirche in der heutigen Zeit, sagte Papst Paul VI. 1964, also noch während des Konzils, dass die Kirche „danach trachtet, sich selbst nach dem Typus, den Christus ihr vor Augen stellt, zu bilden“ und „dann wird sie sich von der menschlichen Umgebung tief unterscheiden, in der sie doch lebt oder der sie sich nähert“[588]. Papst Benedikt bezeichnet diese Unterscheidung, dieses Nicht-Aufgehen in weltlichen Strukturen als „Ent-Weltlichung“[589].

Bevor ich auf diesen Begriff näher eingehe, erlauben Sie mir, Ihnen eine Erinnerung wiederzugeben: Als ich vor knapp 25 Jahren als junger Kaplan unsere Neugründung Bochum-Stiepel mit aufbaute, sprachen mich die Jugendlichen unserer Gemeinde auf eine Sendung bei „Boulevard Bio“ an, die über Ordensleben handelte. Sie meinten, diese sei sehr ansprechend gewesen. Leider hatte ich selbst diese Sendung nicht live gesehen. Glücklicherweise bekam ich ein Video von ihr. Der Titel der Sendung hieß: „Bräute Christi“. Die Hauptrolle, so könnte man sagen, spielte neben einer ehemaligen Kandidatin der Vinzentinerinnen und einer Zisterzienserin von Marienstern (bei Dresden) die Bonner Sacré-Coeur-Schwester Isa Vermehren. Bekannt wurde sie u. a., weil sie über zwölf Jahre „Das

---

587 Benedikt XVI., Ansprache Seiner Heiligkeit Papst Benedikt XVI. an engagierte Katholiken aus Kirche und Gesellschaft, in: Verlautbarungen des Apostolischen Stuhls (Nr. 189), hg. vom Sekretariat der Deutschen Bischofskonferenz, Bonn 2011, 145-151, hier: 145f.: „Muss die Kirche sich nicht ändern? Muss sie sich nicht in ihren Ämtern und Strukturen der Gegenwart anpassen, um die suchenden und zweifelnden Menschen von heute zu erreichen? Die selige Mutter Teresa wurde einmal gefragt, was sich ihrer Meinung nach als Erstes in der Kirche ändern müsse. Ihre Antwort war: Sie und ich! An dieser kleinen Episode wird uns zweierlei deutlich. Einmal will die Ordensfrau dem Gesprächspartner sagen: Kirche sind nicht nur die anderen, nicht nur die Hierarchie, der Papst und die Bischöfe; Kirche sind wir alle, wir, die Getauften. Zum anderen geht sie tatsächlich davon aus: Ja, es gibt Anlass zur Änderung. Es ist Änderungsbedarf vorhanden. Jeder Christ und die Gemeinschaft der Gläubigen als Ganzes sind zur stetigen Änderung aufgerufen.“

588 Paul VI., Enzyklika *Ecclesiam suam* 60, in: AAS 56 (1964) 609-659.

589 Vgl. Benedikt XVI., Ansprache Seiner Heiligkeit Papst Benedikt XVI. an engagierte Katholiken aus Kirche und Gesellschaft, in: Verlautbarungen des Apostolischen Stuhls (Nr. 189), hg. vom Sekretariat der Deutschen Bischofskonferenz, Bonn 2011, 141-151, hier: 147.

Wort zum Sonntag“ gesprochen und maßgeblich geprägt hat. In der Zeit des Nationalsozialismus war sie durch Sippenhaft in den Konzentrationslagern Ravensbrück, Buchenwald und Dachau interniert. Später konvertierte sie zur katholischen Kirche, wurde Kabarettistin, Sängerin und trat nach einer langen Wartezeit Anfang der Fünfzigerjahre bei den Sacré-Coeur-Schwestern ein. Dort wurde sie Lehrerin an ordenseigenen Gymnasien und später Direktorin in Bonn und Hamburg. Sie starb am 15. Juli 2009 in Bonn.

Was faszinierte damals die Jugendlichen? Das authentische Auftreten einer Ordensfrau. Als sie – soweit ich mich erinnere – gefragt wurde, wie es denn mit der Entwicklung des Ordensnachwuchses in ihrer Gemeinschaft steht, sagte sie: „Es geht bergab.“ Und als sie nach dem Durchschnittsalter der Mitglieder ihres Ordenshauses gefragt wurde, meinte sie, das entspreche der Hausnummer 75-76. Als sie schließlich danach gefragt wurde, ob sie es jemals bereut habe, ins Kloster eingetreten zu sein, zumal ihr doch eine große Karriere hätte bevorstehen können, meinte sie: „Keinen Tag!“ Und ob es ihr nicht langweilig gewesen sei? Auch das verneinte sie. Ja, warum sei sie überhaupt ins Kloster gegangen? Und sie antwortete lapidar: „Weil Gott es wollte.“ Und schließlich, als sie befragt wurde, ob sie mit dem Titel der Talksendung „Bräute Christi“ etwas anfangen könne, bejahte sie es ohne Zögern. Am Ende der Sendung konnte der Moderator seine Bewunderung für diese Ordensfrau nicht verbergen. Und der sonst sehr redegewandte Moderator brachte nur den Halbsatz zustande: „Ja, es ist ein Leben ...“, den Schwester Isa ergänzte: „... um das uns viele beneiden.“ Mit dem Applaus des Publikums endete diese seltene Sternstunde einer Talkshow.

Liebe Schwestern und Brüder, ich habe diese Sendung nie vergessen. Als ich in den vergangenen Wochen einen Einstieg für unser Thema „Erneuerung des Ordenslebens“ suchte, wurde in mir diese Erinnerung wieder wach. Das Zeugnis von Sr. Isa Vermehren war für mich ein Schlüssel, dass man sich nicht fesseln, ja lähmen lassen darf von einer Entwicklung, die gesamtgesellschaftlich problematisch ist und die auch das Gesicht unserer Orden und der Ortskirchen prägt.

Wir sind ja nicht aus der Welt herausgenommen, sondern leben mitten in dieser Welt und für diese Welt, aber mit einer Sendung, die nicht weltlich ist, denn sonst könnten wir es nicht aushalten. Unsere Berufung und Sendung in dieser Welt ist von Gott und zur Ehre Gottes und so für die Menschen. Diesen Vorrang Gottes in die Welt hineinzutragen sind wir berufen. Die Kirche als kleine Herde in unserer pluralistischen Gesellschaft gerät immer mehr in eine Diaspora-Situation. Umso entscheidender ist das Unterscheidende, nämlich das Leben aus dem Bewusstsein, dass Gott gerade jetzt uns zum Licht der Welt und zum Salz der Erde machen möchte.

Das Zeugnis der Heiligkeit als Hingabe für Gott und die Menschen wird als Sprache der Liebe auch in einer säkularisierten Gesellschaft verstanden. Als Ordensleute sind wir nach *Lumen gentium* (5. Kapitel) mit allen Getauften zur Heiligkeit berufen. Die Heiligkeit ist immer zuerst Gnade, denn nichts vermögen wir aus uns selbst. Die Kirche als Braut Christi empfängt sie von ihrem Bräutigam, „der seine Braut liebt und sich für sie hingegeben hat, um sie zu heiligen" (LG 39).

Besonders eindrücklich vor Augen geführt wird uns das Wesen unserer Sendung im Ordensdekret *Perfectae caritatis* des II. Vatikanums. Bereits im ersten Artikel wird deutlich, dass wir Ordensleute durch unsere besondere Berufung zum Leben der evangelischen Räte und durch unsere Weihe dem Herrn in seiner jungfräulichen und von Armut geprägten Lebensweise nachfolgen (vgl. Mt 8,20; Lk 9,58). Doch diese Nachfolge schließt auch den Gehorsam mit ein – den Gehorsam bis zum Tod am Kreuz, durch den alle Menschen erlöst und geheiligt worden sind. Der Heilige Geist, der als Unterpfand der Liebe Gottes in unsere Herzen ausgegossen wurde (vgl. Röm 5,5), befähigt und drängt uns, Christus und seiner Braut, die die Kirche ist, immer mehr anzuhangen und einzig für sie zu leben (vgl. Kol 1,24). Je inniger wir also durch diese Selbsthingabe, die unser ganzes Leben umfassen muss, mit Christus vereinigt werden, desto reicher wird das Leben der Kirche und desto fruchtbarer unser Apostolat[590].

Bevor ich nun folgende fünf Ansätze für einen geistlichen Neuaufbruch im Ordensleben darstelle:

590 Vgl. PC 1.

Dankbarkeit
Herausforderungen
Berufung zur Heiligkeit
Spiritualität der Gemeinschaft
Christus gegenwärtig,

möchte ich Ihnen zunächst das Wort des Psalms 126 aus den kleinen Horen als Grundton meiner Erwägungen mitgeben: *„Der Herr hat an uns Großes getan. Ja, Großes hat der Herr an uns getan. Da waren wir fröhlich."* Jede und jeder von Ihnen könnte dazu sicher eine ganze Geschichte erzählen. Und dazu möchte ich Sie auch ermuntern, dass Sie mitten in der Bedrängnis unserer Tage nie das Wort Mariens aus dem Magnifikat vergessen: „Denn der Mächtige hat Großes an mir getan. Und sein Name ist heilig." Jeder Einzelne von uns – die Kontemplativen wie die Religiosen, die apostolisch in der Welt wirken, die Mitglieder der Säkularinstitute und die Gesellschaften des apostolischen Lebens, die Eremiten und gottgeweihten Jungfrauen –, wir alle geben in der Welt und für die Welt Zeugnis von der Liebe Christi und unserer Liebe zu IHM. Und dieses Zeugnis darf und muss geprägt sein von der tiefen Freude darüber, dass der Herr uns in besonderer Weise erwählt und dazu ausersehen hat, seine Liebe zu den Menschen zu tragen[591].

1. Dankbarkeit Gott und den Gottgeweihten gegenüber

Das Heilmittel gegen die Lähmung durch Angst und Unzufriedenheit ist das Gottvertrauen. Gott hat uns in diese postaufgeklärte Welt gesetzt, nicht dass wir resignieren, sondern ein Hoffnungszeichen werden. Wir müssen wieder mit Überzeugung bekennen, dass Christus bei uns ist alle Tage bis zum Ende der Welt. Diese Überzeugung drängt uns zur Neuevangelisierung. Und hier ist nicht das Alter oder die Stärke der Gemeinschaft entscheidend. Dort, wo ich bin, soll ich ein Zeuge des Auferstandenen sein.

Papst Benedikt hat in seinem Motu Proprio *Porta fidei* zur Proklamation dieses Glaubensjahres gesagt: Der Glaube verpflichtet „jeden

591 Vgl. Benedikt XVI., Neubeginn in Christus. Ein neuer Aufbruch des geweihten Lebens im Dritten Jahrtausend (Instruktion), in: Verlautbarungen des Apostolischen Stuhls (Nr. 155), hg. vom Sekretariat der Deutschen Bischofskonferenz, Bonn 2002, 10.

von uns, ein lebendiges Zeichen der Gegenwart des Auferstandenen in der Welt zu werden"[592]. Unser Leben ist – ähnlich dem der ersten Christen – geprägt von Diesseitigkeitsdenken, das bis zum Hedonismus reicht, und gekennzeichnet von Egoismus, der in seiner schon beinahe krankhaften Ausprägung hinführt zur Veruntreuung von Anvertrautem. Das Leben im 21. Jahrhundert wird mehr und mehr bestimmt von einer Haltung, wo man meint, dass man durch Unverbindlichkeit in der Freiheit wachsen könne. Schon Papst Johannes Paul II. griff dieses negative Phänomen im Jahre 1980 auf, als er in eindringlichen Worten bei seinem ersten Pastoralbesuch in Deutschland Stellung dazu nahm. In seiner Predigt zum Thema Ehe und Familie zeigte sich der Heilige Vater bestürzt über die scheinbare Unverständlichkeit gegenüber dem Faktum, dass die Endgültigkeit der ehelichen Treue von Mann und Frau ein Ausdruck der unbedingten Würde des Menschen ist. Diese Pflicht zur ehelichen Treue können wir auch auf unseren Stand beziehen und uns darüber hinaus den Worten des Papstes anschließen, der weiter sagte: „Man kann nicht nur auf Probe leben, man kann nicht nur auf Probe sterben. Man kann nicht nur auf Probe lieben, nur auf Probe und Zeit einen Menschen annehmen."[593] Danken wir Gott für unsere gebundenen Hände, die uns an Christus und an sein Kreuz binden. Sie werden durch ihn zum Zeichen der größten Freiheit. Danken wir ihm für die Freiheit, die uns die evangelischen Räte schenken als Ausdruck der Liebe zu Gott und den Menschen.

Oft beten wir in der Mittagshore das uralte Wallfahrtslied im Psalm 126: *Ja, Großes hat der Herr an uns getan. Da waren wir fröhlich.*

---

592 Benedikt XVI., Apostolisches Schreiben in Form eines Motu Proprio *Porta fidei* von Papst Benedikt XVI., mit dem das *Jahr des Glaubens* ausgerufen wird, in: Verlautbarungen des Apostolischen Stuhls (Nr. 191), hg. vom Sekretariat der Deutschen Bischofskonferenz, Bonn 2011, 20.

593 Johannes Paul II., Predigt zum Thema Ehe und Familie auf dem Butzweiler Hof in Köln am 15. November 1980, in: Verlautbarungen des Apostolischen Stuhls (Nr. 25A), hg. vom Sekretariat der Deutschen Bischofskonferenz, Bonn [3]1980, 16-22, hier: 19.

Und wir fügen voll Vertrauen die Bitte an:

4 Wende doch, Herr, unser Geschick, wie du versiegte Bäche wieder füllst im Südland.
5 Die mit Tränen säen, werden mit Jubel ernten.
6 Sie gehen hin unter Tränen und tragen den Samen zur Aussaat.
Sie kommen wieder mit Jubel und bringen ihre Garben ein.

Der eindringlichen Aufforderung des seligen Papstes Johannes Paul II. folgend, der uns mit Lk 5,4 eingeladen hat, auf den See hinauszufahren, können wir als Gottgeweihte am Beginn des dritten Jahrtausends diesen Schritt wagen – vor unseren Augen das gekreuzigte und leuchtende Antlitz unseres Herrn, als Zeugen seiner Liebe[594].

2. Schwierigkeiten, Prüfungen und Herausforderungen

Probleme und spürbare Veränderungen in den Gemeinschaften und in unseren Klöstern haben viel zu tun mit den Veränderungen in unserer Gesellschaft. Die Klöster sind als empfindliche Organismen unmittelbar betroffen von diesem Wandel, ja von diesem Paradigmenwechsel. Es gilt nicht nur das Wort der Pastoralkonstitution, dass die Kirche in der Welt von heute ist: Ja, „Freude und Hoffnung, Trauer und Angst der Menschen von heute, besonders der Armen und Bedrängten aller Art, sind auch Freude und Hoffnung, Trauer und Angst der Jünger Christi. Und es gibt nichts wahrhaft Menschliches, das nicht in ihren Herzen seinen Widerhall fände.“[595] Aber es gilt auch umgekehrt, dass die Welt in der Kirche, ja in unseren Klöstern ist, mit all den Chancen und Gefahren.

Nun ist es kein Zeichen von Gottvertrauen, ständig über die zunehmende Glaubenslosigkeit der Welt zu schimpfen. Schon bei seiner Konzilseröffnungsrede lehnte der selige Papst Johannes XXIII. diese Haltung ab. Er kritisierte den Zustand fehlenden Vertrauens, der sich bisweilen darin äußert, dass „Stimmen solcher Personen unser Ohr betrüben, die zwar von religiösem Eifer brennen, aber nicht genügend Sinn für die rechte Beurteilung der Dinge noch ein

594 Vgl. Benedikt XVI., Neubeginn in Christus. Ein neuer Aufbruch des geweihten Lebens im Dritten Jahrtausend (Instruktion), in: Verlautbarungen des Apostolischen Stuhls (Nr. 155), hg. vom Sekretariat der Deutschen Bischofskonferenz, Bonn 2002, 5.

595 GS 1.

kluges Urteil walten lassen."[596] Diese Stimmen beklagen eine von Untergang und Unheil bedrohte menschliche Gesellschaft. Neben der Verherrlichung der „guten alten Zeit" und dem Wehklagen über die Schlechtigkeit der Welt, ist ihr Verhalten gekennzeichnet durch vollkommene Ignoranz der Geschichte, von der sie – obwohl sie eine gute Lehrmeisterin des Lebens ist – anscheinend nichts gelernt haben. Diese Unheilsprophetie steht diametral zu seiner Einschätzung der Weltlage. Als Gegenpol dieser vermeintlichen Warner, die gefangen sind in ihrer apokalyptischen Einschätzung der Situation, postuliert Johannes XXIII. einen verborgenen Plan der göttlichen Vorsehung[597].

Lassen wir uns nicht entmutigen! Der Herr hat den Überblick. Rückgang der Mitgliederzahl, Überalterung, Verweigerung der Wertschätzung des geistlichen Leben und der evangelischen Räte, Missbrauchsskandal, Mittelmäßigkeit im geistlichen Leben, Untreue, auf der anderen Seite Aktionismus, Profilierungssucht, Kultur des Selbermachens und Planens ohne Gott – bis in die Fragen des Lebens und Sterbens. Angesichts solcher neuer Herausforderungen müssen wir also eine neue Form des Aggiornamento finden. Schon der selige Johannes XXIII. warnte am 9. September 1962 vor einer falschen Auslegung des Aggiornamento, „das nur das Leben versüßen oder der Natur schmeicheln will"[598].

Wenn wir unseren Glauben, unsere Klöster verheutigen wollen, wenn wir einen Neuaufbruch im Blick auf Christus wagen wollen, sollten wir heilsgeschichtlich Folgendes bedenken: Auf ihrer Wüstenwanderung mussten die Israeliten immer wieder neu aufbrechen. Erneuerung hat also jetzt zunächst nichts mit „Veralterung" zu tun, auch wenn viele Ordensgemeinschaften mittlerweile überaltert sind. Vielmehr geht es im biblischen Sinn bei Neuaufbruch darum, dem Wort Gottes wieder zu folgen. Er will ja seinen Bund mit uns erneuern. Es ist die Liebe Gottes, die uns zu diesem Tun drängt. Fragen wir uns konkret: Was ist es, das die derzeitige Situation des Ordenslebens erneuerungsbedürftig erscheinen lässt? Und daraus abgelei-

---

596 Johannes XXIII., Rede von Papst Johannes XXIII. zur Eröffnung des 2. Vatikanischen Konzils am 11. Oktober 1962, in: Herder Korrespondenz 17 (1962/63) 85-88.

597 Vgl. ebd.

598 Giuseppe Alberigo, Art. Aggiornamento, in: Lexikon für Theologie und Kirche, 3. Auflage: Band 1, Freiburg/Basel/Wien 1993, 231.

tet: Was sind die „geeigneten Mittel“, die zu einer zufriedenstellenden Antwort auf diese herausfordernde Situation beitragen können?

2.1 „Entweltlichung“

Vielleicht wundern wir uns: Im Dekret über die zeitgemäße Erneuerung des Ordenslebens lesen wir von „Entweltlichung“. In *Perfectae caritatis* 5 heißt es: *„Die Mitglieder aller Institute sollen sich bewusst bleiben, dass sie [...] vor allem einem göttlichen Ruf geantwortet haben und dadurch [...] auch der Welt entsagt haben, um Gott allein zu leben; denn sie haben ihr ganzes Leben seinem Dienst überantwortet. Das begründet gleichsam eine besondere Weihe, die zutiefst in der Taufweihe wurzelt und diese voller zum Ausdruck bringt.“*[599]

Im Nachdenken über diese Frage musste ich an die noch zu wenig rezipierte Rede von Papst Benedikt bei seinem letzten Deutschlandbesuch im September des vergangenen Jahres (2011 im Freiburger Konzerthaus) denken. Dort sagte er vor engagierten Katholiken aus Kirche und Gesellschaft: *„[...] dass die Kirche zufrieden wird mit sich selbst, sich in dieser Welt einrichtet, selbstgenügsam ist und sich den Maßstäben der Welt angleicht. [...] Um ihrem eigentlichen Auftrag zu genügen, muss die Kirche immer wieder die Anstrengung unternehmen, sich von dieser ihrer Verweltlichung zu lösen und wieder offen auf Gott hin zu werden. Sie folgt damit den Worten Jesu: „Sie sind nicht von der Welt, wie auch ich nicht von der Welt bin (Joh 17,16) [...].“*[600]

An welche Bereiche der Kirche appelliert der Papst, wenn er vor einer Angleichung an die Welt warnt? Was ist mit den Klöstern und Ordensgemeinschaften? Da es wahrscheinlich so zu verstehen ist, dass das vom Papst angesprochene Problem der *Verweltlichung* – das übrigens genauso alt sein dürfte wie die Institution Kirche selbst – die Gesamtkirche angeht, werden sich folglich a l l e in und an der Kirche Beteiligten der Anfrage stellen müssen, inwieweit sie von dem Phänomen betroffen sind und mit welchen konkreten Schritten sie gegen dieses anzugehen versuchen; also auch die Ordensgemeinschaften.

---

599 PC 5.

600 Benedikt XVI., Ansprache Seiner Heiligkeit Papst Benedikt XVI. an engagierte Katholiken aus Kirche und Gesellschaft, in: Verlautbarungen des Apostolischen Stuhls (Nr. 189), hg. vom Sekretariat der Deutschen Bischofskonferenz, Bonn 2011, 144-150, hier: 147.

Wollen die Ordensgemeinschaften wirklich „kraftvolle Boten des Glaubens an die zu erhoffenden Dinge“ sein, wie es in *Lumen gentium* (LG 35) gefordert wird, und wollen sie sich ferner in vollem Maße den Sorgen der Welt öffnen, so stellt das jede einzelne Kommunität vor erhebliche Herausforderungen. Denn es gilt zu klären, wie es ein Novize ausdrückte, wie viel „Welt“ z. B. ein Mönch in sich aufnehmen kann, ohne der Gefahr zu erliegen, seiner monastischen Berufung untreu zu werden (die zu leben – in rechter Weise verstanden – zwingend eine Absage an die Welt verlangt) und sich ganz in dem Sog des Weltlichen zu verlieren. Und er meinte: „In unserem von digitalen Medien dominierten Zeitalter dürfte dabei das Internet mit seinen unzähligen und unüberschaubaren Kommunikations- und Konsumangeboten eine besondere Gefahr darstellen.“

2.2 Der Begriff „Welt“

Was meinen wir eigentlich, wenn wir von „Welt“ sprechen? Und vor allem: Was ist für uns, die wir nun einmal in der Welt leben, nicht „Welt“? Um diesen Begriff zu definieren, dessen ganze Tiefe auszuloten nur schwer möglich sein dürfte, möchte ich an den Gedanken des großen geistlichen Kardinal Basil Hume (1923-1999[601]) anknüpfen und ihn – den Begriff Welt – von seiner Opposition her zu beleuchten versuchen, um ihn dadurch besser in den Gesichtskreis zu bekommen. Hume stellt dem Begriff „Welt“ den des *Monastischen* gegenüber, genauer gesagt den „Sinn für das Monastische, der sich bei solchen, die ihn besitzen, deutlich erkennen lässt“[602]. Ihm zufolge meint es „[...] eine Art Gespür, das einen befähigt, zu beurteilen, was sich für einen Mönch schickt und was nicht. Das kann ein weites Spektrum umfassen: des Handelns, der Haltung, der Art zu reden, der Weise, wie wir unsere Ferien verbringen, wie wir Geld ausgeben, Gastfreundschaft üben, wie wir empfangen, uns benehmen, der Dinge, die wir äußern, unserer Bewertungen. Es gibt kein Ende.“[603]

---

601 Kardinal Basil Hume wurde 1923 in Newcastle geboren, war von 1963 an Abt der Benediktinerabtei Ampleforth und wurde von Paul VI. 1976 zum Erzbischof von Westminster (London) bestimmt. Unter seinem Pontifikat fand auch noch im gleichen Jahr die Kardinalsernennung statt, die vorletzte in seiner Amtszeit.

602 Basil Hume, Gott suchen, Einsiedeln [5]2002, 28.

603 Ebd.

Es handelt sich also bei dem, was er den *Sinn für das Monastische* nennt, um eine Art Gespür. Man ist leicht geneigt, eigenhändig – und doch wissend, dass man durchaus in seinem Sinne handeln dürfte – zu ergänzen. Und auch den Umgang mit den neuen Medien. Denn es geht ihm im Wesentlichen darum, dass sich ein Mönch in seinem gesamten Habitus von einem „weltlichen" Menschen unterscheidet und von Letztgenanntem auch so empfunden werden sollte.

Warum Hume darauf besonderes Gewicht legt, wird daran deutlich, dass sich das „Weltliche" als Gegenspieler zu dem, was er den „monastischen Sinn" nennt, entpuppt, und dadurch zur Gefahr wird, „denn nicht nur unser eigenes Gebet kann sein Rückgrat verlieren: das der gesamten Gemeinschaft kann das seine einbüßen."[604] Aus dem eben Erwähnten lässt sich leicht ableiten, worin für ihn die Gefahr des „Weltlichen" besteht: Es ist das Gebetsleben und damit gleichsam das, was der innerste Kern eines jeden Ordenslebens[605] sein sollte, das, worum zu ringen nicht nur unbedingt lohnenswert, sondern vielmehr für Geistliche geradezu überlebensnotwendig erscheint. Um aber solche werden zu können, bedarf es unbedingt der *kenosis*[606] eines jeden von uns, also einer *Selbstentleerung* im Sinne des Evangeliums, wenn wir mit Paulus sagen wollen: „Nicht mehr ich lebe, sondern Christus lebt in mir" (Gal 2,20). Dass Christus immer mehr Form in uns annehmen will, ja wir geradezu die unglaubliche Aufgabe haben, durch sein Wort und seine Sakramente immer mehr in ihn hineinzusterben, sollte doch der zentrale Gedanke eines jeden Christen sein. Wie viel mehr dann nicht der des Mönches!

---

604 Ebd., 29.

605 Ohne in der Lage zu sein, eine umfassende Definition dessen liefern zu können, was einen Mönch bzw. eine Nonne ausmacht, will ich dennoch behaupten: Sind wir als Mönche nicht Betende, dann sind wir auch keine Mönche. Es reicht eben nicht, nur äußerlich so zu leben wie Mönche, sondern wir müssen auch solche w e r d e n.

606 Vgl. Basil Hume, Gott suchen, Einsiedeln [5]2002, 30.

3. Christus, das Zentrum des Lebens

3.1 Evangeliumsgemäße Nachfolge – Pastoral und die Pädagogik der Heiligkeit

Schon vor 40 Jahren sagte Josef Ratzinger: „Das Konzil markiert den Übergang aus einer Situation, in der ein Maximum an Verchristlichung erreicht schien, [...], auf eine Situation hin, in der man [...] eine radikale Minderheitensituation des Christen anerkennen muss, die nicht Konservierung, sondern missionarische Existenz verlangt." Und er fügte hinzu: „[...] der konziliare Gegensatz zu konservativ heißt nicht progressistisch, sondern missionarisch."[607]

Eine Reform der Kirche geschieht durch glaubwürdige Zeugen, d. h. durch Menschen, die ihrer Berufung zur Heiligkeit entsprechen und sich zugleich als Sünder wissen. Christen sind kraft ihrer Taufe berufen und gesandt, mit ihrer Existenz in der Welt und für die Welt das Wort der Wahrheit aufleuchten zu lassen, das der Herr selbst uns hinterlassen hat. Schon das II. Vatikanum betonte in der Dogmatischen Konstitution *Lumen gentium* 8: „Während aber Christus heilig, schuldlos, unbefleckt war (vgl. Hebr 7,26) und Sünde nicht kannte (vgl. 2 Kor 5,21), sondern allein die Sünden des Volkes zu sühnen gekommen ist (vgl. Hebr 2,17), umfasst die Kirche Sünder in ihrem eigenen Schoße. Sie ist zugleich heilig und stets der Reinigung bedürftig, sie geht immerfort den Weg der Buße und Erneuerung."[608]

„Aus dieser Sicht ist das *Jahr des Glaubens* eine Aufforderung zu einer echten und erneuerten Umkehr zum Herrn, dem einzigen Retter der Welt. Im Geheimnis seines Todes und seiner Auferstehung hat Gott die rettende Liebe vollends offenbart und ruft die Menschen durch die Vergebung der Sünden zur Umkehr des Lebens (vgl. Apg 5,31). Diese Liebe – so der Apostel Paulus – führt den Menschen in ein neues Leben: ‚Wir wurden mit ihm begraben durch die Taufe auf den Tod; und wie Christus durch die Herrlichkeit des Vaters von den Toten auferweckt wurde, so sollen auch wir als neue Menschen leben' (Röm 6,4). Durch den Glauben gestaltet dieses neue Leben

---

607 Joseph Ratzinger, Das neue Volk Gottes. Entwürfe zur Ekklesiologie, Düsseldorf 1969, 300.

608 Benedikt XVI., Apostolisches Schreiben in Form eines Motu Proprio *Porta fidei* von Papst Benedikt XVI., mit dem das *Jahr des Glaubens* ausgerufen wird, in: Verlautbarungen des Apostolischen Stuhls (Nr. 191), hg. vom Sekretariat der Deutschen Bischofskonferenz, Bonn 2011, 7f.

die gesamte menschliche Existenz nach der radikalen Neuheit der Auferstehung."[609]

3.2 Spiritualität der Gemeinschaft

„Mit seiner Liebe zieht Jesus Christus die Menschen aller Generationen an sich: Zu allen Zeiten ruft er die Kirche zusammen und vertraut ihr die Verkündigung des Evangeliums mit einem Auftrag an, der immer neu ist. Darum ist auch heute ein überzeugterer kirchlicher Einsatz für eine neue Evangelisierung notwendig, um wieder die Freude am Glauben zu entdecken und die Begeisterung in der Weitergabe des Glaubens wiederzufinden."[610]

Inspiriert von Johannes Bours und Klaus Hemmerle will ich Ihnen einige Gedanken zur Spiritualität der Gemeinschaft mitgeben, die Sie vermutlich schon kennen: Der Apostelschüler Ignatius wurde um das Jahr 107 als Gefangener von Antiochien nach Rom gebracht. Unterwegs schrieb er – womöglich an den Rastplätzen – Briefe an die jungen Christengemeinden.

„Nehmt Gottes Melodie in euch auf!" Ignatius hatte die Vorstellung, dass Gott für jeden eine bestimmte Stimme, ja eine Liebesmelodie hat. Wenn jeder diese ihm zugedachte Melodie Gottes nicht nur hört, sondern darüber hinaus auch in sich aufnimmt, dann geschieht ein Zusammenklang aller Stimmen, eine geistgewirkte Symphonie[611].

„Nehmt Gottes Melodie in euch auf." Doch was ist Gottes Melodie für mich? Welches Lied hat er mir zugedacht? Ich werde es nur erfahren, wenn ich es ruhig werden lasse in mir und um mich herum, wenn ich mich selbst zurücknehme – denn Gottes Lied ist leise[612]. „Ich muss bisweilen allein sein, ich muss bisweilen sogar im Leiden sein, um Gottes Melodie hören zu können. [...] Aber er will, dass ich dann das Lied, sein und mein Lied, weitersinge mit anderen zusammen."[613] Manchmal erschien diese Melodie unheimlich fremd, wie ein Missklang, schwer nachzusingen. „Dann vergesse ich oft, dass

609 Ebd., 8.
610 Ebd., 9.
611 Vgl. Johannes Bours, Nehmt Gottes Melodie in euch auf. Worte für das tägliche Leben, Freiburg i. Br. [5]1985, 40.
612 Vgl. ebd., 40f.
613 Ebd., 41.

diese mir zugedachte Lebensmelodie erst im Zusammenhang und Zusammenklang des Ganzen seine Harmonie ergibt."[614]

Betrachten wir noch einmal das Wort Symphonie – Zusammenklang – *symphoneîn*. Um es besser zu verstehen, kann uns ein Wort aus der Gemeinderede helfen, die wir im 18. Kapitel des Matthäusevangeliums finden. Dort heißt es: *„Weiter sage ich euch: Alles, was zwei von euch auf Erden gemeinsam erbitten, werden sie von meinem himmlischen Vater erhalten"* (Mt 18,19). Was innertrinitarisch geschieht, schenkt die Liebe Gottes jedem, der sich auf diese Bewegung einlässt: *symphoneîn* als Zusammenklang steht analog zum Dreiklang der Liebe des Vaters, des Sohnes und des Heiligen Geistes. Mitten im Lärm dieser Welt kann so Gottes Geist einen Chor der Liebe unter den Menschen gründen, die die Melodie der dreifaltigen Liebe in ihren Herzen erklingen lassen.

Durch Christi Opfer, das er stellvertretend für uns auf dem Altar des Kreuzes dem Vater dargebracht hat, wurden nicht nur Sünde und Tod überwunden, sondern zugleich die Disharmonie, die Menschen von Gott und untereinander entzweite. Sterbend hat er uns den Zugang zum Vater und so die Einheit mit Gott wiedergeschenkt, denn „er ist der Friede zwischen Himmel und Erde, der Friede zwischen Fernen und Nahen"[615], er ist der Zusammenklang, die Symphonie schlechthin. Wer zum Vater im Heiligen Geist betet, der betet ausdrücklich oder einschlussweise *„durch Christus, unsern Herrn"*.

Wo Christus ist, da ist Zusammengehörigkeit, Übereinstimmung. „Und es gilt auch die Umkehrung: Wo Übereinstimmung, wo Einheit und Versöhnung ist"[616], da ist Christus. Wenn wir in seinem Namen eins sind, ist er da. Ist das nicht eine Deutung für das: *Liebt einander, wie ich euch geliebt habe* oder wie es der hl. Ignatius formulierte: *„In eurer zusammenklingenden Liebe ertönt durch euch das Lied Christi"*[617]? Unter den Menschen gibt es keine, die so harmonisch das Lied des heilbringenden Leidens mit ihm anstimmt wie Maria, seine und unsere *Schmerzhafte Mutter*.

---

614 Ebd.

615 Klaus Hemmerle, Dein Herz an Gottes Ohr. Einübung ins Gebet, München/Zürich/Wien [3]1999, 137.

616 Ebd., 138.

617 Johannes Bours, Nehmt Gottes Melodie in euch auf. Worte für das tägliche Leben, Freiburg i. Br. [5]1985, 41.

In diesem Lied bekommt das Wort des hl. Bernhard, unseres Ordensvaters, der unter den Kirchenlehrern der *„doctor mellifluus"*, d. h. der honigfließende Lehrer, genannt wird, eine ganz neue Aktualität. *„Iesus mel in oro, in auro melos, in corde iubilus"*, d. h. *Jesus ist Honig im Munde, Melodie im Ohr und Jubel im Herzen.* Es gibt Worte, die wir uns ohne die dazugehörige Melodie gar nicht vorstellen können. All unser Beten gilt dem *Lobpreis auf den dreifaltigen Gott, den Vater und den Sohn und den Heiligen Geist.*

4. Christus heute gegenwärtig – innere Verbundenheit durch den trinitarischen Herzschlag der Liebe – erneuerte Sendung

4.1 Wirkkraft des Wortes Gottes und des sakramentalen Lebens

Der gekreuzigte und auferstandene Christus zieht uns mit seiner Liebe an sich: In seinem Wort spricht er zu uns. Dafür müssen wir auch das Schweigen und Hören, die Wertschätzung der Heiligen Schrift wieder neu entdecken. Nur derjenige, der sein Wort kennt und im Herzen bewahrt – wie die Gottesmutter Maria –, kann sich heute für die neue Evangelisierung einsetzen, um wieder die Freude am Glauben zu entdecken und mit Begeisterung den Glauben weiterzugeben.

„Fahrt hinaus auf den See!" (Lk 5,4). In Anlehnung an die Worte Jesu, die dieser dem Petrus zurief, fordert uns Papst Johannes Paul II. auf, unseren Weg ins 21. Jahrhundert im Vertrauen auf Gottes Beistand zu gehen. Obwohl von Krankheit gezeichnet, begeisterte der selige Papst Millionen junger Menschen in unserer vaterlosen Gesellschaft. Durch sein beispielhaftes Leben und Leiden konnte er den Samen einer neuen Hoffnung zum Keimen bringen, dessen Frucht der Wunsch nach einem intensiveren Leben aus der Kraft des Evangeliums ist. Zeichen für das Wirken des Heiligen Geistes – auch heute! Neuevangelisierung nimmt also ihren Anfang bei uns selbst. Halten wir wieder regelmäßig die nicht verzweckte *lectio divina*, die geistliche Lesung, und schenken IHM und uns täglich die Zeit, um sein Antlitz zu suchen, indem wir sein Wort betrachten.

Der hl. Benedikt erklärt in seiner Regel: „Mens concordet voci", „das Herz muss mit der Stimme zusammenklingen". Er lehrt, dass die Worte dem Verstand vorausgehen müssen. „Gewöhnlich ist es nicht so, sondern erst müssen wir denken und dann wird das, was wir gedacht haben, zum Wort. Hier, in der Liturgie, ist es dagegen umgekehrt: Das Wort geht voraus. Gott hat uns das Wort geschenkt, und die heilige Liturgie bietet uns das Wort an; wir müssen ins Innere der Worte, in ihre Bedeutung eintreten, sie in uns aufnehmen, uns in Einklang bringen mit diesen Worten; so werden wir zu Kindern Gottes, Gott ähnlich. [...] Indem wir in die großen Worte der Geschichte des Gebets eintreten, werden wir selbst dem Geist dieser Worte gleichgestaltet und werden fähig, mit Gott zu sprechen.“[618]

4.2 Die hl. Eucharistie ist Quelle und Höhepunkt des Lebens und der Sendung der Kirche

„Wenn wir uns fragen, wer die Welt und den Menschen rettet, so ist die einzige Antwort: Jesus von Nazaret“[619], der Herr und Messias, gekreuzigt und auferstanden. Und wo wird für uns, für mich heute das heilbringende Geheimnis des Todes und der Auferstehung Christi aktuell?

Die Antwort ist: im Werk Christi „durch die Kirche, in der Liturgie“[620], besonders im Sakrament der Eucharistie, das das Opfer des Sohnes Gottes gegenwärtig macht, das uns erlöst hat; im Sakrament der Buße, in dem sich der Übergang vom Tod zum neuen Leben vollzieht; und in den anderen Sakramenten, „die uns heiligen“[621]. So ist das Paschageheimnis des Todes und der Auferstehung Christi das Zentrum der liturgischen Theologie des Konzils.

Das erste Dokument des II. Vatikanischen Konzils war die Konstitution über die heilige Liturgie *Sacrosanctum Concilium.* Sie wurde am 4. Dezember 1963 feierlich approbiert. Indem die Liturgie als erstes Thema im Mittelpunkt stand, ist der Vorrang Gottes klar formuliert worden. Papst Benedikt merkt dazu an, dass überall dort, wo der Blick auf Gott nicht entscheidend ist, alles andere seine Ausrichtung verliert[622].

---

618 Benedikt XVI., Die Liturgie – Schule des Gebets. Generalaudienz auf dem Petersplatz am 26. September 2012, in: OR (D) Nr. 40 vom 5. Oktober 2012, 2.
619 Ebd.
620 Ebd.
621 Ebd.
622 Vgl. ebd.

In Heiligenkreuz sprach er die Bitte aus: „Bei allem Bemühen um die Liturgie muss der Blick auf Gott maßgebend sein. Wir stehen vor Gott – er spricht mit uns, wir mit ihm. Wo immer man bei liturgischen Besinnungen nur darüber nachdenkt, wie man Liturgie attraktiv, interessant, schön machen kann, ist Liturgie schon verfallen. Entweder ist sie *opus Dei* mit Gott als dem eigentlichen Subjekt oder sie ist nicht. Ich bitte an dieser Stelle: Gestaltet die heilige Liturgie aus dem Hinschauen auf Gott in der Gemeinschaft der Heiligen, der lebendigen Kirche aller Orte und Zeiten so, dass sie zu einem Ausdruck der Schönheit und Erhabenheit des menschenfreundlichen Gottes wird!“[623]

Unser Ordensvater, der heilige Benedikt, sagt, dass unser Herz mit der Stimme zusammenklingen muss: Erhebet die Herzen. Gehen wir heraus aus den Zerstreuungen, und lassen wir uns vom Heiligen Geist emporheben, der in uns betet, damit, wie die Väter sagen, das Herz selber zu einem Altar Gottes wird: *altare Dei est cor nostrum.* „Vom Anfang meines Dienstes als Nachfolger Petri an habe ich an die Notwendigkeit erinnert, den Weg des Glaubens wiederzuentdecken, um die Freude und die erneute Begeisterung der Begegnung mit Christus immer deutlicher zutage treten zu lassen.“[624]

5. Zum Lob der Dreifaltigkeit

5.1 A Patre ad Patrem: die Initiative Gottes

Gott allein genügt – diese tägliche Herausforderung wird leicht, wenn wir unseren Schwerpunkt in Gott haben[625]. Wie Christus sich für uns weihte (vgl. Joh 17,19), so sollen auch wir unser Innerstes Gott dem Vater zuwenden, von dem die Initiative ausgeht. Unser gottgeweihtes Leben verstehen als Antwort auf diese Erwählung[626].

---

623 Benedikt XVI., In visitatione Abbatiae „Heiligenkreuz“, die 9 Septembris 2007, in: AAS 99 (2007: 10) 853-858, hier: 855.

624 Benedikt XVI., Apostolisches Schreiben in Form eines Motu Proprio *Porta fidei* von Papst Benedikt XVI., mit dem das *Jahr des Glaubens* ausgerufen wird, in: Verlautbarungen des Apostolischen Stuhls (Nr. 191), hg. vom Sekretariat der Deutschen Bischofskonferenz, Bonn 2011, 3.

625 Vgl. Johannes Bours, Nehmt Gottes Melodie in euch auf. Worte für das tägliche Leben, Freiburg i. Br. [5]1985, 129.

626 Vgl. Johannes Paul II., Nachsynodales Apostolisches Schreiben *Vita Consecrata* von Papst Johannes Paul II. an den Episkopat und den Klerus, an die Orden und Kongregationen, an die Gesellschaften des Apostolischen Lebens, an die Säkularinstitute und an alle Gläubigen über das

Die Erfahrung der Liebe Gottes kann dermaßen tief sein, dass der Betreffende spürt, mit der bedingungslosen Ganzhingabe seines Lebens antworten zu MÜSSEN[627], durch die Gott letztlich verherrlicht wird. Die Totalität der Hingabe, die nach dem hl. Thomas vergleichbar ist mit wahrer Selbstaufopferung, wird ermöglicht und getragen von der Liebe Gottes, seiner zuvorkommenden Liebe, die alles Verstehen übersteigt[628].

Gelöst, gelassen, durchlässig, vertrauend – so erfahren wir ein „Gehaltensein von innen her, aus einer Mitte, die wir nicht gemacht haben, sondern die als Geschenk in uns gelegt ist, die wir nur zulassen können"[629] und die uns täglich neu mit Maria unser „Fiat" sprechen lässt.

5.2 Per filium: in den Fußstapfen Christi

Was ER euch sagt, das tut.
Was ER euch tut, das sagt.
Was ER euch gibt, das nehmt.
Was ER euch nimmt, das gebt.
(Klaus Hemmerle)

Christus ruft alle, die ihm vom Vater übergeben sind (vgl. Joh 17,9), in seine Nachfolge. Der Ruf, der an die Personen gottgeweihten Lebens ergeht, ist darüber hinaus noch einmal ein besonderer, gekennzeichnet von der Aufforderung, ALLES zu verlassen, „um in innigem Vertrauen mit ihm zu leben"[630] und ihm zu folgen, wohin er auch geht, wohin der Weg auch führen mag. Ja, Gott nimmt uns bisweilen alle Sicherheit, damit nichts Sicherheit für uns bedeutet als ER allein. Christus blickt uns dann mit seiner ewigen Liebe an. Ge-

---

geweihte Leben und seine Sendung in Kirche und Welt, in: Verlautbarungen des Apostolischen Stuhls (Nr. 125), hg. vom Sekretariat der Deutschen Bischofskonferenz, Bonn 1996, 25.

627 Vgl. ebd.

628 Vgl. ebd.

629 Johannes Bours, Nehmt Gottes Melodie in euch auf. Worte für das tägliche Leben, Freiburg i. Br. [5]1985, 129.

630 Johannes Paul II., Nachsynodales Apostolisches Schreiben VITA CONSECRATA von Papst Johannes Paul II. an den Episkopat und den Klerus, an die Orden und Kongregationen, an die Gesellschaften des Apostolischen Lebens, an die Säkularinstitute und an alle Gläubigen über das geweihte Leben und seine Sendung in Kirche und Welt, in: Verlautbarungen des Apostolischen Stuhls (Nr. 125), hg. vom Sekretariat der Deutschen Bischofskonferenz, Bonn 1996, 25.

troffen von diesem Blick, der unser Innerstes berührt, ja gleichsam erschüttert, können wir nicht anders reagieren, als alles zu verlassen und ihm nachzufolgen (vgl. Mk 1,16-20; 2,14; 10,21.28)[631].

Doch jede Nachfolge nimmt ihren Anfang in einer bestimmten Haltung. Diese ist geprägt von der Demut, von dem Ohr für Gottes Wort und von dem bewahrenden Herzen – das ist Marias Vermächtnis für unseren Weg. Nach dem Vorbild Mariens, die als Erste durch ihre Ganzhingabe im Dienst des göttlichen Heilsplanes stand, muss am Beginn jeder Sendung diese Demut stehen, die spricht: „Ich bin die Magd des Herrn; mir geschehe, wie du es gesagt hast"[632].

In den Fußstapfen Christi zu gehen heißt, ihm nachzufolgen, eins zu werden mit ihm und auf diese radikalste Weise das Evangelium in der Welt zu leben[633]. Und dieses Evangelium lehrt uns auch die *caritas* gegenüber den Leidenden und gegenüber der verwundeten und dem Hass ausgelieferten Welt. [...] „nichts ist wichtiger für die Freiheit dieser Welt als Menschen, die bereit sind, den evangelischen Räten aus Liebe zu folgen und so zu zeigen, dass Liebe, die sich binden lässt, Liebe, die bindet, frei macht."[634]Als Zeugen seiner Liebe sind wir in dieser göttlichen Lebensform wie Petrus aufgerufen, hinter IHN zu kommen (vgl. Mk 8,31), IHM nachzufolgen – Auftrag und Sendung zugleich. Jesu Vermächtnis, das er den Jüngern in seinen Abschiedsreden anvertraute, war ebenfalls Auftrag und Sendung zugleich; und so können auch wir – wie die Jünger – dieses Vermächtnis, ja Christus selbst zum bestimmenden Inhalt, zum Zentrum unseres Lebens werden lassen[635].

Alles um seinetwillen als Verlust anzusehen, um ihn zu gewinnen (vgl. Phil 3,8) – das ist das ein für alle Mal gültige, von Jesus selbst aufgestellte Programm[636]. Nachfolge Jesu heißt, der Spur zu folgen,

---

631 Vgl. ebd.
632 Vgl. ebd., 26.
633 Vgl. ebd.
634 Klaus Hemmerle, Geistliches Wort von Bischof Klaus Hemmerle beim Ordenstag im Bistum Münster am 30. September 1983 im Dom zu Münster, in: Ders., Der Preis deiner Liebe bist du selbst. Freiheit – Bindung – Treue, Münster 1983, 5-13.
635 Vgl. http://www.kim-bewegung.at/html/schoenborn.html (08.03.2014).
636 Vgl. Johannes Paul II., Nachsynodales Apostolisches Schreiben VITA CONSECRATA von Papst Johannes Paul II. an den Episkopat und den Klerus, an die Orden und Kongregationen, an die Gesellschaften des Apostolischen Lebens, an die Säkularinstitute und an alle Gläubigen über das geweihte Leben und seine Sendung in Kirche und Welt, in: Verlautbarungen des Apostolischen Stuhls (Nr. 125), hg. vom Sekretariat der Deutschen Bischofskonferenz, Bonn 1996, 26.

die Christus gegangen ist: sie ist gezeichnet von seiner brennenden Liebe! Nachfolge Jesu heißt, aus der Liebe Gottes leben, einer Liebe, die bis in den Tod der tragende Grund unserer ewigen Hoffnung ist. Und nur so, im absoluten Vertrauen auf diese Liebe, die sich uns am eindrucksvollsten, berührendsten, ja geradezu leidenschaftlichsten gezeigt hat durch Christi Opfer auf dem Altar des Kreuzes, können wir die Radikalität aushalten, die Herausforderungen annehmen, den Gehorsam lernen.

Fast auf den Tag genau vor 29 Jahren, am 30. September 1983, sagte Bischof Klaus Hemmerle nur wenige hundert Meter von hier entfernt im St. Paulus-Dom bei seinem Geistlichen Wort anlässlich des Ordenstages: *„Und wenn der Herr selber mir begegnet als jener, der mit seinem Kreuz, mit seiner Radikalität, mit seiner Forderung mich überfordert, dann sage ich zu ihm: ‚gekreuzigter, ausgelieferter, verlassener, schreiender, verstummender Christus, ich fürchte Dich nicht, weil ich Dich liebe. Ich binde mich an Deine gebundenen Hände, ich gehe mit Dir.' Und dann, wenn wir uns so radikal an Ihn binden, dann macht er uns frei. [...] Sagen wir ‚Ja' zu dieser unserer Armut und haben wir den Mut, den Nagel des Gehorsams in die Sehne unserer Hand schlagen zu lassen, sodass wir wirklich nicht mehr mit unseren Ideen, mit unserem Planen, mit unseren Konzepten da sind, sondern dass wir sagen, ‚Nein', das Einzige, was zählt, das Einzige, was mich frei macht, ist Liebe: Liebe zu Ihm."*[637] Im Kreuzgang des vor 30 Jahren geweihten Zisterzienserinnenklosters Marienfeld finden wir ein Kreuz, in das nur drei Nägel (ohne Corpus) geschlagen sind, als ein Hinweis auf unsere Bindung an Christus. Nahe beim Kreuz ist nahe bei ihm.

5.3 In Spiritu: vom Heiligen Geist geweiht

Der Heilige Geist ist es, der Menschen dafür empfänglich macht, das Faszinierende einer so verpflichtenden Entscheidung wahrzunehmen. Durch ihn werden sie hineingenommen in die Erfahrung, die schon der Prophet Jeremia machen durfte: „Du hast mich betört, o Herr, und ich ließ mich betören" (Jer 20,7). Und der Geist ist es

637 Klaus Hemmerle, Geistliches Wort von Bischof Klaus Hemmerle beim Ordenstag im Bistum Münster am 30. September 1983 im Dom zu Münster, in: Ders., Der Preis deiner Liebe bist du selbst. Freiheit – Bindung – Treue, Münster 1983, 5-13.

auch, der das Verlangen nach einer vollkommenen Antwort weckt, Unterstützung gewährt, die Seele der Berufenen formt und bildet. Er spornt sie an, sich Jesu Sendung zu eigen zu machen und so IHM gleichgestaltet zu werden[638].

Auf dem geistgewirkten Weg hin zur vollkommenen Gleichgestaltung, zur unerschöpflichen Quelle des Lichtes, wird das geweihte Leben zu einem Ausdruck für die Kirche als Braut, die versucht, die Wesenszüge des Bräutigams wiederzugeben und sich für ihn zu bereiten[639]. So heißt es in der zweiten Präfation zum Fest des Jahresgedächtnisses der Kirchweihe von der Kirche als Braut Christi: „[...] du erbaust uns zum Tempel des Heiligen Geistes, dessen Glanz im Leben der Gläubigen aufstrahlt. Im sichtbaren Bau erkennen wir das Bild Deiner Kirche, die Du zur Braut Deines Sohnes erwählt hast. Du heiligst sie Tag für Tag, bis du sie, unsere Mutter, in die Herrlichkeit aufnimmst mit der unzählbaren Schar ihrer Kinder."[640]

Auch auf unsere Klöster können wir das Bild der Kirche als Braut Christi anwenden und uns dabei der Worte bedienen, die schon Augustinus verwendet hat. Er spricht von seinem Kloster als der „Ecclesiola in Ecclesia Dei" – eine kleine Kirche in der Kirche Gottes. In ihr schlägt das eine Herz Christi, die Schönheit der Einheit und des Friedens bezeugend. Wir sind also gerufen, Kirche zu werden. Kirche im Großen wie im Kleinen. Mit den Worten Marias, der „Mater Ecclesiae", dürfen wir uns Papst Johannes Paul II. anschließen, der gesagt hat: „Der Allmächtige hat ‚Großes' an jedem von euch getan! Großes an jedem von euch, Großes an jedem von uns, alle hier anwesenden Pilger, Großes! Hört nicht auf, ihn zu preisen! Hört nicht auf, ihm zu danken! Hört nicht auf, eure Hingabe, eure Berufung jeden Tag von Neuem zu leben unter dem Schutz der Unbefleckten

638 Vgl. Johannes Paul II., Nachsynodales Apostolisches Schreiben VITA CONSECRATA von Papst Johannes Paul II. an den Episkopat und den Klerus, an die Orden und Kongregationen, an die Gesellschaften des Apostolischen Lebens, an die Säkularinstitute und an alle Gläubigen über das geweihte Leben und seine Sendung in Kirche und Welt, in: Verlautbarungen des Apostolischen Stuhls (Nr. 125), hg. vom Sekretariat der Deutschen Bischofskonferenz, Bonn 1996, 27.

639 Vgl. ebd.

640 Die Feier der heiligen Messe. Messbuch. Für die Bistümer des deutschen Sprachgebietes. Authentische Ausgabe für den liturgischen Gebrauch. Teil I. Die Sonn- und Feiertage deutsch und lateinisch. Die Karwoche deutsch, hg. im Auftrag der Bischofskonferenzen Deutschlands, Österreichs und der Schweiz sowie der Bischöfe von Luxemburg, Bozen-Brixen und Lüttich, Freiburg i. Br. 1975, 330f.

Jungfrau [...]! So wird das Reich Gottes in euch leben! So wird das Reich Gottes zu uns kommen."[641]

Das wünsche ich Ihnen für das anbrechende *Jahr des Glaubens* und dazu Mut und Zuversicht.

641 Johannes Paul II., Sucht Ihn, den eure Seele liebt! Predigt beim Gottesdienst mit den Ordensleuten auf dem Kapellplatz in Altötting am 18. November, in: OR (D) Nr. 48 vom 28. November 1980, 16f., hier: 17.

Wiedergefundene geistliche Vaterschaft in vaterloser Gesellschaft

Papst Benedikts Einladung zur Erneuerung durch Wahrheit und Liebe

1. Einleitung

Als Papst Johannes Paul II. vor einem Jahr im Sterben lag, nahm die ganze Welt in ungeahnter Weise Anteil an diesem Geschehen. Auffallend war die positive Medienberichterstattung, die faktisch die letzte österliche Weltkatechese dieses Mannes ausstrahlte: Eine Botschaft ohne Worte; nur der Ausdruck des leidenden, ja aus dieser Welt scheidenden Heiligen Vaters, der sich für die Menschen bis in sein Sterben hinein entäußerte – in einer überzeugenden Hoffnung auf das ewige Leben. Niemand vergisst sein Fenster, an dem er am Ostersonntag mit letzter Kraft stand, unfähig zu sprechen. Aber sein Segen galt in der Tat *Urbi et orbi*, der Stadt und dem Erdkreis, die beide wie gebannt auf dieses Fenster blickten. Kein schöneres Datum hätte der Himmel für den Heimgang wählen können: Es war der Vorabend des Weißen Sonntags, den Papst Johannes Paul II. zum *„Sonntag der Barmherzigkeit"* für die ganze Kirche im Jahr 2000 proklamiert hatte. Zehntausende von Gläubigen hatten sich in der Nacht seines Sterbens am Petersplatz zum Rosenkranz versammelt.

Was alle Erwartungen noch übertraf, war der Abschied, den die Jugend von Papst Johannes Paul II. genommen hat. Dazu Prof. Dr. Dr. Hermann Josef Pottmeyer im Auditorium Kloster Stiepel: „Eigentlich hätten es alle schon wissen können angesichts der jeweils einen und zwei Millionen von Jugendlichen, die in den letzten Jahren zu seinen Weltjugendtagen zusammenkamen. Sein Image bei uns bildete in keiner Weise das Ansehen ab, das er schon längst weltweit genoss."[642]

---

642 Hermann J. Pottmeyer, Das pastorale Vermächtnis Papst Johannes Pauls II., in: Maximilian Heim (Hg.), Auditorium Kloster Stiepel, Bd. 11, Bochum 2006, 37-46, hier: 38.

2. Führung zu reifer Persönlichkeit durch Heiligkeit (Authentizität)

„Wiedergefundene geistliche Vaterschaft in vaterloser Gesellschaft." Warum dieser Titel? Niemals zuvor ist es der ganzen Welt so aufgegangen, was der Name „Heiliger Vater" vor allem für die jungen Menschen bedeutet. Johannes Paul II. nennt selbst den Grund eines solchen Verlangens nach geistlicher Orientierung in seinem Buch: *„Die Schwelle der Hoffnung überschreiten"*:

„Wenn der Mensch auch in jedem Abschnitt seines Lebens Selbstbestätigung und Liebe sucht, so ist diese Suche hier [in der Jugendzeit] am stärksten ausgeprägt. Das Streben nach Bestätigung darf jedoch nicht so verstanden werden, dass die jungen Leute uneingeschränkt zu allem berechtigt sind. Dies wollen sie auch unter keinen Umständen: Sie sind durchaus bereit, ermahnt zu werden; sie wollen, dass man ihnen Ja oder Nein sagt. Sie brauchen Führungspersonen und möchten diese in ihrer Nähe wissen. Wenn sie bei Autoritätspersonen Beistand suchen, so tun sie es deshalb, weil sie in ihnen warmherzige Menschen vermuten, die in der Lage sind, gemeinsam mit ihnen die Wege zu gehen, denen sie folgen.

Es ist eindeutig erkennbar, dass das wesentliche Problem der Jugend zutiefst personalistisch ist. Die Jugend ist nämlich die Zeit, in der sich die Persönlichkeit formt. Sie ist auch die Zeit der Gemeinschaft. Die jungen Menschen, sowohl junge Männer als auch junge Frauen, wissen, dass sie für die anderen und mit den anderen leben müssen; sie wissen, dass ihr Leben insofern einen Sinn hat, als es zu einer unentgeltlichen Gabe an den Nächsten wird. Hieraus entspringen alle Berufungen: sowohl die priesterlichen oder zum Ordensleben wie auch die zur Ehe und Familie."[643]

Im selben 19. Kapitel dieses Buches geht Johannes Paul II. auf die Entstehung der Weltjugendtage ein, die – wie er schreibt – niemand „erfunden"[644] hat. Es war vielmehr die Sehnsucht nach Wahrheit und Liebe, die in den Jugendlichen selbst steckt, die eine solche Bewegung auslöste: *„Wer gesucht wird, ist Christus, der weiß, ‚was im Menschen ist' (Joh 2,25), und er kann die wahren Antworten auf seine Fragen*

643 Johannes Paul II., Die Schwelle der Hoffnung überschreiten, Hamburg 1994, 149f.
644 Ebd., 152.

geben! Obschon es anspruchsvolle Antworten sind, fliehen die Jugendlichen nicht vor ihnen; vielmehr könnte man sagen, dass sie sie erwarten.“[645]

Betrachtet man das Leben von Johannes Paul II., so erkennt man, wie Gott ihn sehr früh auf diese geistliche Vaterschaft vorbereitete, wenn er sich während seines Studiums an der Theologischen Fakultät der Universität Krakau mit diesem Thema auseinandersetzt. Als Karol Wojtyła sich 1953 mit seiner Arbeit *„Über die Möglichkeiten einer katholischen Ethik in Anlehnung an das System von Max Scheler“* habilitierte, ging es ihm vorrangig um das Problem der geistigen Führung und der Wertevermittlung. Er hob hervor, dass nach Scheler vom Lehrenden nicht nur die Bedingung und die Absicht weitergeben werden, sondern dass vor allem die Authentizität des Lehrers den Schüler prägt. Nach Scheler trage „nichts so entscheidend zum Gutsein der Person bei wie das unmittelbare Schauen einer anderen Person in ihrem Gutsein“[646]. Deshalb ist Authentizität, sprich Heiligkeit, die Grundlage für glaubwürdige Zeugenschaft, denn entscheidend ist – wie Wojtyła ausführt – der gesamte Einfluss des Vorbildes auf die Liebe zur Person des Lehrenden, und „diese Liebe ist die grundlegende Quelle des erkennenden Wertempfindens.“[647]

3. „Vaterlose“ Gesellschaft?

Ist es nun überhaupt angebracht, unsere westlichen Gesellschaften, vornehmlich unsere deutsche, als „vaterlos“ zu bezeichnen? Als der Spiegelredakteur Matthias Matussek im Herbst 1997 seine Reportage zur *„Vaterlosen Gesellschaft“* veröffentlichte, hatte er *„in ein Wespennest gestochen“*[648]. Er verbalisierte unvermutet ein Thema, das in unserer postmodernen Gesellschaft lange tabuisiert wurde. Dabei bezog er sich vor allem auf die „Ungerechtigkeiten, die Männern im Familienrecht zugemutet werden“[649]. In Hunderten von Reaktionen,

645 Ebd.
646 Paul Josef Cordes, Die verlorenen Väter. Ein Notruf, Freiburg i. Br. 2002, 155. Vgl. dazu: Karol Wojtyła, Primat des Geistes. Philosophische Schriften, Città del Vaticano 1979, 276: „Das alleinige Wirken der allgemeinen ethischen Normen ist eine Bedrohung für das selbständige ethische Erkennen und Wollen vonseiten dessen, an den diese Normen gerichtet sind. Hingegen ist bei dem vorbildlichen Wirken des personalen Ideals die Selbständigkeit des Erkennens und Wirkens vonseiten des Nachfolgers und Jüngers gesichert.“
647 Karol Wojtyła, Primat des Geistes. Philosophische Schriften, Città del Vaticano 1979, 276.
648 Matthias Matussek (Hg.), Die vaterlose Gesellschaft. Briefe, Berichte, Essays, Hamburg 1999, 7.
649 Ebd.

Antwortbriefen und Tatsachenberichten wurde Matusseks Analyse bestätigt.

Auch der bekannte Arzt, Psychotherapeut und Theologe Dr. Manfred Lütz thematisiert seit Jahren das Problem der vaterlosen Gesellschaft, so erst im Januar 2006 anlässlich des ökumenischen Neujahrsempfangs in Bochum. Lütz verwies auf sein bemerkenswertes Buch *„Der blockierte Riese. Psychoanalyse der katholischen Kirche"*, dessen frische Betrachtungsweise wir Zisterzienser von Stiepel im Jahre 1999 kurz nach seinem Erscheinen als köstliche Tischlesung genießen konnten. Im zweiten Kapitel dieses Buches widmet sich ein Unterabschnitt dem Problem der *vaterlosen Gesellschaft*. Lütz erinnert an Alexander Mitscherlich, einem linken Idol der 68er-Generation, welcher bereits vor diesem Epochenjahr, nämlich 1963, ein originelles Werk mit dem Titel *„Auf dem Weg zur vaterlosen Gesellschaft"*[650] verfasst hatte. In diesem frühen Buch mache Mitscherlich deutlich, *„dass in der Massengesellschaft die Väter in die Krise geraten seien. Das, was die klassische Psychoanalyse Freuds für die eigentliche Rolle der Väter erklärte, nämlich Repräsentanten von Norm und Moral zu sein und in die kulturellen Traditionen einzuführen, genau das konnten nach Mitscherlich in einer solchen Situation zumal deutsche Väter nach dem Zweiten Weltkrieg unter anderem durch ihre Verwicklung in den Nationalsozialismus nicht mehr leisten."*[651] Lütz stimmt einer solchen Bilanz grundsätzlich zu, auch wenn die eine oder andere Perspektive Mitscherlichs ihm fragwürdig erscheint.

Lütz selbst unterscheidet zwischen der äußeren und inneren Abwesenheit der Väter: Als äußere Absenz bezeichnet er den Umstand, dass Väter ihrer „Verantwortung physisch entfliehen, indem sie die Mütter und ihre Kinder allein lassen". Das gelte nicht nur „für Trennungs- und Scheidungssituationen, sondern auch für die Väter, die formal Familienväter, aber in Wirklichkeit doch nicht da sind."[652] Mit einer leichten Selbstironie führt er z. B. die Situation der Gattin eines Chefarztes an: Sie sei eine Witwe, deren Mann noch nicht

---

650 Alexander Mitscherlich, Auf dem Weg zur vaterlosen Gesellschaft. Ideen zur Sozialpsychologie, München 1963.

651 Manfred Lütz, Der blockierte Riese. Eine Psycho-Analyse der katholischen Kirche, Augsburg 1999, 19.

652 Ebd.

gestorben sei. Lütz ergänzt als Arzt: *„Das gilt aber auch für andere berufsvernarrte Väter."*

Von innerer Abwesenheit müsse man sprechen bei Vätern, die, „was ihr psychisches Alter betrifft, immer etwa ein Jahr jünger sein wollen als der jüngste Sohn. Es sind Väter, die alles, aber auch wirklich alles verstehen und natürlich auch billigen, die mit diesen Söhnen womöglich auch noch haschen gehen und die eigene Jugendlichkeit am liebsten verewigen würden. Mit all dem dementieren sie aber nur beständig ihre Rolle. Auf diese Weise wird solchen Kindern die Pubertät vorenthalten, das Entstehen einer eigenen Position im Protest gegen einen verlässlichen Widerstand."[653] Diese Form der Anbiederung ist nach Lütz nicht nur ein familiäres Problem, sondern durchzieht unsere ganze Gesellschaft: Lehrkräfte, die sich mehr als neutrale Wissensvermittler deklarieren und nicht den Mut haben, Lebensweisheit zu vermitteln, gegen die man aufbegehren könnte, um einen eigenen Standort zu finden. Politiker, die ihren Standpunkt nach der jeweiligen Mehrheit richten, um einer kritischen Auseinandersetzung zu entgehen, entsprechend der heute gängigen „political correctness". Humorvoll, aber mit einem tieferen Ernst meint Lütz: „Heute kann man oft nicht sicher sein, ob ein Politiker, gegen den man protestieren will, zum Zeitpunkt der angemeldeten Demonstration noch der gleichen Auffassung ist. Möglicherweise hat er bis dahin Umfrageergebnisse gelesen, die es geraten erscheinen lassen, eine andere Meinung zu vertreten. Im schlimmsten Fall wird er sich an der Demonstration beteiligen und den Organisatoren für ihren Einsatz danken."[654]

Zusammenfassend kann mit Guido Horst gesagt werden: „Bis weit in die Kirche hinein weigern sich die vaterlosen Gesellschaften des Westens, der Vaterrolle allzu viel Gewicht beizumessen. Man spricht gerne von Brüdern und Schwestern. Auch die Mutter steht hoch im Kurs. Aber ‚Vater' – das klingt nach Autorität, nach Ermahnung, nach Vorbild und führender Hand. [...] Die Kinder sollen selber entdecken, was für sie gut und richtig ist, [...]. Doch das tun sie dann meistens nicht. Statt Erfüllung empfinden sie innere Leere,

---

653 Ebd.
654 Ebd., 20.

statt Entwicklung bleibt es bei Stagnation."[655] Aus diesem Verhängnis, dass nicht nur junge Menschen, sondern auch ewig-jung Gebliebene der 68er-Generation in der Suche nach Widerspruch bzw. auch nach einem Verantwortungsträger niemanden mehr fanden als die katholische Kirche, wurde sie lange Zeit zum Protestobjekt Nr. 1.[656]

4. Papst als Protestobjekt – Selbstblockierung im deutschen Sprachraum

Dieser Widerspruch äußerte sich oft gegenüber einer einzigen Identifikationsperson, nämlich dem Papst, egal ob 1968 Paul VI. nach seiner Enzyklika *Humanae vitae* Zielscheibe der Angriffe wurde oder Johannes Paul II. z. B. in den Jahren 1999-2003, als es um die Schwangerenkonfliktberatung ging. Dass nach unkonventionellen Äußerungen des Papstes selbst evangelische Christen aus ihrer Kirche austraten, um ihren Protest gegen ihre eigene Kirche zu bekunden, weist darauf hin, wie sehr die Person des Papstes mit Kirche und umgekehrt sie mit ihm identifiziert wurde.

Auf diese Weise aber wurden im deutschen Sprachraum wichtige Anliegen des Heiligen Vaters grundsätzlich blockiert, selbst wenn es keinen ersichtlichen Grund dafür gab. Das zeigt z. B. die im Vergleich zur Weltkirche relativ magere Akzeptanz der Initiativen zum Heiligen Jahr 2000 in den deutschsprachigen Ländern. Erschüttert hat mich überdies die geringe Beachtung des Einsatzes des Papstes nach dem Terroranschlag am 11. September 2001, als er am Vorabend von Pauli Bekehrung, am 24. Januar 2002, über 200 Repräsentanten verschiedener Religionen und Konfessionen in Assisi zusammenführte, um gemeinsam zu bekunden: *„Nie wieder Gewalt! Nie wieder Krieg! Nie wieder Terrorismus!"* Es war das größte Religionstreffen aller Zeiten und zugleich ein ökumenisches Treffen aller christlichen Kirchen. In Österreich z. B. wurde dieses Assisi-Treffen in den Nachrichten – soweit ich mich erinnern kann – gar nicht erwähnt. Auch in Deutschland wurde es kaum beachtet, mit Ausnahme des Bayerischen Fernsehens. Hingegen übertrugen viele ausländische TV-Anstalten diese außergewöhnliche Initiative,

---

655 Guido Horst, Für Millionen wie ein Vater, in: Die Tagespost Nr. 40 (05. April 2005) 2.

656 Vgl. Manfred Lütz, Der blockierte Riese. Eine Psycho-Analyse der katholischen Kirche, Augsburg 1999, 20.

die ja ein prophetisches Zeichen für die ganze Welt darstellte. Dafur musste Papst Johannes Paul außerdem noch innerkirchliche Kritik einstecken, die meinte, eine solche weltweite Geste könnte synkretistisch oder im Sinn des Relativismus interpretiert werden. Kardinal Ratzinger verteidigte damals gegenüber jenen Kritikern dieses Religionstreffen in Assisi und betonte den Charakter der Wallfahrt für den Frieden: *„Wenn andere sich mit uns auf der Suche nach Frieden und Gerechtigkeit zusammenschließen, sollten weder wir noch sie Angst haben, die Wahrheit könnte durch diese wunderbare Botschaft zerstört werden."*[657]

Wie wichtig Papst Benedikt wie seinem Vorgänger der Dialog und das Eintreten für Gerechtigkeit, Frieden und Bewahrung der Schöpfung ist, zeigte u. a. auch das überraschende Gespräch des jetzigen Papstes mit Prof. Hans Küng, dem seit 1979 der kirchliche Lehrauftrag entzogen ist. Küng meinte nach diesem Gespräch im September 2005: „Es zeigt, dass der Papst nicht auf die Vergangenheit fixiert ist, sondern sich seine Optionen offenhält und auch unkonventionelle Dinge zu machen bereit ist, die selbst der engste Kreis des Vatikans nicht erwartet."[658] Der bekannte deutsche Journalist Paul Badde meinte dazu: „Der neue Pontifex ist ein persönlicher Brückenbauer. Den Grundsatz der Mediengesellschaft, dass man Nachrichten erzeugen muss, setzt Benedikt schon jetzt so virtuos wie sein Vorgänger um, freilich auf seine unverwechselbare Weise", und die heißt: In Liebe die Wahrheit bezeugen und auf dieser Grundlage mit allen Menschen ohne Angst in Dialog treten.

5. Kernpunkte der Botschaft

Fragen wir uns: Was waren und sind die konkreten Anliegen, die Johannes Paul II. und in seiner Nachfolge Papst Benedikt in den Brennpunkt des kirchlichen Geschehens stellen? In einem Interview für das polnische Fernsehen nannte Papst Benedikt wichtige Anliegen seines Vorgängers, *ad extra*, d. h. zur Welt hin, wie *ad intra*, zur Kirche hin. Zur Welt hin hat Johannes Paul, wie Papst Benedikt sagt, eine neue Sensibilität für die moralischen Werte des Menschen

---

657 Vgl. Kardinal Ratzinger zum Friedenstreffen von Assisi (Gebetstag für den Weltfrieden am 24. Januar 2002), auf: http://www.kath.net/news/1882 (08.03.2014).

658 www.welt.de/data/2005/09/28/781718.html (Artikel erschienen am 28. September in: „Die Welt").

geschaffen und ein Einfühlungsvermögen für die religiöse Dimension im Menschen. Dadurch ist weltweit die Bedeutung des Papstes gewachsen: *„Alle Christen haben erkannt – trotz der Unterschiede und trotz ihrer Nicht-Anerkennung des Nachfolgers Petri –, dass er der Sprecher der Christenheit ist. Aber auch für die Nichtchristenheit und die anderen Religionen war er der Sprecher der großen Werte der Menschheit. Man muss auch erwähnen, dass er es geschafft hat, ein Klima des Dialogs unter den großen Religionen zu schaffen und einen Sinn einer gemeinsamen Verantwortung, die alle für die Welt haben."*[659] Papst Benedikt verweist nicht zuletzt auf den wichtigen Beitrag seines Vorgängers, des slawischen Papstes, für die Wende im Jahr 1989, für die großen Umwälzungen wie auch für den Niedergang des sogenannten realen Sozialismus.

Zur Kirche hin, *ad intra,* sagte Papst Benedikt, konnte sein Vorgänger vor allem die Jugendlichen für Christus begeistern. Er konnte eine neue Liebe zur Eucharistie und zur Gottesmutter entfachen. Gerade im Leiden überzeugte er. „Trotz der sichtbaren Schmerzen war er frohen Sinnes, denn er war in den Händen der göttlichen Liebe."[660]

6. Die Jugend sucht das Große

Viel früher als viele Kircheninsider oder auch Kirchenferne im deutschen Sprachraum erkannten die Jugendlichen weltweit die Bedeutung dieser „geistlichen Vaterschaft". Als Papst Johannes Paul II. starb und sich Millionen aufmachten, um für wenige Minuten einfach an der Bahre dieses geistlichen Vaters zu stehen, gab es aber auch bei uns plötzlich einen spürbaren Paradigmenwechsel, d. h. eine neue Einschätzung. Es schien, dass selbst die Medien im deutschen Sprachraum so überwältigt waren, dass die üblichen Klischees, die sie oft über Kirche und Papst verbreiteten, verblassten und sogar die Kritiker verstummten. Ihre ehemals fast pubertär wirkende Protesthaltung konnte durch dieses Abschiednehmen der Weltjugend nur schweigen. Könnte man nicht für Deutschland in seiner Beziehung zum Papst den schon etwas abgedroschenen

---

659 Benedikt XVI., Er hat die Jugendlichen für Christus begeistert, auf: www.kath.net/detail.php?id=11765 (Übersetzung: Ludwig Waldmüller von „Radio Vatikan").
660 Ebd.

Spruch anwenden: *„Was einer ist, was einer war, beim Scheiden wird es offenbar"? „Trotz dieses Stimmungsumschlags bin ich nicht sicher"*, so sagte Prof. Pottmeyer in Stiepel, *„ob jetzt im Abendlicht seiner Verklärung viele wirklich damit begonnen haben sich zu fragen, ob seine Botschaft uns nicht doch mehr zu sagen hatte, immer noch zu sagen hat, als wir meinten."*[661] Die jungen Menschen jedenfalls suchten im Letzten ja nicht irgendeinen Führer, nicht irgendein Idol. Sie suchten und suchen jemanden, der bereit ist, für die Wahrheit, die er vertritt, auch sein Leben in Liebe hinzugeben. In Johannes Paul II. fanden sie eine solche Persönlichkeit.

Das schon befürchtete Vakuum, das durch den Tod von Johannes Paul II. zu entstehen drohte, trat eigentlich gar nicht ein, da es zwischen ihm und seinem Nachfolger Papst Benedikt eine glückliche Kontinuität gibt. Bei seiner ersten Audienz für die Pilger aus Deutschland am 25. April 2005 sagte Papst Benedikt u. a.: „Es ist gar nicht wahr, dass die Jugend vor allem an Konsum und Genuss denkt. [...] Die Jugend will das Große. [...] Es ist der Impuls der Liebe, die aufbricht aus sich selbst heraus, die nicht umschaut nach sich selber, sondern den Menschen öffnet für den Dienst an der Wahrheit, an der Gerechtigkeit, am Guten. Christus zeigt uns Gott und damit die wahre Größe des Menschen."[662]

7. Kontinuität

Mit Prof. Pottmeyer sehe ich diese Kontinuität vor allem in der Verwirklichung der Anliegen des II. Vatikanischen Konzils. Wichtigste Punkte des Konzils aber gilt es erst wiederzuentdecken: So z. B. die fundamentale Einsicht des Konzils in *Lumen gentium*, dass die Kirche aus dem Geheimnis der Liebe des dreifaltigen Gottes entsprungen ist und selbst ein Mysterium dieser Liebe ist. Ein zweites Anliegen, das in den vergangenen 40 Jahren seit dem Konzil kaum ans Licht gehoben wurde, ist die allgemeine Berufung zur Heiligkeit, d. h. sie ist nicht einfach für einen Stand vorbehalten, sondern jeder

---

661 Hermann J. Pottmeyer, Das pastorale Vermächtnis Papst Johannes Pauls II., in: Maximilian H. Heim (Hg.), Auditorium Kloster Stiepel, Bd. 11, Bochum 2006, 37-46, hier: 38.

662 Benedikt XVI., Audienz für die Pilger aus Deutschland. Ansprache Seiner Heiligkeit Benedikt XVI., in: Verlautbarungen des Apostolischen Stuhls (Nr. 168), hg. vom Sekretariat der Deutschen Bischofskonferenz, Bonn 2005, 40-43, hier: 41f.

getaufte Christ ist berufen, die Mittelmäßigkeit zu überwinden und in der Nachfolge Christi mitten im Alltag nach Heiligkeit zu streben.

Im Anschluss an das Heilige Jahr 2000 formulierte Papst Johannes Paul II. dieses sein geistliches Vermächtnis nochmals im Apostolischen Schreiben *Novo millennio ineunte*[663]. Wer es aufmerksam liest, erkennt überdies die deutliche Übereinstimmung der beiden Päpste in diesen wichtigen Leitlinien für die Kirche. Aus dem Bewusstsein, dass Gott nicht ferne ist, sondern dass der nahe Gott sich in seinem Sohn offenbart hat und die Kirche im Heiligen Geist führt, sagt das eben erwähnte Apostolische Schreiben *Novo millennio ineunte*: „[...] keine Formel wird uns retten, sondern eine Person, und die Gewissheit, die sie uns ins Herz spricht: Ich bin bei euch!"[664] Wenn Papst Benedikt in seiner ersten Enzyklika *Deus caritas est* schreibt: „Am Anfang des Christseins steht nicht ein ethischer Entschluss oder eine große Idee, sondern die Begegnung mit einem Ereignis, mit einer Person, die unserem Leben einen neuen Horizont und damit seine entscheidende Richtung gibt"[665], dann ist das die gleiche Sprache. Das stets Neue und Unverbrauchte des biblischen Glaubens vor Augen sagt Papst Benedikt im selben Lehrschreiben: „Gott ist der Urquell allen Seins überhaupt; aber dieser schöpferische Ursprung aller Dinge – der *Logos*, die Urvernunft – ist zugleich ein Liebender mit der ganzen Leidenschaft wirklicher Liebe."[666] Der persönliche Gott ist kein Postulat, sondern Liebe, die sich im menschgewordenen Sohn Gottes und im Heiligen Geist den Menschen offenbart hat.

Bis in einzelne Formulierungen hinein will Papst Benedikt die Kontinuität zu seinem Vorgänger bezeugen, wenn er z. B. bei seiner

---

663 Johannes Paul II., Apostolisches Schreiben NOVO MILLENNIO INEUNTE Seiner Heiligkeit Papst Johannes Paul II. an die Bischöfe, den Klerus, die Ordensleute und an die Gläubigen zum Abschluss des Großen Jubiläums des Jahres 2000, in: Verlautbarungen des Apostolischen Stuhls (Nr. 150), hg. vom Sekretariat der Deutschen Bischofskonferenz, Bonn 2001.

664 Ebd., 27. „Neu anfangen bei Christus!" Diese Überschrift des dritten Teils dieses apostolischen Schreibens von Johannes Paul II. könnte ebenso von Papst Benedikt stammen, denken wir z. B. nur an den Titel seines Buches „Auf Christus schauen. Einübung in Glaube, Hoffnung, Liebe." Dieses Buch veröffentlichte Kardinal Ratzinger im Epochenjahr 1989, noch vor der großen Wende. Es ist eine Einladung an alle, die – wie es im Klappentext heißt – eine „Neubesinnung ihrer christlichen Lebenspraxis wagen wollen".

665 Benedikt XVI., Enzyklika *Deus caritas est* von Papst Benedikt XVI. an die Bischöfe, an die Priester und Diakone, an die gottgeweihten Personen und alle Christgläubigen über die christliche Liebe, in: Verlautbarungen des Apostolischen Stuhls (Nr. 171), hg. vom Sekretariat der Deutschen Bischofskonferenz, Bonn 2006, 5.

666 Ebd., 18.

Amtseinführung am 24. April 2005 ähnliche Worte verwendet wie Papst Johannes Paul II. beim gleichen Anlass am 22. Oktober 1978: „Öffnet, ja reißt auf die Tore für Christus!“ und Papst Benedikt fügt hinzu: „[...] dann findet Ihr das wirkliche Leben“[667]. Das ist also der Sinn der geistlichen Vaterschaft: den Weg für Christus zu bereiten durch eine „Pädagogik der Heiligkeit, die sich dem Rhythmus der einzelnen Personen anzupassen vermag“[668]. Diese Unterweisung soll alle Getauften zu Christus führen und sie die allgemeine Berufung zur Heiligkeit erkennen lassen. Dazu gehören Gebet, die sonntägliche Eucharistiefeier, der regelmäßige Empfang des Bußsakramentes, der Vorrang der Gnade vor dem Machen und schließlich das Hören und Bezeugen des Wortes Gottes[669] in einer Spiritualität der Gemeinschaft, erfüllt von Wahrheit und Liebe.[670]

Das Große Jubiläum des Jahres 2000 leitete die ganze Kirche an, „neu anzufangen bei Christus“, damit das Licht seiner Wahrheit allen Menschen erstrahle, vor allem durch das Zeugnis der Heiligkeit. Papst Benedikt zitiert den hl. Benedikt von Nursia, der im 4. Kapitel seiner Regel den Grundsatz formulierte: der Liebe zu Christus nichts vorziehen.[671] Ganz von diesem Gedanken beseelt, sagte Papst Benedikt zu den Jugendlichen bei der Vigilfeier auf dem Marienfeld am Vorabend des Weltjugendtages: „Nur von den Heiligen, nur von Gott her kommt die wirkliche Revolution, die grundlegende Änderung der Welt. [...] Die wirkliche Revolution besteht allein in der radikalen Hinwendung zu Gott, der das Maß des Gerechten und zugleich die ewige Liebe ist. Und was könnte uns denn retten, wenn nicht die

---

667 Benedikt XVI., Heilige Messe zur Amtseinführung von Papst Benedikt XVI. mit Übergabe des Palliums und des Fischerrings. Predigt des Heiligen Vaters Benedikt XVI., in: Verlautbarungen des Apostolischen Stuhls (Nr. 168), hg. vom Sekretariat der Deutschen Bischofskonferenz, Bonn 2005, 30-36, hier: 36.

668 Johannes Paul II., Apostolisches Schreiben *Novo millennio ineunte* Seiner Heiligkeit Papst Johannes Paul II. an die Bischöfe, den Klerus, die Ordensleute und an die Gläubigen zum Abschluss des Großen Jubiläums des Jahres 2000, in: Verlautbarungen des Apostolischen Stuhls (Nr. 150), hg. vom Sekretariat der Deutschen Bischofskonferenz, Bonn 2001, 30. Vgl. dazu: RB 2,31f.

669 Vgl. Johannes Paul II., Apostolisches Schreiben NOVO MILLENNIO INEUNTE Seiner Heiligkeit Papst Johannes Paul II. an die Bischöfe, den Klerus, die Ordensleute und an die Gläubigen zum Abschluss des Großen Jubiläums des Jahres 2000, in: Verlautbarungen des Apostolischen Stuhls (Nr. 150), hg. vom Sekretariat der Deutschen Bischofskonferenz, Bonn 2001, 28-38.

670 Vgl. ebd., 38-53.

671 Vgl. Benedikt XVI., Predigt beim Besuch in der Patriarchalbasilika St. Paul vor den Mauern am 25. April 2005, in: Verlautbarungen des Apostolischen Stuhls (Nr. 168), hg. vom Sekretariat der Deutschen Bischofskonferenz, Bonn 2005, 43-45, hier: 44.

Liebe?“[672] Zwischen Liebe und Wahrheit besteht ein innerer Zusammenhang, den zu erfassen und zu leben den Kern der Pädagogik zur Heiligkeit darstellt.

8. Einladung zur Erneuerung durch Wahrheit und Liebe

In seiner Selbstbiografie *Aus meinem Leben* stellte Kardinal Ratzinger seinen 1977 gewählten bischöflichen Wahlspruch: *„Mitarbeiter der Wahrheit“* zu sein als die einende Klammer dar, die sein bisheriges Leben zusammenschließt: *„Bei allen Unterschieden ging und geht es doch um das Gleiche, der Wahrheit nachzugehen, ihr zu Diensten zu sein. Und weil in der heutigen Welt das Thema Wahrheit fast ganz verschwunden ist, weil sie als für den Menschen zu groß erscheint und doch alles verfällt, wenn es keine Wahrheit gibt, deswegen schien mir dieser Wahlspruch auch zeitgemäß im guten Sinn zu sein.“*[673] Diesem Grundsatz, der Person gewordenen Wahrheit, die Christus ist, zu dienen, blieb der jetzige Papst in all den Stationen seines Weges, angefangen vom Theologieprofessor über sein Amt als Erzbischof und Kardinal von München und Freising zum Präfekten der Glaubenskongregation bis hin zum Nachfolger Petri, immer treu. „Wenn die Glaubenswahrheit […] mit Einfachheit und Entschlossenheit in die Mitte des christlichen Lebens gestellt wird, wird das Leben des Menschen von einer Liebe angeregt und belebt, die keinen Halt und keine Grenzen kennt […]“[674], so Papst Benedikt am 10. Februar 2006 in einer Ansprache an die Teilnehmer der Vollversammlung der Kongregation für die Glaubenslehre. Und er fährt dort fort: „Das von Jesus ausstrahlende Licht ist Glanz der Wahrheit. […] Die Wahrheit wird als Wirklichkeit angeboten, die den Menschen erbaut und ihn zugleich übersteigt und überragt; sie wird als Geheimnis angeboten, das den Schwung der menschlichen Fassungskraft aufnimmt und gleichzeitig überschreitet. Nichts vermag die menschliche Intelligenz so auf unerforschte Horizonte hin zu leiten, wie es die Liebe zur Wahrheit tut. Jesus Christus, der die Fülle der Wahrheit ist, zieht das Herz

672 Benedikt XVI., Predigt bei der Vigil mit den Jugendlichen auf dem Marienfeld am Samstag, den 20. August 2005, in: Verlautbarungen des Apostolischen Stuhls (Nr. 169), hg. vom Sekretariat der Deutschen Bischofskonferenz, Bonn 2005, 78-83, hier: 82.

673 Joseph Ratzinger, Aus meinem Leben. Erinnerungen (1927-1977), München [5]2006, 178f.

674 Benedikt XVI., Dienst an der Wahrheit und an der Freude. Ansprache von Papst Benedikt XVI. am 10. Februar. Audienz für die Teilnehmer an der Vollversammlung der Kongregation für die Glaubenslehre, in: OR (D) Nr. 8 vom 24. Februar 2006, 7.

jedes Menschen an sich, lässt es weit werden und erfüllt es mit Freude."[675]

Ist diese vorgelebte Erfahrung nicht der Grund, warum viele junge Menschen in Papst Benedikt wie in Johannes Paul II. einen geistlichen Vater entdeckten? Bis vor wenigen Jahrzehnten noch meinte man, dass das Leben entsprechend der Wahrheit und Liebe, die Christus ist, den Menschen einenge. Das Gegenteil ist der Fall. Im Epochenjahr 1989 schrieb Kardinal Ratzinger: *„Heute, wo die Verheißungen der unbegrenzten Freiheit voll ausgekostet sind, fangen wir an, das Wort von der „Traurigkeit dieser Welt" neu zu verstehen. Die verbotenen Genüsse verloren ihren Glanz in dem Augenblick, in dem sie nicht mehr verboten waren. Sie mussten und müssen radikalisiert, immer neu gesteigert werden und erscheinen zuletzt doch schal, weil alle endlich sind, der Hunger aber nach dem Unendlichen geht."*[676] Er zitierte einen Text von Josef Pieper, den dieser 1935, in jener dunklen Zeit vorgetragen hatte: Pieper sagte damals, die „träge Traurigkeit" sei „einer der bestimmenden Züge im geheimen Gesicht unserer Zeit, [...]." Sie „bestimmt – als Sichtmal der Säkularisation – das Gesicht einer jeden Zeit, in der die Berufung zu den eigentlich christlichen Aufgaben die öffentliche Verbindlichkeit zu verlieren beginnt ..."[677]. Das, was damals als Kritik an dem nationalsozialistischen Staat zu verstehen war, hat auch in unserer postmodernen Gesellschaft nichts an Aktualität verloren.

Deshalb dürfen auch heute Wahrheit und Liebe, die aus Gott sind, nicht einfach in die Privatsphäre des Einzelnen abgedrängt werden: „Eine Gesellschaft, die das Eigentliche des Menschen zum bloß Privaten macht und sich selbst in einer totalen Profanität definiert (die im Übrigen unausweichlich zur Pseudo-Religion und zu einer neuen, versklavenden Totalität wird) – eine solche Gesellschaft wird ihrem Wesen nach traurig, ein Ort der Verzweiflung: Sie beruht ja auf einer Reduktion der Würde des Menschen. Eine Gesellschaft, deren öffentliche Ordnung konsequent vom Agnostizismus bestimmt wird, ist nicht eine frei gewordene Gesellschaft, sondern eine verzweifelte

---

675 Ebd.

676 Joseph Ratzinger, Auf Christus schauen. Einübung in Glaube, Hoffnung, Liebe, Freiburg i. Br. 2006, 84.

677 Ebd., 87; Kardinal Ratzinger zitiert hier Josef Pieper, Lieben – hoffen – glauben, München 1986, 232f.

Gesellschaft, gezeichnet von der Traurigkeit des Menschen, der auf Flucht vor Gott und im Widerspruch zu sich selber ist"[678]. Darum muss die Kirche den Mut haben, den „öffentlichen Rang ihres Menschenbildes"[679] deutlich zu machen. Nach Papst Benedikt darf also Gott nicht aus dem öffentlichen Bewusstsein ausgeschlossen werden. Wenn Europa in der Diskussion um die Präambel seiner Verfassung seine eigenen jüdisch-christlichen Wurzeln leugnet, dann fühlen sich nicht nur Christen und Juden, sondern auch die Muslime bedroht vom „Zynismus einer säkularisierten Kultur, welche ihre eigenen Grundlagen leugnet."[680] Wird der menschlichen Vernunft der Horizont der ewigen Wahrheit und Liebe genommen, dann wird sie verstümmelt, und ein Baum ohne Wurzeln verdorrt.

Damit verneint die Kirche aber nicht – wie Papst Benedikt unterstreicht – die Errungenschaften, die die rationalistische Philosophie und Wissenschaft, also eine Philosophie ohne Gott, seit der Aufklärung auch an Positivem bewirkt habe. Dennoch wird sich das, was sich diese Philosophie ursprünglich auf ihre Fahnen schrieb, in sein Gegenteil verkehren, wenn auf Dauer auf Gott, auf das absolut höchste Gut verzichtet wird. Das Christentum selbst hat sich, wie Papst Benedikt immer unterstreicht, als vernünftig, als vernunftgemäße Religion verstanden. Auf der Suche nach Wahrheit hat es sich von Anfang an dem geöffnet, der selbst von sich sagt: *„Ich bin der Weg, die Wahrheit und das Leben."* (Joh 14,6) Deshalb ist es notwendig, dass auch heute Christen mit Herz und Verstand in Wahrheit und Liebe ihren Glauben bekennen und leben, sodass, wie Papst Benedikt sagt, „ihr Verstand zum Verstand der anderen" (Nichtglaubenden) spricht und so „ihr Herz das Herz der anderen auftun kann"[681]. Wiedergefundene Vaterschaft in unserer postmodernen Gesellschaft ist keine Wegweisung zur Unmündigkeit. Nein, es ist das Wagnis, *fides et ratio*, Glaube und Wissen wieder zusammen zu denken, es ist der Ruf, als verantwortlicher Zeuge in der Welt von heute *ad intra* wie *ad extra* Zeugnis abzulegen für Christus, für die menschgewor-

---

678 Joseph Ratzinger, Auf Christus schauen. Einübung in Glaube, Hoffnung, Liebe, Freiburg i. Br. 2006, 88.

679 Ebd.

680 Joseph Ratzinger, Europa in der Krise der Kulturen, übersetzt aus dem Italienischen von Claudia Reimüller, in: Die Tagespost Nr. 57 (14. Mai 2005) 9f.

681 Joseph Ratzinger, Europa in der Krise der Kulturen, in: Marcello Pera, Joseph Ratzinger, Ohne Wurzeln. Der Relativismus und die Krise der europäischen Kultur, Augsburg 2005, 61-84, hier: 83.

dene Liebe und Wahrheit Gottes. Dementsprechend sollen wir alle die Weisung Petri uns zu Herzen nehmen: *„Haltet in eurem Herzen Christus, den Herrn, heilig! Seid stets bereit, jedem Rede und Antwort zu stehen, der nach der Hoffnung fragt, die euch erfüllt!"* (1 Petr 3,15)

Apokalyptik im Stift Heiligenkreuz

Kann man den Exitus feiern?[682]

Apokalyptische Bilder haben in den Medien Hochkonjunktur: Katastrophen, Erdbeben, Terror und Krieg. Vielleicht wundern wir uns: Endzeitliche Metaphern gehören zur Liturgie des Advents. Sie bringen uns jedoch in eine Stimmung, die so gar nicht in die vorverlegte Weihnachtszeit passen will. Warum spricht die Kirche vom Ende, wenn es um den Beginn geht? Offenbar weil sie die Weisheit bedenkt: „Bei allem, was du tust, denk an das Ende“ (Sir 7,36). Für den Gläubigen ist Christus der Anfang und das Ende, das A und das Ω, dem Zeit und Ewigkeit gehören.

Apokalyptik im Stift Heiligenkreuz? Wahrscheinlich erschrecken manche Besucher, wenn sie im mittelalterlichen Kreuzgang von Heiligenkreuz plötzlich vor der Totenkapelle stehen, die der Heiligenkreuzer Familiare Giovanni Giuliani, ein berühmter Bildhauer des Barock (* 1664 in Venedig; † 1744 in Heiligenkreuz), 1713 geschaffen hat. Tanzende, hölzerne Skelette als Kandelaber tragen die Kerzen: Grotesker Totentanz und mildes Osterlicht – so sehr das eine schreckt, umso mehr tröstet das andere. Wenn ein Mönch in Heiligenkreuz stirbt, wird er hier aufgebahrt. Eine weihevolle Atmosphäre umfängt diesen Raum der Stille, nur unterbrochen vom Choral der Mönche, Gesang, der gleichsam vom Himmel abgelauscht ist und Himmel und Erde miteinander verbindet: *„Zum Paradies mögen Engel Dich geleiten.“* Die Mönche feiern den Heimgang als Liturgie.

Die barocke Tumba erinnert anstelle des Sarges tagtäglich an die Vergänglichkeit. Auf der Stufe vor und hinter dieser befindet sich jeweils eine Kartusche mit einer Inschrift. Vorne lesen wir: *„Educam vos de sepulcris vestris.“ „Ich führe euch aus euren Gräbern herauf.“* (vgl. Ez 37,12). Im Alten Testament ist das nirgends kraftvoller ausgedrückt als beim Propheten Ezechiel. In seiner Vision sieht er in einem gewaltigen Bild ein weites Feld voller Totengebeine. Der Herr fragt ihn: „Menschensohn, können diese Gebeine wieder lebendig

682 Zuerst veröffentlicht in: Pfarrblatt Dompfarre St. Stephan – Weihnachten 2011, 66. Jahrgang, Nr. 3, 10f.

werden? Ich antwortete: Herr und Gott, das weißt nur du. Da sagte er zu mir: Sprich als Prophet über diese Gebeine und sag zu ihnen: Ihr ausgetrockneten Gebeine, hört das Wort des Herrn! So spricht Gott, der Herr, zu diesen Gebeinen. Ich selbst bringe Geist in euch, dann werdet ihr lebendig." (Ez 37,3-5) Plötzlich wird das Tote lebendig: Knochen zu Knochen, sie bekommen Sehnen und Fleisch, ja lebendiger Odem wird den Körpern eingehaucht. Es ist wie ein rückwärts gespulter Film, der den Sieg des Todes rückgängig macht. Der Prophet weiß um die Symbolkraft dieser Vision. Gott will seinem Volk, das im Exil lebt, Mut zusprechen: „Er sagte zu mir: Menschensohn, diese Gebeine sind das ganze Haus Israel. [...] Deshalb tritt als Prophet auf und sag zu ihnen: So spricht Gott, der Herr: Ich öffne eure Gräber und hole euch, mein Volk, aus euren Gräbern herauf. Ich bringe euch zurück in das Land Israel." (Ez 37,11f.)

Von dieser großartigen Vision inspiriert, hat Giuliani die Totenkapelle gestaltet. Für ihn ist das alttestamentliche Bild ein Zeichen, dass unsere Leiber nicht einfach vergehen, sondern dass auch der Leib des Menschen am Ende eine Vollendung findet. Wir sind nicht gestaltlose Wesen, wenn wir sterben, sondern Gott selbst wird uns bei unserem Namen rufen, in unverwechselbarer Identität.

Giuliani will so Auferstehungshoffnung durch diese grotesken Figuren ausdrücken. Mich erinnert das an das Wort des Apostels Paulus: „Wenn sich aber dieses Vergängliche mit Unvergänglichkeit bekleidet und dieses Sterbliche mit Unsterblichkeit, dann erfüllt sich das Wort der Schrift: Verschlungen ist der Tod vom Sieg. Tod, wo ist dein Sieg? Tod, wo ist dein Stachel?" (1 Kor 15,54f.)

Dennoch ist es tröstlich, wenn selbst Jesus erschüttert am Grab seines Freundes Lazarus weint. Das letzte Zeichen vor seiner Passion war die Auferweckung des Lazarus. Jesus, der bewusst dem Tod entgegengeht, um ihn zu besiegen, will vorweg gleichsam dem Tod ins Auge sehen. Und in der Not des Todes weckt er in Marta den Glauben: „Ich weiß, dass er auferstehen wird bei der Auferstehung am Letzten Tag. Jesus erwiderte ihr: Ich bin die Auferstehung und das Leben. Wer an mich glaubt, wird leben, auch wenn er stirbt, und jeder, der lebt und an mich glaubt, wird auf ewig nicht sterben. Glaubst du das?" (Joh 11,24-26) Mit dieser Frage gehen wir zurück in die Totenkapelle: Giovanni Giuliani setzte auch an die Rückseite der Tumba eine Kartusche mit der Inschrift aus dem Buch Daniel: *„In tempore finis complebitur visio." „Denn die Vision erfüllt sich in der Zeit des Endes."* (vgl. Dan 8,17). Advent ist die liturgische Feier der Erwartung. Rufen auch wir, wenn sich unsere Zeit erfüllt: „Maranatha" – „Amen. Komm, Herr Jesus!" (Offb 22,20)

Festpredigt zum „Lustrum papale“ am 9. September 2012[683]

1. Lesung: Apostelgeschichte 12,1-11: Befreiung des Petrus aus dem Kerker
2. Lesung: 2. Petrusbrief 3,8-14: 1000 Jahre wie ein Tag
Evangelium: Matthäus 16,13-19: Caesarea Philippi

Exzellenzen, hochwürdigster, lieber Herr Abt Gregor,
liebe Mitbrüder, werte Verwandte und Freunde unseres Jubilars,
liebe Schwestern und Brüder!

Ein Tag wie tausend Jahre

„Beim Herrn ist ein Tag wie tausend Jahre und tausend Jahre sind wie ein Tag.“ (vgl. 2 Petr 3,8) In der fast 900-jährigen Geschichte unseres Klosters ist der 9. September 2007 nur ein Tag. Dieser Tag ist und bleibt aber ein Höhepunkt unserer Treue und Liebe zur Kirche wie auch der Liebe des Heiligen Vaters zu uns.

Der Psalm 90, aus dem der Apostel Petrus das Zitat: „Beim Herrn ist ein Tag wie tausend Jahre und tausend Jahre sind wie ein Tag“ entlehnt, beginnt mit dem Bekenntnis: „Herr, du warst unsere Zuflucht von Geschlecht zu Geschlecht.“ (Ps 90,1)

Denkmal zu „Dignitatis humanae“ als Schlüssel zu den Schriftstellen

Heute sind die Menschen hingegen oft gottvergessen. Niemand kann und darf zum Glauben gezwungen werden. Ich bin froh, dass Weihbischof Andreas Laun heute im Anschluss an die hl. Messe das neue Denkmal zur Gewissens- und Religionsfreiheit segnen wird. *„Dignitatis humanae“* macht deutlich, wie aktuell das II. Vatikanum für unsere Zeit ist: Menschenrechte, Freiheit und Wahrheit gehören zusammen.

683 Zuerst veröffentlicht in: Sancta Crux. Zeitschrift des Stiftes Heiligenkreuz, Heiligenkreuz 2014, 29-34.

Ein Dank gilt Weihbischof Andreas als Initiator, unserem Abt Gregor und vor allem dem Finanzier Prinz Gundakar von und zu Liechtenstein sowie allen Wohltätern.

Dieses beeindruckende Mosaik vor dem Badener Tor in Heiligenkreuz ist nach einem Entwurf des französischen Malers Philippe Lejeune geschaffen worden. Von diesem Kunstwerk inspiriert, will ich die von unserem Jubilar gewählten Schriftstellen für diesen Festgottesdienst zu uns sprechen lassen:

In der Lesung aus dem 2. Petrusbrief hören wir den schon eingangs erwähnten Satz: *„Beim Herrn ist ein Tag wie tausend Jahre und tausend Jahre sind wie ein Tag".* Schon von Weitem erkennen wir auf dem neuen Kunstwerk die Zahlen einer Sonnenuhr. Durch das Reflektieren des Lichtes wird uns die Zeit angezeigt – wenn die Sonne scheint.

Wie spät ist es? – Eine alltägliche Frage, die uns aber auch nachdenklich machen kann: Gottes Maß der Zeit bleibt nämlich für uns ein Geheimnis. Gott schenkt uns diese Frist, damit wir uns bekehren und so gerettet werden. In der Lesung heißt es: *„Der Herr zögert nicht mit der Erfüllung seiner Verheißung."* (2 Petr 3,9) D. h. er ist im Kommen, immerfort und immer da, wo wir ihm die Türen öffnen.

Wie damals in Bethlehem ist der Herr auch heute auf Herbergssuche. Die drei Weisen, die auf dem Kunstwerk zu sehen sind, werfen sich nieder und beten an. Das Kind drängt sich nicht auf. Im Gegenteil, nur mit wachem Auge kann ich es wahrnehmen.

Erste Stufe: Menschenwürde –
2. Petrusbrief: „[...] einen neuen Himmel und eine neue Erde, in denen die Gerechtigkeit wohnt."

Um dieses Kind zu entdecken, muss ich über drei Stufen gehen: Die erste trägt den Namen *Menschenwürde.* „Dann erwarten wir, seiner Verheißung gemäß, einen neuen Himmel und eine neue Erde, in denen die Gerechtigkeit wohnt." (2 Petr 3,13)

Lieber Jubilar, schon früh hast Du durch die Kriegswirren Flucht und Vertreibung erfahren. Vielleicht wurden deshalb für Dich die katholische Gesellschaftslehre und die soziale Marktwirtschaft so prägend.

Eine vernünftige gesellschaftliche Ordnung ist gebunden an die Leitbegriffe der Personalität, Solidarität und Subsidiarität sowie an die Sozialprinzipien des Gemeinwohls und der Nachhaltigkeit. Als Österreich unter den ungerechten Sanktionen der EU vor 12 Jahren litt, hast Du Dich – im Auftrag der Österreichischen Bischofskonferenz – zusammen mit Bischof Klaus Küng und dem Caritas-Präsidenten Franz Küberl beim Weisenrat erfolgreich engagiert. Immer wieder hast Du auf die Sozialenzykliken der Päpste verwiesen. In der letzten Sozialenzyklika *Caritas in veritate* von Papst Benedikt XVI. geht der Heilige Vater nicht nur auf die weiterhin aktuelle Wirtschafts- und Finanzkrise ein. Er warnt auch vor dem unberechtigten Zugriff auf das menschliche Leben, von der Empfängnis bis zum natürlichen Sterben.

Lieber Herr Abt, auch Du hast Dich immer wieder für das grundlegende Menschenrecht auf Leben der Ungeborenen eingesetzt, das heute so bedroht ist. Gerechtigkeit wohnt nur dort, wo die Menschenrechte nicht gebrochen werden.

Zweite Stufe: Freiheit –
Apg 12,5-6: Petrus schlief, während die Gemeinde inständig für ihn betete.

Kommen wir nun zur zweiten Stufe. Sie trägt den Namen *Freiheit*: Wir haben in der ersten Lesung aus der Apostelgeschichte von der wunderbaren Befreiung des Petrus aus dem Gefängnis gehört. Er schläft, während die Gemeinde inständig für ihn betet. Er vertraut auf Gott. Er weiß, dass er getragen ist von der Solidarität und dem Gebet der Seinen.

Erst vor Kurzem sagte unser Heiliger Vater: „Auch ich habe mich vom ersten Augenblick meiner Wahl zum Nachfolger des hl. Petrus an stets von eurem Gebet, vom Gebet der Kirche getragen gefühlt, vor allem in den schwierigsten Augenblicken. […] Durch das unablässige und vertrauensvolle Gebet befreit uns der Herr von den Ketten, führt er uns durch jede Nacht der Gefangenschaft hindurch, die unser Herz quälen kann, schenkt er uns die Ruhe des Herzens, damit wir den Bedrängnissen des Lebens begegnen können, auch der Ablehnung, dem Widerstand, der Verfolgung."[684]

Die Freiheit, die der Herr schenkt, lässt selbst den Gefangenen zum Sieger werden. *Victor in vinculis* – Sieger in Fesseln[685]. Es ist der Herr selbst, der uns diese Freiheit schenkt. Wenn ich mein Leben ganz in seine Hände lege, dann geschieht das Wunderbare: nämlich Freiheit in der Bindung. Die Freiheit des Gehorsams. Das gilt nicht nur für Ordensleute. *„Zur Freiheit hat uns Christus befreit"* (Gal 5,1), damit wir wie er den Weg der Liebe gehen. Es ist die Freiheit der gebundenen Hände. Die Freiheit des Gekreuzigten, nicht vom Kreuz herabzusteigen, sondern in der scheinbaren Ohnmacht Gottes Liebe zu offenbaren. Die Freiheit der evangelischen Räte – die Freiheit der Profess, diese Freiheit, die der Abt selbst immer wieder in Demut erkennt, wenn er beim Gehorsamsversprechen die Hände des Kandidaten mit seinen eigenen Händen umschließt. Denn auch seine Hände sind gebundene Hände, gebunden an den Herrn und seine Kirche. Hier bekommt die Freiheit eine ganz neue Qualität. Sie ist nicht Autonomie, sondern sie bedeutet, sich frei für den zu entscheiden, der uns die wahre Freiheit, die Erlösung, schenkt. Befreit von dem, was uns trennt von Gott und untereinander.

Dritte Stufe: Wahrheit

Kommen wir schließlich zur obersten Stufe, zur Wahrheit. Ich verbinde diese mit dem Bekenntnis des Simon Petrus bei Caesarea Philippi: *„Du bist der Messias, der Sohn des lebendigen Gottes!"* (Mt 16,16) Jesus sagte zu ihm: *„Selig bist du, Simon Barjona; denn nicht Fleisch und Blut haben dir das offenbart, sondern mein Vater im Himmel."* (Mt 16,17)

Für wen halten die Leute heute den Menschensohn? Papst Benedikt sagte hier in Heiligenkreuz: „Unser Licht, unsere Wahrheit, unser Ziel, unsere Erfüllung, unser Leben – all das ist nicht eine religiöse Lehre, sondern eine Person: Jesus Christus. Noch viel mehr als wir Menschen Gott je suchen und ersehnen können, sind wir schon zuvor von ihm gesucht und ersehnt, ja gefunden und erlöst!

---

684 Benedikt XVI., Die Befreiung des Petrus. Generalaudienz auf dem Petersplatz am 9. Mai, in: OR (D) Nr. 20 vom 18. Mai 2012, 2.

685 Sel. Karl Leisner

Der Blick der Menschen aller Zeiten und Völker, aller Philosophien, Religionen und Kulturen trifft zuletzt auf die weit geöffneten Augen des gekreuzigten und auferstandenen Sohnes Gottes; sein geöffnetes Herz ist die Fülle der Liebe."[686] Christus ist die Wahrheit, durch die wir leben. Heute vor einer Woche hatte ich das Glück, die heilige Messe und die Predigt des Heiligen Vaters in Castel Gandolfo beim Treffen des Schülerkreises mitzuerleben. In freier Rede sagte Papst Benedikt XVI.: „Der Gedanke von Wahrheit und der von Intoleranz haben sich fast völlig miteinander verschmolzen, und so wagen wir gar nicht mehr, an Wahrheit zu glauben, von Wahrheit zu sprechen. Sie scheint fern zu sein, sie scheint etwas, das man lieber nicht in Anspruch nimmt. ‚Kein Mensch kann sagen: Ich habe die Wahrheit', wird eingewandt – und richtig: Niemand kann die Wahrheit haben, die Wahrheit hat uns, sie ist etwas Lebendiges! Wir sind nicht ihre Besitzer, sondern wir sind von ihr ergriffen."[687]

Lieber Jubilar, lieber Herr Abt Gregor, ich danke Dir für Dein klares Bekenntnis zu Christus, zur Kirche und zum Nachfolger des hl. Petrus. Wir alle sollen wie er *cooperatores veritatis* sein, Mitarbeiter der Wahrheit, die Christus selbst ist. Wer die Schlüssel des Himmelreiches anvertraut bekam, gibt auch uns den hermeneutischen Schlüssel für sein Wort.

Entdecken wir nach diesen drei Stufen der Menschenrechte, der Freiheit und der Wahrheit wie die drei Weisen auf unserem Denkmal das Kind und seine Mutter Maria. Ganz klein bildet das Kind, vor dem sie niederfallen, die Mitte des Mosaiks. Seine rechte Hand, zum Segen erhoben, weist auf das rotgefärbte Kreuz rechts im Bild und das Kreuz wiederum weist auf das Kind.

Nur wenige Verse nach dem Petrusbekenntnis spricht Jesus vom Leiden, von seinem Tod und seiner Auferstehung. Als Petrus ihn davor zurückhalten will, weist ihn Jesus mit scharfen Worten zurecht. Auch für uns gilt diese Zurechtweisung: „Wer mein Jünger sein will, der verleugne sich selbst, nehme sein Kreuz auf sich und folge mir nach. Denn wer sein Leben retten will, wird es verlieren;

686 Benedikt XVI., In visitatione Abbatiae „Heiligenkreuz", die 9 Septembris 2007, in: AAS 99 (2007: 10) 853-858, hier: 854.

687 Benedikt XVI., Im Einssein mit Christus lernen wir das echte Menschsein. Predigt von Papst Benedikt XVI. am 2. September bei der hl. Messe mit dem ‚Ratzinger-Schülerkreis' in Castelgandolfo, in: OR (D) Nr. 36 vom 7. September 2012, 10.

wer aber sein Leben um meinetwillen verliert, wird es gewinnen.“ (Mt 16,24f.)

Lieber Jubilar, Du hast Dir anspruchsvolle Texte ausgesucht. Wir danken Dir für Deinen Mut, den Glauben und die Würde der menschlichen Person zu verteidigen. Das tust Du im tiefen Bewusstsein, dass die Menschenwürde, die Freiheit und die Wahrheit keine Utopien sind, sondern uns erworben sind durch Christus, den Auferstandenen.

Wie Petrus lässt uns der Herr durch seinen liebenden Blick unsere tiefste Würde, Freiheit und Wahrheit erkennen: Von ihm geliebt zu sein und ihn zu lieben. Amen.

Benedikt XVI. war ein Papst der Innovation[688]

Will Papst Benedikt XVI. mit seinem Rücktritt aus dem öffentlichen Leben vielleicht ein Zeichen setzen, dass die Kirche wieder mehr auf Gott schauen soll?

Man könnte es so bezeichnen, aber er folgt hier einfach seinem Gewissen, das er wiederholt geprüft hat und dabei zur Gewissheit gelangt ist, dass seine körperlichen Kräfte nicht mehr ausreichen, um den Petrusdienst auszuüben. Ein durchgängiges Leitmotiv seines Pontifikats war der Blick auf Gott. Dies hat er auch uns Mönchen in Heiligenkreuz ans Herz gelegt: „Auf Christus zu schauen!" Das Gebet ist nämlich, wie es einmal der Diener Gottes Papst Paul VI. gesagt hat, der „Atem der Kirche"[689], und der hilft der Kirche, ihre Atemnot wieder zu überwinden.

Dass ein Papst zurücktritt, ist doch recht ungewöhnlich. Sagt dieser Schritt etwas über das Amtsverständnis von Papst Benedikt XVI. aus?

Es gab ja insgesamt vier Rücktritte von Päpsten, nämlich von Papst Pontianus in der Spätantike, Benedikt IX. im Jahr 1054, Coelestin V. im Jahr 1294 und Gregor XII. am Beginn des 15. Jahrhunderts. Dennoch ist es für uns heute ein ungewöhnlicher Schritt. Wie künftige Päpste entscheiden werden, hängt sicher auch davon ab, ob sich der Vorgänger jeweils ganz zurückziehen kann. Bei Benedikt XVI. habe ich keine Bedenken, weil er ein Mann der Demut und des Gebets ist. Ich war überrascht über seinen Rücktritt, aber irgendwie auch darauf vorbereitet. Im Interview mit Peter Seewald „Licht der Welt" gab es ja einen Hinweis. Dazu kam dann sein zweimaliger Besuch beim Grab von Papst Coelestin V., besonders im Jahr 2010 nach dem Erdbeben in den Abruzzen, wo er sein bisher verwendetes Pallium auf dem Sarkophag Coelestins V. niederlegte.

---

688 Zuerst veröffentlicht in: missiothek. Das Praxisheft für Schule und Pfarre, Ausgabe 1/2013, 10f.
689 Paul VI., Der Christ muss wieder beten lernen. Ansprache des Papstes bei der Generalaudienz am 22. August, in: OR (D) Nr. 35 vom 31. August 1973, 1 und 3, hier: 1.

Papst Johannes Paul II. hat sein Amt bis zum Schluss ausgeübt. War nicht auch sonst seine Amtszeit ganz anders als das letzte Pontifikat?

Der erste große Unterschied ist, dass Papst Johannes Paul II. bei seinem Amtsantritt 20 Jahre jünger war. Dieser große Altersunterschied hat natürlich das Pontifikat von Benedikt XVI. geprägt. Aber er war auf keinen Fall ein Übergangspapst, er hat das Petrusamt auf seine Weise ausgeübt. Der selige Johannes Paul II. war sehr mediengewandt, während Benedikt XVI. als „Mozart der Theologie" in die Geschichte eingehen wird. Beide strebten mit ihren jeweiligen Charismen nach Heiligkeit und waren von daher authentisch in ihrer Christus-Repräsentation.

Was verbindet diese beiden großen Päpste als Denker?

Eine Reihe von päpstlichen Verlautbarungen, besonders die beiden letzten Enzykliken von Papst Johannes Paul II. „Fides et Ratio" wie auch „Ecclesia de Eucharistia", tragen die Handschrift beider Päpste und sind durchdrungen vom Wunsch, das Zweite Vatikanische Konzil in unserer Zeit zu aktualisieren.

Sie selbst wurden von Benedikt XVI. mit dem „Premio Ratzinger" ausgezeichnet und kennen das theologische Denken des Papstes sehr gut. Was ist das Besondere an seiner Theologie?

Sein Denken umfasst ein breites Spektrum der Theologie. Die 16 Bände seiner „Gesammelten Schriften" beginnen mit den Kirchenlehrern Augustinus und Bonaventura. Sie gehen weiter zu den Fragen über Glaube und Vernunft und führen ein in das Christentum, indem sie Gott als den Schöpfer und den Menschen als sein Geschöpf betrachten. Sie führen zur Tür unseres Glaubens, zu Jesus Christus aus Nazareth, dem wahren Sohn Gottes, und helfen, unser eigenes Leben zu verstehen, indem Auferstehung und ewiges Leben nicht ausgeblendet werden. Vom Umfang seiner Schriften stehen die Themen Kirche, Offenbarung, Heilige Schrift und Liturgie im Zentrum.

Ist dem Papst der Spagat zwischen den Traditionalisten und den progressiveren Theologen gelungen?

Ich glaube, dass er versucht hat, Schritte der Versöhnung zu setzen und Reformen in kleinen Schritten anzugehen. Ein besonderes Anliegen war ihm die Kontinuität in der Liturgie zu wahren, weil sie Ausdruck des Glaubens der Kirche ist. Dass er gegen eine „Horizontalisierung“ der Liturgie wieder den Aspekt der Anbetung hervorhob, wurde schon beim Weltjugendtag in Köln sichtbar. Notwendig dafür sei eine „Reform der Reform“, die auf die Einheit in der Kirche achtet und vom Heiligen Geist gewirkt sein muss. Mit diesem Ansatz überzeugte er vor allem die jüngere Generation, die nicht mehr vom anti-römischen Affekt der 68er-Generation geprägt ist.

Man würde Benedikt XVI. verkennen, wenn man in ihm nur den traditionsverbundenen Papst sehen würde. Er war auch ein Mann der Innovation, der das Konzil durch und durch mitgetragen hat. Er war überzeugt, dass sich die Kirche aus dem Ghetto der Verweigerung des Dialogs mit der Moderne herausbewegen muss. Für ihn ist der Dialog mit den Agnostikern und mit den Atheisten wichtig. Er suchte das Gespräch mit den anderen Religionen, vor allem mit unseren älteren Schwestern und Brüdern im Judentum, ganz auf der Linie des Zweiten Vatikanischen Konzils in seinem Dokument „Nostra aetate“. Papst Benedikt macht mit seiner Botschaft klar, dass wir alle Menschen in der modernen Welt zu dieser Gottsuche einladen sollen, selbst die Agnostiker. Daher hat Benedikt auch immer das Konzilsdokument „Dignitatis humanae“ über die Religionsfreiheit verteidigt. Die Kirche muss das Gewissen und die Freiheit des Einzelnen respektieren.

Wie hat sich das Pontifikat auf die Ökumene ausgewirkt?

In Bezug auf die Ökumene hat Papst Benedikt einmal gesagt, dass Gott die Spaltungen innerhalb der Christenheit vielleicht deshalb zugelassen hat, damit Wertvolles, das in einer einzigen, universalen Kirche vielleicht verloren gegangen wäre, durch die Aufspaltung in verschiedene Konfessionen weiterhin erhalten bleiben konnte. Es geht ihm um eine Ökumene des Geistes in der ständigen Bereitschaft der Bekehrung zu Christus. In dieser geistigen Ökumene wächst die geistliche Freundschaft, aber ohne übereiltes Überspringen von sakramentalen Grenzen. Denn wo die Einheit im Glauben fehlt, kann die Praxis dieses Defizit nicht beheben. Wahre Ökumene bedeutet nicht Einigung auf den kleinsten gemeinsamen Nenner. Man muss um die Wahrheit ringen und den Herrn in den Mittelpunkt stellen.

Als ich im vergangenen September beim Schülerkreis in Castel Gandolfo war, haben zwei evangelisch-lutherische Theologen, Bischof i. R. Prof. Dr. Ulrich Wilckens und Prof. Dr. Theodor Dieter, Direktor des Straßburger Instituts für ökumenische Forschung, zu uns gesprochen.

In diesem Pontifikat ist vor allem die Verständigung mit der orthodoxen Kirche gewachsen, da Benedikt XVI. in seinem theologischen Werk gerne die orthodoxe Theologie berücksichtigt hat. Ich erinnere an die herzliche Verbindung zu Patriarch Bartholomaios I. von Konstantinopel, die bei seinem Besuch in Istanbul im Jahr 2006 sichtbar wurde.

Lag diesem Papst die Neuevangelisierung der alten christlichen Welt mehr am Herzen als die Mission in den Ländern des Südens?

Ich würde beides nicht gegeneinander ausspielen. „Mission first!", sagt Kardinal Christoph Schönborn. Die Mission ist auch hier bei uns notwendig, damit Getaufte den Glauben wieder neu zu buchstabieren lernen. Viele sind getauft, aber sie kennen nicht einmal mehr die Grundgebete wie das Vaterunser. Das sind Kurzformeln unseres Glaubens, die seit 2000 Jahren weitergegeben wurden. Wir sind dazu berufen, Gott in unserer glaubensarmen Umgebung zu bezeugen. Daher ist die Neuevangelisierung notwendig. Dazu brauchen wir auch die Mission von außen. Es ist gut, dass jetzt Missionare aus den ehemaligen Missionsländern zu uns kommen, die uns den Glauben in Freude vorbuchstabieren. Die Traurigkeit und Resignation, die man bei uns oft antrifft, ist erschütternd. Es würde mich freuen, wenn ein Afrikaner oder ein Asiate der nächste Papst würde. Wir brauchen einen Paradigmenwechsel, weg von unserer eurozentrischen Sicht von Kirche hin zu einer Kirche, die sich als

Universalkirche versteht, bestehend aus ihren Teilkirchen. Mittlerweile ist die Kirche – wie es der Wiener Dogmatiker Univ.-Prof. Dr. Jan-Heiner Tück formuliert – „polyzentrisch“[690] geworden. Denn dem „glaubensmüden Europa stehen vitale und wachsende Kirchen in Asien und Afrika gegenüber.“[691]

690 http://www.nzz.ch/aktuell/feuilleton/uebersicht/worte-und-taten-glaube-und-vernunft-1.17998012 (14.02.2013); siehe auch Jan-Heiner Tück, Erinnerung an die Zukunft. 50 Jahre Zweites Vatikanisches Konzil, in: Ders. (Hg.), Erinnerung an die Zukunft. Das Zweite Vatikanische Konzil, Freiburg i. Br. 2012, 11-30, hier: 15.
691 Ebd.

Pressluſthammer und Choral[692]

Sie haben als Wahlspruch „Cor ad cor loquitur" (Das Herz spricht zum Herzen) gewählt. Was bedeutet dieser Satz für Sie?

Mir geht es darum, dass Menschen miteinander – und mit Gott – in eine Beziehung des Herzens treten müssen, damit überhaupt eine wahrhaftige Beziehung möglich wird. Ohne diese Wahrhaftigkeit, besser gesagt, ohne Wahrheit ist Liebe nicht möglich. Mein Wahlspruch ist ja derselbe, den sich der selige John Henry Kardinal Newman gewählt hat. Newman ist für mich ein Vorbild, wie man sich in der Theologie mit Gott selber auseinandersetzt. Da ist es nämlich vor allem notwendig, eine wahrhaftige Beziehung zu Gott zu pflegen.

Jedes Jahr treten mehrere junge Männer ins Kloster von Heiligenkreuz ein. Der Konvent erlebt derzeit eine Blütezeit. Können Sie das Geheimnis des Heiligenkreuzer Erfolges lüften?

Ich glaube, dass das eine Frage ist, die wir nicht in Kategorien von „Erfolg" oder „Misserfolg" fassen sollten. Das ist vielmehr eine Gnade, die wir nicht verdient haben. Es gibt aber Faktoren, die eine Blüte mit verursachen: Als Erstes die Regel des hl. Benedikt, dass dem Gottesdienst nichts vorgezogen werden darf.[693] Wir legen daher Wert auf eine gepflegte Liturgie, die dem 2. Vatikanischen Konzil und der Tradition verpflichtet ist. Wir befinden uns in einem großen Gebetsstrom.

Oft sage ich: Unser Gebet ist gleichsam vom Himmel abgelauscht[694]. In unserem Chorgestühl in der oberen Reihe befinden sich Darstellungen von Engeln und Heiligen, jeweils mit geöffnetem Mund. Wir müssen also nur in ihren Gesang einstimmen. Dazu gehört aber die Pflege des Gregorianischen Chorals. Er ist heute an-

692 Zuerst veröffentlicht in: miteinander – Welt und geistliche Berufung 12/2011, 6f.
693 Vgl. RB 43,3.
694 Vgl. JRGS 11, 560.

ziehend besonders auch für junge Menschen. Natürlich hat die CD „Chant. Music for paradise“ einen gewissen Beitrag geleistet. Aber bereits vor 30 Jahren habe ich hier eine schöne Liturgie vorgefunden, weshalb ich eingetreten bin. Diese Kontinuität einer lebendigen Liturgie der Kirche, die wir nicht erfinden, sondern die wir als Gegebenes empfangen, macht sichtbar, dass Gott die Mitte unseres Betens ist. Ein weiterer Grund für die Attraktivität dürfte darin liegen, dass hier bereits viele junge Mönche leben. Gerade das wirkt anziehend: Das benediktinische „Ora et labora“ – „Bete und arbeite“.

Nicht zuletzt ist unsere Hochschule ein Anreiz, hierher zu kommen. Es für uns keine leichte Sache, sie zu erhalten. Wir bekommen nämlich weder von der Kirche noch vom Staat finanzielle Mittel dafür. Allerdings halte ich das für eine Investition, die sich lohnt. Theologie wird hier verstanden als Vermittlung des Glaubenswissens und des gelebten Glaubens. Nicht wenige unserer Studenten studieren dann an anderen Universitäten weiter. Wir haben momentan im Kloster sieben Doktoranden. Einer hat soeben mit *summa cum laude* in Salzburg sein Studium abgeschlossen. Es gibt auch andere Betätigungsfelder: P. Coelestin z. B. studiert in Wien an der Universität für Bodenkultur. Er soll einmal in die Forstwirtschaft unseres Stiftes eingebunden werden. Unser P. Raphael setzt als akademischer Bildhauer sein künstlerisches Talent vielfältig ein. Mir ist es wichtig, dass junge Mitbrüder ihren Begabungen entsprechend ausgebildet werden. Einer wird in Kürze eine Buchbinderlehre in Bayern beginnen.

Mönche müssen wissen, dass der Mensch nicht nur vom Brot allein lebt, sondern vom Wort Gottes und dem herzlichen Miteinander des Dienens. Dazu gehören auch gemütliches Beisammensein oder gemeinsame Ausflüge. Unser schwarz-weißes Ordensgewand ist für uns nonverbales Zeugnis für Christus, das man versteht. Der Habit ist zudem ein Schutz, wie eine zweite Haut. Er macht deutlich, dass wir uns Gott ganz hingeben wollen.

Ich selber bin ins Stift gekommen, weil ich damals von der Heiligenkreuzer Hochschule gehört habe. Als ich einen ersten Einblick ins Kloster bekam, dachte ich: „Das ist ein Leben, das Du eigentlich suchst.“ Ich wurde aber nicht gedrängt, einzutreten. Das gilt für alle, die noch in der Entscheidungsphase sind: Ich gratuliere jedem, der kommt und endgültig bleibt. Und ich gratuliere jedem, der kommt und wieder geht. Wichtig ist, dass jeder den Weg findet, den Gott für ihn bestimmt hat.

Wenn es ausschließlich nach Ihnen ginge: Was wird sich dann im Stift Heiligenkreuz in den kommenden 20 Jahren verändern?

Ich hoffe, dass wir in einer für sich sprechenden Authentizität unser klösterliches Leben durchtragen können. Kontinuität bedeutet ja nicht, dass alles gleich bleibt. Erneuerung – ohne Bruch – ist ein notwendiges Wagnis, um Kontinuität zu wahren. Ich kann hier auf ein sehr gutes Fundament und die Arbeit vorbildlicher Äbte aufbauen. Abt Gregor Pöck (1902-1945) hat die Grundlagen für eine Erneuerung im 20. Jahrhundert gelegt. Er hat P. Karl Braunstorfer bald zum Novizenmeister und Prior bestellt. 1945, kurz vor seinem Tod, hat Abt Gregor Pöck Frauen – auf Kosten seiner eigenen Gesundheit – in der eiskalten Stiftskirche vor russischen Soldaten geschützt. Notleidende haben damals im Stift Unterkunft gefunden – ein Zeichen gelebter Menschlichkeit. Sein Nachfolger Abt Karl Braunstorfer hatte eine tiefe Verehrung zum heiligsten Herzen Jesu. Als Abtpräses der Österreichischen Zisterzienserkongregation hat er am 2. Vatikanischen Konzil teilgenommen. Konzilsbegeistert hat er versucht, eine neue Liebe zum Klösterlichen zu wecken, ohne die pastorale Verpflichtung zu vernachlässigen. Nach ihm kam Abt Franz Gaumannmüller. Mit ihm sind die „Presslufthämmer eingezogen", denn es ist viel renoviert worden. Es gab zuvor kein fließendes Wasser in den Zimmern und nur zwei Bäder im ganzen Haus. Er hat aber auch unser neues Brevier (mit einem 2-Wochen-Psalter) konzipieren lassen. Zudem wurde 1975 die Hochschule reformiert, an der heute ca. 180 Hörer studieren. Daneben wurde ein Priesterseminar, das heutige „Überdiözesane Priesterseminar Leopoldinum Heiligenkreuz", eingerichtet. Abt Gerhard hat weiter darauf aufgebaut. Außerdem hat er nach 661 Jahren 1988 eine Neugründung im Ruhrgebiet gewagt, die als blühendes Priorat zahlreiche Berufungen in den vergangenen 20 Jahren hervorgebracht hat. Außerdem hat er nach der Wende von 1989 den Klöstern im früheren „Ostblock" geholfen. In Abt Gregors Amtszeit ist das Stift zur größten Zisterzienserabtei in Europa aufgeblüht. Höhepunkt war sicherlich der Papstbesuch im September 2007. Beide Altäbte unterstützen unsere Gemeinschaft mit allen Kräften. Abt Gerhard ist ein gesuchter Beichtvater und damit eine große Stütze im Haus. Abt Gregor ist ein gefragter Referent sowohl für kirchliche, soziale oder wirtschaftliche Themen. Ich bin dankbar für meine großen Vorgänger im Abtsamt.

Die Priester des Stiftes betreuen 20 Pfarren als Pfarrer oder Kapläne. Widerspricht das nicht der klösterlichen Berufung?

Nein, das ist eine uralte Tradition der Stifte in Österreich. Das wird sicher eine wichtige Aufgabe bleiben. Die Menschen würden es nicht verstehen, wenn wir sie alleine ließen. Ich sehe es als wichtige Aufgabe für mich an, eine Möglichkeit zu schaffen, Pfarre und klösterliches Leben miteinander zu verbinden. Das ist in unserem Priorat Bochum-Stiepel gut gelungen. Missionarische Seelsorge ist unser aller Anliegen. Ich möchte unseren Erzbischof von Wien dabei unterstützen. Mich bewegt die Frage, wie wir noch mehr zu einem Seelsorgszentrum werden können. Ein Beispiel dafür ist die Jugendvigil, die ich mitinitiieren durfte, als ich 1996 Novizenmeister wurde. Die Jugendvigil ist mittlerweile ein Schwungrad für die Jugendpastoral in Heiligenkreuz geworden, zu der jeweils am Herz-Jesu-Freitag zwischen 250 und 300 junge, begeisterte Leute kommen.[695]

Die Philosophisch-Theologische Hochschule Benedikt XVI. Heiligenkreuz ist weltweit die einzige Zisterzienserhochschule. Als Abt sind Sie deren Großkanzler. Wo sehen Sie die besonderen Möglichkeiten der Hochschule und wo sind noch Schwierigkeiten zu meistern?

Unser Profil ist die Priesterausbildung. Wir wollen unseren Schwerpunkt weiterhin darauf legen. Wenn uns einmal das Promotionsrecht verliehen wird, dann wird die theologische Forschung weiter ausgebaut. Natürlich müssen wir mit unseren Kräften haushalten. Dennoch wollen wir die Hochschule ausbauen, besonders die Bibliothek. Dazu werden wir finanzielle Hilfe notwendig brauchen. Glücklicherweise gibt es auch gute Kontakte zu den Universitäten,

695 http://www.stift-heiligenkreuz.org/jugend-willkommen/jugendvigil/ (01.03.2014).

indem Mitbrüder – wie schon erwähnt – dort promovieren oder sich habilitieren. Auch habe ich mich gefreut, dass einige Vertreter der Fakultäten zum „Premio Ratzinger“ gratulierten, so der Dekan der Katholisch-Theologischen Fakultät in Wien, der mir einen sehr herzlichen Gratulationsbrief zur Verleihung des Ratzinger-Preises geschrieben hat. Ziel unserer akademischen Arbeit ist eine „monastische Theologie“, die aus der lebendigen Beziehung zu Gott lebt. Dafür stehe ich ein.

Literaturverzeichnis

Abælard, Expositio in epistolam ad Romanos. Römerbriefkommentar II (lateinisch – deutsch), in: Fontes Christiani Bd. 26/2, übersetzt von Rolf Peppermüller, Freiburg i. Br. 2000.

Giuseppe Alberigo, Art. Aggiornamento, in: Lexikon für Theologie und Kirche, 3. Auflage: Band 1, Freiburg – Basel – Wien 1993, 231.

Stephan Alberto, Begriff und Wesen der Kirche in der Entstehung der Kirchenkonstitution „Lumen gentium", in: Erich Naab (Hg.), Ex latere. Ausfaltungen communialer Theologie, Eichstätt 1993, 149-175.

Anselm von Canterbury, Proslogion/Anrede. Lateinisch/Deutsch. Übersetzung, Anmerkungen und Nachwort von Robert Theis, Stuttgart 2005.

Thomas von Aquin: Quaestiones disputatae de veritate q.1.a.1

Thomas von Aquin, Summa Theologiae, I, 16, 1.

Maximino Arias-Reyero, Thomas von Aquin als Exeget, Einsiedeln 1971.

Johann Auer, Hermann Volk (Hg.), Theologie in Geschichte und Gegenwart. Michael Schmaus zum sechzigsten Geburtstag, München 1957.

Aurelius Augustinus, Vom ersten katechetischen Unterricht. Neu übersetzt von Werner Steinmann, bearbeitet und herausgegeben von Otto Wermelinger, München 1985.

Aurelius Augustinus, Opera – Werke, Band 28: De baptismo – Über die Taufe. Zweisprachige Ausgabe, eingeleitet, kommentiert und herausgegeben von Hermann-Josef Sieben, Paderborn 2006.

Augustinus, Mag. XIV, 46.

John L. Austin, Zur Theorie der Sprechakte, Stuttgart [2]1979.

Hans Urs von Balthasar, Vorwort, in: Madeleine Delbrêl, Gebet in einem weltlichen Leben, Einsiedeln [7]2013, 7-13.

Hans Urs von Balthasar, Vorwort, in: Madeleine Delbrêl, Frei für Gott. Über Laien-Gemeinschaften in der Welt, Einsiedeln [2]1991, 7-11.

Heinz-Lothar Barth, Hermeneutik der Kontinuität oder des Bruchs? Aspekte der Theologie Papst Benedikts XVI., Bobingen 2012.

Benedikt XVI., Ansprache von Papst Benedikt XVI. an das Kardinalskollegium und die Mitglieder der Römischen Kurie beim

n des Apostolischen Stuhls (Nr. 155), hg. vom Sekreta-
schen Bischofskonferenz, Bonn 2002.

I., Predigt bei der Eucharistiefeier zum Abschluss des
ndtages auf dem Marienfeld am Sonntag, den 21. Au-
: Verlautbarungen des Apostolischen Stuhls (Nr. 169),
etariat der Deutschen Bischofskonferenz, Bonn 2005,

I., Predigt bei der Vigil mit den Jugendlichen auf dem
m Samstag, den 20. August 2005, in: Verlautbarun-
stolischen Stuhls (Nr. 169), hg. vom Sekretariat der
ischofskonferenz, Bonn 2005, 78-83.

I., Predigt beim Besuch der Patriarchalbasilika St. Paul
ern am 25. April 2005, in: Verlautbarungen des Apo-
tuhls (Nr. 168), hg. vom Sekretariat der Deutschen Bi-
renz , Bonn 2005, 43-45.

I., „Theologische Auseinandersetzung zwischen Bern-
irvaux und Abælard." Generalaudienz auf dem Peters-
November 2009, in: OR (D) Nr. 46 vom 13. November

I., Ungehorsam ist nicht der Weg, um die Kirche zu
redigt von Papst Benedikt XVI. am 5. April bei der
matis" in Sankt Peter am Gründonnerstag, in: OR (D)
0. April 2012, 9.

I., „Wege für eine wirksame Verkündigung der Heils-
Ansprache während der Audienz für die Teilnehmer
ersammlung des Päpstlichen Rates zur Förderung der
sierung (30. Mai 2011), in: OR (D) Nr. 23 vom 10. Juni

on Clairvaux, Sämtliche Werke lateinisch/deutsch,
hard B. Winkler, Band II, Innsbruck 1992.

on Clairvaux, Sämtliche Werke lateinisch/deutsch,
hard B. Winkler, Band III, Innsbruck 1992.

on Clairvaux, Sämtliche Werke lateinisch/deutsch,
hard B. Winkler, Band V, Innsbruck 1994.

on Clairvaux, Sämtliche Werke lateinisch/deutsch,
hard B. Winkler, Band VI, Innsbruck 1995.

on Clairvaux, Sämtliche Werke lateinisch/deutsch,
hard B. Winkler, Band VIII, Innsbruck 1997.

Weihnachtsempfang (22.12.2005), in: Verlautbarungen des Apostolischen Stuhls (Nr. 172), hg. vom Sekretariat der Deutschen Bischofskonferenz, Bonn 2006.

Benedikt XVI., Ansprache beim Ökumenischen Treffen im Erzbischöflichen Haus am Freitag, den 19. August 2005, in: Verlautbarungen des Apostolischen Stuhls (Nr. 169), hg. vom Sekretariat der Deutschen Bischofskonferenz, Bonn 2005, 67-73.

Benedikt XVI., Ansprache im Collège des Bernardins, Paris (12. September 2008), in: Benedikt Müntnich, Über Benedikt. Die Texte von Papst Benedikt XVI. (Münsterschwarzacher Kleinschriften Nr. 172), Münsterschwarzach 2009, 47-63.

Benedikt XVI., Ansprache seiner Heiligkeit Papst Benedikt XVI. an engagierte Katholiken aus Kirche und Gesellschaft, in: Verlautbarungen des Apostolischen Stuhls (Nr. 189), hg. vom Sekretariat der Deutschen Bischofskonferenz, Bonn 2011, 144-150.

Benedikt XVI., Apostolische Reise nach Madrid anlässlich des 26. Weltjugendtags, 18.-21. August 2011, Begegnung mit den jungen Ordensfrauen, Kloster San Lorenzo de El Escorial, Freitag, 19. August 2011, auf: http://www.vatican.va/holy_father/benedict_xvi/speeches/2011/august/documents/hf_ben-xvi_spe_20110819_religiose-el-escorial_ge.html (18.10.2013).

Benedikt XVI., Apostolisches Schreiben in Form eines Motu Proprio *Porta fidei* von Papst Benedikt XVI., mit dem das *Jahr des Glaubens* ausgerufen wird, in: Verlautbarungen des Apostolischen Stuhls (Nr. 191), hg. vom Sekretariat der Deutschen Bischofskonferenz, Bonn 2011.

Benedikt XVI., Audienz für die Pilger aus Deutschland – Ansprache Seiner Heiligkeit Benedikt XVI. am 25. April 2005, in: Verlautbarungen des Apostolischen Stuhls (Nr. 168), hg. vom Sekretariat der Deutschen Bischofskonferenz, Bonn 2005, 40-43.

Benedikt XVI., Der heilige Benedikt – ein wahrer Lehrmeister. Ansprache bei der Generalaudienz auf dem Petersplatz (09. April 2008), in: OR (D) Nr. 16 vom 18. April 2008, 2.

Benedikt XVI., Der heilige Bonaventura. Ansprache bei der Generalaudienz in der vatikanischen Aula Paolo VI. am 03. März 2010, in: OR (D) Nr. 10 vom 12. März 2010, 2.

BENEDIKT XVI., Der heilige Justinus, Philosoph und Märtyrer. Generalaudienz auf dem Petersplatz am 21. März 2007, in: OR (D) Nr. 13 vom 30. März 2007, 2.

BENEDIKT XVI., Die Befreiung des Petrus. Generalaudienz auf dem Petersplatz (09. Mai 2012), in: OR (D) Nr. 20 vom 18. Mai 2012.

BENEDIKT XVI., Die Liturgie – Schule des Gebets. Generalaudienz auf dem Petersplatz (26. September 2012), in: OR (D) Nr. 40 vom 5. Oktober 2012, 2.

BENEDIKT XVI., Dienst an der Wahrheit und an der Freude. Ansprache von Papst Benedikt XVI. am 10. Februar. Audienz für die Teilnehmer an der Vollversammlung der Kongregation für die Glaubenslehre, in: OR (D) Nr. 8 vom 24. Februar 2006, 7.

BENEDIKT XVI., Ein Amt im Dienst der Versöhnung und Harmonie. Ansprache bei der Generalaudienz auf dem Petersplatz (27. April 2005), in: OR (D) Nr. 18 vom 6. Mai 2005, 2.

BENEDIKT XVI., Enzyklika *Deus caritas est* von Papst Benedikt XVI. an die Bischöfe, an die Priester und Diakone, an die gottgeweihten Personen und alle Christgläubigen über die christliche Liebe, in: Verlautbarungen des Apostolischen Stuhls (Nr. 171), hg. vom Sekretariat der Deutschen Bischofskonferenz, Bonn 2006.

BENEDIKT XVI., Glaube, Vernunft und Universität. Erinnerungen und Reflexionen, in: Christoph Dohmen, Die „Regensburger Vorlesung" Papst Benedikts XVI. im Dialog der Wissenschaften, Regensburg 2007, 15-26.

BENEDIKT XVI., Glaube, Vernunft und Universität. Erinnerungen und Reflexionen – Vorlesung des Heiligen Vaters, in: Verlautbarungen des Apostolischen Stuhls (Nr. 174), hg. vom Sekretariat der Deutschen Bischofskonferenz, Bonn 2006, 72-84.

BENEDIKT XVI., Gott liebt das Leben – nicht den Tod. Ansprache vor dem Angelusgebet auf dem Petersplatz (10. Juli 2005), in: OR (D) Nr. 28 vom 15. Juli 2005, 1.

BENEDIKT XVI., Gott zeigt sich in der Begegnung von Person zu Person. Ansprache von Papst Benedikt XVI. am 30. Juni bei der Verleihung des ‚Benedikt XVI.-Preises' an drei renommierte Theologen, in: OR (D) Nr. 27 vom 8. Juli 2011, 10f.

BENEDIKT XVI., Heilige Messe zur Amtseinführung von Papst Benedikt XVI. mit Übergabe des Palliums und des Fischerrings. Predigt des Heiligen Vaters Benedikt XVI., in: Verlautbarungen

des Apostolischen Stuhls
schen Bischofskonferenz,

BENEDIKT XVI., Im Einsse
Menschsein. Predigt von
bei der hl. Messe mit den
dolfo, in: OR (D) Nr. 36 vo

BENEDIKT XVI., Im Gebet b
ralaudienz mit Papst Ben
Februar 2013, in: OR (D) N

BENEDIKT XVI., In der Freu
Türen des Lebens. Anspra
beim feierlichen Gottesdie
Amtsantritts, in: OR (D) N

BENEDIKT XVI., In visitation
tembris 2007, in: AAS 99

BENEDIKT XVI., Maria ist u
weil Christus Mensch für
Benedikt XVI. am 8. Deze
Petersdom am Hochfest d
frau und Gottesmutter Mar
2005, 7f.

BENEDIKT XVI., Missa pro ec
rechtigten Kardinälen in d
Seiner Heiligkeit Benedikt
gen des Apostolischen Stu
Deutschen Bischofskonfere

BENEDIKT XVI., Mit dem G
Predigt von Papst Benedik
Mauern am 28. Juni anläs
der heiligen Apostel Petru
9. Juli 2010, 8.

BENEDIKT XVI., Nachsynod
Domini von Papst Benedik
und in der Sendung der
stolischen Stuhls (Nr. 187)
Bischofskonferenz, Bonn 2

BENEDIKT XVI., Neubeginn
geweihten Lebens im Drit

lautbarung
riat der De

BENEDIKT X
XX. Weltju
gust 2005,
hg. vom Se
85-90.

BENEDIKT X
Marienfeld
gen des Ap
Deutschen

BENEDIKT X
vor den Ma
stolischen
schofskonf

BENEDIKT X
hard von C
platz am 0
2009, 2.

BENEDIKT X
erneuern.
„Missa Chr
Nr. 16 vom

BENEDIKT X
botschaft."
an der Vol
Neuevange
2011, 12.

BERNHARD
hg. von Ge

BERNHARD
hg. von Ge

BERNHARD
hg. von Ge

BERNHARD
hg. von Ge

BERNHARD
hg. von Ge

BISCHÖFLICHES SEELSORGEAMT REGENSBURG (HG.), Ein Name ist Programm, Grundlegung. Impulse zur geistlichen Vorbereitung auf den Pastoralbesuch von Papst Benedikt XVI. in Regensburg 2006, Regensburg 2006.

ERNST-WOLFGANG BÖCKENFÖRDE, Staat, Gesellschaft, Freiheit, Frankfurt a. M. 1976.

ERNST-WOLFGANG BÖCKENFÖRDE, Kirche und christlicher Glaube in den Herausforderungen der Zeit. Beiträge zur politisch-theologischen Verfassungsgeschichte 1957-2002, Münster 2007.

KATJA BOEHME, Gott aussäen. Zur Theologie der weltoffenen Spiritualität bei Madeleine Delbrêl, Würzburg [2]1999.

KATJA BOEHME, Madeleine Delbrêl – Die andere Heilige, Freiburg i. Br. 2004.

CHRISTOPH BÖTTIGHEIMER, Lehrbuch der Fundamentaltheologie, Freiburg i. Br. 2009.

CHRISTINE DE BOISMARMIN, Madeleine Delbrêl. Mystikerin der Straße, München [2]1996.

JOHANNES BOURS, Nehmt Gottes Melodie in euch auf. Worte für das tägliche Leben, Freiburg i. Br. [5]1985.

WALTER KARDINAL BRANDMÜLLER, Licht und Schatten. Kirchengeschichte zwischen Glaube, Fakten und Legenden, Augsburg 2007.

MARTIN BUBER, Gottesfinsternis. Betrachtungen zur Beziehung zwischen Religion und Philosophie, Zürich 1953.

ACHIM BUCKENMAIER, Einführung, in: Michaela Christine Hastetter, Helmut Hoping (Hg.), Ein hörendes Herz. Hinführung zur Theologie und Spiritualität von Joseph Ratzinger/Papst Benedikt XVI., Ratzinger-Studien Bd. 5, Regensburg 2012, 9-15.

ALBERT CAMUS, L'envers et l'endroit. La mort dans l'âme, in: Ders., Essais (= Bibl. de la Pléiade), Paris 1965, 31-39.

OLEGARIO GONZÁLEZ DE CARDEDAL, Ratzinger y Juan Pablo II.: la Iglesia entre dos milenios, Salamanca 2005.

JOHANNES PAUL CHAVANNE, Anbetung als Zeugnis. Chancen benediktinischer Klöster für eine neue Evangelisierung Europas nach Äußerungen Joseph Ratzingers/Papst Benedikts XVI., in: Clemens Sedmak, Stephan O. Horn (Hg.), Die Seele Europas. Papst Benedikt XVI. und die europäische Identität, Regensburg 2011, 207-221.

Benedikt XVI., Der heilige Justinus, Philosoph und Märtyrer. Generalaudienz auf dem Petersplatz am 21. März 2007, in: OR (D) Nr. 13 vom 30. März 2007, 2.

Benedikt XVI., Die Befreiung des Petrus. Generalaudienz auf dem Petersplatz (09. Mai 2012), in: OR (D) Nr. 20 vom 18. Mai 2012.

Benedikt XVI., Die Liturgie – Schule des Gebets. Generalaudienz auf dem Petersplatz (26. September 2012), in: OR (D) Nr. 40 vom 5. Oktober 2012, 2.

Benedikt XVI., Dienst an der Wahrheit und an der Freude. Ansprache von Papst Benedikt XVI. am 10. Februar. Audienz für die Teilnehmer an der Vollversammlung der Kongregation für die Glaubenslehre, in: OR (D) Nr. 8 vom 24. Februar 2006, 7.

Benedikt XVI., Ein Amt im Dienst der Versöhnung und Harmonie. Ansprache bei der Generalaudienz auf dem Petersplatz (27. April 2005), in: OR (D) Nr. 18 vom 6. Mai 2005, 2.

Benedikt XVI., Enzyklika *Deus caritas est* von Papst Benedikt XVI. an die Bischöfe, an die Priester und Diakone, an die gottgeweihten Personen und alle Christgläubigen über die christliche Liebe, in: Verlautbarungen des Apostolischen Stuhls (Nr. 171), hg. vom Sekretariat der Deutschen Bischofskonferenz, Bonn 2006.

Benedikt XVI., Glaube, Vernunft und Universität. Erinnerungen und Reflexionen, in: Christoph Dohmen, Die „Regensburger Vorlesung" Papst Benedikts XVI. im Dialog der Wissenschaften, Regensburg 2007, 15-26.

Benedikt XVI., Glaube, Vernunft und Universität. Erinnerungen und Reflexionen – Vorlesung des Heiligen Vaters, in: Verlautbarungen des Apostolischen Stuhls (Nr. 174), hg. vom Sekretariat der Deutschen Bischofskonferenz, Bonn 2006, 72-84.

Benedikt XVI., Gott liebt das Leben – nicht den Tod. Ansprache vor dem Angelusgebet auf dem Petersplatz (10. Juli 2005), in: OR (D) Nr. 28 vom 15. Juli 2005, 1.

Benedikt XVI., Gott zeigt sich in der Begegnung von Person zu Person. Ansprache von Papst Benedikt XVI. am 30. Juni bei der Verleihung des ‚Benedikt XVI.-Preises' an drei renommierte Theologen, in: OR (D) Nr. 27 vom 8. Juli 2011, 10f.

Benedikt XVI., Heilige Messe zur Amtseinführung von Papst Benedikt XVI. mit Übergabe des Palliums und des Fischerrings. Predigt des Heiligen Vaters Benedikt XVI., in: Verlautbarungen

Weihnachtsempfang (22.12.2005), in: Verlautbarungen des Apostolischen Stuhls (Nr. 172), hg. vom Sekretariat der Deutschen Bischofskonferenz, Bonn 2006.

BENEDIKT XVI., Ansprache beim Ökumenischen Treffen im Erzbischöflichen Haus am Freitag, den 19. August 2005, in: Verlautbarungen des Apostolischen Stuhls (Nr. 169), hg. vom Sekretariat der Deutschen Bischofskonferenz, Bonn 2005, 67-73.

BENEDIKT XVI., Ansprache im Collège des Bernardins, Paris (12. September 2008), in: Benedikt Müntnich, Über Benedikt. Die Texte von Papst Benedikt XVI. (Münsterschwarzacher Kleinschriften Nr. 172), Münsterschwarzach 2009, 47-63.

BENEDIKT XVI., Ansprache seiner Heiligkeit Papst Benedikt XVI. an engagierte Katholiken aus Kirche und Gesellschaft, in: Verlautbarungen des Apostolischen Stuhls (Nr. 189), hg. vom Sekretariat der Deutschen Bischofskonferenz, Bonn 2011, 144-150.

BENEDIKT XVI., Apostolische Reise nach Madrid anlässlich des 26. Weltjugendtags, 18.-21. August 2011, Begegnung mit den jungen Ordensfrauen, Kloster San Lorenzo de El Escorial, Freitag, 19. August 2011, auf: http://www.vatican.va/holy_father/benedict_xvi/speeches/2011/august/documents/hf_ben-xvi_spe_20110819_religiose-el-escorial_ge.html (18.10.2013).

BENEDIKT XVI., Apostolisches Schreiben in Form eines Motu Proprio *Porta fidei* von Papst Benedikt XVI., mit dem das *Jahr des Glaubens* ausgerufen wird, in: Verlautbarungen des Apostolischen Stuhls (Nr. 191), hg. vom Sekretariat der Deutschen Bischofskonferenz, Bonn 2011.

BENEDIKT XVI., Audienz für die Pilger aus Deutschland – Ansprache Seiner Heiligkeit Benedikt XVI. am 25. April 2005, in: Verlautbarungen des Apostolischen Stuhls (Nr. 168), hg. vom Sekretariat der Deutschen Bischofskonferenz, Bonn 2005, 40-43.

BENEDIKT XVI., Der heilige Benedikt – ein wahrer Lehrmeister. Ansprache bei der Generalaudienz auf dem Petersplatz (09. April 2008), in: OR (D) Nr. 16 vom 18. April 2008, 2.

BENEDIKT XVI., Der heilige Bonaventura. Ansprache bei der Generalaudienz in der vatikanischen Aula Paolo VI. am 03. März 2010, in: OR (D) Nr. 10 vom 12. März 2010, 2.

des Apostolischen Stuhls (Nr. 168), hg. vom Sekretariat der Deutschen Bischofskonferenz, Bonn 2005, 30-36.

Benedikt XVI., Im Einssein mit Christus lernen wir das echte Menschsein. Predigt von Papst Benedikt XVI. am 2. September bei der hl. Messe mit dem ‚Ratzinger-Schülerkreis' in Castelgandolfo, in: OR (D) Nr. 36 vom 7. September 2012, 10.

Benedikt XVI., Im Gebet bleibe ich immer bei euch. Letzte Generalaudienz mit Papst Benedikt XVI. auf dem Petersplatz am 27. Februar 2013, in: OR (D) Nr. 10 vom 8. März 2013, 7f.

Benedikt XVI., In der Freundschaft mit Christus öffnen sich die Türen des Lebens. Ansprache von Papst Benedikt am 24. April beim feierlichen Gottesdienst auf dem Petersplatz anlässlich des Amtsantritts, in: OR (D) Nr. 17 vom 29. April 2005, 2.

Benedikt XVI., In visitatione Abbatiae „Heiligenkreuz", die 9 Septembris 2007, in: AAS 99 (2007: 10) 853-858.

Benedikt XVI., Maria ist uns so nahe wie kein anderer Mensch, weil Christus Mensch für die Menschen ist. Predigt von Papst Benedikt XVI. am 8. Dezember während der Eucharistiefeier im Petersdom am Hochfest der ohne Erbsünde empfangenen Jungfrau und Gottesmutter Maria, in: OR (D) Nr. 50 vom 16. Dezember 2005, 7f.

Benedikt XVI., Missa pro ecclesia. Eucharistiefeier mit den wahlberechtigten Kardinälen in der Sixtinischen Kapelle. Erste Botschaft Seiner Heiligkeit Benedikt XVI. am 20.04.2005, in: Verlautbarungen des Apostolischen Stuhls (Nr. 168), hg. vom Sekretariat der Deutschen Bischofskonferenz, Bonn 2005, 20-26.

Benedikt XVI., Mit dem Glauben an Gott ist nichts unmöglich. Predigt von Papst Benedikt XVI. in der Basilika St. Paul vor den Mauern am 28. Juni anlässlich der Ersten Vesper vom Hochfest der heiligen Apostel Petrus und Paulus, in: OR (D) Nr. 27 vom 9. Juli 2010, 8.

Benedikt XVI., Nachsynodales Apostolisches Schreiben Verbum Domini von Papst Benedikt XVI. über das Wort Gottes im Leben und in der Sendung der Kirche, in: Verlautbarungen des Apostolischen Stuhls (Nr. 187), hg. vom Sekretariat der Deutschen Bischofskonferenz, Bonn 2010.

Benedikt XVI., Neubeginn in Christus. Ein neuer Aufbruch des geweihten Lebens im Dritten Jahrtausend (Instruktion), in: Verlautbarungen des Apostolischen Stuhls (Nr. 155), hg. vom Sekretariat der Deutschen Bischofskonferenz, Bonn 2002.

Benedikt XVI., Predigt bei der Eucharistiefeier zum Abschluss des XX. Weltjugendtages auf dem Marienfeld am Sonntag, den 21. August 2005, in: Verlautbarungen des Apostolischen Stuhls (Nr. 169), hg. vom Sekretariat der Deutschen Bischofskonferenz, Bonn 2005, 85-90.

Benedikt XVI., Predigt bei der Vigil mit den Jugendlichen auf dem Marienfeld am Samstag, den 20. August 2005, in: Verlautbarungen des Apostolischen Stuhls (Nr. 169), hg. vom Sekretariat der Deutschen Bischofskonferenz, Bonn 2005, 78-83.

Benedikt XVI., Predigt beim Besuch der Patriarchalbasilika St. Paul vor den Mauern am 25. April 2005, in: Verlautbarungen des Apostolischen Stuhls (Nr. 168), hg. vom Sekretariat der Deutschen Bischofskonferenz , Bonn 2005, 43-45.

Benedikt XVI., „Theologische Auseinandersetzung zwischen Bernhard von Clairvaux und Abælard.“ Generalaudienz auf dem Petersplatz am 04. November 2009, in: OR (D) Nr. 46 vom 13. November 2009, 2.

Benedikt XVI., Ungehorsam ist nicht der Weg, um die Kirche zu erneuern. Predigt von Papst Benedikt XVI. am 5. April bei der „Missa Chrismatis“ in Sankt Peter am Gründonnerstag, in: OR (D) Nr. 16 vom 20. April 2012, 9.

Benedikt XVI., „Wege für eine wirksame Verkündigung der Heilsbotschaft.“ Ansprache während der Audienz für die Teilnehmer an der Vollversammlung des Päpstlichen Rates zur Förderung der Neuevangelisierung (30. Mai 2011), in: OR (D) Nr. 23 vom 10. Juni 2011, 12.

Bernhard von Clairvaux, Sämtliche Werke lateinisch/deutsch, hg. von Gerhard B. Winkler, Band II, Innsbruck 1992.

Bernhard von Clairvaux, Sämtliche Werke lateinisch/deutsch, hg. von Gerhard B. Winkler, Band III, Innsbruck 1992.

Bernhard von Clairvaux, Sämtliche Werke lateinisch/deutsch, hg. von Gerhard B. Winkler, Band V, Innsbruck 1994.

Bernhard von Clairvaux, Sämtliche Werke lateinisch/deutsch, hg. von Gerhard B. Winkler, Band VI, Innsbruck 1995.

Bernhard von Clairvaux, Sämtliche Werke lateinisch/deutsch, hg. von Gerhard B. Winkler, Band VIII, Innsbruck 1997.

BISCHÖFLICHES SEELSORGEAMT REGENSBURG (HG.), Ein Name ist Programm, Grundlegung. Impulse zur geistlichen Vorbereitung auf den Pastoralbesuch von Papst Benedikt XVI. in Regensburg 2006, Regensburg 2006.

ERNST-WOLFGANG BÖCKENFÖRDE, Staat, Gesellschaft, Freiheit, Frankfurt a. M. 1976.

ERNST-WOLFGANG BÖCKENFÖRDE, Kirche und christlicher Glaube in den Herausforderungen der Zeit. Beiträge zur politisch-theologischen Verfassungsgeschichte 1957-2002, Münster 2007.

KATJA BOEHME, Gott aussäen. Zur Theologie der weltoffenen Spiritualität bei Madeleine Delbrêl, Würzburg ²1999.

KATJA BOEHME, Madeleine Delbrêl – Die andere Heilige, Freiburg i. Br. 2004.

CHRISTOPH BÖTTIGHEIMER, Lehrbuch der Fundamentaltheologie, Freiburg i. Br. 2009.

CHRISTINE DE BOISMARMIN, Madeleine Delbrêl. Mystikerin der Straße, München ²1996.

JOHANNES BOURS, Nehmt Gottes Melodie in euch auf. Worte für das tägliche Leben, Freiburg i. Br. ⁵1985.

WALTER KARDINAL BRANDMÜLLER, Licht und Schatten. Kirchengeschichte zwischen Glaube, Fakten und Legenden, Augsburg 2007.

MARTIN BUBER, Gottesfinsternis. Betrachtungen zur Beziehung zwischen Religion und Philosophie, Zürich 1953.

ACHIM BUCKENMAIER, Einführung, in: Michaela Christine Hastetter, Helmut Hoping (Hg.), Ein hörendes Herz. Hinführung zur Theologie und Spiritualität von Joseph Ratzinger/Papst Benedikt XVI., Ratzinger-Studien Bd. 5, Regensburg 2012, 9-15.

ALBERT CAMUS, L'envers et l'endroit. La mort dans l'âme, in: Ders., Essais (= Bibl. de la Pléiade), Paris 1965, 31-39.

OLEGARIO GONZÁLEZ DE CARDEDAL, Ratzinger y Juan Pablo II.: la Iglesia entre dos milenios, Salamanca 2005.

JOHANNES PAUL CHAVANNE, Anbetung als Zeugnis. Chancen benediktinischer Klöster für eine neue Evangelisierung Europas nach Äußerungen Joseph Ratzingers/Papst Benedikts XVI., in: Clemens Sedmak, Stephan O. Horn (Hg.), Die Seele Europas. Papst Benedikt XVI. und die europäische Identität, Regensburg 2011, 207-221.

Codex des kanonischen Rechtes (Codex Iuris Canonici/CIC). Im Auftrag der Deutschen Bischofskonferenz, Kevelaer 2001.

Sophronius Clasen, Franziskus – Engel des sechsten Siegels. Sein Leben nach den Schriften des heiligen Bonaventura, Werl 1962.

Clemens von Rom, Epistola ad Corinthios/Brief an die Korinther. Übersetzt und eingeleitet von Gerhard Schneider (Fontes Christiani Band 15), Freiburg i. Br. 1994.

Leopold Cohn, Isaak Heinemann, Maximilian Adler, Willy Theiler (Hg.), Philo von Alexandria. Die Werke in deutscher Übersetzung, Berlin 1962.

Paul Josef Cordes, Die verlorenen Väter. Ein Notruf, Freiburg i. Br. 2002.

Paul Josef Cordes, Manfred Lütz, Benedikts Vermächtnis und Franziskus´ Auftrag. Entweltlichung. Eine Streitschrift, Freiburg i. Br. 2013.

Cyprian, Traktat „An Donatus", Kapitel 15, in: Bibliothek der Kirchenväter, Des heiligen Kirchenvaters Caecilius Cyprianus Traktate. Aus dem Lateinischen übersetzt von Dr. Julius Baer, Kempten/München 1918.

Cyprian, LXXI. Brief: Cyprian an Quintus, in: Bibliothek der Kirchenväter, Des heiligen Kirchenvaters Caecilius Cyprianus Briefe. Aus dem Lateinischen übersetzt von Dr. Julius Baer, München 1928.

Albert Dahm, Christus – Sehnsucht der Völker. Das Christentum und die Religionen in der Theologie Papst Benedikts XVI., auf: http://www.kath-info.de/religionen.html (09.04.2013).

Madeleine Delbrêl, Auftrag des Christen in einer Welt ohne Gott, Einsiedeln ²2000.

Madeleine Delbrêl, Christ in einer marxistischen Stadt, Frankfurt a. M. 1974.

Madeleine Delbrêl, Der kleine Mönch. Ein geistliches Notizbüchlein, deutsche Übertragung und Zeichnungen von Bernhard Matheis, Freiburg i. Br. 1981.

Madeleine Delbrêl, Frei für Gott. Über Laien-Gemeinschaften in der Welt, Einsiedeln ²1991.

Madeleine Delbrêl, Gebet in einem weltlichen Leben, Einsiedeln ⁷2013.

MADELEINE DELBRÊL, Gott einen Ort sichern. Texte – Gedichte – Gebete, hg. von Annette Schleinzer, Kevelaer [3]2013.

MADELEINE DELBRÊL, Indivisible amour. Pensées détachées inédites. Préface de Jacques Sommet, Paris 1991.

MADELEINE DELBRÊL, La joie de croire. Préface de Jean Guéguen. Avant-propos de Guy Lafon. Ed. du Seuil 1968, 8. Deutsche Übersetzung, in: Annette Schleinzer, Die Liebe ist unsere einzige Aufgabe. Das Lebenszeugnis von Madeleine Delbrêl, Ostfildern [2]2001.

MADELEINE DELBRÊL, Wir Nachbarn der Kommunisten. Diagnosen, Einsiedeln 1975.

DIE FEIER DER HEILIGEN MESSE. Messbuch. Für die Bistümer des deutschen Sprachgebietes. Authentische Ausgabe für den liturgischen Gebrauch. Teil I. Die Sonn- und Feiertage deutsch und lateinisch. Die Karwoche deutsch, hg. im Auftrag der Bischofskonferenzen Deutschlands, Österreichs und der Schweiz sowie der Bischöfe von Luxemburg, Bozen-Brixen und Lüttich.

ERWIN DIRSCHERL, Die Überlegungen Benedikts XVI. zum Verhältnis von Glaube und Vernunft. Analogie und Korrelationalität als Ermöglichung von Beziehung, in: Christoph Dohmen, Die „Regensburger Vorlesung" Papst Benedikts XVI. im Dialog der Wissenschaften, Regensburg 2007, 27-37.

CHRISTOPH DOHMEN, Die „Regensburger Vorlesung" Papst Benedikts XVI. im Dialog der Wissenschaften, Regensburg 2007.

FRANZISKUS, Die Bedeutung, die der Ausdruck ‚apostolisch' hat. Generalaudienz auf dem Petersplatz am 16. Oktober, in: OR (D) Nr. 43 vom 25. Oktober 2013, 2.

Franziskus, Die geistliche Weltlichkeit tötet die Seele, sie tötet die Kirche. Ansprache von Papst Franziskus am 4. Oktober bei der Begegnung mit den von der Caritas betreuten Armen in der Sala della Spoliazione [Saal der Einkleidung] des Bischofshauses, in: OR (D) Nr. 41 vom 11. Oktober 2013, 4f.

FRANZ XAVER FUNK, Patres Apostolici I, Tübingen 1901.

MARKUS GRAULICH, Unterwegs zu einer Theologie des Kirchenrechts. Die Grundlegung des Rechts bei Gottlieb Söhngen (1892-1971) und die Konzepte der neueren Kirchenrechtswissenschaft, Paderborn 2006.

GREGOR DER GROSSE, Der hl. Benedikt. Buch II der Dialoge (lateinisch – deutsch), hg. im Auftrag der Salzburger Äbtekonferenz, St. Ottilien 1995.

ALOIS GRILLMEIER SJ, Erwägungen zum Dekret über die zeitgemäße Erneuerung des Ordenslebens, in: GuL 39 (1966) 95.

ROMANO GUARDINI, Die Kirche des Herrn. Meditationen über Wesen und Auftrag der Kirche, in: Ders., Vom Sinn der Kirche – Die Kirche des Herrn (Romano Guardini/Werke), Mainz/Paderborn 1990, 101-197.

ROMANO GUARDINI, Vom Sinn der Kirche. Fünf Vorträge, in: Ders., Vom Sinn der Kirche – Die Kirche des Herrn (Romano Guardini/Werke), Mainz/Paderborn 1990, 7-99.

ROMANO GUARDINI, Vom Sinn der Kirche – Die Kirche des Herrn (Romano Guardini/Werke), Mainz/Paderborn 1990.

GUIGO DER KARTÄUSER, Scala claustralium. Die Leiter der Mönche zu Gott. Aus dem Lateinischen übersetzt und eingeleitet von Daniel Tibi OSB, Traugott Bautz, Nordhausen 2010.

HERBERT HAAG, Art. Kanon, in: Ders. (Hg.), Bibel-Lexikon, Einsiedeln/Zürich/Köln 1968, 921.

JÜRGEN HABERMAS, Joseph Ratzinger, Dialektik der Säkularisierung. Über Vernunft und Religion, Freiburg i. Br. 2005.

JÜRGEN HABERMAS, Vorpolitische Grundlagen des demokratischen Rechtsstaates?, in: Jürgen Habermas, Joseph Ratzinger, Dialektik der Säkularisierung. Über Vernunft und Religion, Freiburg i. Br. 2005, 15-37.

ELISABETH HAMM, Glaubensvermittlung heute. Überlegungen zum Erwachsenenkatechumenat, Diplomarbeit an der Kath.-Theol. Fakultät der LMU München, 2005.

ADOLF VON HARNACK, Lehrbuch der Dogmengeschichte I, Tübingen [5]1931.

MICHAELA CHRISTINE HASTETTER, Helmut Hoping (Hg.), Ein hörendes Herz. Hinführung zur Theologie und Spiritualität von Joseph Ratzinger/Papst Benedikt XVI., Ratzinger-Studien Bd. 5, Regensburg 2012.

MICHAELA CHRISTINE HASTETTER, Intervention in Zeiten der Gottesfinsternis. Zum Programm der Neuevangelisierung Europas bei Benedikt XVI., in: Michaela Christine Hastetter, Helmut Hoping (Hg.), Ein hörendes Herz. Hinführung zur Theologie und

Spiritualität von Joseph Ratzinger/Papst Benedikt XVI., Ratzinger-Studien Bd. 5, Regensburg 2012, 116-148.

Martin Heidegger, Phänomenologie des religiösen Lebens. Die philosophischen Grundlagen der mittelalterlichen Mystik (konzipiert für das Semester 1918/1919), hg. von Claudius Strube, in: Martin Heidegger, Gesamtausgabe, Bd. 60, zweite Abteilung Vorlesungen 1919-1944, Frankfurt a. M. 1995, 303-337.

Maximilian Heim (Hg.), Als Glaubende sehen und verstehen. Band 2 der Schriftenreihe des Auditoriums Kloster Stiepel, Heiligenkreuz 2012.

Maximilian Heim, Apokalyptik im Stift Heiligenkreuz – Kann man den Exitus feiern?, in: Pfarrblatt Dompfarre St. Stephan – Weihnachten 2011, 66. Jahrgang, Nr. 3, 10f.

Maximilian Heim, Benedikt XVI. – Der Prophet der Moderne, in: Die Tagespost Nr. 156 (28. Dezember 2013) 22.

Maximilian Heim, Benedikt XVI. war ein Papst der Innovation, in: missiothek. Das Praxisheft für Schule und Pfarre, Ausgabe 1/2013, 10f.

Maximilian Heim, „Dann weitet sich das Herz“. Benediktinische Anmerkungen zu Benedikt XVI., in: Michaela Christine Hastetter, Helmut Hoping (Hg.), Ein hörendes Herz. Hinführung zur Theologie und Spiritualität von Joseph Ratzinger/Papst Benedikt XVI., Ratzinger-Studien Bd. 5, Regensburg 2012, 161-170.

Maximilian Heim, Der Platz der Theologie in der *universitas scientiarum*, in: Georg Ratzinger, Roger Zörb (Hg.), Zum 85. Geburtstag. Festschrift der Gesellschaft zur Förderung öffentlicher Verantwortung e. V. für den Heiligen Vater Papst Benedikt XVI. 16. April 2012, Hamburg 2012, 127-138.

Maximilian Heim, Der Theologe als cooperator veritatis. Dankesrede vor dem Heiligen Vater Papst Benedikt XVI. anlässlich der Verleihung des „Premio Ratzinger“ im Vatikan am 30. Juni 2011, in: Maximilian Heim (Hg.), Als Glaubende sehen und verstehen. Band 2 der Schriftenreihe des Auditoriums Kloster Stiepel, Heiligenkreuz 2012, 13-21.

Maximilian Heim, Die Eucharistie in der Theologie Joseph Ratzingers. Das Schicksal der Kirche hängt von der Liturgie ab, von der rechten Weise, Gott zu verherrlichen, in: Die Tagespost Nr. 156 (29. Dezember 2012) 25.

Maximilian Heim, Ein fast vergessenes Prinzip der Kirche. Kirche verdankt sich dem aus der Seitenwunde Christi geflossenen Blut des Herrn – Anmerkung zur Aktualität von „Lumen gentium", in: Die Tagespost Nr. 156 (31. Dezember 2011) 19f.

Maximilian Heim, Ekklesiologische Linien in den Bonaventura-Studien Joseph Ratzingers, in: Marianne Schlosser, Franz-Xaver Heibl (Hg.), Gegenwart der Offenbarung. Zu den Bonaventura-Forschungen Joseph Ratzingers, Ratzinger-Studien Bd. 2, Regensburg 2011, 104-115.

Maximilian Heim, Festpredigt zum „Lustrum papale" am 9. September 2012, in: Sancta Crux. Zeitschrift des Stiftes Heiligenkreuz, Heiligenkreuz 2014, 29-34.

Maximilian Heim, Ich glaube ... an die heilige katholische Kirche, die Gemeinschaft der Heiligen, in: Credo. Im Licht des Glaubens unterwegs, Radio Maria Österreich, Wien 2012, 122-125.

Maximilian Heim, Joseph Ratzinger – Kirchliche Existenz und existentielle Theologie. Ekklesiologische Grundlinien unter dem Anspruch von *Lumen gentium*, Frankfurt am Main [2]2005.

Maximilian Heim, Joseph Ratzinger/Papst Benedikt als Theologe, in: Ders. (Hg.), Tu es Pastor Ovium. Eine Nachlese zum Besuch von Papst Benedikt XVI. am 9. September 2007 im Stift Heiligenkreuz, Heiligenkreuz 2009, 62-82.

Maximilian Heim, Konziliare Streiflichter auf die Theologie Joseph Ratzingers/Benedikts XVI., in: MIPB 4 (2011) 50-58.

Maximilian Heim, Monastische Theologie und Kontemplation – Gotteserkenntnis und Glaube als Antwort auf die Sinnkrise im 21. Jahrhundert, in: Jürgen Henkel, Nikolaus Wyrwoll (Hg.), Askese versus Konsumgesellschaft. Aktualität und Spiritualität von Mönchtum und Ordensleben im 21. Jahrhundert, Bonn/Hermannstadt 2013, 148-160.

Maximilian Heim, Offenbarung als lebendiges Wort Gottes – Wort des lebendigen Gottes. Die Verflechtung von Wort und Zeuge und Glaubensregel, in: Michaela C. Hastetter, Ioan Moga, Christoph Ohly (Hg.), Symphonie des Wortes. Beiträge zur Offenbarungskonstitution „Dei Verbum" im katholisch-orthodoxen Dialog. Festgabe des Neuen Schülerkreises zum 85. Geburtstag von Joseph Ratzinger/Papst Benedikt XVI., St. Ottilien 2012, 15-30.

Maximilian Heim, Presslufthammer und Choral, in: miteinander – Welt und geistliche Berufung 12/2011, 6f.

Maximilian Heim, Rezeption und Hermeneutik des Zweiten Vatikanischen Konzils. Streiflichter auf die Theologie Joseph Ratzingers, in: Maximilian Heim, Justinus C. Pech (Hg.), Zur Mitte der Theologie im Werk von Joseph Ratzinger/Benedikt XVI., Ratzinger-Studien Bd. 6, Regensburg 2013, 165-194.

Maximilian Heim (Hg.), Tu es Pastor Ovium. Eine Nachlese zum Besuch von Papst Benedikt XVI. am 9. September 2007 im Stift Heiligenkreuz, Heiligenkreuz im Wienerwald 2 2011.

Maximilian Heim, Justinus C. Pech (Hg.), Zur Mitte der Theologie im Werk von Joseph Ratzinger/Benedikt XVI., Ratzinger-Studien Bd. 6, Regensburg 2013.

Klaus Hemmerle, Der Preis deiner Liebe bist du selbst. Freiheit – Bindung – Treue, Münster 1983.

Klaus Hemmerle, Dein Herz an Gottes Ohr. Einübung ins Gebet, München/Zürich/Wien 3 1999.

Klaus Hemmerle, Geistliches Wort von Bischof Klaus Hemmerle beim Ordenstag im Bistum Münster am 30. September 1983 im Dom zu Münster, in: Ders., Der Preis deiner Liebe bist du selbst. Freiheit – Bindung – Treue, Münster 1983, 5-13.

Donath Hercsik, Die Grundlagen unseres Glaubens. Eine theologische Prinzipienlehre, Münster 2005.

Stephan Otto Horn, Der Papst, das Konzil und die Hermeneutik, in: FAZ 22.04.2009, N4.

Stephan Otto Horn, Siegfried Wiedenhofer, Kurt Kardinal Koch (Hg.) im Auftrag des Schülerkreises von Papst Benedikt XVI., Das Zweite Vatikanische Konzil. Die Hermeneutik der Reform, Augsburg 2012.

Guido Horst, Für Millionen wie ein Vater, in: Die Tagespost Nr. 40 (05. April 2005) 2.

Kurt Hübner, Das Christentum im Wettstreit der Weltreligionen, Tübingen 2003.

Basil Hume, Gott suchen, Einsiedeln 5 2002.

Johannes XXIII., Rede von Papst Johannes XXIII. zur Eröffnung des 2. Vatikanischen Konzils am 11. Oktober 1962, in: Herder Korrespondenz 17 (1962/63) 85-88.

JOHANNES XXIII., Gaudet Mater Ecclesia, in: AAS 54 (1962) 786-795.

JOHANNES PAUL II., Apostolisches Schreiben NOVO MILLENNIO INEUNTE Seiner Heiligkeit Papst Johannes Paul II. an die Bischöfe, den Klerus, die Ordensleute und an die Gläubigen zum Abschluss des Großen Jubiläums des Jahres 2000, in: Verlautbarungen des Apostolischen Stuhls (Nr. 150), hg. vom Sekretariat der Deutschen Bischofskonferenz, Bonn 2001.

JOHANNES PAUL II., Die Schwelle der Hoffnung überschreiten, Hamburg 1994.

JOHANNES PAUL II., Enzyklika *Ecclesia de Eucharistia* von Papst Johannes Paul II. an die Bischöfe, an die Priester und Diakone, an die gottgeweihten Personen und an alle Christgläubigen über die Eucharistie in ihrer Beziehung zur Kirche, in: Verlautbarungen des Apostolischen Stuhls (Nr. 159), hg. vom Sekretariat der Deutschen Bischofskonferenz, Bonn 2003.

JOHANNES PAUL II., Enzyklika *Fides et ratio* von Papst Johannes Paul II. an die Bischöfe der katholischen Kirche über das Verhältnis von Glaube und Vernunft, in: Verlautbarungen des Apostolischen Stuhls (Nr. 135), hg. vom Sekretariat der Deutschen Bischofskonferenz, Bonn 1998.

JOHANNES PAUL II., Nachsynodales Apostolisches Schreiben VITA CONSECRATA von Papst Johannes Paul II. an den Episkopat und den Klerus, an die Orden und Kongregationen, an die Gesellschaften des Apostolischen Lebens, an die Säkularinstitute und an alle Gläubigen über das geweihte Leben und seine Sendung in Kirche und Welt, in: Verlautbarungen des Apostolischen Stuhls (Nr. 125), hg. vom Sekretariat der Deutschen Bischofskonferenz, Bonn 1996.

JOHANNES PAUL II., Predigt zum Thema Ehe und Familie auf dem Butzweiler Hof in Köln am 15. November 1980, in: Verlautbarungen des Apostolischen Stuhls (Nr. 25 A), hg. vom Sekretariat der Deutschen Bischofskonferenz, Bonn [3]1980, 16-22.

JOHANNES PAUL II., Sucht Ihn, den eure Seele liebt! Predigt beim Gottesdienst mit den Ordensleuten auf dem Kapellplatz in Altötting am 18. November, in: OR (D) Nr. 48 vom 28. November 1980, 16f.

KATECHISMUS DER KATHOLISCHEN KIRCHE, München 2005.

KURT KOCH, Benedikt XVI. und Bonaventura. Einführung in die theologischen Wurzeln des Denkens des Papstes, in: Kurt Koch,

Das Geheimnis des Senfkorns. Grundzüge des theologischen Denkens von Papst Benedikt XVI., Ratzinger-Studien Bd. 3, Regensburg 2010, 45-68.

KURT KOCH, Das Geheimnis des Senfkorns. Grundzüge des theologischen Denkens von Papst Benedikt XVI., Ratzinger-Studien Bd. 3, Regensburg 2010.

KURT CARDINAL KOCH, Das Zweite Vatikanische Konzil zwischen Innovation und Tradition. Die Hermeneutik der Reform zwischen der Hermeneutik bruchhafter Diskontinuität und der Hermeneutik ungeschichtlicher Kontinuität, in: Stephan Otto Horn, Siegfried Wiedenhofer, Kurt Kardinal Koch (Hg.), Das Zweite Vatikanische Konzil. Die Hermeneutik der Reform, Augsburg 2012, 22-50.

KURT KOCH, Ein hörendes Herz haben. Zum prophetischen Auftrag in der Kirche, in: Michaela Christine Hastetter, Helmut Hoping (Hg.), Ein hörendes Herz. Hinführung zur Theologie und Spiritualität von Joseph Ratzinger/Papst Benedikt XVI., Ratzinger-Studien Bd. 5, Regensburg 2012, 171-176.

KURT KARDINAL KOCH, Ökumene im Wandel. Zum Zukunftspotential des Ökumenedekrets *Unitatis redintegratio*, in: Jan-Heiner Tück (Hg.), Erinnerung an die Zukunft. Das Zweite Vatikanische Konzil, Freiburg i. Br. 2012, 335-368.

ULRICH KÖPF, Religiöse Erfahrung in der Theologie Bernhards von Clairvaux, Tübingen 1980.

BERNHARD KÖRNER, Die Bibel als Wort Gottes auslegen. Historisch-kritische Exegese und Dogmatik, Würzburg 2011.

BERNHARD KÖRNER, Maria Unterberger, Freudig und furchtlos. Das II. Vatikanische Konzil wieder lesen, Gemeinschaftsproduktion der Kirchenzeitungen Wien, St. Pölten, Graz, Eisenstadt, Linz, Salzburg, Innsbruck, Feldkirch, Bozen 2012.

BERNHARD KÖRNER, Gute Gründe für ein Leben in der Kirche, Innsbruck 2012.

BERNHARD KÖRNER, Melchior Cano. De locis theologicis. Ein Beitrag zur theologischen Erkenntnislehre, Würzburg 1994.

BERNHARD KÖRNER, Wer ist ermächtigt, über Gott zu sprechen? Vorwort zur Buchpräsentation von P. Maximilian Heim, in: Sancta Crux 65 (2004) 87-89.

PETER KÖSTER, Die geistlichen Übungen des hl. Ignatius von Loyola, Norderstedt 2009.

Helmut Krätzl, Das Konzil – ein Sprung vorwärts. Ein Zeitzeuge zieht Bilanz, Innsbruck/Wien 2012.

Helmut Krätzl, 50 Jahre nach dem Konzil – (m)eine Bilanz, auf: http://www.wir-sind-kirche.at/content/index.php?option=-com_content&task=view&id=1324&Itemid=27 (08.04.2013).

Jean Leclercq, L'amour des lettres et le désir de Dieu. Initiation aux auteurs monastiques du Moyen Âge, Paris [30]1991; deutschsprachige Ausgabe: Jean Leclercq, Wissenschaft und Gottverlangen. Zur Mönchstheologie des Mittelalters. Aus dem Französischen übertragen von Johannes und Nicole Stöber, Düsseldorf 1963.

Jean Leclercq, Wissenschaft und Gottverlangen. Zur Mönchstheologie des Mittelalters. Originaltitel: „L'amour des lettres et le desir de Dieu". Aus dem Französischen übertragen von Johannes und Nicole Stöber, Düsseldorf 1963.

Manfred Lütz, Der blockierte Riese. Eine Psycho-Analyse der katholischen Kirche, Augsburg 1999.

Jean Mabillon, Über das Studium der Mönche, hg. von Cyrill Schäfer, St. Ottilien 2007.

Thérèse Martin, Geschichte einer Seele. Die Heilige von Lisieux erzählt aus ihrem Leben, Trier 2009.

Matthias Matussek (Hg.), Die vaterlose Gesellschaft. Briefe, Berichte, Essays, Hamburg 1999.

Karl-Heinz Menke, Der Leitgedanke Joseph Ratzingers. Die Verschränkung von vertikaler und horizontaler Inkarnation, Paderborn/München/Wien 2008.

Ilse Müllner, Das hörende Herz. Weisheit in der hebräischen Bibel, Stuttgart 2006.

Benedikt Müntnich, Benediktinisches bei Benedikt XVI., in: Maximilian Heim (Hg.), Tu es Pastor Ovium. Eine Nachlese zum Besuch von Papst Benedikt XVI. am 9. September 2007 im Stift Heiligenkreuz, Heiligenkreuz [2]2011, 83-89.

Benedikt Müntnich, Über Benedikt. Die Texte von Papst Benedikt XVI., Münsterschwarzacher Kleinschriften Nr. 172, Münsterschwarzach 2009.

Heinz Ohme, Kanon ekklesiastikos. Die Bedeutung des altkirchlichen Kanonbegriffs, Berlin 1998.

Bischof Mario Oliveri, Geleitwort, in: Brunero Gheradini, Das Zweite Vatikanische Konzil. Ein ausstehender Diskurs, übersetzt von Claudia Barthold, Mülheim/Mosel 2010, 7-10.

Bertram Otto, Marlis Grünberg-Otto, Überall bist du zu Hause. Dokumentarischer Bildband aus dem Leben der Weltkirche. Mit einem Geleitwort von Joseph Kardinal Frings und einer Einführung von P. Dr. Hugo Rahner, Bonn 1957.

Paul VI., „Der Christ muss wieder beten lernen." Ansprache des Papstes bei der Generalaudienz am 22. August, in: OR (D) Nr. 35 vom 31. August 1973.

Paul VI., Enzyklika *Ecclesiam suam*, in: AAS 56 (1964) 609-659.

Justinus C. Pech, Für uns ist Christus alles – Hinführung zu den Predigten von Papst Benedikt XVI. zu den Kirchenvätern, in: Benedikt XVI./Joseph Ratzinger, Die Kirchenväter, Leipzig 2008, 7-23.

Marcello Pera, Joseph Ratzinger, Ohne Wurzeln. Der Relativismus und die Krise der europäischen Kultur, Augsburg 2005.

Philo, legum allegoriae, 3, 232f., in: Leopold Cohn (Hg.), Philonis opera, Berlin 1962.

Platon, Apologie – Kriton, Stuttgart 1982.

Hermann Josef Pottmeyer, Das Mysterium der Kirche in der Theologie von Joseph Ratzinger, in: Istituto Paolo VI. Centro Internazionale di Studi e Documentazione promosso dall'Opera per l'Educazione Cristiana di Brescia 49, Brescia 2005, 51-57.

Hermann J. Pottmeyer, Das pastorale Vermächtnis Papst Johannes Pauls II., in: Maximilian Heim (Hg.), Auditorium Kloster Stiepel, Bd. 11, Bochum 2006, 37-46.

Joseph Ratzinger, Auf Christus schauen. Einübung in Glaube, Hoffnung, Liebe, Freiburg i. Br. 2006.

Joseph Ratzinger, Aus meinem Leben. Erinnerungen (1927-1977), München [5]2006.

Joseph Ratzinger, Das Ganze im Fragment. Gottlieb Söhngen zum Gedächtnis, in: CiG 23 (1971) 398f.

Joseph Ratzinger, Das neue Volk Gottes. Entwürfe zur Ekklesiologie, Düsseldorf 1969, 300.

Joseph Ratzinger/Papst Benedikt XVI., Das Werk. Veröffentlichungen bis zur Papstwahl. Bibliographisches Hilfsmittel zur Erschließung des literarisch-theologischen Werkes von Joseph

Ratzinger. Herausgegeben vom Schülerkreis, Redaktion: Vinzenz Pfnür, Augsburg 2010.

JOSEPH RATZINGER, Demokratisierung der Kirche?, in: Joseph Ratzinger, Hans Maier, Demokratie in der Kirche. Möglichkeiten und Grenzen, Limburg/Kevelaer 2000, 7-46.

JOSEPH RATZINGER, Der Einfluss des Bettelordensstreites auf die Entwicklung der Lehre vom päpstlichen Universalprimat, unter besonderer Berücksichtigung des heiligen Bonaventura, in: Johann Auer/Hermann Volk (Hg.), Theologie in Geschichte und Gegenwart. Michael Schmaus zum sechzigsten Geburtstag, München 1957, 697-724, jetzt in: JRGS 2, 663-692.

JOSEPH RATZINGER, Der Gott des Glaubens und der Gott der Philosophen. Ein Beitrag zum Problem der theologia naturalis, Freiburg i. Br. 1960.

JOSEPH RATZINGER, Die Bedeutung der Väter im Aufbau des Glaubens, in: Joseph Ratzinger, Theologische Prinzipienlehre. Bausteine zur Fundamentaltheologie, München 1982, 139-159.

JOSEPH RATZINGER, Die Geschichtstheologie des heiligen Bonaventura [1959], in: JRGS 2, 419-644.

JOSEPH RATZINGER, Die Tochter Zion. Betrachtungen über den Marienglauben der Kirche, Einsiedeln 1977.

JOSEPH RATZINGER, Diener eurer Freude. Meditationen über die priesterliche Spiritualität, Freiburg i. Br. 1988.

JOSEPH RATZINGER, Dogma und Verkündigung, München/Freiburg i. Br. 1973.

JOSEPH RATZINGER, Europa in der Krise der Kulturen, in: Marcello Pera, Joseph Ratzinger, Ohne Wurzeln. Der Relativismus und die Krise der europäischen Kultur, Augsburg 2005, 61-84.

JOSEPH RATZINGER, Gesammelte Schriften Bd. 2: Offenbarungsverständnis und Geschichtstheologie Bonaventuras. Habilitationsschrift und Bonaventura-Studien (= JRGS 2), hg. von Gerhard Ludwig Müller, Freiburg i. Br. 2009.

JOSEPH RATZINGER, Gesammelte Schriften Bd. 7 (Teil 1): Zur Lehre des Zweiten Vatikanischen Konzils. Formulierung – Vermittlung – Deutung (= JRGS 7/1), hg. von Gerhard Ludwig Müller, Freiburg i. Br. 2012.

JOSEPH RATZINGER, Gesammelte Schriften Bd. 7 (Teil 2): Zur Lehre des Zweiten Vatikanischen Konzils. Formulierung – Vermittlung

– Deutung (= JRGS 7/2), hg. von Gerhard Ludwig Müller, Freiburg i. Br. 2012.

Joseph Ratzinger, Gesammelte Schriften Bd. 8 (Teil 1): Kirche – Zeichen unter den Völkern. Schriften zur Ekklesiologie und Ökumene (= JRGS 8/1), hg. von Gerhard Ludwig Müller, Freiburg i. Br. 2010.

Joseph Ratzinger, Gesammelte Schriften Bd. 8 (Teil 2): Kirche – Zeichen unter den Völkern. Schriften zur Ekklesiologie und Ökumene (= JRGS 8/2), hg. von Gerhard Ludwig Müller, Freiburg i. Br. 2010.

Joseph Ratzinger, Gesammelte Schriften Bd. 11: Theologie der Liturgie. Die sakramentale Begründung christlicher Existenz (= JRGS 11), hg. von Gerhard Ludwig Müller, Freiburg i. Br. 2008.

Joseph Ratzinger, Gesammelte Schriften Bd. 12: Künder des Wortes und Diener eurer Freude. Theologie und Spiritualität des Weihesakramentes (= JRGS 12), hg. von Gerhard Ludwig Müller, Freiburg i. Br. 2010.

Joseph Ratzinger, Glaubensvermittlung und Glaubensquellen, in: Ders., Die Krise der Katechese und ihre Überwindung. Rede in Frankreich, Einsiedeln 1983, 13-39.

Joseph Ratzinger, Glaube, Philosophie und Theologie, in: Joseph Ratzinger, Wesen und Auftrag der Theologie. Versuche zu ihrer Ortsbestimmung im Disput der Gegenwart, Freiburg i. Br. 1993, 11-25.

Joseph Ratzinger, Glaube – Wahrheit – Toleranz. Das Christentum und die Weltreligionen, Freiburg i. Br. 2003.

Joseph Ratzinger, Gottes Wort ist niemandes Knecht. Zum Wesen christlicher Existenz, München 1981.

Joseph Ratzinger, In der Spannung zwischen Regensburger Tradition und nachkonziliarer Reform, auf: http://sinfonia-sacra.weebly.com/uploads/1/2/8/3/12837883/ratzinger_regensburger_tradition_und_nachkonziliare_reform.pdf (27.06.2013).

Joseph Ratzinger/Benedikt XVI., Jesus von Nazareth. Erster Teil: Von der Taufe im Jordan bis zur Verklärung, Freiburg i. Br. 2007.

Joseph Ratzinger/Benedikt XVI., Jesus von Nazareth. Zweiter Teil: Vom Einzug in Jerusalem bis zur Auferstehung, Freiburg i. Br. 2010.

JOSEPH RATZINGER, Kosmische Liturgie. Ein Predigtvorschlag zur ewigen Anbetung, in: MIPB 2 (2009) 31-35.

JOSEPH RATZINGER, Künder des Wortes und Diener eurer Freude. Theologie und Spiritualität des Weihesakramentes (Gesammelte Schriften, Bd. 12; im Folgenden zitiert: JRGS 12), hg. von Gerhard Ludwig Müller, Freiburg i. Br. 2010.

JOSEPH RATZINGER, Mitarbeiter der Wahrheit. Gedanken für jeden Tag, München 1979.

JOSEPH RATZINGER, Offenbarung – Schrift – Überlieferung. Ein Text des heiligen Bonaventura und seine Bedeutung für die gegenwärtige Theologie, in: Ders., JRGS 2, 693-711.

JOSEPH RATZINGER, Offenbarungsverständnis und Geschichtstheologie Bonaventuras. Habilitationsschrift und Bonaventura-Studien (Gesammelte Schriften, Band 2; im Folgenden zitiert: JRGS 2), hg. von Gerhard Ludwig Müller, Freiburg i. Br. 2009.

JOSEPH RATZINGER, Offenbarung und Heilsgeschichte nach der Lehre des heiligen Bonaventura [1955], in: JRGS 2, 53-417.

JOSEPH RATZINGER, Probleme von Glaubens- und Sittenlehre im europäischen Kontext, in: Erzb. Generalvikariat Paderborn (Hg.), Zu den Grundfragen der Theologie heute, Paderborn 1992, 7-17.

JOSEPH RATZINGER, Schauungen sind nie reine Fotographie des Jenseits. Kommentar des Präfekten der Glaubenskongregation Kardinal Joseph Ratzinger zum dritten Geheimnis von Fatima, in: Die Tagespost Nr. 76 (27. Juni 2000) 5f.

JOSEPH RATZINGER, Theologie der Liturgie (Gesammelte Schriften, Bd. 11; im Folgenden zitiert: JRGS 11), hg. von Gerhard Ludwig Müller, Freiburg i. Br. 2008.

JOSEPH RATZINGER, Theologische Prinzipienlehre. Bausteine zur Fundamentaltheologie, München 1982.

JOSEPH RATZINGER, Unterwegs zu Jesus Christus, Augsburg 2003.

JOSEPH RATZINGER, Verkündigung von Gott heute, in: Joseph Ratzinger, Dogma und Verkündigung, München 1973, 101-118.

JOSEPH RATZINGER, Vom geistlichen Grund und vom kirchlichen Ort der Theologie, in: Joseph Ratzinger, Wesen und Auftrag der Theologie. Versuche zu ihrer Ortsbestimmung im Disput der Gegenwart, Freiburg 1993, 39-62.

JOSEPH RATZINGER, Was die Welt zusammenhält. Vorpolitische moralische Grundlagen eines freiheitlichen Staates, in: Jürgen

Habermas, Joseph Ratzinger, Dialektik der Säkularisierung. Über Vernunft und Religion, Freiburg i. Br. 2005, 39-60.

JOSEPH RATZINGER, Wesen und Auftrag der Theologie. Versuche zu ihrer Ortsbestimmung im Disput der Gegenwart, Freiburg 1993.

Joseph Ratzinger/Benedikt XVI., Wort Gottes. Schrift – Tradition – Amt, hg. von Peter Hünermann, Thomas Söding, Freiburg i. Br. 2005.

JOSEPH RATZINGER, Zeitfragen und christlicher Glaube, Würzburg 1983.

ORTRUD REBER, Elisabeth von Thüringen. Landgräfin und Heilige, Regensburg 2006.

HANS SCHELKSHORN, Das Zweite Vatikanische Konzil als kirchlicher Diskurs über die Moderne. Ein philosophischer Beitrag zur Frage der Hermeneutik des Konzils, in: Jan-Heiner Tück (Hg.), Erinnerung an die Zukunft. Das Zweite Vatikanische Konzil, Freiburg i. Br. 2012, 54-84.

ANNETTE SCHLEINZER, Die Liebe ist unsere einzige Aufgabe. Das Lebenszeugnis von Madeleine Delbrêl, Ostfildern [2]2001.

MARIANNE SCHLOSSER, Docere est actus misericordiae. Theologiegeschichtliche Anmerkungen zum Ethos des Lehrens – Herrn Professor Dr. Richard Heinzmann zum 65. Geburtstag gewidmet, in: MThZ 50 (1999) 54-74.

MARIANNE SCHLOSSER, Franz-Xaver Heibl (Hg.), Gegenwart der Offenbarung. Zu den Bonaventura-Forschungen Joseph Ratzingers, Ratzinger-Studien Bd. 2, Regensburg 2011.

MICHAEL SCHULZ, „Die Quadratur des Zirkels der Theologie“. Papst Benedikt XVI. in der Auseinandersetzung mit der Pluralistischen Religionstheologie, in: Peter Hofmann (Hg.), Joseph Ratzinger. Ein theologisches Profil, Paderborn 2008, 71-97.

THOMAS SÖDING, Die Seele der Theologie. Ihre Einheit aus dem Geist der Heiligen Schrift in Dei Verbum und bei Joseph Ratzinger, in: IKaZ 35 (2006) 545-557.

GOTTLIEB SÖHNGEN, Analogia entis oder analogia fidei, in: Wissenschaft und Weisheit 9 (1942) 91-100.

PAOLO GIOVANNI SOTTOPIETRA, Wissen aus der Taufe. Die Aporien der neuzeitlichen Vernunft und der christliche Weg im Werk Joseph Ratzingers, Regensburg 2003.

TERTULLIAN, Apologeticum. Verteidigung des Christentums (lateinisch – deutsch), herausgegeben, übersetzt und erläutert von Carl Becker, München ²1961.

JAN-HEINER TÜCK, Ein „reines Pastoralkonzil"? Zur Verbindlichkeit des Vatikanum II, in: IKaZ 4 (2012) 441-457. Nochmals erschienen unter dem veränderten Titel „Die Verbindlichkeit des Konzils. Die Hermeneutik der Reform als Interpretationsschlüssel", in: Jan-Heiner Tück, Erinnerung an die Zukunft, Das Zweite Vatikanische Konzil, Freiburg i. Br. 2012, 85-104.

JAN-HEINER TÜCK (HG.), Erinnerung an die Zukunft. Das Zweite Vatikanische Konzil, Freiburg i. Br. 2012.

JAN-HEINER TÜCK, Erinnerung an die Zukunft. 50 Jahre Zweites Vatikanisches Konzil, in: Jan-Heiner Tück (Hg.), Erinnerung an die Zukunft. Das Zweite Vatikanische Konzil, Freiburg i. Br. 2012, 11-30.

VARRO, M. T., Antiquitates rerum humanarum et divinarum libri XLI., (Altertümer menschlicher und göttlicher Einrichtungen).

RUDOLF VODERHOLZER, Die Einheit der Schrift und ihr geistiger Sinn, Einsiedeln 1998.

RUDOLF VODERHOLZER, Dogmatik im Geiste des Konzils. Die Dynamisierung der Lehre von den Loci theologici durch die Offenbarungskonstitution Dei Verbum, in: TThZ 115 (2006) 149-166.

RUDOLF VODERHOLZER, Joseph Ratzinger/Benedikt XVI. und die Exegese, in: Peter Hofmann (Hg.), Joseph Ratzinger. Ein theologisches Profil, Paderborn 2009, 99-121.

JOSEF WEISMAYER, „Spiritualität konkret" – Am Beispiel von Madeleine Delbrêl (1904-1964), 19. Forum Ostarrichi – Neuhofen/Ybbs 21.-24.8.2008, „Der Mensch lebt nicht vom Brot allein" – Spiritualität wieder gefragt.

KAROL WOJTYŁA, Primat des Geistes. Philosophische Schriften, Città del Vaticano 1979.

HANS-BERNHARD WUERMELING, Ein Denkmal im Wienerwald. Silvesterbetrachtung 2012 für Radio Vatikan, auf: http://www.stift-heiligenkreuz.org/fileadmin/bilder/TEXTE_DOWNLOAD/Wuermeling-Denkmal_Badenertor-Sonnenreflexionsuhr-Radio-Vatikan_2012.pdf (08.04.2013).